본회퍼의 사회윤리
Sozialethik bei D. Bonhoeffer

본회퍼의 사회윤리
Sozialethik bei D. Bonhoeffer

위르겐 몰트만 지음
김균진 · 손규태 옮김

STUP
서울신학대학교출판부

출간사

유 석 성 (서울신학대학교 총장)

위르겐 몰트만(Jürgen Moltmann)교수님은 현존하는 최대 신학자로서 살아있는 전설이라고 할 수 있습니다.

몰트만 교수님은 1926년 4월 8일 독일의 함부르크에서 출생하여 제2차 세계대전에 징집되어 전쟁이 끝난 후 3년간 포로생활을 하였습니다. 이 과정에서 하나님을 만나고 신학을 하게 되고 본회퍼의 책을 읽게 되었습니다. 몰트만 교수님은 신학 공부과정에서 본회퍼의 영향을 많이 받았습니다.

영국의 포로시절, 신학에 뜻을 두었을 때부터『나를 따르라』(Nachfolge)부터 괴팅겐대학교에서『윤리학』(Ethik),『저항과 복종』(Widerstand und Ergebung「옥중서간」)에 이르기까지 많은 영향을 받았습니다.

루터의「십자가 신학」(theologia crucis)과 본회퍼의「고난 받는 하나님의 신학」(Theologie des Leidens Gottes)은 몰트만의『십자가에 달린 하나님』(Der gekreuzigte Gott)의 저서를 낳았습니다.

본회퍼에 관해서 쓴 두 편의 논문은 ①Herrschaft Christi und soziale Wirklichkeit nach Dietrich Bonhoeffer (1958) ②Die Wirklichkeit der Welt und Gottes konkretes Gebot nach Dietrich Bonhoeffer(1960)입니다.

몰트만 이후의 어느 논문도 이 논문을 능가하지 못한다는 평가를 받고 있습니다.

몰트만 교수님은 2013년 9월부터 서울신학대학교에 명예석좌교수로 계십니다. 몰트만 교수님은 석좌교수로서 매년 서울신학대학교를 방문하여 여러 번의 강의 중에 「본회퍼에 관한」(Dietrich Bonhoeffer Bedeutung für unser Welt Frieden und Wiederstand in der zeiten des Terrors/ Dietrich Bonhoeffers Theologie des Leidens Gottes) 강연과 「한국과의 40년을 회고」(40 Jahre Korea 1975-2015) 하는 강의를 하셨습니다.

2013년 서울신학대학교에서 몰트만 교수님께 명예신학박사학위를 수여하였습니다. 나는 튀빙겐대학에서 몰트만 교수님의 지도를 받아 본회퍼에 관한 논문으로 박사학위를 받은 바 있습니다.

교수님의 본회퍼에 관한 논문들을 묶어 책으로 출판하게 됨을 기쁘게 생각하며 평화를 만드는 사람들(peacemakers)이 되게 하는데 큰 기여하기를 바랍니다.

차례

1부
본회퍼의 사회윤리 ················· 13

2부
1장. 본회퍼에 있어서 세계의 현실과 신의 구체적 계명
······················· 145

2장. "고난당하는 하느님만이 도우실 수 있다" ········· 191
   디트리히 본회퍼의 하나님의 고난의 신학

3장. 오늘 우리의 세계에 대한 디트리히 본회퍼의 의미
   - 테러의 시대 속에서 평화와 저항 - ············ 215

4장. 내가 체험한 40년 한국
   - 1975년에서 2015년 사이 - ················ 237

INHALT

TeiL I

HERRSCHAFT CHRISTI UND SOZIALE WIRKLICHKEIT
NACH DIETRICH BONHOEFFERE ·················255

TeiL II

1. DIE WIRKLICHKEIT DER WELT UND GOTTES KONKRETES
GEBOT NACH DIETRICH BONHOEFFER ···············367

2. "NUR DER LEIDENDE GOTT KANN HELFEN"
DIETRICH BOHNOEFFERS THEOLOGIE DES LEIDENS
GOTTES ···419

3. DIETRICH BONHOEFFER BEDEUTUNG FÜR UNSERE WELT
FRIEDEN UND WIDERSTAND IN DEN ZEITEN DES TERRORS
··441

4. 40 JAHRE KOREA 1975-2015
WIE ICH ES ERLEBT HABE ·······················463

1부

본회퍼의 사회윤리

본회퍼의 사회윤리

차 례

머 리 말
저자의 머리말
옮긴이의 해설

1장. 초기의 사고 형식
    1. 사회학과 교회
    2. 교회론적인 인격주의와 사회학적인 초월 개념
    3. 인격적인 공동체의 사회학
    4. 죄인의 사귐과 성도의 사귐
    5. 『행위와 존재』의 신학적 존재론적 고찰
    6. 관계의 유비의 개념

2장. 하나님 지배론과 그리스도론
    1. 하나님의 지배와 성육신
    2. 하나님의 지배와 십자가
    3. 새로운 현실의 개념
    4. 계 명

3장. 위 임
    1. 위임 개념
    2. 존재의 관점에서 본 위임의 소여성
    3. "궁극 이전"의 길 안내로서의 위임
    4. 유비론적인 구조
    5. 대리행위
    6. 각 위임의 동등성
    7. 위임의 기능

머리말

이 책에서 본회퍼의 사회윤리를 논하게 된 것은 독일 복음주의 교회(EKD)의 청탁으로 1949년 이후 이루어진 일련의 법신학적인 대화로 말미암은 것이다.[1] 거기서 일어난 문제는 법률의 신학적인 근거가 무엇이며 법률, 결혼, 국가 일반의 제도적 현상을 신학적으로 어떻게 표현할 것인가 하는 문제였다. 이 문제들이 본회퍼의 저서에 비추어서 연구되어야 할 내용이며 그 한계가 된다.

이 연구는 1958년 6월 17일, 하이델베르그에 있는 복음주의 학술연구원 크리스토퍼루스(Christopherus) 수도원에서 발표한 강연에서 나왔으며, 이 강연은 「위임과 제도」라는 제목이었다. 이 강연을 준비하기 위한 연구와 강연이 끝난 뒤의 토론에서, 나는 본회퍼의 위임개념을[2] 그가 쓴 『윤리학』의 교의학적인 틀 안에서 표현하고 싶은 생각이 들었다. 뿐만 아니라 그의 모든 저서가 지니고 있는 사회윤리학적인 특색에서 위임개념을 표현하고 싶었다. 오늘날 본회퍼에 대한 해석이 오류에 빠지는 원인은 『윤리학』이나 그의 마지막 서신 『저항과 순종』(Widerstand und Ergebung)에 들어있는 여러 개념들이 아무런 연관도 없이 고찰되기 때문이다. 또한 그의 조직신학적인 초기 저서인 『교회의 사회학』(Communio Sanctorum: 『성도의 사귐』. 1927년 저술, 1930년 발행, 1954년 재판 약호 SC)을 충분히 이해하지 못하며 신학적인 존재론(Akt und Sein: 『행위와 존재』. 1931년 발행, 1956년 재판)의 사상적인 근거를 충분히 고찰해 보지 아니하기 때문이다. 그러므로 위임론에 있어서 "현실"(Wirklichkeit), "대리행위"(Stellvertretung), "사회성"(Sozialität) 등의 기본 개념의 뜻을 본회퍼가 본래 의미하였던 대로 해명하고 그 개념들의 형태가 경우에 따라서 어떻게 변화하는가를 분명하게 제시해야 하겠다. 또한 그의 저서에 있어서 시대적인 구속을 받을 수 밖에 없는 몇가지 점들을 밝혀야 한다. 이 몇가지 점들은 그렇게 중요한 것은 아니지만 분명히 어떤 문제성을 지니고 있다. 마지막으로 본회퍼의『윤리학』에 있어서 간과될 수 없는 사실은, 첫째, 본회퍼는 루터의 사회윤리에 의존하고 있다는 사실이다. 본회퍼의『윤리학』은 루터의 사회윤리를 해석하고 적용하는 데에 있어서 참신하고 밝은 전망을 열어주고 있다. 이 전망은 스웨덴의 퇴른발(G. Törnvall)과 윙그렌(G. Wingren), 독일의 볼프(E. Wolf)와 헥켈(J. Heckel) 등의 루터 연구가 보여주는 것이기도 하다. 둘째, 본회퍼의 입장은 철저히 칼 바르트와 관계되어 있다는 사실인데, 특히 윤리학적, 교의학적인 문제에 있어서 바르트와 본회퍼는 언제나 서로 토론하고 있다. 이와 같은 여러가지 사실을 전체적으로 고려할 때 본회퍼의 사상 전모가 분명해질 것이다. 그래서 우리는 본회퍼를 바르게 이해할 수 있을 것이며 계속해서 연구할 만한 의미를 발견하게 될 것이다.

본회퍼의 위임개념을 연구함에 있어서 다행스러운 사실은 위에서 언급한 바, 제도에 관한 종전의 토론에서 얻은 성과와 더불어 다음의 두 가지 사실이다.

1. 적어도 신교에 있어서는 지금까지 신학적으로 별로 비난받지 아니한 '제도'라는 개념이 법, 결혼, 국가 등의 제도적 현상을 파악하기 위한 법신학적인 대화의 기초가 되었다. 따라서 무엇보다도 이러한 현상들을 파악하고 이해하고자 할 때, '질서'(Ordnung 秩序) 혹은 '신분'(Stand 身分), '율법'

(Gesetz) 혹은 '가치'(Wert) 등의 개념이 필연적으로 내포하고 있는 신학적 선입관을 초월할 수 있게 되었다. '제도'라는 개념은 무엇보다도 이러한 관계들을 하나님께서 세우셨다는 사실만을 의미하고 있다. 따라서 이와 같은 새로운 개념을 연구함에 있어서 신학과 법학, 사회학은 새로운 의미를 가지게 될 것이며 법신학적인 토론도 상대적으로 유익하게 될 것이다.

  2. 지금까지 이야기하여 온 바에 있어서 계명과 위임, 행위와 존재, 관계와 유비론(Analogie)에 대한 본회퍼의 참신한 생각이 여러 면으로 아주 확실하게 언급되었다.[3] 그러나 그것은 전체적인 면에서 본회퍼의 사회윤리학도 아니고[4] 특수한 면에서 대리행위나 현실 등의 중심적 개념도 아니다. 또한 결국에 서로 병존하는 여러 위임을 제시하고자 하였던 그의 대담한 시도가 그 대화 속에 포함되지도 않았으며 그의 시도와 그 성과의 가치가 입증되지도 못하였다.

  이와 같은 시도가 만일 여기에서 시작된다면 그것은 다음의 사실을 분명히 전제하고 있다. 즉, 우리가 본회퍼에 관하여 가진 것은 사회윤리학의 단편들과 전망과 문제에 대한 비전과 신학적 근거에 관한 불분명한 암시뿐이며, 연구를 통해서 확립되고 완성된 사상체계를 소유하지 못하고 있다는 사실이다.

  이 서론에서 덧붙여 말해주고 싶은 것은 이 책을 통해서 본회퍼를 단지 설명하려는 것이 아니라 오늘의 토론 속에 그를 참여시키려고 한다는 것이다.

위르겐 몰트만

옮긴이의 해설

신학은 정신적인 사치품이거나 현실과 격리된 상아탑 속의 학문이 아니다. 또한 특수 지식인들을 위한 단순한 지식(Wissen)이나 테크닉이 아니다. 신학은 먼저 신학하는 주체자의 "사람 됨"(Menschsein)에 관한 것이며 그의 생을 향해 강박해 오는 것에 대한 절실한 증언이다. 그것은 정신적인 사치품이나 상아탑 속의 여왕이 아니라 긴박한 역사의 현실, 그리고 교회의 현실과 직결되어 있다. 그러므로 신학하는 사람은 역사의 현실을 무시하거나 외면할 수 없다. 오히려 그는 역사의 현실을 주시하면서 역사의 현실 속에서 들려오는 하나님의 부르심에 대하여 먼저 그의 삶으로써 응답한다. 그리고 하나님의 부르심에 응답하므로써 그는 자기의 사람됨을 이루어 나가며 자기의 존재를 순간 순간마다 형성해 나간다.

본회퍼의 신학이 우리의 시선을 끄는 것은 먼저 그의 신학적인 독특성과 탁월함에 기인한다. 특히 그의 초기 사상은 사회철학과 교의학을 연결시키고자 하는 점에서 20세기 초반을 풍미하였던 신(新)정통주의 신학과 다른 특성을 보이고 있다. 바르트의 『교회 교의학』, 하이데거의 『존재와 시간』과 함께 1927년 발행된 그의 첫 작품 『성도의 사귐』은 변증법적 신학의 경향과 다른 방향을 제시하였다. 즉, 하나님의 계시는 교회와 불가분의 관계를 맺고 있다고 생각하여 이 책에서 그는 교회의 존재론을 논의하였다. 그리고 교회를 정적(靜的)이며 실체론적으로 이해하지 않고 사회학적인 카테고리에서 이해하고자 하였다. 변증법적 신학이 신앙과 개인을 문제 삼았다면 본회퍼는 신앙과 공동체를 문제 삼왔다. 트뢸취와 베를린 학파의 역사주의(Historismus)를 거부한 그의 교의학적인 사고 형식은 변증법적 신학과 일맥 상통한다고 보겠으며 바르트의 말씀의 신학과도 깊은 관련성을 보인다. 그러나 본회퍼는 변증법적 신학의 방법론을 개인주의적이며 추상적인 것이라 비판하고 구체적인 공동체의 신학에서 출발하였다. 뿐만 아니라 「옥중서신」에 나타난 "성숙한 세계", "차안의 초월", "성서 개념들의 비종교적인 해석", "종교 없는 그리스도교" 등의 명제는 본회퍼 이후의 지나치게 급진적인 여러 신학 사조의 근원이 되었다고 볼 수 있다. 또 『나를 따르라』, 『신도의 공동생활』에 나타난 그의 탁월하고 깊은 사색들도 놀라운 바 있다.

그러나 본회퍼의 신학이 우리의 관심을 끄는 원인은 단지 그의 신학적인 독특성과 탁월함에 있는 것만은 아닌 것 같다. 그의 신학이 널리 각광을 받는 원인은 위에서 천명한 신학이라는 학문의 성격을 그는 그의 삶으로써 분명하게 입증하기 때문이 아닐까? 다시 말해서 신학은 먼저 하나님과의 응답 관계에 있는 신학하는 주체자의 사람 됨과 존재에 관한 것이며, 하나님의 역사가 그 속에서 이루어지고 있는 이 역사의 현실과 직결되어 있다는 사실을 역력하게 보여 주기 때문이 아닐까? 그리고 친지들의 권유를 뿌리치고 아메리카 대륙을 떠나 역사의 소용돌이 한 중심지인 독일을 향하여 유유히 발걸음을 옮기는 그의 모습에서 우리는 한 책임있는 순교자의 모습을 보기 때문이 아닐까? 거기에서 "타인을 위한 존재"라는 그의 말이 빈 말이 되지 않고 자신의 삶을 통하여 구체적인 사건으로 나타나며, 이 세상을 위한 하나님의 고난에 동참하여 자기를 대속의 희생물로 내어주는 한 진지한 그리스도인의 삶의 길을 발견하기 때문이 아닐까? 그래서 그리스도교계(Christentum)는 있으나 그리스도의 뒤를 따르는 사람(der Nachfolger)은 없다고 하는 키르케고르의 극단적인 부정을 본회퍼는 자기의 구체적인 삶으로써 부정하고 지금도 살아 일하시는 하나님의 능력을 극적으로 우리에게 제시하기 때문이 아닐까? 본회퍼의 말과 같이 전체로서의 단 하나인 이 현실은 메시아적인 성격의 것이며 세계의 역사는 결국 하나님의 손 안에 있다고 고백할 수 밖에 없다. 그러나 가인의 피가 그 속에 흐르고 있는 이 역사는 순교자의 무고한 피를 요구하며, 하나님께서는 오늘날도 그리스도의 뒤를 따라 자기의 삶 전체를 세상을 위한 대속물로 내어 주므로써 하늘의 축복을 누리는 소수의 작은 무리를 원하시고 있다는 사실을 본회퍼는 그의 삶을 통하여 우리에게 말하고 있기 때문이 아닐까? 이러한 사실들이 그의 신학적인 독자성과 더불어 우리의 관심을 끄는 원인이 아닌가 생각된다. 또 이것이 이 책의 번역을 착수하게 된 옮긴이의 가장 깊은 동기였기도 하다.

생애와 주요 저서

본회퍼는 1906년 2월 4일 브레슬라우(Breslau)에서 출생하여 12살 때 그의 가족은 베를린으로 이사하였다. 1923년 그는 튀빙겐대학에 입학하여 1년 간 공부하고 다시 베를린대학에 입학하여 특히 조직신학에 관심을 가지게 되었다. 1927년 그의 나이 21세 때 「성도의 사귐」(Sanctorum Communio, Eine dogmatische Untersuchung zur Soziologie der Kirche)이라는 논문으로써 그는 베를린 대학의 신학박사 학위를 취득하였다. 1928년 초에서부터 본회퍼는 스페인 바르셀로나에서 약 2년 간 목사 견습생활을 보내었다. 이 기간 중에 그는 대학 교수직을 취득하기 위한 논문을 준비하였다. 「행위와 존재」(Akt und Sein;Transzendentalphilosophie und Ontologie in der systematischen Theologie)라는 제목의 이 논문은 1929년 베를린대학에서 거뜬히 통과되었고 그는 그의 신학적인 독자성을 인정받게 되었다. 1930년 한 해를 뉴욕 유니온 신학교에서 공부하고 1931년 가을부터 베를린대학교의 사강사 겸 백림 공과대학의 교목으로 취임하였다. 1932년에 그는 「창주와 죄」라는 제목의 강의를 하였는데 이것이 나중에 『창조와 타락』(Schopfung und Fall)이라는 책으로 출판되었다. 그러나 독일의 국내 정세는 악화되기 시작하여 1933년 1월 히틀러는 제3제국의 수상이 되었다. 그리고 히틀러의 정책에 편동하는 "독일 그리스도인" 그룹과 히틀러에 대항하는 "고백교회" 간의 투쟁도 차츰 격화되기 시작하였다. 이러한 정세 하에서 본회퍼는 1933년 10월부터 런던에서 목회에 종사하였다. 이때 그는 독일교회의 반히틀러 운동과 긴밀한 관계를 가졌으며 에큐메니칼 운동에도 참여하였다. 그러나 고백교회의 부름으로 본회퍼는 귀국하여 1935년 4월부터 칭스트(Zingst)에 소재한 목사 후보생 훈련소 소장으로 취임하였다. 이 훈련소는 곧 핑켄발데(Finkenwalde)로 옮겨졌고 여기서 그는 참으로 아름다운 "신도의 공동생활"을 나누었다. 이 시기에도 그는 베를린대학에서 강의를 하였다. 그러나 1936년 8월 그의 사강사 직은 박탈당하고 말았다. 그후로도 본회퍼는 고백교회의 일원으로써 반 히틀러 운동을 계속하였다. 그리고 1935년부터 쓰기 시작한 『나를 따르라』(Nachfolge)가 1937년 발행되었으며 『유혹』(Versuchung)은 이해에 쓰이기 시작했다. 나치의 탄압은 차츰 격화되었다. 1937년 10월 핑켄발데의 훈련소는 나치 비밀경찰의 두목 히믈러에 의하여 폐쇄되었다. 그러나 신학교육은 쾨슬린(Köslin)과 슐라베(Schlawe)에서 비밀리에 계속되었다. 그뒤 1939년 『신도의 공동생활』(Gemeinsames Leben)이 출판되었는데 이 책은 핑켄발데에서 가졌던 2년 간의 생활의 결실이었다. 정세는 악화되어 1939년 히틀러는 체코와 오스트리아를 노략하였다. 이해 3월 본회퍼는 친구 베트게와 함께 영국으로 건너가 마침 기포드(Gifford) 강의를 하고 있던 라인홀드 니버를 회견하였다. 이것이 계기가 되어 본회퍼는 니버의 주선으로 1939년 8월 미국으로 가서 활동하였다. 그러나 전운에 잠긴 조국을 그는 버려둘 수 없었다. 그의 양심은 이것을 허락하지 아니 하였다. 그래서 그는 2~3년 간의 체류 계획을 중지하고 1939년 7월 귀국하였다. 1936년 9월 1일 히틀러가 폴랜드를 침략하자 이틀 후에 영국과 프랑스는 독일에 대한 선전을 포고하였다. 이때 독일교회 반 나치 운동은 지하로 숨어

들었으며 본회퍼의 신변도 노골적으로 위협받기 시작했다. 그는 일체의 강의와 대중연설과 간행물의 발행을 금지당했다. 그러나 다행히 『성서의 기도서』(Das Gebetbuch der Bibel)는 이미 출판된 뒤였다. 그러나 그는 반 히틀러 투쟁에 계속 가담하였으며 이 시기에 『윤리학』을 저술하기 위한 많은 단편들을 써 두었다. 베트게의 말에 의하면 이 저술의 준비는 1937년 부터 시작되었는데 1940년 부터 1943년사이에 써서 은익하여 두었던 단편들을 베트게가 편집하여 그의 사후에 발행한 것이 곧 유명한 『윤리학』(Ethik)이다. 전쟁의 사태가 점점 격화됨에 따라 본회퍼의 결심도 단호해졌다. 그래서 그는 "사람들이 운집해 있는 거리에서 미친놈들이 운전하는 자동차의 희생물이 된 사람들을 돌보는 것만이 나의 임무가 아니라 아예 이 자동차의 운행을 정지시키는 것이 나의 임무다"라고 히틀러에 대한 그의 태도를 결정했다. 1941년 5월에 그는 스위스를 방문했고 이듬 해 5월에는 스웨덴을 방문했다. 표면상의 이유는 교회 관계의 일이었으나 사실상의 목적은 반 나치 레지스탕스에 관한 것이었다. 그러나 1943년 4월 5일 그는 백림 자택에서 비밀경찰에 의하여 체포되었고 즉시 베를린의 테겔(Tegel) 형무소에 수감되어 약 18개월 간 구류당하였다. 이 기간 감옥에서 쓴 서신과 글들을 베트게가 편집하여 그의 사후에 발행한 것이 『옥중서신』(Widerstand und Ergebung)이다. 『유혹』(Versuchung)도 이때 씌어졌다. 1944년 7월, 히틀러 암살 사건이 실패되고 그해 9월 레지스탕스에 참가한 자들에 대한 단서가 탄로되자 본회퍼는 1944년 10월 베를린의 비밀경찰 형무소로 옮겨졌고 1945년

2월에 다시 부켄발트(Buchenwald)의 강제수용소로 옮겨졌다. 여기는 온 유럽의 반 히틀러 일급 죄수들이 모인 곳이었다. 1945년 4월 8일 본회퍼는 군사재판을 받기 위하여 프로센뷔르크(Flossenbürg)로 이송되었다. 그날 밤 그는 히틀러 암살 사건에 가담한 사람들과 함께 사형을 언도받았으며 그 이튿날 새벽(1945년 4월 9일) 교수대의 이슬로 사라졌다. 그의 나이 39세, 미군이 그 도시로 진주하기 바로 며칠 전의 일이었다.

이 책에 관하여

이 책은 독일 카이저(Kaiser) 출판사에서 1959년 발행한 "오늘의 신학적 실존"(Theologische Existenz Heute) 총서 제71번의 책이며 몰트만의 본회퍼 학술연구지로서, "Herrschaft Christi und soziale Wirklicheit nach Dietrich Bonhoeffer"(본회퍼가 본 그리스도의 통치와 사회적 현실이라는 긴 이름의 책을 직접 번역한 것이다. 본회퍼의 신학 체계를 전체적으로 다루고 있는데, "초기의 사고 형식", "하나님 지배론과 그리스도론", "위임"의 세 장으로 나뉘어 그의 신학 전반을 다루고 있다.

초기의 사고 형식이란 제목의 1장은 그의 저서 『성도의 사귐』을 중심으로 하고 본회퍼의 방법론이 그 주축을 이루고 있다. 트뢸취의 역사주의를 거부하는 본회퍼의 교의학적인 입장과 이것을 사회철학과 결부시켜 사회학적으로 발전시키고자 한 그의 독특한 방법론이 선명하게 드러나고 있다. 그리고 이것은 『행위와 존재』에 대한 고찰과 『창조와 타락』을 중심으로 한 관계 유추의 개념으로써 보완되고 있다. 또 제1장 전체를 통하여 우리는 초기 본회퍼의 강력한 그리스도론적이며 교회론적인 사고의 경향을 발견할 수 있으며 변증법적 신학의 거장 바르트와 본회퍼 사이의 긴밀한 연관성을 발견할 것이다.

2장은 초기 본회퍼로부터 후기 본회퍼로 들어가기 위한 준비단계라고 볼 수 있으며 여기서 몰트만은 본회퍼 『윤리학』의 교의학적인 윤곽을 드러내고자 한다. 그리하여 하나님께서 이 세상 속으로 들어오신 사건으로서의 성육신, 인간을 위한 대리행위를 뜻하는 그리스도의 십자가로부터 논의가 전개된다. 그리하여 성육신과 십자가에서부터 출발하는 현실에 대한 새로운 이해가 2장의 중심을 이루고 있으며 여기에 현대신학의 세속화론 및 급진주의적인 사고의 경향이 태동되어 있음을 볼 수 있다. 그리고 교회의 교의학(초기 본회퍼)으로부터 온 세계와 삶의 모든 현실을 통치하시는 하나님 지배론의 신학(후기 본회퍼)으로 전향한 그의 신학적인 전환이 뚜렷이 드러난다. 볼트만이 말하는 바와 같이 초기 본회퍼에 있어서는 교회의 사회론, 교회의 공동체로써 존재하는 그리스도, 그리스도의 뒤를 따르는 공동체의 특성 등이 문제의 중심을 이루었다면 후기 본회퍼에 있어서는 하나님의 통치의 영역이 교회로부터 세계로 확대되고 있으며 현세의 삶 한가운데에 계시는 그리스도의 임재와 그리스도 안에서 하나님과 화해된 세속의 현실, 위임을 통한 하나님의 세계 통치, 이러한 것이 문제의 중심이었다.

   3장은 본회퍼 신학의 절정을 이룬다고 볼 수 있는 '위임'론을 중심으로 전개되며 먼저 루터와의 관련 하에서 위임개념의 의미가 논의되고 있다. 특히 하나님께서 명령하시는 장소로서의 위임, 즉 하나님의 계명이 구체화된 장소로서의 위임과 하나님의 계명에 대한 인간의 순종이 윤리적으로 이루어지는 장소로서의 위임의 개념이 드러나고 있다. 그리고 위임이 소유하고 있는 존재론적인 성격, 창조질서와 유지질서의 문제 및 궁극의 거죽(Hülle)으로서의 궁극 이전과 궁극을 향한 궁극 이전의 안내자로서의 위임의 성격, 위임의 유비적인 구조, 이웃을 위한 대리행위가 이루어지는 장소로서의 위임, 제 위임의 동등한 자격과 독립성 및 상호 의존성, 노동, 결혼, 정부, 교호의 각 위임이 소유하고 있는 기능이 이 장에서 다루어지고 있다. 그리고 본회퍼의 위임론에 대한 바르트의 비판이 마지막으로 나타나 있다.

요컨대 이 한 권의 작은 책에서 우리는 이 해설에 언급되지 아니한 본회퍼의 여러 가지 신학적인 논제들을 알 수 있으며 전체적인 면에서 본회퍼 신학의 줄거리를 스케치할 수 있다. 『성도의 사귐』에서 「옥중서신」에 이르는 그의 중요한 저서의 핵심 내용을 적은 분량 속에서 다루고 있기 때문에 이해에 있어서 상당한 노력을 요구한다. 이것은 번역에 있어서도 상당한 어려움을 주었다. 특히 초기의 사고 형식을 다루고 있는 제1장은 본회퍼의 신학에 생소한 독자에게는 상당히 이해되기 어려우리라 생각된다. 본 옮긴이는 독자의 이해를 돕기 위하여 곳곳에 원어와 원문을 삽입하였고 저자의 많은 주를 그대로 번역하는 동시에 중요한 술어나 사항이나 인명에 관해서 옮긴이가 붙인 주도 많고 그것은 시작에 (*)라고 표시하였다. 특히 원문에 나오는 라틴어와 희랍어는 편집자 전경연 박사께서 번역해주셨고 또 많은 조언과 격려를 주신데 대해서 심심한 감사를 드린다.

불비한 번역이나마 이렇게 옮긴 것은 이 위대한 정신에 대해서 우리가 조금 더 이해하고 우리가 처해 있는 하나님 앞에서의 현실에 대해서 진지하게 대결하게 되기를 바라는 간절한 마음에서 난 것이다.

1969. 8. 12
옮긴이 김 균 진

본회퍼의 사회윤리

1장. 초기의 사고형식

1. 사회학과 교회

본회퍼는 「교회사회학에 관한 교의학적 연구」(Dogmatische Untersuchung zur Soziologie der Kirche)와 함께 오늘날도 활발한 대화의 무대에 등장한다. 「교회사회학에 관한 교의학적 연구」는 바로 1930년 4월에 출판된 『성도의 사귐』이며[5] 이 책은 현대신학이 유기해버린 관념론적인 추상적 개념을 사용하고 있는데도 불구하고 위풍 당당한 높은 등성이(Höhenlage) (바르트, 교의학 제4권 2책, 725)를 형성하고 있다. 이 책은 본회퍼의 교의학적인 모든 기본개념이 소유하고 있는 사회학적인 관심을 드러내고 있으며 본회퍼는 이것을 더 발전시켜 교회의 개념을 새로이 사회학적으로 표현하였다. "교회의 개념은 하나님께서 세우신 실재(Realität)의 영역 안에서만이 생각될 수 있다. 말하자면 교회의 개념은 연역될 수 있는 성질의 것이 아니다. 교회의 실재는 계시의 실재이며 신앙되든지 아니면 부인되든지 하는 성질의 것이다.(SC. p. 65). 그리스도 교회의 본질을 일반적인 사회학적 관점이나 종교 사회학적인 관점에서 관찰한다면 결코 분명히 나타나지 않을 것이다. 교회의 본질은 오직 교회 자체의 내부에서부터만이 바르고 적절하게 이해될 수 있다. 그러나 교회론(Ekklesiologie)은 그리스도 안에 계시되어 있는 교회의 현실을 그의 구조에 있어서 사회철학적으로, 또 사회학적으로 표현해야 한다. 그리스도의 계시 속에 주어진 교회의 현실을 사회철학적으로 또 사회학적으로 표현할 때에 사회학적인 범주가 신학에 대해서 유용하게 될 것이다.

교회사회학이란 테마를 본회퍼는 트뢸춰(E. Tröeltsch)를[6] 연구한 베를린 학파(Die Soziallehren der Christlichen Kirchen und Gruppen : 그리스도 교회와 집단의 사회론, 1911)에서 획득하였다. 이 베를린 학파는 그리스도교 공동체의 역사와 공동체 이념의 역사(Geschichte)를 객관적으로 역사적(historisch), 사회학적 관점에서 연구하였고 또 그것을 표현하였다. 그러나 이러한 사회학적, 역사적 상대주의와 사회적 실용주의 신학을 극복하려는 것이 본회퍼가 착수한 과업이었다. 우연적인 것으로 형성되어 버린 그리스도교의 사회형태를 관찰한다고 해서 교회의 고유한 본질적인 구조가 결코 밝혀지는 것이 아니다. 본회퍼는 그 반대의 길을 택하여 다음과 같이 말하고 있다. 그리스도교적 사회철학에 관한 문제는 순수히 교의학적인 문제이다. … 왜냐하면 이 문제는 오직 교회의 개념으로부터만이 답변될 수 있기 때문이다. 교회사회학의 연구에 있어서 그 특수한 신학적인 성격이 보장될 수 있는 것은 순수히 신학적인 개념이 오직 그 고유한 사회적 영역 안에서 성립되고 완성되기 때문이다. 경험적인 공동체 형식의 토대가 되는 교회의 사회학적인 기본구조(Grundstruktur)는 '인격', '원 상태'(Urstand), '죄', '계시', '대리행위', '공동체' 등의 그리스도교적 기본 개념들, 즉 교의학적인 기본 개념들의 '특수한 사회적인 영역'이 이와 같은 방법으로 분명해질 때 비로소 명백하게 드러날 것이다. 또 이와 같은 방법으로 교회의 교회론적인 관계를 제시할 때 비로소 명백하게 드러날 것이다. "자신의 고유한 형식으로서의 경험적인 교회의 형식과 기본적인 관계들이 필연적으로 결합되는 거기에 소위 말하는 교회의 본질이 들어있다.(SC. p. 83). 그러므로 교회를 역사화(historisieren)하려는 오류는 물론 교회에 대한 종교적인 오해가 여기서 방기될 수 있다. 그리스도 교회가 소유하고 있는 계시의 실재는 교회의 역사적인 현상으로서는 바르게 파악될 수 없다. 계시의 실재는 역사적으로 이해될 수가 없다. 오직 하나님의 현실과 하나님의 계시의 현실 안에 근거할 때 이해될 수 있다. 그 반면에 종말론적인 하나님의 나라를 교회와 동일시하는 것은 종교적인 오해이다. 인간의 역사적 제한성은 로마 기독교 교회 성직자의 신정정치에서 보는 것과 같이 인간의 역사성이 신격화될 때 극복될 수 있다. 혹은 인간의 역사성이 죄와 죽음의 냉혹한 법칙 속에서 아무런 신학적인 의미도 소유하지 아니한 역사적이고 우연적인 것으로 간주될 때 극복될 수 있다. 교회를 역사적으로 관찰하거나 혹은 종교적으로, 종말론적으로 관찰한다면 교회의 현실은 바로 인식될 수 없다. 교회는 역사적인 공동체인 동시에 하나님께서 세우신 공동체이기 때문이다. 위에서 말한 두 가지 관찰 방법은 역사적인 동시에 종말론적이며 인간적인 동시에 신적(神的)인 교회의 현실을 이해함에 있어서 신학과 현상학이 일치될 때 야기되는 문제를 오해하고 있다.[7]

이 일치를 본회퍼는 교회의 "본질 구조"(Wesensstruktur)에서 발견했는데 교회의 본질 구조는 경험적이며 사회적인 행위의 근원적 토대가 되는 동시에 계시의 실재에서 유래한 것이라고 보았다. 이렇게 하므로써 본회퍼는 사회적 기본 관계의 개념들과 함께 사회철학을 교의학에 사용하고자 하였다. 사회 철학에 대한 본회퍼의 예비적인 개념 규정에 의한다면,(S.C. p.11 이하). 사회철학은 무엇보다도 먼저 경험적인 사회의 형성에 대한 지식과 의지 안에 깃들어 있는 사회적인 성격의 궁극적 관계를 문제 삼는다. 또 인간의 정신성(Geistigkeit) 속에 내재하는 사회성의 "근원"을 문제 삼으며 인간의 정신성과 사회성의 근원 사이의 본질적인 관계를 문제 삼는다. "사회철학은 오직 사회성의 근원적 본성에 관한 학문이다."[8] 그러나 모든 교의학적인 기본개념이 "사회적인 관심"을 표명할 때에 사회철학적인 기본개념을 채택한다는 것은 곧 교의학적인 기본개념들과 사회적인 기본개념들이 서로 화해한다는 것을 의미한다. 이와 같이 변화하고 그 성격이 새로이 규명될 때 비로소 '인격', '공동체' 등의 사회철학적인 개념들이 교회사회학을 위한 교의학적 연구에 쓰일 수 있게 된다.

사회철학에 있어서, 특히 독일 관념주의의 사회철학에서 본회퍼가 취한 이 입장은 이미 결정되어버린 하나의 방향을 소유하고 있다. 그리고 이 입장을 그는 '위임'의 사회윤리학에 이르기까지 일관시키고 있다. 그러나 이 입장은 후기 저서에서 점차 약화되는 관념론적인 추상적 성격 그것만을 의미하는 것은 아니다. 본회퍼는 사회성의 근원과 본질구조에 관하여 사회철학적인 문제를 제기하였다. 그 대신에 그는 생성 소멸하는 질서의 역사적인 과정과 사회적인 과정이 동반하는 역사적 변동성(Labilität)을 깊이 고려하지 못하고 있다. 바로 이것이 그의 교회사회학의 특성이며 그 독특한 정력학(Statik, 靜力學)에 관한 후기 위임 사회학의 특성이다. 그리고 그 정력학 속에서 종말론이 위험스럽게 훼손되며 역사적이고 역동적인 관계가 율법적으로 경화(硬化)된다는 비판을 본회퍼는 면할 수 없었다. 하제(H. Chr. von Hase)는 "세계 종말의 날 이전에 십자가 밑에 있는 교회의 신비성이 조직신학적으로 혹은 사회학적으로 해소되어 버릴지도 모른다"고 본회퍼를 비판하여 말했다.[9] 칼 바르트는 본회퍼의 위임 개념을 문제 삼았는데 그 이유는 위임 개념이 일정하게 분류되어 버린 인간의 여러 가지 관계를 고집하므로써 매우 급속하게 다시 굳어질 위험성을 과연 피할 수 있을는지 의문시하였기 때문이다.[10] 교회사회학을 역사적인 상대주의로부터 구해내려는 것이 본회퍼의 의도이다. 이 역사적 상대주의에 있어서는 하나님의 계명과 약속 안에 서 있는 교회의 본질이 분명히 드러나지 아니하는데 하나님의 계명과 약속이 하나님께 순종하기도 하고 불순종하기도 하는 교회의 역사를 비로소 가능하게 한다. 그러나 역사적 상대주의에 있어서는 교회가 소유하고 있는 행위적인 면(Aktseite)과 유동적인 변동성만이 드러나고 있다. "우리는 교회의 본질적인 구조를 문제 삼는다. 그러나 교회의 본질적인 구조가 변천해 온 과정에 관하여 역사철학적인 설계도를 제시하려고 하지는 않는다. 교회사가 경과하여 온 과정은 현재적으로 이해된, 매 순간 이외에 종말론적 의미에 대해서는 아무것도 우리에게 가르쳐주지 아니한다"는 말은 "각 시대는 직접적으로 하나님에게 속해 있다"는 랑케(L. Ranke)의 말과 결부되어 있다.(SC. p.212) 여기에서 "구조"는 무엇을 의미하는가? 본회퍼는 "구조와 의지"(Struktur und

Intention)를 구분하기를 바라고 있다.(SC. p.41) "전체의 구조는 개개의 행위의 의지에서만이 구체적으로 나타난다. 그러나 전체의 구조는 원칙적으로 개개의 행위 의지에 의존하지 아니한다." 이렇게 하여 본회퍼는 경험주의적인 공동체 개념과 존재론적인 공동체 개념을 구분하고자 했다. 그러므로 "본질 구조"는 마음대로 처리될 수 없는 기본적인 윤곽(Grundri)[11]을 의미하며 이 기본적인 윤곽은 행동하므로써 실현되고 행동에서 구체적으로 나타난다. 그러나 이 기본적인 윤곽은 행위로 해소되지도 아니하며 개개의 행위에 의하여 형성되지도 아니한다.[11] 본회퍼에 있어서 그리스도 교회의 본질 구조는 그때 그때의 교회의 역사적인 형태를 의미하지 아니한다. 또 그리스도 자신이 사회학적으로 파악될 수 있다는 것을 의미하는 것도 아니다.[12] 『윤리학』에서 그가 말하는 "책임적인 삶의 구조"란 것은 굳어져 버린 인간적 관계들을 의미하는 것은 물론 아니다. 오히려 여기서 문제되는 것은 인간의 마음대로 처리될 수 없는 본질적 구조에 관한 것이고, 이 본질적 구조는 경험적인 행위에서 나타나지만 경험적인 행위에 의하여 조금도 변경되지 아니한다. 또 후기 저서『윤리학』(Ethik, 약호 E)에서 언급한 바와 같이 "하나님의 의지는 실현되기를 갈망하는 하나의 이데아(Idee)가 아니라 이미 그리스도 안에 나타난 하나님의 자기 계시 속에 있는 현실이다. 그러나 하나님의 의지는 존재자들과 단순하게 일치될 수 없다. 만일 일치될 수 있다면 하나님께서 존재자들에게 자기를 굴복시키는 것이 곧 하나님의 의지의 성취를 의미하게 될 것이다. 그러나 하나님의 의지는 오히려 존재자들 안에서 또 존재자들에 대해서 언제나 새롭게 실현되는 하나의 현실이다."(E. p.74) 그러나 여기에는 분명히 두 가지 문제가 남아있다. 첫째, 계명과 약속 안에서 하나님이 교회를 세우신 이 사실이 교회에 고착되어 있는 모든 형이상학과 더불어 교회의 본질로서 규정될 수 있겠는가? 둘째, 하나님의 의지는 존재자들 안에서 또 존재자들에 대해서 실현되기를 요구하는 현실이라고 단언할 수 있겠느냐는 문제이다. 위의 두 가지 견해 속에는 용어상으로 플라톤의 이데아 개념이 들어있다.[13] 1937년『나를 따르라』(Nachfolge, 약호 N)에서[14] 존재론적인 표현과 선교적인 증언의 혼동을 본회퍼 자신이 반대하였고 이 혼동 속에서 그는 모든 종교적 광신주의의 본질이 무엇인가를 보았던 것이다. 이와 같은 존재론적인 증언과 케류그마적인 증언의 구별에 대하여 다음의 몇 가지 문제를 질문해 보고자 한다. 즉, 사회철학적인 전문술어의 옷을 입은 교회사회학이 과연 어느 정도까지 가능하겠는가? 교의학적인 개념들이 소유하고 있는 "사회학적인 관심"이 사회학적인 범주 속에서 과연 어느 정도까지 표현될 수 있겠는가? 또한 경험적인 교회와 본질적인 교회(- 이것은 믿음과 약속의 교회를 의미하는 것이지 역사적 현상이 소유하고 있는 본질로서의 교회를 의미하지 않는다. -)가 논리적이며 사회학적으로 처리되어 버린 한 개념으로 환원될 수 있겠는가? 만일 환원될 수 있다면 그 방법은 무엇인가? 또한 논리적이며 사회학적인 동시에 신학적인 한 개념으로 낙착될 수 있겠는가? 사회학적인 동시에 신학적인 견지에서 '교회는 하나님의 심정의 계시에 근거해 있다'는 명제가 의미하는 것은 무엇인가? 등의 문제이다.(볼프에서, SC. p.5) 본회퍼가 사용하고 있는 "구조", "본질", "현실" 등의 개념은 그들의 케류그마적인 새로운 성격이 고려될 때 비로소 바르게 이해될 것이다.

2. 교회론적인 인격주의와 사회학적인 초월 개념

지금까지 언급하여 온 바와 같이 본회퍼는 사회학적인 개념을 채택하고 이 개념들의 의미를 새로이 규명하였다. 이제 이 사실은 그가 착수한 그리스도교적 인격개념과 기본관계 개념(Grundbeziehungsbegriffe) 및 사회철학의 기본관계 개념을 서로 비교하므로써 증명될 수 있고 입증될 수 있어야 하겠다. 여기서 문제점은 사회적인 존재 일반의 존재론적인 기본관계들이 어떻게 이해되었으며 또한 교회에 대하여 의미하는 바가 무엇이냐 하는 것이다. 먼저 본회퍼는 아리스토텔레스, 스토아 학파, 데모크리투스, 에피큐로스 등의 형이상학적인 철학을 논한다. 그 다음에 인식론적인 인격개념을 다음과 같이 고찰하고 있다. 즉, 데카르트는 그의 인식론에서 인격의 개념을 어떻게 새로이 이해하였는가, 그리고 칸트는 인격의 개념을 어떤 방법으로 완성시켜서 19세기 독일 관념주의 철학을 지배하게 되었는가를 고찰하고 있다. 특히 인식론적인 인격개념을 고찰함에 있어서 본회퍼는 한 신학적인 인격주의(Personalismus)를 제시하고 있다. 그러나 그의 신학적인 인격주의는 20세기 초엽, 세계 도처에서 일어난 인격주의적인 사조(딜타이, 부버, 그리스바하, 고가르텐, 로젠슈톡, 횟시 등)와 연결되어 있다.[15] 그러면서도 그의 신학적인 인격주의는 철저히 자기의 독특한 형태를 소유하고 있다.[16]

만일 형이상학적인 도식(圖式)이 인격성의 본질을 유(類)개념에 합쳐 버린다든지 혹은 인격성의 본질을 개체적인 것으로 취급하여 이를 보편에다가 합쳐 버린다면 형이상학적인 도식이 인격성의 본질을 오해하는 것이다. 아리스토텔레스와 토마스 아퀴나스가 추구한 실체(Substanz)

에 관한 형이상학은 인식론적인 인격개념으로 말미암아 데카르트와 칸트에게서 결정적으로 변형되었다.[17] 데카르트와 칸트에 있어서는 스스로 확신하는 '나'(Ich)가 세계 인식의 출발점이 되고 나의 현실이 '객체'로 중성화되며 대상으로 물질화되었다. 이것과 결부된 "존재의 상실"(Seinsverlust)[18] (야스퍼스, Descartes und die Philosophie : 데카르트와 철학, 1948년 제2판. p.79 이하)은 인간이 자기의 역사(Geschichte)를 상실하고 인격적인 나와 너의 관계를 상실한 사실에서 입증된다. 물론 존재의 상실은 인간의 피회성의 상심에서도 입증된다. 칸트에 있어서 선험적인 통각(統覺)의 종합 명제는, 주·객의 대립은 물론 나와 너의 관계를 정신의 더 높은 통일성과 지적(知的)인 직관에서 폐기 승격시켰다. 그 결과 인식론적인 의미에 있어서는 주객을 구분할 수 없게 되었다. 그리고 본래의 인격적인 의미에 있어서 나와 너의 관계를 구분할 수 없게 되었다. 오히려 객체를 주체 속에, 너를 내 속에 포함시켰다.(SC. p.20) 독일 관념주의 철학이 버리지 못하였던 이러한 주객도식으로부터는 사회적인 카테고리에 도달할 수가 없다. 본회퍼는 여기서 피히테를 상기하고 있는데 피히테는 '타인'의 문제를 극복하는 데에 있어서 관념주의적인 카테고리가 불충분하다는 사실을 깨달은 단 한 사람의 관념주의 철학자였다. 그리고 피히테는 다음과 같이 의심스러운 이야기를 하였다. "'너'의 개념은 '그것'과 '나'가 하나가 되므로써 생성된다." (Der Begriff des Du entsteht durch Vereinigung des 'Es' und des 'Ich') (SC. p.33) 결국에 너는 '이질적인 나'(fremdes Ich)로서 인식될 수 있다. 원자론적인 여러 개의 나(Ich)의 복수성 속에서만이 정신 세계는 종합될 수 있다. 그리고 그 복수성을 초월하고 지양하는 정신 속에 들어있는 통일성에서 종합될 수 있다. 우리는 아무리 노력하여도 공동체의 개념에 정확하게 도달할 수 없다. 단지 자기 동일성(Selbigkeit)의 개념에 도달할 수 있을 뿐이다.

인격의 개념을 사회적으로 파악하기 위해서 본회퍼는 '구체적인 시간'의 개념으로부터 출발하고 있다.[19] 본회퍼는 순수한 직관형식으로서의 시간에 대한 인식론적인 이해를 조금도 가지고 있지 아니하다. 그래서 다음과 같이 말하고 있다. "타인이 자기에게 말을 걸어오는 순간에 인간의 인격은 책임의 위치에 처하게 된다. 다시 말해서 결단해야만 할 위치에 서게 된다. 여기서 말하는 인격이란 관념론적인 정신으로서의 인격도 아니고 이성적(理性的)인 인격도 아니다. 오히려 생동성과 특수성 안에서 구체적으로 존재하고 있는 인격을 말하며, 순간[20] 속에서 있는 인격을 말한다."(SC. p.26) 관념론의 입장에서 볼 때 전혀 불합리한 다음과 같은 말을 본회퍼는 거침없이 하고 있다. "인격은 시간 속에서 언제나 다시금 생성하고 소멸한다. 인격은 무시간적인 존재자가 아니다. 인격은 고정된 것이 아니라 움직이는 것이다. 인격은 인간이 오직 윤리적인 책임을 지고 있을 때만이 존속된다. 생명의 영원한 변화 속에서 언제나 새롭게 형성된다."(SC. p.27) 관념주의는 역사(Geschichte)를 조금도 고려하지 아니하며 순간에 대해서 전혀 이해하지 못하고 있다. "거기에 반하여 그리스도교에 있어서는 인간의 존재가 흔들리고 책임을 지게되는 그 순간에 의식된 것으로서의 인격이 형성된다. 그리고 격심한 윤리적인 투쟁의 순간에 형성되어 자기의 힘으로 감당하기 어려운 요구로 말미암아 시련을 당하게 되는 바로 그 순간에 인격이 형성된다. 또한 그리스도교에 있어서는 구체적인 상황으로부터 구체적인 인격이 성장한다."(SC. p.27) 인간의 인격성은 아예 처음부터 만남과 결단이 이루어지는 구체적인 순간과 결부되어 있다. 이 만남이 이루어지는 구체적인 순간이란 한낱 평범한 만남(irgendeine Begegnung)을 의미하지 않는다. 만남이 이루어지는 구체적인 순간이란 인간이 자기의 '윤리적인 한계'를 체험하게 되는 사실을 의미한다. 인식론적인 초월을 체험하는 것이 아니라 윤리적 초월을 체험하게 된다는 것을 의미한다. "인간의 인격은 인간의 인격을 초월한 하나님의 인격과 관계하므로써 형성되며 하나님의 인격을 거역하고 다시 하나님의 인격을 통하여 자기를 극복하는 순간에 형성된다."(SC. p.28) 그리스도교적인 인격은 하나님과 인간의 절대적인 이원성(二元性)으로부터만이 나타나며 구체적이고 역사적인 실존은 초월을 체험하므로써 생성된다. 그러나 여기서 중요한 것은 인식론적인 초월이 아니라 너(Du)의 윤리적인 초월이 문제된다. '너'는 '현실의 형식'(Wirklichkeitsform)이다. 그리고 현실의 형식이 만남의 관념론적인 대상의 형식(Gegenstandsform)에서 구별되는 것은 '너'의 초월성이 '나'라고 하는 주체의 정신 속에 내재하여 있지 않기 때문이다. 너의 초월성은 "순수히 윤리적인 초월성"이며,(SC. p.30) 타인의 요구를 받으며 결단하는 사람만이 이것을 체험한다. 그리고 윤리적인 초월성은 객관적으로 보여줄 수 없는 것이다. 본래 '너'라는 것(Du-Charakter)은 그 속에서 신적인 것이 체험되는 형식이며 인간으로서의 모든 '너'는 오직 신적인 것을 통하여 자기의 특성을 소유한다.(SC. p.32) 본회퍼가 윤리적이며 사회적인 초월의 개념을 그의 마지막 「옥중서신」에 이르기까지 일관시키고 있다는 사실을 여기서 첨가해 둘 필요가 있다. 그래서 그는 다음과 같이 말한다. "예수의 '타인을 위한 현실존재'(Für-andere-Dasein)는 초월의 체험을 뜻한다. … 무한하여 도저히 도달할 수 없는 어떤 과제가 초월적인 것이 아니라 순간 순간마다 나에게 주어지는 도달할 수 있는 가장 가까운 이웃이 바로 초월적인 것이다! … 인간의 형태를 입고 계신 하나님 … 타인을 위한 인간"(WE. p.260)[21] "그리스도교의 깊은 현세성"과 "성숙한 세계"에 대한 그의 마지막 비전은 초기 본회퍼의 인격주의와 여기서 발전된 나 – 너 관계(Ich-Du-Beziehung)의 사회적인 초월의 개념에서만이 분명해질 것이라고 생각된다. 사회적인 삶의 구체적인 '너'속에서 만나는 그것이 곧 하나님의 '너'이다. 타인에 대한 작용의 면에서 생각해 볼 때 인간은 타인에 대해서 하나님의 형상이 되며 이것은 다음의 두 가지 원인에서 그러하다. 첫째, 하나님께서 지어주신 너로서 인간은 하나님의 형상이다. 다시 말해서 하나님의 '너'가 비로소 인간으로서의 너를 창조한다. 인간으로서의 너는, 하나님이 지으시고 원하신 것이므로 인간으로서의 '너'는 하나님의 '너'와 마찬가지로 참되고 절대적이며 거룩한 '너'가 된다. 나와 너의 관계는 아무런 현실적인 근거 없이 공중에 떠 있는 관계가 아니다. "아무도 자기 자신으로부터 출발하여 타인을 '나'로 만들 수 없으며 윤리적으로 책임을 의식하는 인격자로 만들지 못한다. 하나님이나 혹은 성령이 구체적인 너에게로 다가와서 오직 하나님께서 역사하실 때 비로소 타인은 나에 대하여 '너'가 되며 그러한 너에게서 나의 자아(Ich)가 형성된다. 다시 말해서 인간으로서의 모든 '너'는 하나님의 '너'를 나타내는 형상이다."(SC. p.32) 인간의 인격이 무엇인가라는 질문은 인간의 인격의 근원이 무엇이냐라는 질문으로 환원된다. 그리고 이 질문은 오직 하나님의 역사적인 부르심의 사건에서만이 해결될 수 있다. 이와 마찬가지로 하나님의 형상에 대한 질문은 인간 자체(an sich)의 본질에 대한 질문을 떠나서 인간과 인간의 관계를 질문하게 되며 이 질문은 오직 나와 너의 사건에서부터 답변될 수 있다. 그 자체로서의 인간이 무엇이냐 하는 문제가 중요한 것이 아니다. 중요한 것은 타인과 더불어 또 타인에 대하여 가지는 만남의 사건에 있어서 인간이란 무엇이냐 하는 문제이다. "그리스도교적인 인격, 오직 이것만이 언제나 다시금 새롭게 형성되면서 존속되고 있다." (SC. p.34) 그리스도교적인 인격은 그 시초부터 타인과의 관계 속에서 존재한다. 둘째, '너'는 일반적인 뜻에서 단지 하나님의 지음을 받은 '너'로서 하나님의 요구를 나타내는 모상이요 표현이요 방법이 아니라, 구체적으로 하나님께서 성육신하신 '너'로서 하나님의 요구를 나타내는 모상이요 표현이며 수단이다. 다시 말해서 하나님의 사랑의 계시에서 비로소 나는 하나님의 '나'를 알게 된다. 하나님의 사랑의 계시에서 나는 또한 타인을 알게 된다. 바로 여기에 교회의 개념이 있다. 여기서 분명한 사실은 그리스도교적인 인격은 하나님이 단지 '너'로서 마주 서 오실 (gegenübertritt) 때가 아니라 '나'로서 인격 속으로 들어오실(eingeht) 때 비로소 그 본질을 터득할 수 있다는 사실이다.(SC. p.33).[22)] 이것은 본회퍼가 역사 안에서 이루어지고 있는 하나님의 창조와 겉 베일(larve)에서 가장 가까운 이웃 속에 있는 하나님의 요구를 이해한 것이 아니라 그리스도를 통하여 하나님이 인간으로 되셨다는 사실에서 이해하였음을 의미하고 있다. "하나님이 인간 속으로 들어오신 사실"이 윤리학에 이르기까지 결정적인 위치를 차지하는 그리스도론적인 개념이 여기에 나타나는데 인간은 이웃에 대하여 그리스도가 되며(루터), 남을 대신하여 기도하고 대신으로 희생당하며 남의 죄를 용서하여 줌으로써 살아계신 하나님의 형상이 된다는 사실을 비로소 구체화시킨다. 먼저 여기 교회 안에서, 즉 그리스도의 공동체 안에서 만나게 되는 타인은 나에 대한 요구가 아니라 선물이며 율법이 아니라 복음이다.(SC. p.115) 여기에서 비로소 하나님의 참된 형상과 인간의 인격성 및 사회성이 완성된다. 교회라고 하는 그리스도의 공동체는 복음의 구체화된 형태이다.

본회퍼의 인격주의는 그리스도의 공동체인 교회에서 그 절정에 도달한다. 여기서 본회퍼는 키르케고르의 실존주의적인 인격주의를 대단히 정확하게 비판하고 있다. 인격의 구체적인 현실의 문제에 있어서 관념주의와 대립된다는 점에서 본회퍼와 키르케고르는 서로 일치하고 있다. 이 사실을 본회퍼 자신도 잘 알고 있다. "키르케고르가 말하는 윤리적인 인격의 본질도 역시 오직 구체적인 인격에 있다. 그러나 그의 윤리적인 인격은 구체적인 '너'와 필연적으로 관계하고 있지 아니하다. 키르케고르의 윤리적인 인격은 그 본질상 스스로 존재하는 것이며 '너'를 통해서 정립되지 않고 있다."(SC. p.34) 키르케고르는 타인에게 상대적인 의미를 부여할 수는 있으나 개인에게 절대적인 의미를 부여할 수 없는 극단적인 개인주의를 주장했다. 흥미있는 사실은 마르틴 부버가 본회퍼와 동일한 방법으로 키르케고르를 비판하고 있다는 것이다.[23] 즉, 키르케고르 개인의 카테고리를 설명하면서 "개인은 타인과 신중하게 관계해야 하며 본질적으로 단지 하나님과 그리고 자기와 더불어 대화해야 한다"고 말할 때 키르케고르는 하나님을 가장 미묘한 방법으로 오해하고 있다는 것이다. 이에 반대해서 부버는 다음과 같이 말한다. "피조물은 하나님께 이르는 길 위에 놓여진 장애물이 아니라 이 길 자체이다. 우리는 함께 창조되었고 함께 속하여 있다. 나에 대하여 피조물들은 길 위에 있다. 그래서 그들과 동일한 피조물인 나는 그들을 통해서, 그들과 함께 하나님에게 도달한다. 모든 피조물이 그 속에서 성취되는 모든 피조물의 하나님에게 우리는 다른 피조물들을 배제함으로써 도달할 수 없다."24) 부버는 키르케고르에 대하여 이와 같이 주장하고 키르케고르의 견해 속에 숨어있는 일관성을 상실한 마르시온(Marcion)주의를 지적한다. 키르케고르의 인격주의는 하나님께서 인간으로서의 '너'에게 지어 주신 하나님의 형상의 개념을 오해하고 따라서 하나님과 인간을 오해하고 있다. 키르케고르가 주장한 개인의 카테고리가 그리스도의 공동체인 교회를 오해하고 또 오해할 수 밖에 없었던 그 만큼, 하나님께서 인간의 현실 속으로 들어오심을 뜻하는 성육신에 관한 본회퍼 특유의 입장이 더욱 더 명백해지고 있다.

키르케고르에 대한 본회퍼의 두 번째 비판을 생각하여 보기로 하자. 지금까지 언급한 바에 있어서 분명한 사실은 고가르텐(F. Gogarten)의 인격주의를 본회퍼가 상당히 따르고 있다는 사실이다. 그러나 본회퍼의 인격주의가 기독론적이고 교회론적으로 전환될 때 본회퍼의 생각에 결정적인 변화가 일어난다. 고가르텐이 취한 신학적인 기본 원칙은 하나님께서 말씀하시는 사실과 그 말씀을 인간이 듣는 사실이 서로 대립한다는 것이었다. 율법과 복음에서 발생하는 하나님의 말씀이 현존하는 인간의 모든 현실을 사건 속에서 자격을 규정한다(qualifizieren). 그런데 역사적인 인간의 현실이 신학적으로 해석된 율법에 의하여 이해되는 그런 방법으로 자격을 규정한다. 하나님의 요구가 타인이라는 베일을 쓰고 나타나며 이 세상의 통치의 베일을 쓰고 나타난다. 또는 자율을 요구하는 절대적인 자유의 형태를 입고 나타난다.(글뢰게〈Glöege〉의 상게서 p.29 이하를 참조하라) 다른 일면에 있어서 하나님은 나사렛 예수 그리스도를 통하여 인간에게 인격을 부여하겠다고 약속하신다. 교회는 나사렛 예수 그리스도가 보여주는 인간의 순수한 인간성을 나타내며 이 인간성은, 구원의 사건이 소유하고 있는 순수한 현실 속에 근거되어 있다. 그러므로 교회는 '전적으로 비 세상적인 것'이다. 그러나 교회는 '조직'(Organisation)이 아니라 '여기 차안의 세계 안에서 발생하고 있는 계시의 종말론적인 사건'이다. 여기서 교회의 개념과 관련된 본회퍼의 사고와 그의 후기 저서의 정치 윤리에 관한 사고를 분리시켜 볼 수 있다. 본회퍼는 인간성과 인간 서로의 동료성(Mitmenschlichkeit)을 기독론적으로 규명했는데 초기 본회퍼에 있어서는 이것이 교회라고 하는 그리스도의 공동체와 관계되어 있었다. 그 뒤에 『윤리학』에 있어서는 세속 안에서 나타나는 하나님의 베일과 관계되어 있으며 또 확증되고 있다. 여기서 인간 서로의 동료성에 관한 바르트의 기독론적인 입장과 본회퍼의 입장이 서로 접근해 있다는 사실이 분명하다.[25]

3. 인격적인 공동체의 사회학

"인간의 모든 정신성은 사회성 속에 근원적으로 깃들어 있으며 나와 너의 근본적인 관계에 근거하여 있다."(SC. p.45) 본래적인 의미에 있어서 인간의 인격성이란 곧 사회성을 뜻한다면, 인간의 언어와 생각과 의지는 사회성 속에 근원적으로 근거해 있으며 사회적인 관계 속에서 바르게 이해될 수 있다. 나와 너 사이에 일어나는 상호 작용 속에서 인간의 언어와 생각과 의지가 형성된다. 본회퍼는 후설(E. Husserl), 프라이어(H. Freyer), 부버의 말을 예증으로 들면서 다음과 같이 말하고 있다. "그래서 언어와 함께 인류 속에는 사회적 정신성이라는 한 체계(System)가 존재하게 된다. 다시 말해서 사회적 정신성이라는 체계가 '객관적인 정신'으로서 역사 속에서 작용하게 된다."(SC. p.43) 인간의 자기 의식은 공동체 속에서 존재하고자 하는 의식과 동시에 "형성된다." "서로 한 없이 가까워져 있고 또 서로 상대방에게 작용을 미치면서 나와 너는 내적으로 서로 결합되어 있으며, 언제나 필연적으로 서로 잇달아 의존하며, 가장 밀접하게 서로 관여하며, 함께 체험하며, 정신적인 상호관계의 보편적인 흐름(Strom)을 서로 부담히고 있다." 여기에서 개인적인 존재의 개방성(Offenheit)이 무엇인지 분명해진다.(SC. p.46) 그러나 이 사회성은 개인적인 존재와 사회적인 존재가 서로 균형관계를 이루고 있음을 의미하며 또 서로 견제하고 있음을 의미한다.[26] 사회적인 존재가 개인의 인격성을 형성하는 것같이 개인적인 존재가 사회성을 형성한다. 포괄적인 정신성의 흐름이 그 속에서 체험되고 또 그것이 역사적으로 비로소 생성되는 특징적인 형식은 너라는 형식(Du-Form)이다. 그러므로 개인의 인격적인 정신은 오직 사회성의 힘으로 존재하게 되며, 따라서 '사회적인 정신'은 오직 개인이라는 형태 속에서 형성된다. 그러므로 참된 사회성은 개인적인 통일성을 지향하며 개인적인 통일성을 극복해 버리거나 지양시켜 버리는 것이 아니다. 오히려 개인적인 통일성을 형성하며 또 개인적인 통일성이 활동하도록 한다. 본회퍼의 이러한 생각은 헤겔의 절대정신의 이론과 반대된다.[27] 우리는 사회적인 존재와 개인적인 존재 둘 중에서 어느 한 편이 더 우월된 것이라고 말할 수 없다. 단지 양자는 서로 관계되어 있다고 말할 수 있을 뿐이다. 헤겔의 관념주의가 개인의 고유한 인격적인 존재를 무시하려고 했던 것과 같이 키르케고르와 하이데거의 실존주의 철학은 사회성의 고유한 존재를 무시하려고 한다. 아니, 전혀 고려해 보려고도 하지 않는다. 그렇다면 사회적인 통일성이 개인의 상호 관계 속에서 해소될 것인가? 신학적으로 말해서, 하나님께서 생각하시는 공동체란 것은 개인을 그 속에 흡수해 버리는 그런 것일까? 아니면 하나님은 공동체 없는 개인만을 생각하시는 것일까?(SC. p.49) 본회퍼가 전제로 내세운 "균형관계"는 개인과 사회 사이에 이루어지는 이 대화하는 관계가 어느 한 편에 의해서 해소되어버리는 것을 거부한다. 또 이 관계는 본회퍼의 바로 이 견해가 실제적인 중요성을 가진다고 생각되는데 - 개인을 고립화시키려는 실존주의적 태도를 거부한다. 그리고 이 개인은 막연한 인간(man)으로 전락하여 인간의 타락성에서 발견될 수 있는 인간의 '고유성'을 단지 자기 개인에게서 찾으려고 한다. 개인적인 존재와 사회적인 존재의 균형 관계에 대한 기본명제는 공동체의 구조에 대한 깊은 사고를 요구한다. 공동체라고 하는 사회적 존재는 각 개인을 합쳐놓은 총화가 아니며 개인의 상호관계를 합쳐놓은 총화도 아니다. 오히려 사회적 존재는 새롭고 초인격적인 그 무엇을 제시하고 있다. 여기서 본회퍼가 채택하고 있는 여러 개념들은 분명하지 못하며 문제의 명백한 해결을 위해서 계속 노력하고 있다. 그래서 그는 개인이 거기에 관여하고 있으며 또 개인을 넘어서는, 그러나 인격적인 개체존재의 상관 개념이 없이는 결코 이해될 수 없는 "집합인격"(Kollektivperson)에 대하여 논의한다.(SC. p.49) 또한 공동체 내에서 일어나는 새로운 행위의 중심을 보다 더 분명하게 이해하기 위해서 라이프니츠의 "모나드(單子)의 상(像)"에 대하여 언급한다.[28] 혹은 제베르그(Seeberg)의 "의지 공동체"와 헤겔의 "객관적인 정신"을 논의하기도 한다.[29] "사회성이라는 그물"(Das Netz der Sozialität)은 사회에 대한 모든 인간의 의지를 선행하며 여기서 사실적인 여러 관계들은 철저하고 의식적인 거부 그 속에도 깃들어 있다. 본회퍼는 개인에 앞서서 공동체를 실체화시키고자 하는 경향을 벗어나려는 이것이 현대사조의 성과라고 생각하지 않는다. 공동체의 문제를 바로 파악하기 위하여 그가 채택한 개념들이 독일 관념주의 사회철학에서 유래한 보조개념(Hilfsbegriff)에 불과하지만, 또 이런 보조개념들로써 공동체와 개인의 균형관계가 분명해지지 않는다 한지라도 이에 대한 본회퍼의 생각은 문제의 중심을 찌른 것이다. 또 교회의 개념에 적용할 때 매우 유익하다.[30] "하나님은 남자와 여자를 함께 결합시켜서 지으셨다. 하나님은 고립상태에 있는 개인의 역사를 원하시지 않는다. 오히려 인간 공동체의 역사(Geschichte)를 원하신다. 그러나 하나님은 개인을 흡수해버리는 그런 공동체를 원하지 않으시고 여러 인간의 공동체를 원하신다. 공동체와 개인은 하나님 보시기에 같은 것이며 서로 내적으로 의존하고 있다. 집합적인 통일성의 구조와 사회적인 통일성의 구조는 하나님이 보시기에 동질적인 것이다. 종교적 공동체의 개념과 교회의 개념은 이러한 기본관계에 근거해 있다.(SC. p.52) 바로 그 때문에 교회의 개념은 개인 서로 간에 이루어지는 나와 너의 관계 속에서 사회적인 존재로 해소되어 버리지 않는 공동체 개념을 필요로 한다. '집합인격' 관계는 완전하고 생생하게 파악될 것이다.

　본회퍼가 개인적인 삶과 사회적인 삶의 "본질적인 구조"에 대하여 이와 같이 말할 때에 그가 주장한 다음의 전제는 깊이 고려되어야 할 문제이다. 즉, 그에게 있어서는 관념주의에 있어서와 같이 영원히 존속하는 비역사적인 본질이 중요한 것이 아니라 원상태론(Urstandlehre)과 종말론에 신학적 근거를 가진 증언이 중요하다는 것이다. 그러므로 그리스도교적인 개인의 개념도 역사적으로 이해되어야 함은 물론이지만 전체로서의 사회적 공동체의 개념도 역사적으로 이해되어야 한다. "본질을 무한하게 변경시키는 죄의 현실"은 새로운 인간성에 대한 종말론적인 기대에서 구체적으로 파악된다. 완전한 개인의 개념은 죄와 죽음의 역사를 희망 속에서 극복해 나가는 새로운 인간성과 일치한다.(SC. p.36) 사회철학적이며 사회학적인 문제들은 보편적 사실인 하나님의 창조에 의하여 필연적으로 증명될 수 있기 때문에 논의될 수 있는 것이 아니라 그리스도의 계시에서 전제되고 계시와 함께 정립되었기 때문에 신학적으로 논의될 수 있는 것이며 단지 그렇게 이해될 수 있을 뿐이다.[31](SC. p.38)

4. 죄인의 사귐과 성도의 사귐

본회퍼가 죄와 새로운 삶을 사회학에 적용함에 있어서 지금까지 언급해 온 공동체의 개념이 지배적인 역할을 하고 있다. 그리고 이 공동체의 개념을 보다 더 쉽게 이해하기 위하여 그는 '집합인격', '객관적인 정신' 등의 개념으로써 공동체의 개념을 설명하며 또 철학적인 보조 개념을 가지고 설명한다.

A) 나와 너 그리고 나와 인류(Menschheit) 사이에 개재하는 죄의 개념에 있어서 단언될 수 있는 새로운 기본관계는 "윤리적 개체주의"(ethischer Atomismus)에서 분명히 나타나며, 이 윤리적 개체주의를 본회

퍼는 죄인의 사귐(communio peccatorum)이 가지는 존재 방식이라고 부르고 있다. 그래서 다음과 같이 말한다. "죄와 더불어 윤리적 개체주의가 역사 속에 등장한다. 그것은 본질적으로 정신의 형식에 해당한다. 공동체의 모든 자연적인 형식은 그대로 존속한다. 그러나 공동체의 가장 내적인 핵심은 부패해 있다."(SC. p.73). 양심은 하나님 앞에서 홀로 고독한 존재는 죄인을 고립시킨다. 그 뿐만 아니라 죄인은 자기의 고독을 중단시키기는 고사하고 오히려 자기의 고독을 더욱 심각하게 하는 다른 사실을 알게 된다. 즉, 죄의 곤경은 무한히 크다는 사실을 알게 된다. "그래서 가장 심각한 고독을 알게 되므로써 죄의 가장 넓은 연대성을 알게 된다."(SC. p.73) 개인성과 사회성에 관한 위의 논리를 따른다면 죄라는 것은 초(超)개인적인 행위인 동시에 개인적인 행위로 이해되어야 한다. "죄의 인간성은 하나이다. 그러나 무한하게 분할된다. 모든 개인은 자기 자신이 동시에 아담인 것과 같이 죄의 인간성은 곧 아담이다." (SC. p.80) 죄의 행위는 개인이 저지르는 행위인 동시에 개인 속에 자리잡고 있는 전 인류의 행위이다. 자기는 홀로 슬퍼하는 죄인(der peccator pessimus)이라는 체험과 또한 자기는 죄인들과 사귀고 있다는(communio peccatorum) 체험은 (곧 죄의 개인성과 연대성) 분리될 수 없이 서로 밀접하게 관련되어 있다.(이사야 6장)[32]

 그러나 사회적인 죄의 연대성과 개인적인 죄가 어떻게 동시에 성립될 수 있겠는가? - "아담 속에 있는 존재"(로마서 5장)는 무엇을 의미하는가? - 그것은 형이상학적인 혹은 생물학적인 종(種)개념의 뜻에서 "원죄"를 의미하는가(토마스 아퀴나스)? - 그것은 아담의 범죄 행위를 개인이 반복하는 것을 의미하는가? - 결국 이 모든 것이 귀착되는 결론은 이것이다. 즉, 개인이 저지르는 죄의 행위 속에서 죄의 전체적인 행위를 발견할 수 있으며 이때 한편을 다른 한편의 근거로 삼지 아니하고 죄의 개인적인 행위 속에서 전 인류의 죄의 행위를 발견할 수 있다는 사실이다.(SC. p.75) 본회퍼는 다음과 같이 말하면서 사회철학적 사색에서 그가 생각했던 것을 적용하고 있다. 즉, 개인의 범죄 행위는 동시에 자기의 인격 속에 들어있는 전 인류의 행위이다(물론 생물학적인 의미에서 하는 말이 아니다). 개인과 인류의 이러한 관계는 개개의 단자(單子)가 전 세계를 '반사하는' 모나드(單子)의 상(像)과 같은 것이다. … 모든 행위는 개인이 저지르는 행위이다. 그러나 동시에 개인의 행위 속에서 인류 공동의 죄가 눈을 뜬다. 그러므로 죄의 보편성 역시 개인의 죄 속에서 필연적으로 함께 성립되는(mitgesetzt) 것으로 규정된다.(SC. p.76). 죄의 개인성과 사회성이 밀접하게 서로 결합되어 있다고 하여 '나'라는 존재의 한계가 해소되지는 않는다. 그러나 '나'안에 '너'가 함께 얽혀있는 것 같이 '나'안에 이미 전 인류가 언제나 함께 얽혀있다. 본회퍼가 말하는 "원죄"나 "공동의 죄"라는 것은 개인이 저지르는 죄의 다른 한면에 불과하며 나와 전 인류의 죄가 함께 얽혀 있는 지평(Horizont 地平)에 불과하다. 그러므로 개인의 죄라는 것은 모든 인간의 죄가 소유하고 있는 실존적인 깊이를 뜻한다. 죄의 실존적인 깊이는 죄의 세계적인 넓이와 일치한다. 죄의 실존적인 깊이가 없이 죄의 세계적인 넓이가 생각될 수 없고, 죄의 세계적인 넓이 없이 죄의 실존적인 깊이가 생각될 수 없다. 죄의 주체는 개인인 동시에 전 인류이다. 우리는 죄를 도덕화시킬 수 없으며 또 죄를 물질화시켜서도 안된다.[33)] 개인의 죄와 인간 공동의 죄의 연관성은 하나의 사회학적인 것이다. 그러나 연대성, 인류, 민족, '집합 인격' 등의 개념이 소유하고 있는 윤리적인 성격이 어떻게 성립될 수 있으며 또 이 것들이 윤리적인 책임을 질 수 있겠는가?

　본회퍼는 다음과 같은 성서의 말을 지적하고 있다. 즉, 하나님께서는 단지 개인뿐만 아니라 그 백성 전체를 부르셨고, 복음은 어떤 개인만이 아니라 어떤 성읍과 지역 전체에 전달되었다는 것이다. "이것이 곧 '하나님의 백성' 이스라엘의 개념이다. 이스라엘의 개념은 하나님을 통해서 혹은 예언자들과 정치적 역사의 과정과 이방민족 등 이런 것들을 통해서 부르심을 받았을 때 비로소 형성되었다. 하나님의 부르심은 개인에 대한 것이 아니라 집단인격에 대한 것이다. 그 백성이 회개해야 한다. … 그 백성이 위로를 받아야 한다(이사야 40:1)."(SC. p.78) 하나님의 의지는 개인과 관계되어 있는 동시에 그 백성 전체와 관계되어 있다.[34] 하나님께서 지어 주셨고 하나님에 속한 공동체는 한계시간적인 의미를 그 자신 속에 지니고 있으며 공동체 전체가 하나님의 눈앞에 서 있다. 그리고 그 공동체는 다수의 운명에서 해소되지 아니한다"(위의 책) 이것은 개인의 총화로서의 전 이스라엘 백성이 하나님의 부르심을 듣는다 안 듣는다, 완전한 의미에서의 집단 인격이 회개를 하느냐 아니하느냐는 것을 의미하지 않는다. 이 일은 오직 개인 "안에서" 일어난다. 그러나 그것은 개인이 아니라 그 백성 전체이고 개인 속에서 그 백성 전체가 하나님의 부르심을 듣고, 회개하고, 믿는다. 그럴 경우에 하나님은 소수의 사람들 속에서 전 인류를 보셨고 또 전 인류와 화해하셨다. 그러므로 개인의 회개와 믿음은 전체 백성으로부터 분리된 개인 안에서 이루어지는 것이 아니라 - 바로 이것이 죄에 대한 개인주의적 오해에 해당하는 것인데 - 그 백성과 전 인류에 대한 "대리행위 속에서" 이루어진다. 그리고 이 대리행위는 개인의 죄와 인류 공동의 죄, 죄의 고백의 깊이와 넓이 등 이런 것들이 가지는 사회학적인 연관성과 일치한다. 모든 개인이 보편적으로 죄에 얽매여 있다는 사실이 인류 공동의 죄가 취하고 있는 구체적인 형태이다. 이와 같이 대리로 행하는 회개와 죄의 고백과 대신 기도하는 믿음이 전체를 새롭게 하는 구체적인 형태이다. 죄인의 공동체가 소유하고 있는 개체주의적인 연대성 대신에 대리로 행동하는 공동체, 곧 성도의 공동체가 등장한다. 달리 말하면 다음과 같이 말할 수 있다. 곧 아담 안에서 모든 인류는 한 집단 인격을 이루고 있으며 이 집단인격은 오직 "공동체로서 존재하고 있는 그리스도(Christus als Gemeinde existierend)"의 집단인격을 통해서만이 자유로워질 수 있다.

여기서 분명한 것은 다음의 사실이다. 곧 본회퍼의 마지막 서신에 이르기까지 중심적 위치를 차지하는 대리행위의 개념은 그가 사회학적으로 논구한 유대성, "사회성이라는 그물", "집단인격" 등의 개념을 전제하고 있다는 사실이다 앞으로 제시되겠지만, 대리행위를 철저히 그리스도론적으로 이해함으로써 그는 세계적이고 하나님 지배론적인(theokratisch) 기본구조를 유지하고 있다. 이것을 본회퍼는 헤겔과 결합시키고 있으며 헤겔의 개념들을 비판적으로 또 그 의미를 변화시켜서 채택하고 있다. 그 뿐만 아니라 공동체에 관한 희랍 정교회의 개념과도 결합시킨다. 교회론과 관계된 중요한 곳에서 그는 초프야코프(Chomjakow)와 아르세니프(Arseniew)의 말을 인용하고 있다(*SC. pp.134,152)

B) 본회퍼가 착수한 사회철학적인 모든 연구는 단지 성도의 공동체를 파악하고자 하는 것만이 목적이 아니라 오히려 여기에서 비로소 그

의 구체적인 형태를 획득하고 있다. 개인 상호 간의 기본적인 관계, 모든 인간의 의지를 선행하는 사회의 형식, 공동체 정신의 "객관적인 형태", 이 모든 것들은 인간적인 것 자체의 본질을 뜻하지 않는다. 오히려 이것들은 교회 안에 있는 계시의 실재성에 근거되어 있으며 또한 종말론적으로 이해해야 할 새로운 인간성에 관계되어 있다. 사회철학적으로 말해서 "그리스도의 몸"으로서의 교회는 본회퍼에 있어서 하나의 집합인격을 의미하고 있다. 그래서 본회퍼는 낭만적이고 관념주의적인 유기체론(有機體論)이나 정신론(精神論)을 거부한다. 개인을 구성시키며 개인 속에서 구체화되는, 그래서 개인보다 우월한 것은 보편적인 정신이나 종(種)개념이 아니라 그리스도 안에 계시는 하나님의 인간을 위한 존재(Gottessein-für-den Meschen)인 것이다. "우리를 위한"(pro nobis) 하나님의 존재만이 모든 개인과 그들의 관계들(우리들 밖에 : extra nos)을 선행하는 것이며 그것들보다 우월된 것이다. 그리고 우리를 위한 하나님의 존재는 대리행위의 방법으로 각 개인과 그들의 관계를 선행하며 또 그것들보다 우월하다. 십자가에서 이루어진 그리스도의 대리행위 속에 교회 공동체의 개인적이며 사회적인 구조가 근거되어 있다. 인간 상호 간에 이루어지는 대리행위는 그리스도와 관련된 사랑의 행위 속에서 소생한다. 교회의 형성 과정(Werden)과 교회의 삶 속에서 "일어나는" 모든 것이 이미 그리스도 안에 "있다."(Ist) 새로운 인간성으로서의 교회는 대리행위에 의하여 그리스도 안에서 이미 완성되어 있다. 하나님의 이 행위가 곧 하나님의 존재이다. 그리스도 안에 있는 이 존재가 교회의 역사와 교회의 형성 과정을 이룩한다. 그리스도 안에서 하나님은 모든 인간을 사랑하셨고 모든 인간과 화해하셨고, 그래서 그들을 새로 세

왔기 때문에 그리스도는 그의 삶 속에서 모든 인간의 역사를 보여 주시고 있다. 왜냐하면 "예수의 말씀은 자기 실존에 대한 해석이고 따라서 역사가 그 속에서 성취되는 모든 현실에 대한 해석이기 때문이다." (E. p.178 이하) 그리스도 안에서 아담에게 속한 인간성은 대리로 행동하면서 단 한 번으로(ein-für allemal) 그리스도에게 속한 인간성으로 개조된다. 그럼에도 불구하고 그리스도 안에서 종말적으로 완성된 이 존재는 시간 속에서 발생하기 때문에 하나님의 의지는 성령의 능력에 의하여 언제나 새롭게 실현된다. 그러나 하나님의 의지는 집단체를 단위로 실현되는 것이 아니라 모든 인간을 위하여 대리로 행동하면서 개인을 단위로 그리고 교회의 세분된 공동체를 단위로 실현된다. 행동으로 실현되고 있는 이 사건은 그리스도 안에 있는 존재를 이미 전제하고 있으며 이 사건은 곧 성령 속에 임재하시는 하나님의 계시의 행위이다. 그리스도 안에서 인간성은 새로워져 "있다."("ist" neu) 이것은 인간성이 영원으로부터 이해됨을 의미한다. 또한 인간성은 성령의 역사 속에서 새로워진다.(wird neu) 이것은 인간성이 시간으로부터 이해됨을 뜻한다. 역사 내에서 이루어지고 있는 이 실현과 대칭을 이루는 것은 그리스도 안에 주어진 가능성이 아니라 그리스도 안에서 성취된 하나님의 화해하시고자 하는 의지의 현실과 그의 대리행위 속에서 지양된 존재이다. 그래서 대리행위에 관한 그리스도론적인 개념이 본회퍼의 사회신학의 궁극적인 토대를 형성하고 있다. "그리스도의 대리행위는 사회철학적인 문제들을 지니고 있다"(SC. p.106)는 말은 그의 생각을 분명하게 나타내고 있다. 여기서부터 그리스도론적인 모든 기본개념들이 소유하고 있는 "사회적인 의도"가 분명해진다. 그가 사용하고 있는 사회철학적인 보조개념들은 대리행위의 개념으로 일관되어 있으며 그는 철학적인 보조개념을 가지고 문제의 해결을 시도하였던 것이다. 하나님의 공동체, 교회 공동체, 책임있는 행위 속에서 이루어지는 하나님의 위임에 대한 그리스도인의 복종 등 이러한 개념들을 사회학에 적용하는 바로 여기에 드러나지 아니한 본회퍼의 귀중한 유산이 들어있다.

그러나 나는 본회퍼의 이러한 생각을 근원에서부터 고찰하여 보고자 한다. "그리스도 안에서(… 그리스도의 대리행위 속에서) 구체적인 시간성에 있음(Innerzeitlichkeit)과 '모든 세대를 위한' 사건('das für alle Zeiten')이 실제로 함께 발생한다. 죄와 벌을 대신 당하는 대리행위가 이루어진다. … 그리스도의 수난이 우리가 받아야 할 형벌을 대신한다는 사실이 가끔 논쟁의 대상이 되었다. 루터는 그리스도의 수난이 우리의 형벌을 대신한다는 사실을 전력을 다하여 강조하였다. 죄의 결과에 대하여 자신이 책임진다는 것은 평범한 윤리적인 생활 속에서도 가능한 일이지만 엄밀한 의미에 있어서 그리스도교의 대리행위의 특질은 그리스도가 우리의 죄를 짊어지시고 우리를 대신하여 벌 받으셨다는 죄와 형벌의 대리행위에 있다. … 죄인의 십자가 위에서 대리로 이루어지는 사랑이 승리를 거두며 하나님께 대한 복종이 인간의 죄에 대해서 승리를 거둔다. 그래서 인간의 죄는 사실상 벌을 받고 용서된다."(SC. p.106) 『윤리학』과 테겔(Tegel)에서 마지막으로 쓴 서신에서 본회퍼는 그리스도의 대리행위를 "타인을 위한 현실존재"라는 개념으로 표현하였다.(타인을 위해서 존재하는 그리스도.) 그러나 이것은 그리스도의 사랑을 일반적인 인간의 사랑으로 도덕화시켜 버리는 오류의 원인이 되었다. 그러나 대리행위의 개념이 소유하고 있는 전적인 그리스도론적 특성이 그의 첫 서신에 근원적으로 나타나 있다. 그리스도의 대리행위는 윤리적인 규범이나 윤리적인 가능성이 아니라 공동체를 위한 하나님의 철저한 사랑의 실재이다. 대리행위는 윤리학적인 개념이 아니라 신학적인 개념이다.[35] 대리행위의 그리스도론적인 원칙으로 말미암아 새로운 인간성이 종합되고 유지된다. 그리스도교적인 기본관계의 실질적인 특수성은 대리행위의 그리스도론적인 특수성에 있다.(SC. p.107) 따라서 '대리행위'의 개념은 원래 존재론적인 개념이며 이 개념은 인간의 새로운 존재를 그리스도로 말미암아 의롭다고 인정받게 한다. 그러나 그리스도의 대리행위로 말미암아 하나님 앞에서 개인이 지고 있는 철저한 윤리적인 책임을 회피할 수 있다는 것이 아니다. 그리스도의 대리행위는 하나님 앞에서 개인이 지고 있는 윤리적인 책임의 의미를 확립하며 또 그 의미를 비로소 분명하게 밝혀준다. 하나님 앞에서 인간이 절망하여 자기 자신이 되려고 하든지 혹은 되지 않으려고 하는 바로 그 자리에 그리스도가 등장한다. 그래서 하나님 앞에 서 있는 인간은 자기의 인격을 그리스도 안에서 얻게 된다. 달리 표현하여 본회퍼는 다음과 같이 말하고 있다. "그리스도를 자기의 전 인격을 위한 대리행위자로 승인하므로써 인간은 그의 인격을 그리스도로부터 받는다."(SC. p.107. 주1) 『윤리학』에서 상론하고 있는 바와 같이, 한편에 있어서 대리행위와 현실적응의 형태로 자기의 삶을 하나님과 이웃사람에게 예속시키며, 다른 한편에 있어서 자기의 고유한 삶이 소유하고 있는 자유를 "책임적인 삶의 구조"에 예속시킨다. 달리 말해서 "자기의 삶을 하나님과 이웃 사람에게 예속시키므로써 자기 자신을 상실하게 되는 삶만이 가장 근원적인 삶과 행위의 자유를 누릴 수 있다."(E. p.174)

대리행위의 원칙은 새로운 인간성과 그리스도를 함께 결합시킬 뿐만 아니라 새로운 인간성과 그리스도를 새로운 공동체에다 결합시킨다. "그리스도의 대리행위 속에 나타난 하나님의 사랑이 하나님과 인간 사이에 존재하는 공동체를 회복시키는 것같이 인간의 공동체는 하나님의 사랑 속에서 다시 구체화된다."(SC. p.108)

그러므로 새로운 인간성으로서의 교회는 그리스도의 대리행위에 의하여 새로운 사회학적인 의미를 가지게 된다. 그 의미는 다음과 같다.

1. 개인의 인격성(* 개체성)은 보다 더 고차원적인 교회의 전체성 속에서 결코 해소되지 아니한다. 개인이 인격성은 통일성을 결여한 사회적인 결합 속에서도 분열되지 아니한다. 많은 사람들을 위한 한 사람의 대리행위가 많은 사람들의 통일성을 형성한다.(정신적 복수성. SC. p.111 이하)

2. 한 점에 집약되는 것같이 새로운 인간성은 그리스도 안에 집약된다. 즉, 그리스도 안에서 새로운 인간성은 의로움을 인정받고 성화된다.(정신적 단일성. SC. p.140 이하)

3. 그리스도의 대리행위 속에서 존재하고 있는 하나님의 공동체는 인간 상호 간에 이루어지는 대리행위에서 실현된다. 그리고 교회 안에 존재하고 있는 서로 서로를 위한 현실존재의 사회성에서 실현된다. 즉, 헌신과 사랑, 대신드리는 간구와 죄의 용서 속에서 실현된다.(정신적 공동체. SC. p.114 이하). "실제적인 사랑과 대신드리는 기도와 철저한 대리행위 속에서 한 사람은 다른 사람을 떠받들고 있다. 그리고 이 대리행위는 오직 그리스도의 공동체 안에서만이 가능한 것이고 전체로서의 대리행위의 원칙 곧 하나님의 사랑에 근거해 있다. 사랑의 공동체가 소유하고 있는 사회학적인 특성은 공동체와 공동체의 구성원이 대리행위와

공동체의 능력 안에서 서로 분리될 수 없이 구조적으로 결합되어 있다는 사실에 있다."[36] (SC. p.139)

여기서 다시 생각하여 보고자 하는 문제는 교회사회학에 대해서 대리행위의 개념이 의미하는 바가 무엇이냐 하는 것이다. 이 문제에 대하여 다음 네 가지 점을 들어 생각할 수 있다.

1. 존재와 행위, 그리스도 안에서 완성된 존재와 나와 너와 공동체의 새로운 사회적인 여러 관계들 속에서 성령의 능력에 의한 그 실현, 이 모든 것은 공동체를 위한 그리스도의 대리행위에서 종합적으로 고찰될 수 있다. 그래서 통합과 통합의 과정, 새로운 상황이나 존재로 옮겨진 존재와 역사적인 결단과 헌신을 전제로 한 행위, 정지된 상태로서의 상황과 과정, 이러한 것들이 종합적으로 고찰될 수 있다.

2. 하나님의 대리행위가 공동체와 개인의 존재를 형성한다. 그러나 공동체가 개인의 존재 속에서 해소되거나 개인의 존재가 공동체 속에서 해소되지 아니한다.

3. 대리행위의 개념은 하나님의 주권과 자기헌신, 하나님의 통치와 십자가를 "겸양과 수난에 의한 하나님의 통치"와 결합시킨다.(돔보이:H. Dombois).

4. 대리행위의 개념은 모든 인류를 위하여 하나님께서 교회에 대하여 부여하신 목적과(… 교회는 대리로 행동하면서 모든 인간이 하나님 앞에 서야 할 그 자리에 서 있다.) 교회 안에서 이루어지는 하나님의 목적의 완성을 하나로 결합시킨다. 그리고 그 교회 안에 있는 타인을 위한 현실존재 속에 깃들어 있는 새로운 존재가 세상 가운데서 형성된다. 세상을 위하여 교회가 대리로 행동한다는 이 궁극적인 생각은 출애굽기 32장 32절, 로

마서 9장 1절 등의 성서 귀절을 애송하고 있는 그의 첫 서신에 이미 나타나 있다. 그리고 이러한 성서 귀절들은 동족을 사랑하여 동족의 죄를 자기가 대신지고 자기를 희생의 제물로 바치고자 하는 예언자와 사도들의 간절한 소원을 분명하게 보여주고 있다.[37] (고별의 인사에서 모세는 다음과 같이 말하고 있다. "죄를 벌하고 또 즐겨 용서하여 주는 나 여호와는 이 백성을 사랑하였다.")

5. 『행위와 존재』의[38] 신학적 존재론적 고찰

대학교수 자격을 취득하기 위한 논문에서. 본회퍼는 행위와 존재를 논의하면서 위에 나타난 그의 생각을 적용하고 있다. 그리고 행위와 존재에 관한 논의는 변증법적 신학과 관계되어 있다. 그가 생각하건대, 바르트, 불트만, 고가르텐 등의 변증법적 신학자들은 하나님의 계시를 화석화되어 의미를 상실한 모든 존재개념(Seinsbegriffen)으로부터 해방시키고자 하였으며 하나님의 계시를 객관화시킨다든지 혹은 인간의 마음대로 처리하는 것을 거부하였다. 그러나 그들은 칸트의 초월주의에 사로잡혀서 하나님의 계시를 순수한 행위로 생각했는데 여기에 있어서 바르트는 하나님 중심적인 성격이 농후한 반면 불트만은 인간 중심적인 성격이 농후하였다. 이같은 변증법적 신학자들에 반하여 존재론자들은 하나님의 계시를 교회의 교리나 인간의 의식이나 혹은 기교로서의 교회라고 하는 형태 속에서 파악하고자 하였다. 또 그들은 하나님의 헤아릴 수 없는 요구에 대하여 인간이 도피할 수 있는 안전지대를 객관적으로 존재하다든지 혹은 인간의 뜻대로 처리할 수 있는 현존의 영역에 속한 존재를 통하여 확보해주려는 그릇된 길로 빠졌던 것이다.[39] 현대 전위적인 신학자들을 이와 같이 정, 반으로 대립시켜 분석한다든지 또 그들을 철학적인 체계로써 획일화시키는 본회퍼의 처사가 일방적이고 너무 단순한 짓이 아닌가 하는 이 문제는 그냥 덮어두기로 하자. 우리들이 문제삼고자 하는 것은 본회퍼 자신의 생각이 교회사회학으로부터 어떻게 "신학적인 존재 개념"으로 발전하였는가 하는 문제이다.(AS. p.87).

본회퍼에 있어서 계시의 존재의 양식(Seinsart)으로서의 교회는 행위와 존재를 일치시키고자 하는 하나의 통일체를 의미한다. 교회는 인간이 소유하고 있는 가능성이 아니라 '계시의 실재'(Offenbarungsrealität)이며 개인의 실존과 사회적 관계가 그 속에서 가능해지고, 따라서 많은 사람들로 이루어진 교회 공동체의 삶이 그리스도의 인격과 대리행위의 업적으로 말미암아 그 속에서 형성되는 존재론적인 근거(Urdatum)였다. 인간을 위하여 자유로우시며 그의 계약을 지키시며 계시의 행위와 과거의 약속에 언제나 성실하신 하나님은 여기 바로 이 교회 안에 계신다. 하나님은 바르트나 불트만이 생각하는 바와 같이 영원히 대상화될 수 없는 그런 분으로 머물러 계시는 분이 아니다. 그러나 "바로 행위 속에" 계시는 분도 아니다. 오히려 하나님은 그가 주신 말씀에 성실하시면서 존재하고 있다.(AS. p.68) 본회퍼는 하나님께서 맺으신 계약과 그의 성실하심에 관한 성서의 증언을 제시하면서 신학적인 행위주의와 신학적인 존재주의를 동시에 극복할 수 있는 단 하나의 가능한 길을 취하고 있다.[40] 하나님의 역사적인 계시는 때때로 인간의 실존 속에서 우연히 발생하는 어떤 순간적인 사건에 얽매이지 아니한다. 행위와 존재의 성격을 동시에 소유하고 있는 계시에 있어서 본회퍼는 루터의 그리스도론을 염두에 두고 있다. 왜냐하면 다음과 같은 루터의 말과 연관되기 때문이다. "우리 하나님의 영광은 이것이다. 곧 우리를 위하여 그는 철저히 육신을 입으시고 우리의 입과 가슴과 내장 안에 떡이 되셔서 들어오셨다. 그리고 그는 우리를 위하여 십자가와 제단에서 수치를 당하기까지 고난 받으셨다."(루터전집 『WA』 23, 157. AS. p.59에 인용됨) 그리고 그는 계시에 나타난 하나님의 자유와 우발적인 행위를 형식주의적이며 행위주의적으로 이해하는데 반대하여 다음과 같이 말하고 있다. 계시에서 문제되는 것은 피안의 세계에 머물러 계신 하나님의 자유가 아니다. 즉, 하나님께서 자기 자신 안에 영원히 머물러 계신다는 사실과 하나님의 피안성이 문제되는 것이 아니라 하나님의 자유가 문제이다. 이 자유는 계시의 사건으로 말미암아 하나님이 자기 자신으로부터 차안의 세계로 나오신 그 사실에서 가장 분명히 볼 수 있다. 그리고 그가 주신 말씀과 자신을 거기에 구속시켜버린 그의 계약과 역사적인 인간에다가 자기를 얽어매고, 그래서 인간들이 자기를 마음대로 처리하도록 자기 자신을 내어주는 그 사실에서 가장 분명히 나타난 자유이다. 하나님은 인간으로부터(von) 얽매이지 않고 자유로운 분이 아니라 인간을 위하여(für) 자유로운 분이다. 그리스도는 하나님의 자유의 말씀이다. 하나님은 바로 거기에 구체적으로 계신다(ist da). 즉, 하나님은 영원히 대상화될 수 없는 그런 상태로 계시지 아니한다. 방편적으로 말해서 하나님은 교회 안에 있는 그의 말씀 속에서 가질 수 있고 파악할 수 있는 분으로 존재하고 있다. 여기서 본회퍼는 하나님의 자유를 형식주의적으로 이해하는 것을 반대하고 하나님의 자유를 내용상으로 이해하고 있다. 만일 이것이 하나님의 자유에 대한 바른 이해라면 우리는 계시를 순수한 행위로 이해하는 대신 존재의 개념으로 이해하게 된다.(AS. p.67 이하) 그것은 곧 계약을 성취하리라는 약속에다가 자기를 구속시키는 성실성이며 역사 안에서 이루어진 계시에 대하여 하나님의 자기 동일성(自己同一性, Selbigkeit)을 부여해 주는 하나님의 성실성임을 뜻한다. 하나님의 본질은 하나님의 절대성에 있지 않다. 하나님께서 자기의 뜻으로 세우신 피조물과의 관계가 영원하다는 사실과 인간을 선택하시는 그의 자비로우심과 성실하심이 영원하다는 사실들이 하나님의 본질을 이루고 있다."(베버의 위와 책 p.37) 하나님의 계시에 있어서 행위와 존재에 관한 논쟁은 존재론적인 신의 개념과 앞에서 논의된 인식론적인 초월을 전제하고 있다. 행위적 존재의 대립은 이 두 가지 전제가 변화할 때, 또한 성실성으로서의 하나님의 본질과 계약으로서의 하나님의 계시가 신학적인 사고의 출발점이 될 때 비로소 극복될 것이다. 그렇게 될 때 신학적인 사고는 본회퍼가 시도한 대로 "사회학적인 카테고리" 안에 있게 될 것이다. 하나님의 행위가 곧 하나님의 존재이다. (Gottes Handeln ist Gottes Sein) 그러나 하나님의 존재는 객관적인 의미에서의 존재가 아니라 하나님께서 인간을 위하여 구체적으로 계신다는 의미에서의 존재이다. 하나님은 영원히 성실한 자세로 인간의 하나님이 되고자 원하신다.[41]

그리하여 본회퍼는 인간의 존재에 있어서 결정적으로 중요한 사실을 다음과 같이 말하고 있다. 즉, 인간은 자기 존재의 근거를 자기 자신 속에 지니고 있지 않다. 인간의 자기 자신과의 연속성은 인간 자신으로부터 증명해 낼 수 없다. 또한 인간이 하나님 앞에 서 있다고 하여 모든 차원이 철폐된 것은 아니며 그때 그때의 순간적인 실존의 폐쇄된 고립상태에 있는 것도 아니다. 인간의 실존은 순간으로 말미암아 하나님에게 붙들린 실존이 아니라 구체적인 순간 속에서 하나님에게 붙들려 있는 실존이다. 그리고 미리 예정하시므로써 인간들보다 앞서 가시면서 그를 위하여 언제나 이미 거기에 구체적으로 계신 하나님의 성실하심 속에서 하나님과 만난 실존이요, 새로이 지음 받은 실존이요, 사회적인 관계 속에 있는 실존이다.(AS. p.94) 인간의 실존은 한 존재자로서 굳어져 버리지도 아니하며 또 비존재(非存在)로 발산되어 없어져 버리지도 아니한다. 오히려 자기를 위하여 대신 고난 받고 계시는 그리스도의 존재 안에 있는 인격적이며 사회적인 존재로서 신앙의 공동체 안에 근거되어 있다. 약속에 대한 하나님의 성실하심 속에서 인간은 이미 존재하고 있는 그의 자연사나 민족사나 문화사의 제반 속박으로부터 해방되고 하나님의 역사 속에 존재하게 된다. 그리하여 아브라함으로부터 이삭과 야곱의 축복의 전승 속에 존재하게 되며 복음을 선포하겠다는 약속에 대한 하나님의 성실하심 속에 존재하게 된다. 그리고 그 성실한 태도로써 하나님은 세대 세대마다 자기의 백성들에게 자기를 드러내셨다. 이제 하나님은 자기 자신을 내어 주셔서 그가 얻은 모든 사람들을 자기 속에서 결합시키시며 자기를 인간들에게, 인간들을 자기에게로 서로 결속시키고 서로 간의 의무를 지게 하신다.(AS. p.91) "계시의 존재가 존재자로서 확립되어 버릴 때 계시의 존재는 과거화되어 버리며 실존적으로 아무런 의미도 가지지 못하게 된다. 또 계시의 존재가 영원히 객체화될 수 없는 것으로 되어 버린다면 연속성이 상실될 것이다. 그러므로 이 두 가지 문제를 동시에 해결할 수 있는 존재의 양식을 계시의 존재는 소유해야 할 것이다. 바꾸어 말해서 계시가 소유하고 있는 존재의 양식을 우리는 인격으로 이해해야 하며 또 공동체로 이해해야 한다. … 계시가 소유하고 있는 존재의 양식을 오직 이렇게 이해할 때 존재자와 비존재 사이의 부동성(浮動性)은 한 참된 인격적인 공동체, 즉 그리스도로 말미암아 세워진 인격적인 공동체가 소유하고 있는 존재의 양식으로 구체화되어 존속될 것이다. … 계시가 소유하고 있는 존재의 양식은 오직 개인들 사이의 관계 속에서만이 규명될 수 있다. 존재를 아무런 관계도 맺지 아니하고 스스로 존재하는(es gibt) 것으로 이해하는 정적(靜的)인 존재 개념은 사회적 관계 속에서는 동적인 존재 개념으로 될 것이다. 아무런 관계도 맺지 아니하고 홀로 계시는 하나님은 존재하지 아니한다. 하나님은 인격적인 관계 속에 계시며(ist), 하나님의 존재는 인격적인 존재이다."(AS. p.94)

중세 스콜라 철학이 주장했던 존재론적이고 문법적인 명제는 다음과 같이 말하고 있다. "존재는 행위 보다 선행한다."(operari sequitur esse) 즉, 모든 운동과 관계는 존재에 대한 술어로 이해되어야 한다는 것이다. 현대 자연과학의[42] 발달과 신학에 있어서 성서적이며 종교개혁적인 사고를 일으킨 넓은 의미의 르네상스는 중세철학이 견지했던 아리스토텔레스의 기본 명제가 불충분하다는 사실을 입증했다. 자연적인 사건에 있어서 상대성의 발견, 본질과 특성 및 존재와 행위를 포함하는[43] 하나님의 현실에 대한 증명은 존재론적인 사고 하나만을 결코 허락하지 아니 하였다. 계시의 행위와 존재에 관한 신학적인 고찰을 전개함에 있어서 본회퍼는 다음과 같은 루터의 말을 대담하게 해석하면서 존재(esse)가 행위(operari)에 선행하는지 아니면 행위가 존재에 선행하는지에 대한 문제를 간단하게 처리하고 있다. 즉, 루터는 다음과 같이 말하였다. "말하자면 존재가 행위보다 선행한다. 그러나 수난(受難)이 존재보다 선행한다. 그러므로 사건과 존재와 행위는 서로 연관되어 일어난다." (prius enim esse quam operari, prius autem pati quam esse. Ergo fieri, esse, operari, se sequuntur.)[44] 루터의 이 말을 본회퍼는 다음과 같이 해석한다. "인간이 하나님에 대하여 고난 받는 자리에 들어간다. 여기서 루터는 신생(新生 : nova nativitas)에 대하여 말하고 있으며 실존은 수난(pati)이라 규정하고 있다. 즉, 엄밀하게 말해서 우리는 하나님과 만난 실존으로서의 그 실존에 대하여 말할 수 있을 뿐이다. 하나님과 만난 실존은 사회적인 관계 속에 있는 실존이다."(AS. p.95) 인종(忍從)과 수난이 존재와 행위 보다도 앞선다. "역사적이며 전체로서의 인간, 개인과 인류는 계시 속에서, 즉 교회 안에서 서로 만난다. 다시 말해서 그 속에서 나는 믿는다. 즉, 나는 내가 다른 사람들에 의하여 떠받혀지고 있으며 미래에도 다른 사람들이 나를 떠받혀 줄 것이라는 사실을 알고 있다. 나는 다른 사람들의 요구를 받고 있으며 다른 사람들의 용서를 받고 있다. 또 다른 사람들이 나를 위하여 고난을 받으며(pati) 그러므로 나는 존재한다(esse). 그러므로 나는 살아 간다(agere). 여기서 순환논법이 계속된다. 왜냐하면 여기서 살아간다는 것은 수난을 의미하기 때문이다. 즉, 나라고 하는 존재는 언제나 역사적인 존재이며 오직 믿음 속에서만이 항상 새롭게 되는 존재이다."(AS. p.98) 인간을 위하여 계시된 하나님의 존재와 하나님과 만났으며 하나님 안에 안겨져 있는 인간의 인격성을 이렇게 이해할 때 "존재는 오직 행위 속에 있다"고 하는 초월주의적인 주장과 존재는 행위에 대하여 자유로우며 존재 속에서 행위는 지양된다는 존재론적인 기본명제가 예기치 않게 서로 결합된다. … "초월주의적인 명제와 존재론적인 명제는 사회학적인 카테고리 속에서 서로 조화된다."(AS. p.100 이하)

본회퍼는 철학적인 변증법에 의하여 행위와 존재로부터 "사회학적인 카테고리"에 도달하였다. 그러므로 하나님의 본질 자체(Wesen Gottes an sich)에 대해서는 이제 말할 수 없으며 또 말해서도 안된다. 인간과 더불어 계약관계 속에 계시는 하나님의 인격적인 존재가 고려될 수 있을 뿐이다. 하나님에 관한 사회학적인 개념에 있어서 하나님의 영원불변하심은 하나님의 성실하심으로 생각될 수 있다. 이것은 성서의 증언과 일치한다. 그리고 하나님의 영원불변성에 있어서 신교 정통주의는 하나님의 특성이 하나님에 관한 존재론적 개념에 있다고 믿는다. 그러나 하나님의 존재는 언제나 이미 인간을 위한 존재이다. 그리스도를 통한 그의 계시 속에 스스로 존재하시는 하나님은 그가 주신 약속에 대하여 언제나 성실하신 분으로 나타나셨다. 따라서 인간의 본질에 관하여 질문할 수도 없고 또 질문할 필요도 없다. 하나님과 계약을 맺은 계약 체결자로서의 인간의 인격적인 존재가 생각될 수 있을 뿐이다. 그리고 본회퍼가 말하는 대로 그리스도 안에 있는, 곧 교회 안에 있는 인간의 새로운 존재가 고려될 수 있을 뿐이다. 우리는 인간 존재의 본질을 관념론적으로 규정하거나 경험주의적으로 규정하기 보다는 그런 것들을 넘어선 하나의 사회학적인 존재로 생각해야 할 것이다.

더 나아가서 바르트의 특수 윤리론이 여기에 관계되어 있다.(교회 교의학 제3권, 4책 p.22 이하) 본회퍼와 마찬가지로 바르트도 하나님의 "본질 구조"나 인간의 "본질 구조"에 대하여 묻고자 하지 아니한다. 그러나 바르트는 하나님의 삼위일체론적인 존재를 창조자, 화해자, 구원자로서 말하고 있다. 또 인간에 대하여 피조물, 죄인, 하나님의 자녀라고 말한다. 연속성을 가진 이러한 세 가지 형태 속에서 인간은 한 특수한 본질을 가진 것처럼 보이게 된다. 그렇다면 특수 윤리는 창조로부터 화해와 속죄에까지 이르는 하나님과 인간의 역사를 기술해야 할 과제를 가지게 된다. 그러므로 특수 윤리는 신학을 하나님의 본질을 규정하는 학문이라고 전제하지 않는다. 또 인간학을 인간의 본질을 규정하는 학문이라고 전제하지 않는다. 오히려 역사적인 운명으로서의 이 세 가지 형태로 말미암아 하나님과 인간이 서로 만난다는 사실에 유의한다. 그리고 그 역사 속에서 인간은 한 특수한 본질로 나타나는 것이다. 바로 이것이 초기 바르트가 그의 삼위일체론적인 사상을 전개시킬 때에 저지른 경험주의적인 오류이었으며 이것을 본회퍼는 비판하고 있다. 어쨌든 간에 본회퍼는 그리스도의 대리행위 속에, 즉 인간을 위한 존재 속에 나타난 하나님의 성실성으로부터 출발하여 하나님을 창조자, 화해자, 구속자로 보는 삼위일체론적인 생각에 도달하고 있는 것 같다. 이와 마찬가지로 교회 속에 있는 인간 존재에 대한 그의 생각도 피조물, 죄인, 하나님의 자녀라고 하는 일련의 하나님의 역사에로 발전하고 있다. 그러나 본회퍼의 하나님 중심의 그리스도론과 바르트의 삼위일체론적인 그리스도론이 여기에서 서로 분리되는 것 같다.[45]

6. 관계의 유비(analogia relations)의 개념

성도의 교제에서 우선 본회퍼는 인간이 하나님과 맺고있는 너라고 하는 관계(Du-Verhältnis)의 유비로서 인간과 인간 사이에 이루어지는 나와 너의 관계를 생각하였고 또 이것을 기술하였다. 타인과의 관계 속에서 인간은 하나님의 모상(Abbild, 模像)이 된다고 볼 수 있다. 그리스도교에 있어서 인간은, 하나님께서 단지 너(Du)로서 그에게 마주 서 계실 때(gegenüberstehen) 그의 근원적인 본질을 획득하는 것이 아니라 하나님께서 나(Ich)로서 인간들 속으로 "들어오실 때" 비로소 그의 근원적인 본질을 획득한다. 새로운 인간 서로의 동료성은 추상적인 것에 불과한 유비(analogia)의 구체적인 형태를 하나님의 공동체 속에서 비로소 획득하며 그 공동체 속에서 그리스도는 성령을 통하여 인간 속으로 들어오신다. 또한 교회가 인간 속으로 들어오는 것이다. 이와 같은 생각이 창세기 1장으로부터 3장까지를 해석한 본회퍼의 저서『창조와 타락』(Schöpfung und Fall, 1933, 1935, 제3판)에서 한 걸음 더 발전되고 있다. 이 책에 나타난 자유의 개념에서 본회퍼는 '관계의 유비'(analogia relationis)에 대한 그의 독특한 생각을 명시하고 있다. 즉, 인간은 그가 자유롭다는 사실에서 그를 지으신 창조자와 비슷하다는 것이다. 그러나 자유란 것은 인간이 자기를 위하여 가진 것이 아니며 또는 자기 자신 속에서 찾을 수 있는 그런 것이 아니라 다른 사람을 위하여 가지고 있으며 오직 다른 사람과의 관계 속에서 발견될 수 있는 것이다. "자유는 하나의 관계를 의미할 뿐이다."[46] 그리고 그 관계라고 하는 것은 "타인을 위하여 자유롭다"는 사실을 의미한다. 왜냐하면 타인은 나를 그에게 결속시키기 때문이다. 나는 오직 타인과의 관계 속에서 자유롭다. 자유는 실체론적으로 혹은 개인주의적으로 이해될 수 없다. 자유란 것은 나의 소유물을 내 마음대로 처리할 수 있듯이 처리할 수 있는 것이 아니라 단지 일어나고 있는 현상

(Geschehende) 그것을 의미한다. 즉, 스스로 발생하고 있는 것, 다른 사람으로 말미암아 지금 나에게 일어나고 있는 그것이 곧 자유다. 그러므로 인간의 사회성 속에 뿌리 박고 있는 이 자유의 본래 모습은 하나님의 절대적인 자유가 아니다. 하나님의 자유로우신 은혜가 타인을 위한 이 자유의 본보기가 되며 성례전이 된다. 그리고 이 은혜 속에서 하나님은 자기 자신을 위하여 자유를 원하시는 것이 아니라 인간을 위하여 자유를 원하신다. 인간 상호 간에 일어나고 있는 자유는 하나님께서 인간을 위하여 자유롭다는 사실과 불가분의 관계를 맺고 있다. 왜냐하면 그리스도 속에서 하나님은 자기의 형상을 이 땅 위에 나타내어 보여주셨기 때문이다. "여기서 하나님으로부터 지음받은 자유는 하나님 자신이 그가 지으신 피조물 속으로 들어오셨다"는 사실을 의미할 뿐이다. 그리고 하나님이 인간 속으로 들어오신 이 사실은 하나님께서 행하신 종전의 모든 행동을 넘어서는 것이며 지극히 훌륭한(κκα εευ) 단 한 번의 사건이다. 이제 하나님은 단지 명령만 내림으로써 자기의 말씀을 사건화시키시는 것이 아니라 하나님 자신이 그가 지으신 피조물 속으로 들어오셔서 자유를 지으신다.(p.42) 성육신의 사건으로 말미암아 이루어진 이 "상"(Bildung, 像)은 하나님과 비슷하며 하나님께서 인간의 몸을 입으시므로써 비슷한 것이다. 그리고 이 상은 그리스도론적인 관계를 가지고 있기 때문에 유비가 될 수 없다. 혹은 저급한 존재와 보다 고차적인 존재가 공통적으로 지니고 있는 그 무엇을 말하는 것도 아니다. 만일 하나님께서 자기를 위하여 존재하시는 분이 아니라 "타인을 위한 자기의 존재"를 계시하시는 분이라면 우리는 오직 관계의 유비에 대하여 생각할 수 있을 뿐이다. 그러므로 유비는 하나님의 실존과 인간의 실존이 상응하는 사

실에 근거된 관계 속에 있는 것이다. 다시 말해서 관계(Relation)라는 것은 인간 존재 자체의 구조가 아니라 하나님께서 주셨고 하나님께서 성취하신 관계(Beziehung)이며 수동적인 의(justitia passiva)를 의미한다. 그러므로 인간은 하나님의 원래 모습을 고려할 때 만이 이 유비를 소유할 수 있을 것이다. "그러므로 관계 유비는 하나님 자신이 이룩하신 관계이며 하나님께서 세우신 관계 속에서의 유비를 의미할 뿐이다."(p.40) 관계 유비는 하나님께서 관계를 이루시는 행위 속에서 이루어진다. 또한 인간들의 '상호 작용'과 그리스도 안에 있는 하나님의 통치 속으로 인간이 통합되는 그 사건 속에서 이루어진다.

　본회퍼는 이와 같은 일치가 창조로 말미암아 주어졌다고는 생각하지 아니한다. 즉, 이 일치가 원인과 결과의 인과율적인 속성의 유비(Attributionsanalogie)라고 보지 아니한다. "그것은 창조자와 닮은 것이거나 혹은 창조자의 모상이 아니라 창조자의 명령의 형태이다."(p.39) 여기서 분명한 사실은 인간 상호 간의 관계가 삼위일체의 내적인 관계에서부터 유추될 수 있다고 본회퍼는 결코 생각하지 아니한다는 사실이다. 유비에 관한 그의 모든 생각은 그리스도 안에 나타난 하나님의 실제적인 임재와 그가 지으신 현실 속으로 하나님께서 "들어오신다는 사실"과 관련되어 있다. 바르트는 관계의 유비의 개념을 본회퍼로부터 채택하였다. 그리고 이 개념을 분명히 삼위일체론적으로 변형시켜서 사용하였다.

2장. 하나님 지배론과 그리스도론

　원래 사회윤리에 있어서 중요한 문제는 교회의 사회론이 아니라 여기서 얻은 신학적인 존재론을 세속의 제 현상에 대하여 적용하고자 하는 것이었다. 즉, 그의 신학적 존재론을 질서, 신분(Stände) 또는 위임 등의 여러 현상에 적용하는 것이 중심 문제이며 이러한 제도적인 현상들은 교회와 동등한 자격으로 교회와 더불어 존재하고 있다. 그리고 교회는 이러한 현상들과 더불어, 현상들 속에서 또 이러한 현상들을 위하여 하나님의 명령이 무엇인가를 질문한다. 이제 본회퍼가 말하는 위임의 사회윤리를 바르게 이해하기 위하여 「하나님 지배론과 그리스도론」(Theokrayie und Christologie)이라고 하는 신학적인 중간 제목을 삽입하여 생각해보기로 하자. 「하나님 지배론과 그리스도론」이라는 제목에서 우리는 본회퍼의 『윤리학』을 교의학적으로 스케치하고자 한다. 또 그의 윤리학의 토대를 이렇게 파악할 때 본회퍼에게서 일어나고 있는 중요한 사상적인 전환이 드러나게 될 것이다. 그 사상적인 전환이란 1933년에 발행된 그의 저서 『나를 따르라』(Nachfolge)에서 출발하여 윤리학에 이르는 전환을 말하는데 윤리학은 전쟁 첫 해에 쓰이기 시작되어 후기 서신에 나타난 바와 같이 『성숙한 세계』에 대한 그의 참신한 사색에 이르렀던 것이다.[48] 본회퍼의 초기 저서에서 주로 문제되는 것은 교회의 사회학, 교회 속에 있는 그리스도의 임재를 믿는 신앙이 빚어내는 여러 결과, "공동체로서 존재하는 그리스도"와 그리스도의 뒤를 따르는 공동체의 특성 등의 문제였다. 그러나 윤리학에서는 교회와 온 세계를 포함하는 그리스도의 통치의 범위가 주요 문제로 다루어지고 있으며 그래서 삶의 모든 영역과 중심 그 속에 그리스도가 현존하여 계신다는 사실을 문제삼고 있다. 그리고『윤리학』에서 본회퍼는 그리스도로 말미암아 하나님과 화해된 세계로서, 모든 삶과 관계 맺고 있는 현실을 파악하고자 한다. 그러나 이러한 사상적인 전환은 본회퍼 신학의 체계 속에 어떤 단절이 있다는 것을 결코 의미하지 아니한다. 또한 그의 초기 사상과 후기 사상이 서로 대립된다는 것을 의미하는 것도 아니다. 오히려 그의 초기 저서에 나타난 신학적으로 기본적인 개념들은 "하나님의 윤리적, 사회적 초월", "하나님께서 현실 속으로 들어오심", "그리스도의 대리행위" 등에 관한 것이었다. 그리고 이러한 기본적인 개념들이 윤리학의 여러 제목에서 확증되고 유지되어서 그의 사상적인 '전환'을 가능하게 하였던 것이다. 『윤리학』에 포함된 여러 가지 제목의 사상적인 통일성을 파악할 수 있는 열쇠는 다음과 같은 그의 명제 속에 밝혀 드러나 있다. "우리들이 그리스도를 오직 우리의 주라고 인식하고 또 고백하면 할수록 더욱 더 그리스도께서 통치하시는 영역이 넓어진다." (E. p.161) 초기 저서에 나타난 그리스도 중심의 사상이 후기 저서인『윤리학』과 서신에 있어서는 하나님 중심으로 나타나며 세상의 모든 사건들 한복판에서 그리스도께서 다스리는 지평(Horizon, 地平)으로 나타나고 있다. 그리스도 중심과 하나님 중심의 이 양자는 서로 불가분리의 관계를 맺고 있다. 이것은 원의 중심점과 원의 둘레, 중심과 지평, 반드시 지켜야 할 규율과 자유롭게 행동할 수 있는 범위가 서로 분리될 수 없는 관계를 맺고 있는 것과 같다. "창조와 하나님의 나라는 그리스도에게서 나타난 하나님의 자기 계시에서만이 우리에게 현재의 사실이 된다"고 그는 윤리학에서 말한다.(E. p.59) 이와 같은 그리스도 중심의 명제는 그의 배타적인 성격에 있어서 다음과 같은 사실을 동시에 의미한다. 즉, 이 세상의 모든 현실이 그리스도에게서 분명히 여겼는데, 경험적으로는 하나님의 창조로써 나타났으며 예언과 약속의 방법에 의하면 하나님의 나라로써 나타났다는 것이다. 성육신과 창조, 십자가와 세계의 통치라고 하는 변증법적인 관계와 양자 간의 서로 대화하는 긴장 관계를 이제 그 중심에서부터 고찰하여 보고자 한다.

하제는[50] 본회퍼의 직분 개념에서 일어난 변동에 대하여 주의를 환기 시켰다. 즉, 『성도의 사귐』이 "직분"이라는 개념을 수립하였다고 그가 초기에 말했다면 『윤리학』에서는 직분이라는 개념이 상과 하의 분명한 대칭을 이루고 있다는 것이다. 설교자는 그 공동체의 대표자가 아니라 그 공동체에 대한 하나님의 대표자이다. "이 직분은 그리스도께서 직접 세우신 것이요 이 직분의 합법적인 근거는 그 공동체의 뜻에 있는 것이 아니라 예수 그리스도의 뜻에 있다. … 그것은 그 공동체와 동시적인 것이다."(E. p.227) 이 직분의 새로운 개념은 다음의 사실에 근거되어 있다. 즉, 그리스도교적이 공동체의 삶과 구별되는 말씀 선포의 직분은 단지 교회에만 속한 것이 아니라 삶의 모든 영역과 위임을 통하여 이 세상에 대하여 그리스도께서 요구하시는 모든 요구에 속한다는 사실에 근거한다. 이 직분은 인간을 자유롭게 하고 그의 의로움을 인정하여 주는 그의 능력을 결혼, 노동, 정부, 교회의 모든 위임 안에서 이루어지는 삶 속에서 발휘한다. 선포의 직분에 있어서 중요한 것은 교회의 말씀이나 교회의 통치나 혹은 자기 자신의 영역 속에 머물러 있는 하나님의 주권이 아니라 오히려 세계성이나 전체성에 있어서 위의 것들로부터 구별되는 화해자의 세계 통치가 중요한 것이다. 교회는 화해자의 세계 통치를 위하여 봉사하므로써 종말 이전의 시대에 속하게 되며 "궁극 이전"(Vorletzten)의 영역 안에 있게 된다. 이때 교회는 하나님께서 지으신 현실 속에서 하나님의 다른 위임들과 형제처럼 존재하는 것이지 다른 위임들을 지배하면서 예언자나 성직자처럼 존재하지 아니한다. 이 직분의 개념에 있어서 교회는 최후의 완성으로부터 궁극 이전의 영역과 종말론적으로 예비적인(Vorläufig) 영역으로 옮겨지고 있는데 『성도의 사귐』에서는 교회가 최후 완성의 영역에 속하여 있는 것처럼 나타나 있다. 교회의 사명은 교회 자신의 존재를 넘어서는 그리스도의 통치에 의하여 결정되며, 이 세상 속에 있는 그리스도의 위임에 의하여 그 경계가 설정된다. 그리고 위임 속에서 온 세계는 알든 모르든 간에 통치하고자 하시는 하나님의 요구를 이미 받고 있다. 만일 본회퍼의 사상에 있어서 방법론적으로 새로운 전환이 있다고 할 것 같으면 그 전향은 근원적인 의미에서 『교회 교의학』이 "하나님 지배론의 신학"으로 전향된 것이라 말할 수 있다. 신학적인 사고는 "교회의 기능"일 뿐만 아니라 그리스도에게서 기대하였던 하나님의 통치를 의미한다.

1. 하나님의 지배와 성육신

본회퍼의 윤리학에 있어서 직분의 개념은 세속과 긴밀한 관련을 맺고 있다. 이 사실로 미루어 생각할 때 그의 사회윤리의 기본 개념은 하나님 중심의 것 혹은 그리스도 중심의 것이라고 볼 수 있다. 골로새서 1장, 에베소서 1장, 빌립보서 1장을 예증으로 들면서 본회퍼는 그리스도 안에서 나타난 하나님의 통치에 대한 그의 독특한 보편주의적이고 존재론적인 견해를 제시하고 있다. "예수 그리스도 안에서 하나님의 현실이 세속의 현실 속으로 들어오신다."(E.pp. 60, 62 ,63) 만일 하나님께서 세속 속으로 친히 들어오신 이 사실을 간과한다면 현실에 관한 모든 개념은 추상적인 것에 불과하게 된다. 그리고 한 특수한 부분적인 입장에서 전체 현실을 오해하게 하는 결과가 되고 말 것이다. "현실은 결단코 어떤 중성적인 성격의 것이 아니다. 현실 그것은 현실적인 인격자(Der Wirkliche), 곧 인간이 되신 하나님이다."(E. p.177) "현실적인 인격자 없는 현실을 이해하게 하려고 하는 것은 추상적으로 살아간다는 것을 의미한다. 다시 말해서 자기가 무엇을 책임져야 할 자리에 들어가지 않으려 하는 자는 현실을 책임있게 살지 못하고 현실을 지나쳐 버리는 것이다."(E. p.77) "이제부터(곧 우리들이 이미 믿고 있는 성육신의 전제 하에서) 그리스도를 말하지 않고는 하나님에 대해서도 세속에 대해서도 바르게 말할 수 있다. … 세속의 현실은 하나님의 현실 속에서 유지되고 용납되고 또 화해받고 있다."(E. p. 60) 본회퍼의 이 말은 초대교회가 생각하였던 육체의 구원론을 찬성하는 존재론적인 표현이라고 볼 수 있으며 여기서 본회퍼는 현실 속에서 이루어지고 있는 하나님의 통치의 통일성에 대하여 말하고 있다. 성육신의 사건은 하나의 "객관적인" 현실을 뜻한다. 이것은 인간의 모든 생각과 의지와 믿음에 부여된 또 그 모든 것을 포함하는 존재론적인 연관이 그리스도 안에 계신 하나님과 인간의 모든 삶 사이에 존재한다는 의미에서 객관적인 현실을 의미한다.[52] 십자가로 말미암아 이 세상은 그의 세속성을 지닌 채 하나님과 화해한다. 믿음은 세상과 그 세속성을 바로 이 징표(십자가) 하에서 이해한다." 세속의 현실은 언제든지 그리스도의 십자가로 말미암아 보장된다. 그러나 그리스도의 십자가는 세속과 하나님 사이에 이루어진 화해의 십자가이다. 그러므로 무신(無神)의 세속도 역시 하나님께서 그의 뜻으로 이룩하신 화해의 보장을 받고 있다. 화해의 십자가는 무신의 세속 한가운데에서 하나님을 앞에 모시고 살아야 할 삶을 향한 해방을 의미한다. 곧 그것은 참된 세속적인 삶을 향한 해방을 뜻한다."(E. p.230) 인간을 둘러싸고 있고, 인간에게 무엇을 요구하고 또 인간에게 무엇을 선물로 주는 이 현실이란 것은 그 자체 중성적인 것이거나 관여할 바가 아닌 그런 것이거나 또는 그리스도인에 대하여 이질적인 것이 아니다. 성육신과 십자가에서부터 깊이 생각하여 볼 때 이 현실은 세상 안에서 활동하는 하나님의 현실의 철저한 세속성 속에 있다. 이제 본회퍼의 초기 저서에 나오는 행위와 존재의 상호 관계에 대한 문제 대신에 '현실'이라고 하는 자극적이고 새로운 개념이 문제의 중심이 되고 있다. 이 개념은 초기 본회퍼의 인격주의적인 생각으로부터 그것이 형성되었다는 사실을 고려할 때 비로소 분명해진다. 즉, 초기 본회퍼가 말한 대로 "너"를 체험할 때 성립되는 "너라고 하는 현실의 형식"(Wirklichkeitsform des Du), "하나님의 사회적인 초월"이 여기에서 더 발전되었다. 그래서 그리스도인이 모든 현실을 경험함에 있어서의 인격적인 특성에까지 확대되고 있다. 그리하여 본회퍼는 죽음의 무도회에서 춤을 추고 있는 홀바인(Holbein)에 대하여 언급하면서 다음과 같이 첨가하였다.[53] 즉, "현실의 본질은 결국 인격적인 것이다"라고 말할 수 있었는데 이것은 모든 현실을 인정하여 주고 구속하고 그 근원과 본질과 목적을 부여하시는 인간이 되신 하나님을 두고 하는 말이었다. 그러므로 "계시로서의 예수 그리스도의 현실에 대하여 신앙을 고백하는 사람은 동시에 하나님의 현실과 세속의 현실에 대하여 신앙을 고백하는 것이다. 왜냐하면 그는 하나님과 세속이 그리스도 안에서 화해되어 있음을 알기 때문이다. 바로 그렇기 때문에 그리스도인은 영원한 갈등 상태에 있는 존재가 아니다. 그리스도 안에서 현실이 통일되어 있는 것같이 그리스도의 현실에 속한 그리스도인 자신도 역시 하나의 온전한 존재이다. 그리스도인이 세속성을 지니고 있다 하여 그가 그리스도로부터 분리되는 것이 아니다. 또 그가 그리스도성(Christlichkeit)을 지니고 있다고 하여 세속에서 분리되지 아니한다. 그는 철저히 그리스도에 속하면서 동시에 철저히 이 세속 가운데 존재한다."(E.p. 65) 이와 같이 세속과 인간을 하나로 조화시키는 이 화해가 곧 불안으로부터의 해방을 뜻하며 이 불안은 하나님의 현존과 세속을 분리시키고 그리하여 세속의 요구하는 바로부터 교회의 거룩한 영역으로 도피하거나 하나님의 계명이 요구하는 바로부터 도피하여 이 세상의 여러 가지 합목적적인 것들에 대하여 자기를 적당히 순응시켜 버리거나 혹은 불가항력적으로 흐르는 세속의 역사 속으로 도피하여 버리고자 할 때 일어나는 불안이다. 그리스도인이 언제나 그 속에서 살아가고 있는 또 신앙과 불신앙, 의식과 무의식이 뒤섞여 있는 이 현실은 하나님께서 떠받들어 주시고 용납하여 주신 현실이다. "하나님께서 이 세상 속으로 들어오심"이라는 이 생생하고 우리에게 언제나 미리 주어진 사실을 본회퍼는 다음과 같은 극단적인 명제로써 강조하고 있다. 즉, "여러 사실들 자체 가운데에 하나님께서 존재하신다"(WE. p.134)라고 말하였다. 이것을 다음과 같이 더 발전시켜 말할 수 있겠다. "현실은 메시아적인 성격을 지니고 있다."(반 룰러 : van Ruler) "삶은 영원의 한 근저로부터 다른 한 근저로 펼쳐져서 유지되고 있다. 곧 시간 이전의 선택으로부터 영원한 구원에 이르기까지 삶은 펼쳐져서 유지되고 있다. 다시 말해서 삶은 삼위일체의 하나님을 찬양하는 공동체와 피조물의 한 자체로서 자기 자신을 인식한다."(E. p.75) 그래서 메시아적인 현실 속에 처하여 있으며 또 그 현실을 받아드리는 모든 인간의 삶은 세속 가운데서 하나님의 고난에 참여하고 찬양의 노래를 부르면서 하나님의 기쁨에 동참한다. 글렌퇴이는 본회퍼의 "성육 신앙과 만물 회복의 신앙"에 대하여 올바르게 말하였다.54) 사실에 있어서 본회퍼가 생각하고 있었던 것은 성육신의 사건으로 말미암아 모든 현실이 한 우두머리 밑에서 다시 하나로 통일된다는 사실이었으며 또 그리스도 안에서 하나님 앞에 있는 모든 피조물들의 근원성과 궁극성이 밝혀지고 모든 그리스도인에게 분명하여진다는 사실이었다.

    하나님과 세속과의 화해를 그리스도론적으로 이해할 때, 현실을 여러 가지 이질적인 '영역'이나 '공간'으로 분리시키는 일이라든지 혹은 이원론적인 모든 사고는 불가능하게 된다. 다시 말해서 중세 스콜라 철학이 자연의 세계와 초자연의 세계를 분리시킨 일이라든지, 루터를 오해한 자들이 이 세상을 두 왕국으로 분리시킨다든지 혹은 세속으로부터 자기를 광신적으로 분리시키는 분리주의나 세속에 대한 광신적인 참여주의, 이런 것들은 성립할 수 없게 된다.55) 만일 이런 것들이 성립된다면 그리스도에게서 이루어진 하나님과 세속과의 화해된 현실 이외의 다른 현실들이 고려의 대상이 된다. 또한 하나님과 세속과의 화해된 현실 그 속에 세워진 현실의 통일성과 전체성은 멸시를 받고 도달할 수 없는 것으로 간주되어 버린다. 그리고 세속 없는 그리스도, 그리스도 없는 세속 또는 하나님과 세속 사이에서 영원한 갈등에 허덕이고 있는 인간이 윤리의 출발점이 된다. 그렇다면 하나님과 세속과의 종합(Synthese)이나 화해는 인간의 힘으로는 불가능하다. 왜냐하면 그리스도의 화해에서 이루어진 이 종합이 인정되지 아니하며 도달할 수 없게 되기 때문이다. 이와 같은 모든 전통에 반대하여 본회퍼가 과감하게 시도하여 본 것은 그리스도의 계시를 통하여 우리에게 주어졌으며 거기서부터 이 세상과의 화해의 기적이 일어나게 된 '하나의 현실', '전체로서의 현실'에서부터 출발하고자 한 일이었다. 본회퍼의 이와 같은 일원론적인 생각을 여러 가지 면에서 고찰함에 있어서 다음의 사실을 명심하여 두어야 하겠다. 곧 본회퍼는 관념주의 철학이 흔히 말하는 어떤 "원리적인 통일"을 결단코 염두에 두지않고 있으며 오히려 그리스도의 '인격'에서 이루어진 하나님과 이 세상과의 화해, "대신으로 책임지는 그 행위, 인간을 사랑하시기 때문에 인간이 되신 하나님"을 생각하고 있다.(E. p.180) 이 세속 자체에서부터가 아니라 그리스도로부터 단 하나인 현실의 전모가 분명하게 드러나고 그리스도인은 이 현실 속으로 옮기게 된다. 이것은 어떤 관념적인 이데아로부터 연역해내거나 또는 이 세속을 경험하므로써는 불가능한 일이다. 오직 성육신이라는 기적적인 사건을 해석하므로써만이 가능하다. "예수 그리스도는 이 현실에 대하여 완전히 이질적인 그런 분으로 나타나시지 아니 하였다. 오히려 그분만이 이 현실의 존재자들이 지니고 있는 본질을 자신의 몸에 입으셨고 또 그것을 체험하셨다. 그는 현실적인 것에서부터 말씀하셨다. 이것은 땅 위에 있는 어느 누구도 하지 못한 일이었다. 또 그분은 어떠한 이데올로기에도 결코 빠져들어가지 아니한 유일한 분이었으며 철저히 현실적인 분이었다. … 그는 현실적인 분으로서 모든 현실적인 것들의 근원이요 본질이요 목적이다. 그러므로 그분 자신이 현실의 주가 되시며 율법이 되신다. 그리스도께서 하신 말씀은 곧 자기의 실존에 대한 해석이며 따라서 역사가 그 속에서 완성되는 이 현실에 대한 해석이다."(E. p.178 이하) 그러므로 그리스도인은 그리스도에게서 다시 하나로 통일된 세속 속으로 그리스도와 함께 들어가야 한다. 들어가서 "우리와 우리의 세계를 그 속에 포함하고 있는 그리스도의 현실이 지금 어떻게 현재적으로 일하고 있는가, 또 그 현실 속에서 어떻게 살 것인가"에 대하여 질문을 제기한다. 즉, 예수 그리스도에게서 나타난 하나님과 함께 이 세속의 현실에 어떻게 "참여"할 것인가를 질문한다.(E. p.16)

위에서 언급된 사실들을 고려할 때 본회퍼는 오늘날 루터를 연구하는 자들이 강력하게 주장하는 "투쟁의 요인" – 사탄의 지배에 대립한 하나님의 지배와 그리스도의 지배 – 은 가지고 있지 않다. 왜냐하면 그리스도 안에서 하나님과 화해된 것은 바로 이 '악한' 세상이기 때문이다. 그러므로 이 세상의 궁극적이며 본래적인 현실은 마귀에게 있는 것이 아니라 그리스도 안에 있다.(E. p.67)[56] 또한 『나를 따르라』에서 분명히 염려했듯이 교회는 이 세속으로부터 결단코 분리될 수 없다. 왜냐하면 세속 속에 있는 교회는 이 세속으로부터 분리된 교회라고 하는 한 작은 영역을 자기의 소유물로서 방어하기 위하여 존재하는 것이 아니라, 오히려 이 세속은 하나님과 화해된 세속으로 여전히 존속함을 증거하기 위하여 교회는 존재한다. 그리하여 세속이 자기 자신의 능력으로 이해할 수 있는 것 보다 한층 더 깊이 이 세속의 세속성과 현세성을 더 잘 이해하기 위하여 교회는 존재한다. 그러므로 본회퍼는 그리스도의 교회를 "하나님과 세속의 교회"라고 부를 수 있었다.

2. 하나님의 지배와 십자가

모든 것을 그 속에 포함하는 그리스도의 통치는 희랍 정교회의 하나님 지배론에서 볼 수 있는 것같이 성례전 집행의 권한을 가진 성직자에게 있지 않다. 그리스도의 통치는 십자가에 못박혀 돌아가신 그분의 인격에 나타난 하나님의 통치를 뜻한다. 그것은 곧 대리행위로써 이루어진 통치요 권위이며 권능이다. "그리스도는 그의 무력하심으로 해서 도우신다."(WE. p.242) 그리스도의 대리행위 속에 하나님의 전능하심과 인간의 현실이 나타나 있다. 그래서 본회퍼는 다음과 같이 말한다. "하나님의 전지전능 하심과 무소부재 하심은 자기 자신으로부터의 해방과 죽음에 이르기까지의 타인을 위한 존재에 기인한다."(WE. p.259) 인간의 삶에 대한 그리스도의 통치하심의 그 비할 수 없는 탁월성과 원래의 모습이 대리행위 속에 하나로 나타나 있다. 『성도의 사귐』에서 본회퍼는 대리행위를 그리스도론적이며 사회론적으로 표현하였다. 이와 관련하여 본회퍼는 대리행위를 윤리학에서 더 발전시켜서 이야기하고 있다. 그리고 대리행위를 그리스도께서 지어주셨고 그리스도 안에서 구속된 또한 하나님께서 이 세상에 위임하여 주신 것들 속에서 함께 살고 있는 모든 인간의 삶에 대하여 적용하고 있다. "그리스도의 모든 삶과 행위와 죽음은 대리행위였다. … 그는 생명이기 때문에 모든 인간들은 그리스도로 말미암아 대리로 행동하도록 규정된다."(E. p.175) 그리스도론적인 유일회성(Ein-für-allemal)을 소유하고 있는 하나님의 대리행위는 단

한 번으로 인간의 삶을 유지시키는 근거가 된다. 인간 상호 간에 이루어지는 대리행위는 하나님의 대리행위에서부터 생성되며 결혼, 노동, 정부, 교회의 제 위임에 있어서 사회성의 기본구조가 되며 또 그것은 인격적인 관계의 기본구조이며 인간의 현실적인 관계의 기본구조이다. 대리행위에서 이루어진 그리스도의 통치란 것은 가족, 노동, 교회, 정치에 있어서 인간들이 맺고 있는 제반 관계가 그 본래의 고유한 존재를 향하여 해방되는 것을 뜻한다. 왜냐하면 그리스도의 통치는 인간에게 이질적인 것이 아니라 창조자요 화해자요 또 구속자 되신 이의 통치이기 때문이다. 세속의 제반 질서는 그리스도의 통치 하에서, 곧 위로부터 그들에게 부여된 본래적이며 고유한 율법 하에서 그 고유의 본질을 얻게 된다. 그러므로 세속의 제반 질서는 '자기 독선'(Eigengesetzlichkeit)에 빠지지 아니한다. 자기 독선이란 사실상 무법성(無法性)을 뜻한다. 오히려 세속의 제반 질서는 그리스도 안에서 하나님께서 지으셨고 사랑하셨고 또 화해받은 세속 속에서 그 본질적이며 고유한 위치를 계속 유지한다. "그러므로 그리스도의 통치 하에서 그들은 그들 고유의 법칙과 자유를 얻는다."(E. p.256) 그리스도의 통치는 죄와 계속되는 죄의 연속을 구제하기 위하여 십자가에서 이루어진 대리행위로부터 생각될 수 있는 것이다. 그러나 그리스도의 통치는 세속의 제반 질서에 대하여 인간적이며 종교적인 이상(理想)이나 자연법이나 도덕적인 권위를 결코 의미하지 아니한다. 그리스도의 지배는 철저히 "참된 세속"을 향한 해방을 의미하며 인간이 인간으로 되고 세속이 세속으로 되고 국가가 국가로 되기 위한 해방을 의미한다.(E. p.257) "그리스도의 통치의 의미와 목적은 세속의 질서를 신격화시키거나 그 자체로써 실현시키는 것이 아니라 참된 세속을 향해서 해방시키는 것이다. 종교개혁 운동이 내건 표어는 광신주의에서 볼 수 있는 그리스도와 세속과의 분리도 아니요 로마 가톨릭교회에서 볼 수 있는 그리스도와 세속과의 종합(Synthese)도 아니다. 오히려 대리행위에서 이루어진 그리스도의 통치에 관한 성서적인 이해가 종교개혁 운동의 표어이다.[57]

"예수 그리스도의 교회와 그 교회의 선포와 삶이 세속의 제반 질서와 함께 만날 때 이 해방은 구체적으로 나타난다. 그리스도의 교회를 존속하게 하고, 교회가 일할 수 있는 여지를 부여하며, 그리스도의 통치를 외치는 교회의 선포를 중하게 여김으로써 세속의 제반 질서는 그리스도 안에 기초되어 있는 그의 고유한 법칙을 발견한다. 언제든지 그리스도 교회의 상황이 참된 세속성에 대한 척도가 되며, 이 세속성은 어떤 관념적이며 이질적인 법칙이나 자기독선적인 자유의지의 방해를 받지 아니하는 것이다. 교회에 대하여 그릇된 관점을 가질 때는 언제든지 그 결과로써 참된 세속이나 세속의 제반 질서나 국가 등에 대하여 그릇된 관점을 가지게 되며 이것은 뒤집어서 이야기할 수도 있는 것이다."(E. p.257) 세속에 대한 교회의 봉사는 어느 정도 간접적인 것이다. 교회는 의인(義認)과 화해를 선포하므로써 그리스도의 통치를 위하여 봉사한다. 그렇게 하므로써 하나님께서 이 세상에 위임하신 것 속에서 살아가는 인간의 삶으로 하여금 관념론적인 자기의인(Selbstrechtfertigung, 自己義認)의 공포를 벗어나 참된 세속적인 삶을 살아가도록 해방시키며, 하나님께서 그에게 정하여 주신 운명, 즉 자기 고유의 운명을 완성하도록 해방시킨다.

대리행위의 개념을 통하여 그리스도의 통치와 "참된 세속성"의 두 개념은 서로 의미가 상통하는 개념이 되어 있다. 후기 서신에 있어서

『성숙한 세계』와 "삶의 완전한 현세성"에 대한 긍정적인 이해는 결국 세속이 참된 세속으로 되고 인간이 참 인간으로 되는 것을 의미할 뿐이다. 그리고 이것은 타율과 자율로부터 그리스도에서 자유롭게 하시는 그 해방과 더불어 또 그 해방 속에서 이루어진다. 오직 그리스도의 십자가의 대리행위와 죄와 속죄에서부터 하나님의 통치가 이해될 때 하나님 앞에서 그의 근원성과 궁극성에 도달할 수 있는 성숙한 세계에 대하여 분명하게 이해할 수 있게 된다.[58]

이때 자연적으로 일어나는 문제는 다음과 같은 것이다. 즉, 이 '참된' 세속성이란 하나의 새로운 '그리스도교적인' 세속을 의미하는 것이 아니냐, 본회퍼에 있어서 국가가 참 국가로 된다는 것은 국가를 새로운 형태로 그리스도교화시키는 것이 아니냐, 또한 교권적이며 종교적인 바탕에서 이루어진 서구 사회의 무신성으로 말미암아 성숙하게 된 이 세계를(WE. p.239) 그래도 본회퍼는 그리스도교적인 서구라는 사고구조 하에서 이해하지 않았느냐 하는 문제들이다. 『윤리학』(E. p.5)을 저술하기 위하여 그가 기록해 둔 메모들은 이 사실을 입증하고 있다. ("미래의 세계의 토대와 건축", "통일된 서구의 토대와 건축") 그의 윤리적인 소신은 구체적이며 역사적인 위치를 가지고 있으며 그 위치를 그는 "그리스도교적인 서구의 유산과 몰락"에서 취하고자 하였다.(E. p.30) 그의 윤리적인 소신은 그리스도의 형상이 어떻게 구체적인 형태로 나타날 것인가를 질문하고 거기서 "서구의 인정과 갱신"을 발견해야 할 과제를 지니고 있다. '참된 세속성'이나 '성숙한 세계'에 대하여 그가 품고 있는 일련의 생각들은 서구 역사에 있어서 그리스도의 통치와 그리스도의 구체적인 형태화라고 하는 전조를 지니고 있다.

3. 새로운 현실의 개념

　윤리학에서 원래 다루어지고 있는 문제와 특히 법신학적인 문제는 행위와 존재와의 미묘한 관계에서 항상 일어나고 있다. 그리고 현실을 자연법적, 관념론적으로 보는 입장과 실증론적으로 신격화(神格化)시키는 두 가지 대립된 입장 사이에서 일어나고 있다. 전자에서 선(善)이란 관념론적인 가치이며 그 선을 "가치의 영역"(하르트만, 코잉)에 대한 통찰에서 혹은 종교적으로 권위화된 자연법석인 규범 체계에서 획득하고 있다. 그 반면 후자에 있어서는 사회적인 과정의 자율성이나 인간 이성의 자의적(恣意的)인 발전 자체가 선으로 간주되고 있다.[59] 현실에 대한 개념에 의하여 본회퍼는 당위와 존재, 관념주의와 실증주의, 규범윤리와 사회윤리, 자연법과 법적 실증주의의 대립을 넘어서서 이 문제의 해결을 시도하고 있다. 그의 윤리학에서 논의되고 있는 문제들은 바로 이러한 목적을 지니고 있으며, 미묘한 대립 관계에 있는 이런 독특한 문제들을 그는 근본에 있어서 그리스도론적으로 해결하려고 한다.[60] 그래서 그는 다음과 같이 말하고 있다. 즉, 그리스도에게 있어서 하나님의 현실은 어떤 이데아나 인간을 위한 어떤 가치나 혹은 가능성으로 나타나지 아니하였다. 오히려 하나님의 현실이 자기의 것인 동시에 이 세상의 것인 현실 속으로 들어오셨다. 그리스도에 있어서 세속의 현실은 일어난 사실 자체(Factum brutum)거나 또는 벌거벗은 사실성(nackte Faktizität)으로 존재하지 아니한다. 오히려 하나님께서 용납하셨고 하나님과 화해되었고, 그래서 하나님의 품에 안긴 현실로서 존재한다. 그러므로 그리스도교 윤리는 단지 나의 현실이나 또는 나와 대립되어 있는 이 세상의 현실과 관계된 것은 아니다. "분명한 사실은 나와 이 세상의 현실 자체가 하나의 전혀 다른 궁극적인 현실 속에 깊이 잠겨 있다는 것이다. 즉, 나와 이 세상을 창조하신 화해자요 또 구속자 되신 하나님의 현실 속에 깊이 잠겨 있다는 것이다. 그러므로 윤리적인 문제는 즉시 하나의 완전히 새로운 국면에 처하게 된다."(E. p.55) 모든 존재하는 사물과 그 관계들은 분열된 상태 속에 있으며 그 속에서 하나님을 보지도 못하고 인식하지도 못하고 있다. "하나님을 궁극적인 현실로서 믿지 않는 한, 소위 말하는 바 모든 주어진 것들과 법률이나 규범 등은 추상적인 것에 불과하게 된다."(E. p.55) 그러므로 이러한 전제하에서 그리스도교 윤리는 "그리스도 안에 있는 하나님의 계시의 현실이 그의 피조물들 가운데서 실현된다"는 사실을 문제삼는다.(E. p.55) 다른 모든 윤리학에서는 당위(當爲)와 존재, 이데아와 현실, 원인과 결과의 대립이 문제되고 있으나 그리스도교의 윤리학에서는 현실과 현실화(Wirklichwerden)의 상호관계, 과거와 현재의 관계, 역사와 사건(신앙)의 관계가 문제된다.(E. p.57) 그래서 본회퍼는 다음과 같이 말할 수 있었다. "현실적인 것 자체가 곧 선한 것이다. 다시 말해서 선한 것이란 하나님의 현실에 의하여 해소되어버렸으며 추상적으로 현실적인 그런 것들이 아니라 오직 하나님 안에서 현실을 소유하고 있는 그런 현실적인 것이 선한 것이다."(E. p.57) 여기서 규범과 존재자 사이의 대립적인 관계는 지양되며 어떤 유덕(有德)한 것을 얻기 위하여 인간에게 필요한 것을 포기해야 할 필요도 없게 된다. 소위 말하는 비 실증주의의 '창조적인' 현실도 하나의 추상적인 것에 불과하다. 관념적으로 '물질화된' 현실도 역시 추상적인 것이다. 이 두 가지 개념은 인식론적인 주객 도식 하에서 성립된 것이다. 그러나 초기 저서에서 본회퍼가 말한 바와 같이 "사회학적인 범주"에서는 성립될 수 없다. 그러므로 이 두 가지 개념은 하나님과의 관계와 이웃과의 관계에 있어서 인간의 인격은 '객관화될 수 없다는 사실'(Nichtobjektivierbarkeit)과 인간의 사회성은 '주관화될 수 없다는 사실'(Nichtsubjektivierbarkeit)에서 그들의 마지막 한계선에 부딪치게 된다.[61] 그리스도 안에 존재하고 있는 하나님과 인간을 함께 포함하는 '참된 현실'이란 것은 하나님과 인간을 넘어선 메시아의 현실을 말하며, 이 현실을 분명하게 깨닫게 된다는 것은 인간이 하나님의 역사 속으로 통합되어진다는 사실을 의미한다.[62]

현실을 이와 같이 이해하고 믿을 때 현실은 그 자체로서 윤리적으로 매우 타당하게 된다. 곧 윤리적인 행위는 현실에 상응하는 것임에 틀림 없다는 것이다.(E. p.176 이하) "현실에 상응한다는 것은 그리스도에 상응하는 행위를 뜻한다. 왜냐하면 이 행위야말로 세속을 세속으로 되게끔 하고 세속을 세속으로서 기대하기 때문이다. 또 세속은 그리스도를 통하여 하나님께서 사랑하셨고, 심판하셨고 또 자기와 화해시켜 주신 세속이라는 사실을 언제나 주지시켜 주기 때문이다."(E. p.179) 이러한 방법으로 "그리스도인의 길은 종교적으로 권위화된 규범체계로 말미암아 굳어져 버리지도 아니하며 실증주의적으로 또 제멋대로 발전하고 있는 인간의 방임된 법적인 이성(Rechtvernunft)에 대하여 무관심하게 되지도 아니한다."(볼프, 『자유로운 그리스도인』: Libertas christiana, p.32)

4. 계 명

지금까지 말하여 온 바에 의하면 다음의 사실이 분명해진다. 즉, 본회퍼에 있어서 "윤리적인 사건"은 우리들이 부딪치고 있는 이 현실이나 상황으로부터 실증적으로 발견될 수도 없고 또 굳어져 버린 관념적인 제 질서의 체계에서 연역될 수도 없다는 것이다. 본회퍼가 뜻하는 "윤리적인 사건"이란 세속의 현실 속에서 하나님의 통치하심이 인간에 대하여 일어날 때에 성립된다. 윤리적인 사건은 계명에 나타나는 하나님의 통치와 스스로 책임지는 인간과의 만남을 뜻한다. 이 사실을 본회퍼는 다음과 같이 말하고 있다. "하나님의 계명은 자비하신 하나님으로 말미암아 인간이 전적으로 또 구체적으로 필요로 하는 것이다. 계명은 역사적인 것과 대립되는 무시간적인 것도 아니고 실제의 적용과 구별되는 어떤 원칙도 아니다. 그것은 인간에 대한 하나님의 말씀(Rede)이며 참으로 그 내용에 있어서나 형태에 있어서 구체적 인간에 대한 구체적인 말씀이다."(E. p.215) 그러므로 위에서 간단하게 서술한 현실에 대한 개념에 있어서 하나님과의 만남이라는 윤리적인 사건이 하나님의 계명에 대하여 가진 그 단 한 번의 관계를 밝혀주며 또 그 사건이 인간의 뜻대로 될 수 없으며 오히려 인간의 의지에 대립하여 발생한다는 사실이 분명해진다. 하나님의 계명은 언제나 구체적이다. 즉, 인간이 살고 있는 세속의 현실 속에서 실현되고자 하는 하나의 현실이다. 1932년에 이미 (본회퍼 전집, 제1권 p.146 이하) 본회퍼는 계명이 가진 구체적이고 어느 정도 예언자적이며 현실에 상응하는 형태가 모든 사물의 기초가 된다고 생각했다. 한 역사적인 '순간'(Stunde)에 교회가 전문적인 지식의 결핍으로 인하여 어떤 보편적인 표준이나 영원한 타당성을 구실로 하나님의 구체적인 계명으로부터 도피하여 버리는 이런 통례적인 사실에 대하여 그는 다음과 같이 강조하여 말하고 있다. "교회는 죄의 용서를 믿으면서 구체적인 계명을 과감히 실행해야 한다. … 복음의 선포에 대해서 성례전이 가지는 지위도 계명의 선포(* 윤리적 실행)에 있어서 현실에 대한 지식이 가진다. … 현실은 계명의 성례전이다." 이러한 관념을 본회퍼는 더 이상으로 사용하지는 않는다. 그러나 그 당시에 그는 다음과 같은 기초를 세웠는데 그것은 대단히 중요한 것이다. 그 기초는 나음과 같은 내용의 것이다. "현실의 윤리적인 성례전은 창조의 현실(Schöpfungswirklichkeit)에 대한 현실의 관계 속에 근거되어 있다."(전집 1권, p.147) 『윤리학』에서는 성례전이라는 용어가 사라진 대신 다음과 같이 표현되어 있다. "십계명은 그리스도가 다스리는 모든 인간의 삶의 법칙이다."(E. p.225) 따라서 창조질서에 대한 그릇된 견해에 대하여 말씀과 신앙의 신학이 확립되어야 한다. 계명은 창조되어진 현실을 세속의 현실에서부터 해명하지 않는다. 오히려 그리스도 안에 계시되어 있는 바와 같이 하나님께서 그 계명을 제정하셨고 설정하셨다는 사실을 기점으로 하여 창조된 현실을 해명한다. 또한 하나님의 계명은 인간의 모든 자명한 것들이 불안전하게 되고 동요되는 한계 상황에서 비로소 나타나는 것이 아니라 삶 가운데서 만나는 제 위임을 통하여 삶의 한복판에서 구현되고 수행된다는 사실과 또한 이 위임들은 그들의 편에서 볼 때 하나님과 만나는 윤리적인 사건 속에서 하나님께서 세우신 것으로 나타난다는 사실, 이러한 사실들을 통하여 계명은 창조된 현실을 해명한다. 하나님의 계명은 그가 지으신 세속의 현실을 파괴하지 아니한다. 오히려 세속의 현실속에 계신 하나님을 앞에 모시고 살아갈 수 있고 또 살아갈 것을 허락하고 맡기는 그런 것으로 생각되어야 한다. 이와 같이 순종할 때 하나님 앞에 서 있는 인간의 삶은 그의 근원성과 본래성을 발견한다. 그러므로 하나님의 계명은 지음받은 인간의 삶이 그의 모든 관계에 있어서 이질적인 지배(타율)와 자기 독선(자율)을 벗어나서 '참된 세속성'을 향하여 구체적으로 해방될 수 있도록 도와준다. 그리고 이 참된 세속성은, 본회퍼에 있어서 그리스도 규준성(Christonomie)이라고 일컬을 수도 있는 것이었다.[63] 그리스도의 통치를 회복시키는 하나님의 계명이 지향하는 목적은 인간의 협동(cooperatio)이며 충만한 현세의 삶 속에서 하나님과 더불어 살아가는 '공동의 삶'(Mitleben), '공동의 수난'(Mitleiden)이다. 또 하나님의 계명의 목적은 세속의 현실 속에서 하나님의 현실에 참여하는 것이며, 믿음의 순종 속에서 '그리스도의 뒤를 따르기 위한'것이다. 한마디로 말해서 하나님의 계명은 인간으로 하여금 세속을 넘어서(über) 하나님의 현실 속에 결합시키기 위한 것이다.

그러나 다음과 같은 문제가 일어난다. 위임의 자발성(voluntas mandati)은 어디서 구체적으로 만나 볼 수 있으며 어떠한 권위에 의하여 수행되느냐 하는 문제들이다. 본회퍼는 그의 이론을 전개하여 나가면서 하나님의 위임에 대하여 설명하고 있다. 하나님의 계명이 소유하고 있는 예언자적인 구체적 모습은 위임에서 발견될 수 있는데 본회퍼는 이 예언자적인 구체적 모습을 성례전과 비교하므로써 추구하였고 또한 이 땅 위에서 살고 있는 인간의 삶이 맺고 있는 여러 가지 관계에서 추구하였다.

3장. 위 임

1. 위임 개념

잘 아는 바와 같이 『윤리학』에서 본회퍼는 두 번에 걸쳐 '위임' 개념을 파악하고자 시도하고 있다. 첫 번째는 현실의 그리스도론적인 통일성에서부터 파악하고자 하였다.(E. p.70 이하) 두 번째는 구체적으로 계명을 어떻게 윤리적으로 말할 수 있으며 또 윤리적으로 수행할 수 있겠는가에 대한 문제에서부터 파악하고자 하였다.(E. p.225 이하)

1) 이 세계 전체는 알든 모르든 간에 그리스도로 말미암아 또 그리스도에 의하여 창조되었다. 이 관계는 하나님의 구체적인 위임에서 구체적으로 나타나는데 인간이 소유하고 있는 분명하고도 영속적인 기본 관계와 삶의 영역은 이 위임 속에서 한정되고 형성된다. "우리는 하나님의 질서에 관하여 이야기하는 대신 하나님의 위임에 관하여 이야기한다. 이렇게 함으로써 존재자징에 대하여 하나님의 위탁의 성격이 더욱 더 명료하게 될 것이기 때문이다.[64] 하나님께서는 이 세상 속에 노동, 결혼, 정부, 교회가 존재하기를 원하신다 – 이들 각자가 자기대로의 방식으로 존재하기를 원하신다. … 노동, 결혼, 정부, 교회가 존재하고 있기 때문에 하나님께서 그것들을 명령하신 것이 아니라 하나님께서 명령하셨기 때문에 그것들이 존재한다. 의식하든 못하든 그들의 존재가 하나님의 위탁에 복종할 때 비로소 그들의 존재는 하나님의 위임

이 된다."(E. p.70) 이와 같은 명제의 배후에는 제3제국 때 게르만 종족과 독일민족을 세계관적인 영광스러운 존재로 승격시켰던 사건과 '도이취 크리스챤' 집단에 있어서 결정적인 창조질서로서 이 행위를 정당화하고 지지하게 된 '국민법'과의 치열한 대결이 숨어있다. 게르만 민족의 우위성을 주장하는 질서개념과 또 이것을 생물학적으로 정당화시켜서 정치적인 세계관으로 발전시킨 이러한 그릇된 행위를 본회퍼는 거부하고 오직 그리스도의 통치에서 계시되는 살아계시며 엄위하신 하나님을 역설하고 있다. 여러 가지 질서에 있어서 중요한 것은 역사를 추진하는 악마의 세력이나 하나님의 세력이 아니라 인간의 순종을 통하여 완성되고자 하는 하나님의 위탁과 약속이 중요하다. "세계의 제 질서에 대하여 말할 수 있는 모든 진술은 모든 피조물의 근원이요 본질이요 목적이신 예수 그리스도에게 근거되어 있으며, 그러므로 그 모든 진술은 예수 그리스도와 관계되어져야 한다."(E. p.225) "또한 여러 가지 질서는 예수 그리스도의 하나님과 병행되는 제2의 신적인 기관이 아니라 예수 그리스도의 하나님이 사람으로 하여금 복종하도록 해 주시는 장소이다. 하나님의 말씀에 있어서 중요한 것은 여러 가지 질서가 아니라 그 질서 속에서 이루어지는 믿음의 순종이 중요하다."(E. p.279)[65] "하나님의 위임은 믿음의 순종이 이루어지는 구체적인 장소이며 하나님의 요구요 억류(Beschlagnahme)이다. 또한 위임은 하나님의 계명으로 말미암아 이 땅 위에 서 있는 한 특수한 영역으로 형태화된 것이다. 이러한 위임은 율법과 복음이라는 변증법으로부터 벗어난다." 본회퍼는 '나를 따르라는 부름'(Ruf in die Nachfolge)에 대하여 이미 다음과 같이 말할 수 있었다. "그 부름은 은혜로우신 부름이요 은혜로우신 계명이다. 그것은 율법과 복음의 적대관계를 초월하여 있다."(『나를 따르라』, p.15) 이제 그리스도인의 믿음의 순종은 세속 가운데에서 이루어지는 하나님의 '위임'에 대한 순종을 의미하게 된다. 그러므로 위임은 직접적으로 복음적인 내용을 소유하고 있다.[66] 위임은 믿음의 순종을 하려는 자에게 그가 책임져야 할 장소가 어딘가를 지시한다. 위임은 이웃을 어떻게 사랑할 수 있는지 그 방법을 제시하여 준다. 바로 그렇기 때문에 위임 속에서 이루어지는 "그리스도인의 삶의 수련"은 모든 율법성과 반대되는 구체적인 순종을 뜻한다.

의심할 것 없이 본회퍼는 위임의 개념에서 "3대권"(drey Ertzgewalten, 三大權)에 관한 루터의 근원적인 교설을 새롭게 이해하려고 한다. 이 교설에 의하면 그리스도인의 성화는 이 세상에서 "하나님과 협동하여"(cooperatiocum Deo)이루어지며 또 "자기 부정"(mortificatio sui)을 통하여 고난받음으로써 실현된다. 세례의 성례전에 대한 루터의 "설교"는 이와 같은 그의 생각을 다음과 같이 표현하고 있다. "그러므로 하나님께서는 우리들이 수련하고 배워 수행하여야 할 여러 가지 직분을 제정하셨으니, 어떤 이에게는 결혼의 직분을 어떤 이에게는 영적인 직분을, 또 어떤 이에게는 다스리는 직분을 주셨다. 그리고 모든 사람에게 수고하고 노동하도록 명령하셨으니 이는 모든 사람이 육을 죽이고 죽음에 친숙해지도록 하기 위함이다." 그리스도교 세계 내부의 사회적인 삶에 있어서 "기본되는 세 가지 질서", 즉 결혼, 정부, 교회 혹은 가족과 가정, 국가 및 교회는 하나님께서 세우신 것이다. 그리고 하나님께서는 이것들을 사람과 '함께 창조하시므로써' 사람에게 분명히 '유익하도록' 제정하셨다. … 그 세 가지 기본 구조는 그때 그때마다 이 세상에서 하나님을 위한 질서있는 봉사가 이루어지는 특수한 장소이다.「악마에 대항하여」(루터전집, WA, 50, 652, 14) 세워진 이 3대권에 있어서 궁극적으로 중요한 것은 하나님 나라의 도래를 주목하면서 서로 밀접하게 결합되어 있는 교회와 국가와 가정의 여러 기능이다. (이 3대권의 율법은 '자연법'이며 '3대권'이 '계급 제도'나 '직분'에 대한 보다 더 적절한 표현이라면 교회, 국가, 가정의 제 기능은 하나님 나라의 도래를 주목하면서 서로 불가분리의 관계를 맺고 있다.) 그러므로 그들 속에는 국가와 가정에 대한 서구적인 특성이 들어 있다. 그리고 '세속적인 직분'은 그리스도교 세계(corpus Christianum)를 가톨릭교회식으로 조직하지 않으며 혹은 단순히 육성해야 할 대상으로서 '정신적인 직분'에 귀속되지도 아니한다. 오히려 그의 삶 전체에 대한 하나님의 말씀의 요구에 직접 복종한다. (볼프,『나그네 생활』: Peregrinatio, 1956, p.232 이하) 3대권에 관한 볼프의 이론은 정확하며 이 이론을 본회퍼는 새롭게 해석하려고 하였다. 그래서 3대권의 이론은 어떤 질서에 관한 신학에서 보다도 그의 위임론에서 더 적절하게 다루어졌던 것이다.[67] 왜냐하면 위임론에서 본회퍼는 이 이론을 다음과 같이 새롭게 표현하고 있기 때문이다.

(1) 여기서 중요한 것은 계시의 빛 속에서 그리스도인에게 분명히 나타나며 또 하나님께 순종할 장소를 그리스도인에게 가리켜 주는 하나님께서 설립하신 것들이다.

(2) 하나님께서 설립하신 것들은 인간과 함께 창조되었고, 또 함께 창조되었다는 바로 이 점에서 하나님이 설립하신 것들은 이 세상 속에 살고 있는 인간 존재의 사회적인 구조에 속한다.

(3) 모든 위임은 계명이 구체화된 것으로서 동일한 성질의 것이고 상

호 분리될 수 없으며 또 서로 혼합되어서 용해되어 버리는 형태나 '베일'(Larve, 루터)이나 매개물이나 모사물이 아니다. 그리고 이 세상 안에 살고 있는 그리스도인은 위임을 통하여 하나님의 삶 속에 근거되어 있으며 창조하실 때에 하나님 자신이 수행하셨고 체험하신 통치와 삶에 근거되어 있는 자다. 위임에 있어서 다음의 사실이 그리스도인에게 분명해지고 있다. 즉, "이 세상은 신뢰할 수 있는 세상이 아니라 봉사할 수 있는 세상이다."(욍그렌의 위의 책, p.44) 여기서 우리는 "이상적인 혹은 구속된 세속성"과 타락된 세속이 대표적이고 규범적인 대칭을 이루는 사실에 대하여 언급할 수 있을 것이다. (볼프의 위의 책, p.198)

 윤리적인 사건 속에서 하나님의 계명과 인간이 만나게 될 때 언제 어디서나 문제가 되는 분명한 사실은 어떻게 하여 이 위임들을 성취시킬 것이며 위임을 통하여 인간으로 하여금 하나님께 순종하게 할 것인가 하는 것이다. "'세속적인' 영역으로부터 '영적인' 영역에로의 후퇴란 있을 수 없다. 오직 하나님의 네 가지 위임 하에서 그리스도인의 삶을 수련하는 일만이 있을 뿐이다. 처음의 세 가지 위임(노동, 결혼, 정부)이 '세속적인' 것이라 하여 마지막 위임(교회) 보다 더 천한 것이라고 생각되어서는 안 된다. 노동이나 결혼이나 정부나 교회, 그 무엇이 문제되든지 간에 항상 문제되는 중심적인 사실 그것은 바로 세속 한가운데 있는 '하나님의' 위임이다."(E. p.70) 따라서 위임은 인간으로 하여금 단 하나이면서 전체로서의 현실에 직면하게 하고 하나님과 이 세상을 화해시킨 "그리스도의 몸"의 현실 속으로 들어가도록 봉사한다.(E. p.73) 그러나 위임은 단독으로 봉사하지 못한다. 하나님께서 제 위임을 병존케 하셨으므로 제 위임은 상호를 위하여 서로 함께 봉사한다. 그렇게 함으로써 위임은 결국 인간으로 하여금 세속 안에서 "참된 세속성"을 향하여 해방되도록 봉사하며 타락된 세속으로부터 해방되도록 봉사한다. "세속의 제반 질서에 있어서 하나님의 통치와 십계명은 인간이 소유하고 있는 어떤 이상이나 자연법에게 유익한 것임을 의미하지 않는다. 오히려 참된 세속성을 이루도록 하는 해방과 국가가 국가로 되기 위한 해방에 유익한 것이다."(E. p.231) 위임은 다양한 삶 속에서 하나님의 계명을 수행하고 완성시키기 위하여 창조 시에 그리스도를 통하여 설립된 것이며 성서의 그리스도의 계시에서 입증된 바와 같이 하나님께서 위탁하신 것이다. 위임은 하나님의 통치의 지체들로서 말하자면 위에서부터 이 세상 속으로 주어진 것이다.(E. p.224) 계명은 하나님의 통치와 그리스도론적인 통일성과 현실의 전체성이 서로 화해하여 부채꼴 모양으로 펼쳐진 것과 같다. 그 모든 것의 중심은 인격으로 계시는 그리스도이다. 그러나 위임은 하나님 앞에서의 순종과 수난과 찬양 가운데에서 이루어지는 세속적인 삶을 지향한다. 세속적인 삶은 위임 속에서 그의 근원적이고 본래적인 형태를 발견한다.

2) 하나님의 계명은 위임의 형태를 입고, 곧 교회와 결혼 및 가정과 문화와 정부의 형태를 입고 구체적으로 나타난다. 하나님의 계명은 추상적으로 어떤 장소 어디에서나 발견될 수 있는 것이 아니며 역사를 추진하는 세력이나 현실을 이끌고 가는 어떤 이상(理想)에서 발견될 수 있는 것도 아니다. 하나님의 계명은 오직 구체적으로 존재하는 거기에서만이 발견될 수 있다. 오직 하나님 자신이 자격을 부여하실 때만이 우리는 하나님의 계명에 관하여 이야기할 수 있으며 오직 하나님께서 자격을 부여하실 때만이 하나님의 계명은 바르게 수행될 수 있

다.(E. p.222) 바로 이 사실이 본회퍼가 위임을 이해하는 제2의 국면을 이루고 있다. 계명은 그 자체로서 중성적인 '믿음의 순종이 이루어지는 장소'가 아니라 거기에서부터 순종에 대한 요구가 구체적으로 일어나는 장소요, 기관이요, 직분이다. 그리고 이 직분은 계명을 선포하고 해석하고 적용하도록 하나님께서 허락하여 주신 것이다. "위임은 그리스도의 계시에 근거되어 있고 성서를 통하여 입증된 바와 같이 하나님께서 구체적으로 위탁하신 것이다. 또 그것은 하나님의 특수한 계명을 수행할 자격을 부여받은 것이고 합법화된 것이다. 또한 위임은 하나님이 권위를 이 땅 위의 기관에 양도하여 온 것이다. … 위임을 영위하여 가고있는 자는 대리로 행동하며 위탁하신 분의 자리를 관리하고 유지하는 자로서 행동한다."(E. p.223) 다시 말해서 아버지는 아들에 대하여, 교사는 학생에 대하여, 정부는 국민에 대하여 하나님을 대신하여 행동하며 또 위탁하신 분의 자리를 관리하고 유지하는 자로서 처신하여야 한다. 위임은 이 땅 위에 현존하고 있는 질서 일반을 그대로 인정하여 주는 것은 아니다. 위임은 한편에 있어서 이 땅 위에 속한 영역이 하나님께 순종하는 형태를 취하도록 하며, 다른 한편에 있어서 구체적인 시간과 장소에서 하나님의 계명에 순종하여 이를 수행하도록 맡겨주는 것이다. 이와 같은 두 가지 면에서 계명은 삶의 구체적인 여러 기본 관계 속에서 책임을 지고 있는 인간에게 전권을 위탁하는 것이며 맡겨주는(수임하여 주는) 것이다. 첫 번째 면에서의 위임 개념은 화석화(化石化)되어 버린 직업 질서나 계급 질서보다도 구체적인 "직업"에 더 가깝다. 왜냐하면 여기서는 상이한 세속적인 제 영역에 있어서 믿음의 순종이 문제되고 있기 때문이다. 그리하여 두 번째 면에서는 계명을 수행할 수 있도록 하나님께서 자격을 부여해 주시는 사실과 따라서 타인에 대하여 윤리적으로 말할 수 있도록 하나님께서 자격을 부여해 주시는 사실이 강조되고 있다.[68]

2. 존재의 관점에서 본 위임의 소여성

굳어져서 의미를 상실한 질서의 개념과 공간의 개념을 벗어나기 위하여 본회퍼는 신중한 태도로 위임 개념을 선택한다. 이같이 화석화된 개념들에 반대한 나머지 그는 인간의 순종에 있어서 단지 명령적인 면과 행위적인 면 그리고 특수한 사건의 역사성만을 강조하는 인상을 준다. 여기에 있어서 본회퍼는 정부를 사실상 'government'로 생각하는 영국의 해석 및 스멘트(R. Smend)의 직업관과 여러 가지 면에서 상통하고 있으며, 이것은 법신학적인 대화를 위한 초기의 모임에서 이루어졌던 것이다. 그러나 그가 말하는 현실의 개념과 '행위와 존재'에 관한 초기의 논의를 고려하여 볼 때, 위의 첫 번째 인상은 매우 의심스러운 것이라고 생각된다. 위임에 관한 그의 개념은 오히려 하나님의 주권의 동기를 강조하며 "제 제도에 어떤 형태를 부여해야 할 과제에 대한 구체적인 결단에 기인한 것이라고 생각된다."(볼프, 『법과 제도』, p.27) 그러나 분명한 사실은, 위임은 하나님께서 통치하시는 현실의 마음대로 처리 못할 존재에 속한다는 것이며 또 위임은 인간의 의지를 선행하며 인간의 의향에 의존하지 않는 제 관계 및 시간적으로 한정된 제 구조를 뜻한다는 것이다. "역사적인 모든 질서는 변화한다. 그러나 위임은 이 세상 끝날까지 존속한다."(E. p.257) 위임은 하나님께서 세우신 것으로써 계약에 대한 하나님의 성실하심에 기인한다. 따라서 위임은 인간이 소유하고 있는 제 기본 관계의 본질을 가리켜 보여주고 있는데, 그 기본 관계들이 어떻게 형성되었는가에 대하여는 침묵을 지킨다. 노동, 결혼, 정부, 교회 등의 구체적인 형태를 통하여 하나님께서 맡겨주신 과제를 인간이 자기 주장대로 또 자의적(恣意的)으로 파기하므로써 하나님의 위임이 구체적인 상황 속에서 희미해진다 할지라도 구체적인 존재자는 위임을 통하여 "상대적인 의로 인정하심"을 얻게 된다. 노동, 결혼, 국가, 교회 속에 현존하고 있는 제 관계의 형식과 존재자는 하나님의 위탁과 긴밀히 연결되어 있다. 그리고 그늘이 하나님의 위임에 순종할 때는 그들의 근원적인 본질이 실현되지만 순종하지 않을 때는 그들의 근원적인 본질을 그르칠 만큼 그 결합도는 긴밀한 것이다. 그러나 인간 상호 간의 기본 관계를 형성하는 이 위임의 특성은 그것이 역사적으로 완성되든지 아니 되든지 거기에 조금도 좌우되지 아니 한다는 것이다. 오히려 위임이 존재자(구체적 인격) 속에서 또 존재자에 대하여 언제나 새롭게 실현되고자 하는 거기에 위임의 특성이 있다. "위임"이란 하나의 잠정적이고 변화될 수 있는 용어이다. 이 용어는 현존하는 제반 관계와 하나님의 질서를 일치시키는 것을 거부하고 계명과 순종 속에서 역사하고 계시는 하나님의 주권을 강조한다. 또 이 용어는 인간의 혼란된 자의(恣意)성이 소유하고 있는 그 무질서를 거부하고 하나님께서 설립하셨기 때문에 정당화된 그 참되고 영속적인 제반 기본 관계의 본질을 강조한다.(그러나 이것은 완성과 실패를 초월한 것이다) 그러므로 하나님의 위임을 통하여 언제나 새롭게 이루어져야 할 순종은 그의 "상대적인 정당화"를 얻게 된다. 뿐만 아니라 위임으로 말미암아 야기되고 수립된 인간 존재의 현존하는 제반 관계의 형태도 역시 그의 "상대적인 정당화"를 얻게 된다. 그러므로 권력의 악용이나 그릇된 순종으로 말미암아 인간은 위임의 제반 관계로부터 윤리적으로 분리될 수 없다. 말하자면 아들은 아버지로부터, 남편은 아내로부터, 국민은 국가로부터 분리될 수 없다. 도리어 위임으로 말미암아 공동의 책임과 '죄를 짊어짐'(Sündenübernahme)이 필연적으로 존재하게 된다. 이 죄의 인수를 본회퍼는 그가 생존하던 당시의 절망적인 상황 속에서 열열히 강조하였고 또 이것을 그는 실존적으로 수행하였던 것이다.(E. p.186 이하를 참조하라) 이제 현존하고 있는 제반 질서는 위임의 개념으로 말미암아 그대로 인정받을 수 없게 된다. 다른 한편에 있어서 위임의 개념은 제반 제도를 도덕화시킨다는 것을 의미하지 않는다. 어떤 제도나 위임을 채택하거나 폐기하는 일 혹은 이혼, 이민 등의 문제는 위임의 개념에서부터 특유한 국면을 가지게 된다.

3. "궁극 이전"의 길 안내로서의 위임

1932년에 이미 본회퍼는 그리스도의 계시에서 분리된 '창조 질서'를 거부하고 '유지 질서'(Erhaltungsordnung)를 말하였다. 유지 질서란 그에게 있어서 "창조를 가리키고 있으면서 동시에 그리스도의 미래를 향하여 개방되어 있는"(본회퍼 전집 제1권, p.151 이하) 세속적인 질서를 의미하였다. 이 양자의 차이는 다음과 같다. 즉, 창조 질서는 그 자체로써 가치있고 원래의 상태를 보유하며, 그 자체로서 '매우 선하게' 보이는 일정한 질서를 의미한다. 그러나 유지 질서의 개념은 다음의 사실을 의미한다. 곧 모든 주어진 것들은 그리스도 안에 나타난 계시의 전망 속에 서 있으며 은혜와 진노 가운데에서 하나님에 의하여 유지되고 있다는 것이다. 하나님께서 유지하고 계신 모든 질서는 그리스도를 지향하고 있으며 오직 그리스도 때 유지된다. 하나의 질서는 그것이 복음의 선포에 대하여 개방되어 있기 때문에 비로소 하나님께서 유지하는 질서로 간주될 수 있다. 어떤 질서가 원상태 그대로를 보존한 것이라 할지라도 그것이 복음의 선포에 대하여 근본적으로 폐쇄되어 있다면 그 질서는 포기되어야 한다. 결혼이나 민족 등 이러한 것들도 복음의 선포에 대하여 폐쇄되어 있다면 역시 포기되어야 한다. 일반적으로 윤리적인 문제와 보편적인 문제는 창조 질서에서부터 해결될 것이 아니라 그리스도 안에 주어진 하나님의 계시에서부터 해결되어야 한다고 한 초고에서 그는 말하고 있다. (『성숙한 세계』(Mündige Welt), 제2권, p.133에 인용. 거기서 글뢴퇴이와 퀴넷트의 논쟁을 참조하라). 스위스의 제네바에서 본회퍼가 비써투프트(Vissert'Thooft) 박사에게 준 짧은 글에는 이 새로운 질서 개념이 십계명을 통하여 다음과 같이 더 발전되어 있다. "십계명 속에서 유지되고 있는 세속적인 질서는 그리스도를 향하여 개방되어 있다. 즉, 그 질서는 교회가 외치는 말씀의 선포와 그 말씀에 순종하는 삶을 향하여 개방되어 있다. 이와 같은 질서는 그리스도교적인 것이 아니라 하나님의 뜻에 순종하는 지상의 바른 질서를 뜻한다. 하나님께서는 그리스도가 이 세상에 주인이 되실 경우에 결코 범할 수 없는 한계를 십계명 속에서 계시하셨다. 십계명은 부정적으로 파악되고 있다. 그 긍정적인 제 형태는 생생한 역사를 통하여 제시되며 그의 한계와 비판은 십계명을 통하여 체험된다."(『성숙한 세계』, 제2권, p.190)

윤리학에서 '유지질서'의 개념을 본회퍼가 완전히 누락시키고 있다는 사실과 제반 질서 속에서, 또 제반 질서를 통하여 하나님께서 이 세상을 유지시키는 동기를 그가 매우 조심스럽게 다루고 있다는 사실은 주목할 만하다. '궁극과 궁극 이전'(Letzten und Vorletzten)을 구별하므로써 그는 한 새로운 길을 모색하고 있으며 보다 무난한 개념으로써 이 문제의 해결을 시도하고 있다. 의로움을 인정하여 주는 하나님의 말씀은 질적인 의미에 있어서 하나님의 궁극적인 말씀이며 더 큰 것을 더하여 주는 것이 아니다(non plus ultra). 다시 말해서 "하나님 앞에서 그의 의로움을 인정받은 삶 이외에는 아무것도 존재하지 않는다."(E. p.77) 그것은 또한 시간의 양적인 의미에 있어서도 하나님의 궁극적인 말씀이다. 다시 말하여 그 말씀에는 언제나 어떤 궁극 이전의 것이 선행되고 있다. 곧 어떤 행위, 수난, 활동, 의욕, 실패와 재기(再起), 간구와 희구, 참으로 진지한 한 짧은 시간, 이런 것들이 선행하고 있으며 그 짧은 시간의 끝에 궁극 이전의 것이 서 있다.(E. p.78) 궁극 이전의 것은 궁극의 것 때문에 폐기될 수 없다. 왜냐하면 궁극 이전의 것은 종말론적인 것을 종말론적인 것으로 확실하게 해 주기 때문이다. 이제 궁극 이전의 이 영역, 즉 역사의 영역, 외면적인 삶의 영역은 하나님의 위임을 통하여 일관성을 가지게 되고 질서있게 정돈된다. 그리고 이 위임 속에서 하나님의 궁극적인 말씀은 구체적인 형태를 얻어 구현되며 세속적인 삶은 그리스도의 길을 예비하면서 그리스도의 계시를 지향하고 있다. 또 위임 속에서 믿음은 하나님과 협동하여 이루어지는 사랑의 선한 업적을 통하여 육이 된다. 궁극 이전의 이 시간은 구속사적으로 그리스도의 오심을 준비하고 안내하기 위하여 승인받은 시간으로서 그 자격을 가진다. 그러나 궁극 이전의 시간은 그리스도의 오심에 대한 조건이 아니다. 궁극 이전의 시간은 오히려 오시는 그분의 빛 속에서 차안의 것(Hiesige)을 형성하며, 의롭다 함을 인정받는 믿음 속에서 현실존재를 성화시키기 위한 것이다. 그리하여 궁극 이전의 것은 "궁극적인 것의 베일"(Hülle des Letztes)이 되며(E. p.84)[69] 의롭다고 인정하여 주시는 그리스도의 통치의 외곽 영역(Außenraum)이 된다. 그리고 이 외곽 영역에서는 인간으로 사는 일과 선하게 사는 일이 중요하며 방금 오시는 주님과 하늘나라를 고대하고 있는 '자연적인 삶'이 중요하다. 이 시간과 이 공간 속에 존재하고 있는 위임은 종말론적으로 또 잠정적으로 존재하고 있다. 이것은 교회에 대해서도 마찬가지다. 이 땅 위에 있는 궁극이 인격화된 베일 속에서 그리스도를 고대하며 그리스도를 향하여 개방되어 있으며 그리스도를 위하여 봉사하며 그리스도를 영화롭게 하는 하나의 세계가 형성되어야 하겠다. 이 영역 안에는 오시는 그리스도의 빛이 빛나고 있기도 하지만 가인의 자손의 어두운 그림자가 덮여 있기도 하다. 바로 여기에 "그리스도인의 삶의 수련"을 도와주는 위임의 시간과 공간이 주어져 있다. 이와 같은 한계에서 위임은 카오스를 직면하고 있는 하나님의 적극적인 질서를 뜻하며 오시는 그리스도를 직면하고 있는 개방된 완성의 과정을 의미한다.

본회퍼는 "창조 질서"의 개념을 거부하였다. 그 이유는 세상의 모든 질서는 하나님께서 그것들을 수립하셨을 때 또 수립하셨기 때문에 오직 그리스도 안에 나타난 하나님의 계시로부터 식별될 수 있고 인정받을 수 있고 또 형편에 따라서는 수정될 수 있다고 생각하였기 때문이다. 그는 그의 생존 시에 오해될 우려성이 많았던 '유지 질서'의 개념도 결국 포기하고 말았다. 왜냐하면 한편에 있어서 세계의 유지에 관한 합리적인 견해는 그리스도의 성육신과 이 세상의 현실 속으로 "하나님께서 들어오시는 사건"을 통하여 궁극 이전의 것과 그의 제반 질서를 경험하는 '상대적인 의로 인정받음'과 이미 일치될 수 없기 때문이다. 다른 한편에 있어서 궁극 이전의 자연적인 삶은 모든 신학적인 목적을 거부하기 때문이다. "자연적인 것은 단지 목적을 위한 수단일 뿐만 아니라 이미 목적 자체이기도 하다." 즉, 자연적인 것은 단지 그리스도를 위하여 존재할 뿐만 아니라 오히려 그리스도께서 이 땅 위에 있는 자연적인 삶을 위하여 구체적으로 존재하고 계시다.[70] 본회퍼에 있어서 '자연적인 것'은 '타락된 세상을 위하여 하나님께서 보존해 두시는 삶의 형태'를 의미한다.(E. p.97) 그러므로 자연적인 것은 "이미 수립되었고 결정되었으며 개인과 공동체와 제반 제도는 거기에 참여하고 있다. 이성은 주어진 그대로의 자연적인 것을 의식적으로 식별하는 것이다."(E. p.96) 그러므로 자연적인 것은 "세상을 유지시키는" 구속사적인 이데아에 의하여 목적을 위한 수단으로 정당화될 수 없다. 그것은 그리스도와 함께 살아가기 위한 준비단계로 이해되어서도 안 된다. 오히려 자연적인 것은 그리스도 자신을 통하여 비로소 승인된다. "그리스도 자신이 자연적인 삶 속으로 들어오셨으며 그리스도의 성육신을 통하여 비로소 자연적인 삶은 궁극을 지향하고 있는 궁극 이전의 것이 된다. 그리스도의 성육신으로 말미암아 비로소 우리는 자연적인 삶을 살게 하여 달라고 호소할 수 있고 또 자연적인 삶 자체를 살 수 있는 권리를 가지게 된다."(E. p.94)[71]

이렇게 하여 본회퍼는 '하나님의 베일'로서의 질서에 관한 루터의 견해를 새롭게 해석한다. 궁극 이전의 것은 '궁극적인 것의 베일'이며 궁극 이전의 영역과 운명은 위임을 위하여 봉사하고 "그리스도인의 삶의 수련"을 도와 준다는 그의 생각은 이미 이 사실을 교시하고 있다. 오늘날 루터의 연구에서 나타난 몇 가지 결과를 참고하여 볼 때 본회퍼의 의도가 분명히 드러난다. "그것(시민이 가지는 의 : die justitia civilis)은 그리스도인이 가지는 의(justitia Christiana)를 위한 준비 단계도 아니요 그 결과도 아니다. 오히려 하나님의 의가 '제 직분'의 영역 안에 있는 의로운 사람들을 통하여 "선한 업적들"의 사건으로서 완전히 실현된다. 그리고 그 선한 업적들 속에서 악마의 힘에 대항하는 그리스도의 통치(regnum)가 우리들의 연약함(nostra imbecillitati) 속에서 확보된다. 바로 이것이 '그리스도를 따르는 일'의 본질이며 이 일을 실행하므로써 그리스도인은 '창조된 존재의 의인과 의'(바르트, 『교회 교의학』, 제3권, 1책, p.143)를 인식한다."(볼프,『나그네 생활』, p.239) "세속의 통치 면에 적용하여 볼 때 시민의 의가 그 의로움을 인정받게 되는 것은 그리스도께서 그의 의로움을 인정해 주기 때문이다. 이와 같은 면에서 시민의 의는 그리스도인의 의와 별도로 존재하는 것이거나 이질적인 것이 아니다. 그와 반대로 시민의 의는 그리스도인의 의와 유기적으로 결합되어 있다.[72]" 다른 한편에 있어서 시민의 의는 창조된 세계로부터 분리될 수 없다. 왜냐하면 그것은 피조물을 성화시키는 것이기 때문이다. 또한 창조된 세계는 그리스도에게 속하며 그리스도를 둘러 싸고 있는 옷으로 이해되어야 한다."(퇴른발, 『루터의 영적인 통치와 세속적인 통치론』, 1947, p.150 이하) "하나님이 주신 베일은 협동의 개념에 속한다. … 직업 속에서의 협동을 통하여 인간은 그가 서 있는 자리에서 하나님을 드러내는 베일이 된다."(윙그렌,『루터의 소명 교설』, Luthers vom Beruf, 1952, p.92) 본회퍼가 위임을 궁극 이전의 영역에 귀속시키며 또한 위임을 궁극의 것을 드러내는 베일로 간주하는 것은 대단히 자명한 일이다. 또 위에서 언급된 루터에 관한 연구가 증명하는 바와 같이 다음과 같은 루터의 명제를 적절하게 해석하는 것이다. "지음을 받은 모든 질서는 하나님의 탈(*mask)이요, 알레고리이다. 그것으로써 하나님은 수사학적으로 그의 신학을 그림 그리신다. 곧 모든 것이 그리스도를 자신 안에 품을 것이라는 말이다."(Omnes ordinationes creatae sunt larvae Dei, allegoriae, quibus rhetorice pingit suam theologiam: sol alls Christum in sich fassen). 이러한 배경 속에서 계명과 위임의 '그리스도론적인 근거'가 제시되어야 하겠고, 본회퍼의 윤리학에 있어서 질서의 개념이 오해받지 않도록 방지되어야 하겠다.

4. 유비론적인 구조

위임의 사상은 그것을 설립하시는 하나님의 의지를 적극적으로 암시하며 또한 이웃을 위한 봉사에 있어서 인간과 하나님과의 협동을 암시하고 있다. 따라서 위임 개념은 이 세계 속에 내재하는 자연법에 관한 사변을 거부하며 자기 자신으로부터 증명되거나 숙명적으로 주어진 것 혹은 자신의 의사로써 이루어진 것이라 주장하는 창조질서나 유지질서에 관한 사변을 거부한다. 그러나 여기서 일어나는 문제는 왜 이 관계들은 하필이면 하나님의 위임이 되어야 하느냐 하는 문제이다. 본회퍼는 4가지의 위임 혹 어떤 때는 5가지의 위임에 대하여 말하고 있다. 즉, 노동, (문화), 결혼, 정부, 교회에 대하여 말하고 있다. 그러면 본회퍼는 어떠한 이유로 이 5가지를 하나님께서 위임하신 것으로서 택하게 되었는가?

1) 이 위임들은 계시에 근거되어 있으며 성서적으로 증거된 하나님의 위탁과 약속에 근거한 것이다.

2) 제 위임은 인간이 예수 그리스도의 하나님에게 순종하는 장소이다. 또 그것은 하나님께서 설립하신 것으로, 인간의 현실에 부합하여 유익하도록 설정되었다. 왜냐하면 제 위임은 인간과 함께 창조된 것이기 때문이다.

3) "뿐만 아니라 이 위임들의 원래 모습(像)이 하늘에 있다는 사실은 설고 우연한 일이 아니다. 즉, 그 원래의 모습은 다음의 사실을 말한다. 결혼=그리스도와 공동체, 가족=하나님 아버지와 그 아들, 그리스도와 모든 인류와의 형제 관계, 노동=세상을 위한 하나님과 그리스도의 창조자적인 봉사, 하나님께 대한 인간의 봉사, 정부=그리스도의 영원한 지배, 국가=하나님의 도시"(E. p.257) 여기서 주목을 끄는 것은 이 유비(analogia:유추)에 있어서 위임의 한 항목인 교회가 누락되어 있다는 사실이다.[73] 더 나아가서 독특한 또 한 가지의 사실은 이 유비가 강제성을 띤 것이 아니라 불확실한 환상과 회상에 머물러 있다는 것이다. 중요한 것은 존재의 유비에 있어서 존재와의 일치가 아니라 하나님의 행위와 인간의 행위, 하나님의 제반 관계와 인간의 제반 관계, 이들 사이의 관계의 유비가 중요하다. 그러므로 유비에 관한 사고는 관계 유비의 특질을 유지해야 한다. 그것은 결코 어떤 카테고리로서 이해될 수 없으며 어떤 카테고리에 의해서 하등의 영향을 받지 아니한다. 왜냐하면 관계유비에 있어서는 하나님의 삼위일체론적인 주권 속에 인간의 인격성과 사회성이 통합되는 사실이 중요하기 때문이다. 이 관계와 통합

의 사실을 개관적으로 제시하는 일이 중요한 일이 아니라 거기에 동의하고 그것을 깨닫는 일이 중요하다. 이미 언급한 바와 같이 『성도의 사귐』에서 본회퍼는 일찍이 나와 너의 관계로부터, 또 나와 너의 관계 속에 나타나는 하나님의 형상에서부터 인간의 인격성을 이해하여 보고자 하였다. 여기서 출발하여 본회퍼는 퇴니스의 이론을 쫓아 이익공동체(Gesellschaft)와 운명공동체(Gemeinschaft)를 구분하기에 이르렀다. 운명공동체는 한계 시간적이며 그 기원에서부터 인간 일반의 인격적인 존재와 관련되어 있다. 이에 반하여 이익공동체는 목적 지향적이며 내시간적(內時間的)이며 인간의 인격과 단지 부분적으로 관련되어 있다. 그러므로 이익공동체에 있어서는 인간의 인격을 도야시키는 성격이 결여되어 있다. 이와 같이 이익공동체와 운명공동체를 구분하는 것은 많은 문제성을 지니고 있다. 그러나 이것은 제반 관계가 성립되는 전형적인 형식으로서의 제반 제도를 그의 소여성과 실재성의 정도에 따라 구분하고 이를 체계화시키고자 한 돔보이의 시도를 생각나게 한다.[74]

5. 대리 행위

여러 위임 속에서 하나님의 계명은 상과 하의 도리킬 수 없는 권위의 관계를 수립한다. 그리고 사실상의 힘의 균형에 얽매이지 않으면서 이 권위의 관계를 수립한다. 이 권위의 관계를 수립하므로써 하나님의 계명은 윤리적으로 말할 수 있게 되고 또 수행될 수 있는 것이다.(E. p.216), 이에 대하여 바르트는 다음과 같이 언급하고 있다. "만일 상과 하의 관계가 항상 철저하게 문제된다면 우리는 부권(父權) 중심의 북부 독일적인 경향을 결코 벗어날 수 없을 것이다."(『교회 교의학』, 제3권, 4책, p.22) 본회퍼와 바르트 이 두 사람과 관련된 이러한 인상은 우연적인 것이 아니다. 이 문제에 있어서 언제나 염두에 두어야 할 것은 다음의 사실이다. 즉, 본회퍼는 단순히 어떤 직권상의 권위를 의미하고 있는 것이 아니라 타인을 위하여 대리로 행동하고 희생의 제물이 되신 그분의 실존과 담보를 통하여 이루어진 권위를 의미하고 있다는 사실이다. 그리스도로 말미암아 인간의 삶은 대리로 행동하며 책임지도록 새롭게 규정된다. 뿐만 아니라 여러 위임 속에서 맺고 있는 인간의 제반 관계는 대리행위와 타인을 위한 존재로 말미암아 그들이 수납되는 행위 속에서 실제로 완성된다. 이웃을 위하여 구체적으로 대신 행동하며 책임을 지는 것은 바로 하나님의 위임에 순종하는 것이다. 바로 이 사실이 위임 속에서 맺고 있는 인간의 제반 관계를 거꾸로 바꾸어 놓을 수 없도록 한다. 다시 말해서 그리스도-인류, 교회-세상, 아버지-아들, 정부-피지배자, 인간-소유물의 제반 관계가 역전되지 못하게 한다. 위임은 그 내용에 있어서 플라톤의 이데아에서 추론된 것이 아니다. 오히려 하나님의 위임 속에서 순종하며 산다는 것은 그리스도의 뒤를 따르는 자로서 "타인을 위한 현실 존재"가 됨을 의미한다. 이와 같이 그리스도의 뒤를 따르면서 타인을 위하여 대리로 행동할 때 동등한 것이면서도 서로 다른 기능과 직책들이 소유하는 인간 상호 간의 제반 관계가 위임 속에서 형성된다. 이 사실은 가족이나 국가나 혹은 노동관계 등의 예에서 충분히 입증될 수 있다. 위임의 명령체의 구조(Imperativstruktur)는 이미 주어졌으며 또 지금도 미리 주어지고 있는 대리행위의 지시하는 구조(Indikativstruktur)에 근거되어 있다.

6. 각 위임의 동등성

위임을 통하여 하나님은 자기 앞에 있는 온 세상과 온 인간의 삶에 대하여 그의 주권적인 계명을 수행하고자 하신다. 그러나 하나님은 각 위임이 소유하고 있는 자기 나름의 방식을 통하여 그의 계명을 수행하고자 하신다. 말하자면 각 위임은 그리스도께서 다스리는 현실의 통일성 속에 직접적으로 속해 있으며 따라서 각 위임은 자기 고유의 가치와 결코 양도될 수 없는 권위를 소유하고 있다. 위임은 서로 혼동시켜서 하나로 합쳐버릴 수 있는 것도 아니고 혹은 어떤 단 하나의 위임으로부터 연역될 수 있는 것도 아니다, 따라서 교회와 세속적인 위임은 결코 분리될 수 없다. 오히려 서로 견제하며 동시에 서로 상대방을 보충하여 주면서 그 기능에 있어서는 동등한 위치를 유지하고 있다. 자연적이며 세속적인 질서의 우위를 차지하는 영적인 교권제도라고 하는 상하의 질서(Überordnung)란 존재할 수 없다. 왜냐하면 교회는 하나님께서 이 세상 속에 위임하여 주신 것으로 다른 위임과 동등한 것이다. 모든 사람은 모든 위임을 동등한 것으로 간주하며 위임의 전체성 속에서 비로소 인간은 "하나님께서 그를 위하여 그리스도 안에 예비해 두신 이 땅 위에 있는 영원한 현실"(E. p.73) 전체에 직면하게 된다. 성격이 상이한 각 위임에 있어서 언제나 문제되는 단 한 가지의 사실은 하나님의 계명이다. 그러나 하나의 위임은 그 자체로서 충분하지 못하며 또 다른 위임을 지배할 수 없다. 말하자면 "교회, 가족, 노동, 정부가 서로 견제하면서 각자 자기 나름의 방식으로 하나님의 계명을 수행할 때 제 위임은 논의의 대상이 될 수 있는 자격을 위로부터 부여받는다."(E. p.216) 그 무엇과도 비교될 수 없는 하나님의 주권과 권위는 다음의 사실에서 증명된다. 즉, 제 위임이 소유하고 있는 상대적인 권위들은 상호관계 속에서(zueinander), 동등하게(nebeneinander), 서로 함께(miteinander), 상대하여(gegeneinander) 배열되어 있으며, 전 세계에 걸친 하나님의 주권과 권위는 이와 같은 구체적인 제반 관계의 복수성에서 만이 나타나고 유효하게 된다는 사실에서 증명된다. 제반 관계의 복수성의 신비는 하나님의 통치와 그리스도 안에 있는 현실 전체의 복수적인 형태성을 의미한다.

여기서 다음의 사실들이 부언될 수 있다.

1) 그리스도의 통치는 교회에 국한되지 아니한다. 교회는 그리스도께서 통치하시는 위임이요 '베일'이며 궁극 이전의 전령자이다. 교회의 주는 전 세계의 주가 되시며 그의 교회에만 집착해 있는 주가 아니다.

2) 궁극 이전의 시간 영역에 있어서 각 위임은 다른 위임과 공존하고 있다. 각 위임은 역사 속에서 구체적으로 견제되고 보호되며, 하나님께서 위탁하신 자기 고유의 임무를 수행하도록 다른 위임들의 고무를 받는다. 이와 같이 서로 견제하고 보충하므로써 제 위임은 그리스도의 통치의 전모를 드러낸다. "그리스도의 계명은 피조물들로 하여금 그의 고유한 법칙 – 다시 말해서 그리스도 안에 있는 그의 근원과 목적과 본질로부터 내재하는 법칙 – 을 완성하도록 해방시킨다. 예수의 계명은 교회가 정부를, 정부가 가족을, 문화가 정부나 교회나 혹은 가능한 지배관계에서 언제나 생각될 수 있는 그 무엇을 지배하도록 허용하지 아니한다. 참으로 예수 그리스도의 계명이 교회와 가족과 문화와 정부를 다스리시며 이 위임들의 각자가 그에게 부여된 기능을 바로 깨닫도록 다

스린다."(E. p.231)

　본회퍼가 위임을 다 동등한 것으로 취급하는 일은 대단히 좋은 일이라고 생각된다. 모든 위임은 다음의 두 가지 면에서 견제된다. 즉, 그의 본질과 위탁에 있어서 그리스도의 종말론적인 통치에 의하여 견제되며 또 그의 한계에 있어서 다른 위임들에 의하여 견제된다. 이것은 특별히 교권주의(교권제도의 원칙)에 빠질 위험성을 언제나 지니고 있는 교회와 세계관적인 전체주의(국가교회주의 등)로 빠질 경향을 언제나 지니고 있는 국가에 대하여 좋은 경고가 된다. 제 위임의 구체적인 의존성과 그 기능에 있어서 제 위임을 구분하는 일은 개개의 문제를(가족의 권리, 교육의 권리 등) 언제나 새롭게 분석하고 그 경계를 설정하는 역사 속에서 이루어져야 한다. 그러나 위임은 항상 그들이 위탁받은 바에 적합하도록 배열되어야 한다. 이 생각을 본회퍼는 루터의 세가지 직분론 혹은 '3대권'에 첨가하여 발전시키고 있다. 그리고 이 3대권의 결정적인 특징과 불변의 의미는 상하의 질서 대신에 평등의 질서(Nebenordnung)에 있다고 보았다. 즉, 교회의 이질적인 지배로부터 세속의 질서를 보호하며 또 그와 반대로 세속의 이질적인 지배로부터 교회의 질서를 보호하는 거기에 루터가 말한 3대권의 결정적인 특징과 불변의 의미가 있다고 생각하였다.[75] 루터와 그뒤의 신교 정통주의에 있어서 이 세 가지 직분은 그리스도교의 대 조직체에 관한 중세기의 구조를 개조하고 비(非)교권화시키는 원인이 되었다. 따라서 신교 정통주의에 있어서의 이 세 가지 직분은 스콜라 철학적인 자연법 사상의 영향을 벗어날 수 없었다. 이에 반해서 본회퍼는 서구에서 이루어진 그리스도교의 형태와 관련하여 네 가지 위임에 관한 성서적인 이론을 전개시키고자 하였다. 그리고 성서에 증언된 위탁과 제반 위임에 관한 분명한 약속을 본질적으로 문제삼으면서 이 이론을 전개시키고자 하였다.

'제 제도의 목록'(Tafel der Institutionen)을 생각하여 볼 때[76] 본회퍼의 이 생각은 근본적으로 인습화된 루터의 세 가지 직분론을 새로 해석하는 것보다 훨씬 더 나은 방향을 제시하고 있다. 이것은 본회퍼가 루터의 3대권론을 채택하고 더 발전시킨 것이기는 하지만 루터의 그 이론을 채택, 발전시킨 바로 그 이유로써 더 좋은 방향을 제시하는 것이다.

7. 위임의 기능

A. 본회퍼에 있어서 노동의 위임은 소유물과 문화와 사회를 포함하고 있으며 "건설과 보존"(창세기 2:15)에 있어서 타락 전 예정설(supralapsarisch)[77]에 근거하고 있다. 거기서는 인간이 하나님의 창조적인 통치에 통합되는 사실이 중요하며 하나님께서 지으신 세계를 근거로 하여 제반 사물과 관계를 창조하는 일이 중요하다. 다시 말해서 "제반 사물과 가치들로 이루어진 한 세계가 형성되고 있으며 이 세계는 그리스도를 영화롭게 하고 그리스도를 위하여 봉사하도록 결정되어 있다. … 인간이 여기 하나님께서 위탁하신 것 안에서 노동하므로써 하늘 나라의 모상과 형상이 되며 이 모상은 그리스도를 인식하는 인간으로 하여금 하늘 나라를 상기하게 한다."(E. p.71) "그러나 위임을 완성시켜야 할 자는 가인의 자손이라는 이 사실이 인간의 모든 노동에 대하여 짙은 암영(暗影)을 던지고 있다."(E. p.72) 궁극 이전의 이 세계는 위임으로 가득 차 있다. 비록 가인의 그림자가 위임의 완성을 흐리게 하기는

하지만 하나님 앞에 있는 이 세계의 근원적이며 종말론적이고 궁극적인 존재를 상기하게 하고 미리 맛보게 하는 유비(유추)가 그리스도인에게는 여기에 이미 존재하고 있다. 모든 노동은 "어떤 상황에 대하여 책임지는 것"을 뜻하며 그러한 점에서 모든 노동은 - 그의 인간 상호적인 의미를 전적으로 제외하고 - 대리행위의 성격을 소유한다.(E. p.176)

B. 결혼의 위임은 결혼과 가족을 포함하며 노동의 위임과 동일한 타락전 예정설의 근거를 가진다. 인간은 자녀를 분만하고 양육함으로써 하나님의 창조적인 통치에 동참한다. 이와 같이 하나님의 통치에 참여하므로써 그리스도인은 그리스도와 그 공동체를 상기하게 하고 또 그것을 교시하는 하나의 유비를 가지게 된다. 결혼과 가족에 있어서의 존재는 특별히 대리로 행동하는 존재이다.

C. 정부라는 위임은 중요한 것인데 노동과 결혼의 위임을 전제하고 있다. 정부는 이 세계를 질서있게 하고 이 세계를 다스리도록 위탁받았는데 이 세계에는 정부가 존재하기 전에 이미 노동과 결혼의 위임이 존재하고 있었다. 그리고 정부는 노동과 결혼에 의존하고 있다. 정부는 사회에 있어서 노동의 세계를 보호하며 문화를 보호하며 또 결혼과 가족을 보호하기 위하여 봉사한다. 정부 자체는 노동의 세계와 가족의 삶에 있어서 결코 주체가 될 수 없다. 만일 정부가 이들의 주체가 된다면 정부의 고유한 존재가 되는 노동과 결혼은 파괴될 것이고 정부 자체도 파괴될 것이다. 정부는 개인의 삶을 감독하고 보호하며 따라서 대리로 행동하도록 규정되어 있다.(E. p.259) 정부는 대리행위의 직책을 수납하므로써 그의 여러 가지 기능과 - 상대적인 방법으로-역사적인 형태를 입고 일하시는 하나님의 권위를 소유하게 된다. "정부의 고유한 권위는

그리스도의 권위의 한 형태에 불과하다."(E. p.270) "그리스도인은 시민으로서 그리스도를 위하여 다른 방법으로 봉사한다."(E. p.270) 국가의 통치가 그리스도의 통치에 참여할 때, 또 참여하는 점에서 그리스도를 믿는 그리스도인은 지금은 숨겨져 있으나 이제 오시므로써 분명하게 드러날 그리스도의 통치를 상기하게 하고 그 윤곽을 보여 주는 하나의 유비를 인식하게 된다. 국가의 봉사는 하나님 앞에 있는 인간 존재의 본질에 속한다. "국가의 기능"은 "현실에 상응하는" "책임적인 삶"의 구조이다.(E. p.283 이하)

D. 교회의 위임은 그리스도 안에 나타난 하나님의 계시를 선포하는 것이다. 하나님의 위임에 의하여 그리스도가 선포되는 거기에는 언제나 교회가 존재한다. 교회는 그리스도를 선포하므로써 인간의 모든 삶이 모든 위임 속에서 의롭게 되고 해방되도록 봉사한다. 다시 말해서 "화해의 십자가는 하나님 없는 세속 한가운데서 하나님 앞에 살아가야 할 삶을 향한 해방을 뜻하며 참된 세속성 가운데서 살아가야 할 삶을 향한 해방을 의미한다."(E. p.230) 이와 같이 교회가 그리스도의 통치를 선포한다고 하여 자연적이며 세속적인 질서를 교회가 지배한다는 것을 결코 의미하지 아니한다. 본회퍼는 교회가 외치는 말씀의 선포를 공동체로서의 또 그 자체에 있어서 세속의 질서와 구별되는 공동체로서의 교회의 법칙으로부터 구별한다. 왜냐하면 교회는 다른 위임들과 함께 공존하고 있기 때문이다. 다시 말해서 "하나님의 위임에 의하여 선포되는 하나님의 말씀이 온 세상을 다스리고 지배한다." 그러므로 이 말씀으로 인하여 형성된 공동체는 이 세상을 지배하는 것이 아니라 하나님의 위임이 완성되도록 봉사한다.(E. p.232) 대리로 행동하므로써 공동체

는 이중의 방법과 관계에서 그가 받은 위임을 위하여 봉사한다. "그리스도교의 공동체는 온 세계가 서야 할 그 자리에 서 있으며 대리로 행동하면서 이 세상을 위하여 봉사할 때 비로소 이 세상을 위하여 구체적으로 존재하게 된다." 다른 한편으로 교회가 서 있는 그 장소는 이 세상이 그의 고유한 성취에 도달하는 장소이다. 이 지구는 "새로운 창조"요, "새로운 피조물"이요 하나님께서 오시는 길의 최종 목적지이다. 이와 같이 이중으로 대신 행동하므로써 교회 공동체는 전적으로 그리스도와 교제하면서 또 그의 주님의 뒤를 따르면서 존재하고 있다. 그리고 그 주님은 전적으로 이 세상을 위하여 존재한 것이지 자기 자신을 위하여 존재하지 아니하였다는 점에서 그리스도가 되셨던 것이다.

E. 1944년 1월 23일의 서신에 나타나 있는(E. p.222. 주,2) 본회퍼의 궁극적인 소신은 형제애와 문화와 교육을 사회적으로 이해하는 데까지 이르고 있다. 여기에서 본회퍼는 문화와 교육을 노동의 위임 속에 포함시키는데 이러한 그의 처사는 문제 삼을 만하다. 왜냐하면 "그것들은 순종의 영역에 속하지 아니하고 하나님의 위임의 모든 세 가지 영역을 에워싸고 있는 자유의 활동 영역에 속하기 때문이다. 한 선량한 아버지나 시민이나 노동자나 심지어는 그리스도인도 이 자유의 활동 영역에 대하여 아무것도 알지 못하는 수가 있다. 그러나 그가 한 완전한 인간인지 아닌지는 (그리고 또한 의미를 완전히 파악하고 있는 그리스도인이라는 점에서) 대단히 의심스러운 일이라고 생각된다. 우리의 프로테스탄트적인 (비(非)루터교적인) 프러시아의 세계는 자유의 활동 영역이 그뒤로 완전히 물러날 만큼 네 가지 위임으로 엄격하게 결정되어 있다."[78] 그래서 본회퍼는 이 "심미적인 실존"을 다시 발견하고 그것을 생기있게 할 수 있

는 영역은 교회가 아닌가 하는 문제를 고찰하게 되었다. 그리스도인은 윤리적인 인간과 같이 단지 계명의 요구만을 깨닫는 존재가 아니라 그리스도의 자녀라는 의식으로 말미암아 행동하는 존재이다. 바로 이 때문에 그리스도인은 여러 가지 의무와 목적을 초월한 이 자유의 활동 영역에 대하여 다소 알아야 하는 것이다. 수레바퀴 국화가 이삭이 여문 밭을 둘러싸고 있듯이 네 가지 위임 영역에 있어서 자유의 활동 영역이 그리스도인의 순종을 둘러싸고 있어야 하며 그 순종에 동반되어야 한다.(WE. p.137)

  이 자유의 개념은 순종의 개념과 위임 개념에 필연적으로 속한다고 생각된다. 왜냐하면 본회퍼의 위임 개념에 있어서는 삶의 현실 전체를 파악하는 것이 중요하며, 그러므로 완전한 의미에 있어서 인간의 존재가 중요하다. 그리고 이 인간 존재는 어떤 조직으로 환원되어 버리거나 일면화되는 것을 거부한다. ('사인〈私人〉으로서 생활하는 시민', '경영자', '정치인', '성직자' 등은 죽음과 부활이 현존하고 있는 깊은 현세성 속에서 삶을 완전히 풍요하게 살고자 하는 인간의 삶을 빈곤하게 하고 우스운 만화로 만들어 버린다.) 사회학은 이러한 제반 사실과 공존하고 있는 그의 질서를 고려할 때만이 그리스도 안에 나타난 화해의 표정 아래서 의미있게 되고 유익하게 될 것이다.

  결론적으로 바르트의 『교회 교의학』 제3권 2책 p.21 이하에 나타나 있는 바와 같이 본회퍼의 위임론에 대한 비판을 생각하여 보기로 하자. 바르트는 본회퍼의 이론이 알트하우스(Althaus)나 브룬너(Brunner)를 능가한다고 말한다. 왜냐하면 본회퍼의 위임론에서는 다음의 사실이 고려되고 있기 때문이다. 즉, "윤리적인 제 사건의 불변성과 관계되어 있는 것은, 만일 이 불변성에 대한 공식화된 언급이 허용되고 의미있게 되어야 한다면, 하나님의 말씀으로부터 습득되어야 하며 어느 다른 것으로부터 습득되어서는 안 된다"는 사실이다. 그럼에도 불구하고 본회퍼에게는 '몇 가지 무리'가 있는데 이에 대하여 바르트는 다음과 같이 말하고 있다.

1) 그의 위임은 애매하게 선택되었고 언제나 명확하게 이해될 수 있는 성서적인 근거가 결여되어 있다.

2) 위임을 "권위의 관계"라고 해석하는 것은 일방적인 처사이며 이 분석에 있어서 최하층의 사람의 자유에 대한 견해가 최상층의 사람에 대해서는 적중하지 못하고 있다.

3) 위임 개념으로부터 좀처럼 분리될 수 있는 계명의 개념을 가지고 항구적인 인간 공동의 제 관계를 정의하고 있다. 다시 말해서 "제 관계 자체를 제시하는 것은 절대적인 명령의 성격을 소유하지 아니함은 물론 엄밀하게 생각하여 볼 때 '위임'의 성격도 소유하고 있지 않다는 것이 아닌가? 또 그 제시는 하나님의 명령 자체의 힘으로 윤리적인 사건 속에서 비로소 절대적인 명령이 되고 구체적인 계명이나 위임이 된다는 것이 아닌가?"-바르트는 본회퍼의 윤리학이 그의 창조질서론보다 한 걸음 더 발전했다고 본다. 그러나 본회퍼는 아직도 이 사고의 형식에 얽매어 있다고 바르트는 생각한다. 이에 반하여 바르트에 있어서 중요한 것은 명령의 성격을 가지시 아니하는 항구적인 제반 과제를 제시하는 일이다. 사실에 있어서 그것은 "율법"이 아니라 "울타리"(Bezirke)이다. 그러나 이 문제에 있어서 다음과 같이 질문하여 볼 수 있다. 즉, 윤리적인 사건이 발생하는 활동 무대의 윤곽이 되는 이러한 중립적인 제 영역과 울타리 자체가 윤리적인 사건이 영역 안에 존재하느냐는 것이

다. 인간 공동의 제반 관계는 계명 안에 있는 그리스도의 통치를 드러내는 특수한 역사적인 형태로서의 그의 근원적인 제 기능을 말씀과 신앙의 빛 속에서 획득하는가? 본회퍼에 있어서 중요한 것은 위임들의 관계 자체를 제시하는 일이 아니라 그리스도론적으로 통일된 현실의 구조를 제시하는 일이다. 그러나 '윤리적으로 말할 수 있는 자격의 부여'와 이 세속 안에서 어떻게 하나님의 계명을 '수행'할 것인가 하는 질문 속에 더 많은 문제점이 있다고 생각된다. 문제는 이러한 제반 관계 자체가 무엇이냐 하는 것이 아니라 제반 관계가 무엇을 의미해야 하며 말씀의 윤리적인 사건과 결합되어 있는 제반 관계가 의미할 수 있는 것이 무엇이냐 하는 것이다.

현실의 제 '구조'는 하나님의 역사의 생생한 흐름을 중간에서 저지시키는 여러 가지 조직체를 의미하는가? - 본회퍼는 위임 개념의 한계가 무엇인가를 스스로 알았다. 이 사실이 그의 저서 『나를 따르라』에 다음과 같이 언급되어 있다. "(세속적인 직업이 소유하고 있는) 제반 한계는 그것이 눈에 보이는 그리스도의 공동체 자체에 속하여 있다는 사실을 통하여 주어진다."(p.187) 『윤리학』 p.197 이하에 나타난 대로 '책임지는 장소로서의 직업'에 관한 그의 설명은 다음과 같은 모순에 빠질 수 있다. 즉, 구체적이며 역사적인 직업과 이 직업에 일치하는 책임 의식, 십계명에 계시된 하나님의 율법과 결혼, 노동, 정부, 교회의 모습을 취하고 있는 위임의 역사적인 제 형태로 말미암아 이루어진 모든 책임적인 행위의 한계, 이 양자들 간에 일어나는 모순으로 빠질 수 있다. 계명과 계명 사이에 일어나는 이 모순에 대하여 본회퍼는 다음과 같이 답변하고 있다. "위임이 가진 이 율법의 책임적인 행위는 그 율법을 주신 분으로부터 분리되지 않을 것이다. 그 행위는 율법으로 이 세상을 질서있게 하신 하나님을 오직 그리스도 안에 계신 구속자로서 인식할 수 있을 뿐이다. 그리고 현실에 대하여 언제나 책임적인 그리스도를 궁극적인 현실로서 인식할 것이다. 또한 책임적인 행위를 지향하여 율법으로부터 벗어나는 해방을 그리스도로부터 경험할 것이다."(E. p.203) 여기에서 위임이 소유하고 있는 궁극적인 뉘앙스를 얻을 수 있겠다. 또한 본회퍼가 염려한 바와 같이 위임이 화석화되어 의미를 상실하게 될 가능성은 다음의 사실로 말미암아 제거될 수 있다. 즉, 위임은 하나님의 생동적인 역사에 통합되며 그래서 결국 계명은 계명을 주신 이의 손 안에서 나타날 것이고, 위임은 위임하시는 하나님의 손 안에서 나타나게 된다는 사실 때문에 위임은 의미를 상실한 채 화석화되지 아니 할 것이다.

찾아보기

1). 교회와 법(Kirche und Recht. 1950), 법과 제도(Recht und Institution, 1956)의 제9권, 신앙과 탐구(Glaube und Forschung)를 참조하라. 또한 궤팅겐(1949), 트레이자(1950), 헤머(1955)에서 개최된 회의와 관계된 문집, 「법에 관한 궤팅겐의 토의와 그 성과」에 관한 보고를 참조하라, 이 보고서는 볼프(E. Wolf)의 『법과 제도』p.9 이하에 수록되어 있다.

2). * 위임(Mandat)이란 술어는 라틴어 mandatio에서 유래하는 것으로서 위임, 위탁, 명령, 수임(授任)의 뜻을 가진다. 본회퍼는 세계의 제도적인 현상을 신학적으로 파악함과 동시에 제 현상의 신학적인 근거를 마련하여 주고자 위임이란 술어를 채택한다. 즉, 노동, 결혼, 정부, 교회의 제 현상은 하나님께서 인간에게 위임하여 주신 것으로서, 인간은 서로 동등한 자격으로 존재하고 있는 이 네 가지 위임받은 사항을 통하여 하나님의 부르심에 대한 응답의 생활을 해야 한다는 것이다. 그의 위임론은 루터에게 의존하고 있으며 그의 저서 『나를 따르라』(Nachfolge)의 내용과 『윤리학』에 나타난 위임론 사이에는 분명한 사상적인 전환이 나타나고 있다. 상세한 내용에 관해서는 이 책 제3장 위임(p. 이하)을 참조하라.

3). 볼프의 『법과 제도』 p.26 이하 참조.

4). 여기서 "사회윤리"는 개인과 사회를 분리하므로써 일어나며 또 개인윤리에 대한 "완결된 윤리적인 난제"(vollendete ethische Aporie)를 의미하지 아니한다. 오히려 모든 인간계에 공통된 제 구조와 제도에 관한 규범적인 과학을 의미한다. 볼프의 『나그네 생활』(Peregrinatio, 1954), p.214에 나타난 정의를 참조하라.

5). 이하에서 『성도의 사귐』(Sanctorrum Communio)은 SC.로 약칭함.

6). * 트뢸취(E. Trölsch) (1865~1923) … 릿츨과 헤르만 슐츠의 영향 밑에서 출발한 신학자인 동시에 문화철학자. 그는 신학, 철학, 역사를 동일한 관심을

가지고 취급하였다. "dogmatische Methode"를 포기하고 "historische Methode"를 채택함. 따라서 신앙의 개념은 역사와 심리학의 보편적이고 과학적인 방법으로 논구되어야 하며, 신앙의 문제는 오직 신앙의 근거에서 결정되어야 한다는 말은 곧 그리스도교 신앙의 보편타당성을 포기하는 것이라고 생각했다. 그는 그리스도교의 사회적인 역사로부터 그리스도교를 사회철학적으로 확립시키고자 하였으며 교리학의 역사뿐만 아니라 그리스도교 공동체 개념의 역사를 제시해야 한다고 했다. 결국 그는 그리스도교의 절대성을 부정하고 그리스도교는 여러 종교 중에서 가장 우수한 것이지만 절대의 것은 아니라고 주장하였다. 그러나 본회퍼는 트뢸취의 역사주의를 거부하고 교의학적인 원리에서 그리스도교를 사회철학적으로 확립시키고자 하여 교의학과 사회철학을 연결시켰다. 그러므로 그리스도교의 공동체도 먼저 교의학의 입장에서 파악되어야 한다는 것이다.

7) 교회의 개념에 있어서 중심되는 문제는 이 문제와 비슷한 방법으로 "제도"나 "위임"의 개념에서 다시 중심문제가 되고 있다. 『법과 제도』 p.71에 나타난 다음의 말을 참조하라. 제 제도는 한편에 있어서 (1) 결단코 – 그의 현상의 제 구조를 분석하므로써 – 그들 자신으로 "부터" 인식될 수 없다. 오히려 – 오직 믿음을 통해서 – 현상의 제 구조를 구체화시키는 하나님의 말씀으로부터 인식될 수 있다. 다른 한편에 있어서 (2) 제 제도는 어떤 추상적인 원리로부터 연역되거나 이해될 수 없다. 오히려 제 제도는 그들의 구체적인 역사성과 부단히 관계하므로써 구체적인 현실의 영역 "안에서"만이 인식될 수 있다. 제 제도의 존재적이고 현상적인 특질(ontisch-phänomenale Eigenart)은 존재론적으로 또 신학적으로 해명되어야 한다. 왜냐하면 제 제도의 존재는 그들이 하나님의 말씀 속에 포함되어 있고 하나님의 말씀과 결합되어 있다는 사실에 근거되어 있기 때문이다.

8) 본회퍼는 사회철학(soziale Philosophie)과 사회학(Soziologie)을 구별하고, 양자는 독자적인 연구 대상을 소유한다고 한다. 즉, 사회철학은 사회성의 본질적인 본성에 관한 것이고, 사회학은 역사적인 학문이 아니라 조직적인 학문으로서 정신적인 본질행위를 지향하는 잡다한 상호작용에 관한

학문이라고 말한다.(SC. p.12)

9) H. Chr. von Hase 의 논문 「복음주의 신학」지 (Evangelische Theolcgie), 1955. 4/5권. p.171 이하

10) 『교회 교의학』 제3권 4책. p.23.

11) 본서 뒤에 있는 『행위와 존재』에 관한 논의를 참조하라.

12) 하제 (H. Chr. von Hase)의 위의 책 p.171.

13) 플라톤의 "Eidos" 개념이 본회퍼의 관념론적인 추상성 속에 들어있다.

14) 『나를 따르라』 p.154의 주 10에 다음과 같이 표현되어 있다. "존재론적인 표현과 선교상의 진술을 혼동함이 모든 광신주의이 본 길이나. 그리스도가 부활하였고 일아 연손한다는 명제를 존재론적으로 이해하면 성서가 지니고 있는 통일성을 폐기한다는 사실을 의미하게 된다. 왜냐하면 이 명제에는 예수 그리스도의 실존 양식에 대한 표현이, 예를 들면 공관 복음서의 예수의 실존 양식과 상이한 표현이 내포되어 있기 때문이다. 예수 그리스도가 부활하여 현존한다는 사실이 여기서는 독립된 한 명제로서 고유한 존재론적인 의미를 소유하고 있으며 동시에 다른 존재론적인 표현을 비판하는 데에 사용될 수 있을 것이다. 이렇게 되면 이 명제는 결국 하나의 신학적인 원리가 되어버릴 것이다. 선교에 있어서 증언이 소유하고 있는 독특한 성격은 이것과 정반대의 것이다. 그리스도가 부활하여 현존한다는 명제는 엄격하게 성서의 증언으로 이해할 때만이 성시직인 말씀으로서 참되다. 이 말씀을 나는 믿는다. 이 말씀 외에 이 진리에 도달할 수 있는 다른 길은 없다고 생각한다.

15) 딜타이(W. Dilthcy. 1833~1911), 광범위한 역사적인 지식과 철학적인 사색과 시적인 창작력을 결합하는 데에 있어서 탁월했던 독일의 생의 철학자. 그가 제기한 해석학(Hermeneutik)의 문제는 신학에 큰 파문을 던졌으며 "정신과학의 독자성"(Selbständigkeit der Geisteswissenschaft)에 대한 그의 주장도 중요하다. 트뢸취도 그의 영향을 크게 받았다.

부버(M. Buber), 현대 유대교의 지도적인 종교학자이며 철학자. 그의 저

서 『나와 너』(Ich und Du) 및 그의 인격적인 사고방식은 신학계에 획기적인 공헌을 하였다.

고가르텐(F. Gogarten), 독일의 프로테스탄트 신학자. 독일 이상주의의 전통을 이어받아 트뢸취의 역사주의를 반대하고 그리스도교의 진리는 오직 그 자신의 믿음에서 증명되며 해결될 수 있다고 주장하였다. 얼마 동안 바르트의 동지로 자처하여 변증법적 신학을 옹호했으나 부버와 그리스바하의 영향을 받아 그의 초자연주의를 포기하였다.

16) 오늘날 이루어지고 있는 논의에 대하여 다음의 책을 참조하라. 슐링크(E. Schlink)의 '케류그마와 교의'(Kerygma und Dogma: KuD)지 중의 논문「지혜와 어리석음」(Weisheit und Torheit). 제1권, p.1 이하. 글뢰게(G. Gloege)의 「교의학의 문제로서의 신학적인 인격주의」(Der theologische Personalismus als dogmatisches Problem), 위의 책 p.23 이하. 디임(H. Diem)의 논문「인격주의와 존재론 사이의 교의학」(Dogmatik zwischen Personalismus und Ontologie), 복음주의신학지, 1955, p. 408 이하. 신학적인 인격주의의 역사에 대해서는 다음의 책을 참조하라. 『복음주의 교회 대사전』(Evangelischen Kirchenlexikon) 중의 「인격, 인격주의」(Person, Personalismus) 항을 참조.

17) 아리스토텔레스에 있어서 실체(υποκε)는 다른 사물이 그것에 의하여 표현될 수 있으나 다른 사물에 의하여 표현될 수 없는, 즉 주어는 될 수 있으나 술어가 될 수 없는 "Subjekt"를 가르킨다(Cat. 5. 2. a. 11). 그러므로 아리스토텔레스에 있어서 실체는 "das absolut Selbständige", "In-sich-seiende"였다. (Met. VII. 3, 1029. a. 8) 이러한 실체개념을 토마스아퀴나스가 계승하여 실체를 "fundamentum et basis omnium aliorum entium"이라고 정의하였다. 그러나 중세철학의 몰락과 더불어 근대철학의 시조 데카르트는 사아의 외부에 존재하는 일체의 물(物)의 존재를 의심하고 나의 사고의 확실성(Cogito)에서 사물의 존재의 확실성을 추론하였다. 그뒤에 등장한 칸트는 인식 주체 외부에 존재하는 물자체(物自體)(Ding an sich)를 불가지(不可知)의 것으로 생각하고 인식이란 주관이 객관을 모사하는 데서 성립되는 것이 아니라 의식일반

(Bewuβtseinüberhaupt)이 객관을 구성하는 데서 성립된다고 주장하여 인식론에 있어서 코페르니쿠스적인 전환을 이루었다. 그러므로 아리스토텔레스와 토마스의 실체개념은 데카르트와 칸트에게서 크게 변형될 수밖에 없었다.

18) 고대 희랍철학과 중세철학은 인간의 본질을 규명하려 했으나 인간의 존재는 망각하였으며 데카르트 이후의 철학에 있어서 인식이 철학의 중심되는 문제였기 때문에 여기서도 인간의 존재가 망각되었다는 하이데거의 존재 망각(Seinsvergessenheit)의 사상을 참조하라.

인간의 자기 존재의 상실로 말미암아 형성된 기계론적인 세계상과 현대 이론 물리학에 있어서의 그 극복에 관하여 다음의 책을 참조하라. 호베(G. Howe) 『인간과 물리학』(Der Mensch und die Physik), 1958, 제3판, p.42 이하. 위의 책 p.85에서 야스퍼스는 데카르트에 대하여 다음과 같이 말하고 있다. "세계는 마치 다 흘러버린 것 같은 존재의 바다가 아니다. 오히려 기계적인 시계장치 속에서 변화하고 있다."

바로 여기에서 본회퍼는 하나님 없이 성숙하게 된 서구의 발전에 대하여 다음과 같이 생각하게 되었다. "나는 다음의 사실에서부터 출발하겠다. 즉, 하나님은 성숙한 세계의 영역과 우리 인식의 영역 및 삶의 영역으로부터 언제나 더 멀리 밀려나가고 있으며 또한 칸트 이후로는 경험의 영역이 단지 피안의 세계에서 유지되고 있다는 사실이다." 『저항과 순종』: (Widerstand und Ergebung), 1951, p.229 이하.

19) 칸트에 있어서 시간과 공간은 직관의 형식이었다. 그러나 본회퍼는 이러한 관념주의적인 정적인 태도를 지양하고 인격의 개념을 동적으로 파악하고자 보편적인 직관형식으로서의 시간이 아니라 구체적인 시간에서 그의 논의를 시작한다.

20) 여기서 말하는 '순간'은 '위기'와 같은 내용이다.

21) 1951년에 발행된 『저항과 순종』(Widerstand and Evgebung)은 WE로 역칭함. 그리스도교의 종교적인 오해에 대한 본회퍼의 투쟁은 그의 신학적, 철학적인 근저에서 볼 때 인식론적인 초월을 윤리적 사회적인 초월과 혼동하

는 데에 대한 투쟁이었다. 그래서 그는 다음과 같이 말하고 있다. "피안은 무한하게 먼 것이 아니라 가장 가까운 것이다."(WE. p.225). "하나님의 피안은 우리의 인식능력 밖의 피안이 아니다! – 인식론적인 초월은 하나님의 초월과 하등의 관계도 없다. 하나님은 우리의 삶 한가운데서 초월하여(jenseitig) 계시다."(WE. p.182)

22) 글뢰게는 그의 상게서 p.26에서 루터에 대하여 다음과 같이 말하고 있다. "인간이 지니고 있는 하나님의 형상에 관한 그의 제 명제는 인간이 그의 여러 특성 중의 한 특성으로서 하나님의 형상을 소유하고 있다는 말이 아니다. 인간이 지니고 있는 하나님의 형상은 "하나님의 행위의 표정들에 대한 반사"이다(링크 : Link). 하나님 앞에 서 있는 인간은 고려할 "외모"(Aussehen)를 가지는 것이 아니고 장래에 대한 "전망"(Aussicht)을 가진다. 인간의 존재도 역시 그와 하나님 사이에 이루어지는 역사(Geschichte)로서 기술될 수 있을 뿐이다."

23) 부버(M. Buber) 『대화하는 삶』(Dialogisches Leben), 1947. p.204 이하.

24) 부버, 위의 책 p.207 및 208을 참조하라. "루터의 결혼은 상징적인 의미를 가지고 있었다. 그는 돌이킬 수 없을 정도로 이 세속에서 종교적으로 분리되어 있던 당시의 그리스도인들을 이 세속 안에서 하나님과 함께 살도록 인도하고자 했기 때문이다. 그리고 이 세속으로부터 종교적으로 분리되는 것은 결국 하나님의 은혜 자체로부터 분리되는 것을 의미하였다. 키르케고르는 결혼하지 아니하였다. 그는 당시의 믿음 없는 사람들을 … 단독자가 되게 하고, 단독으로 믿음의 삶을 살게 하고, 하나님 앞에서의 단독적인 존재가 되도록 인도하고자 하였기 때문이다." 또한 유대교의 애국적, 종교적 단체인 '하시딤'파를 연상케 하는 아름다운 설명이 상게서 p.52에 다음과 같이 나타나 있다. "흔히들 하는 이야기 가운데, 옛날 열광적인 신앙을 가진 어떤 사람이 피조물의 세계를 벗어나서 큰 정신적인 공허 속으로 몰입되었다는 이야기가 있다. 거기서 방랑하던 끝에 그 사람은 비밀의 문턱에 도달하였다. 그는 문을 두드렸다. 그러자 안에서 '당신은 무슨 볼 일이 있기에 여기 왔습니까?' 하고 말하는 소리가 들려왔다." 그는 대답하기를 "나는 죽을 수 밖에 없는 인간의 귀를 향해서

당신을 찬양하는 노래를 불렀습니다. 그러나 그들은 내가 부르는 찬양을 들으려고 하지 않았습니다. 그래서 이제 나는 당신에게 나의 찬양의 노래를 들려주고 그 노래에 대한 응답을 얻고자 당신에게 왔습니다." 하고 답변했다. 그러자 안에서 다음과 같이 답변했다. '돌아 가십시오. 당신의 찬양에 귀 기우릴 자는 여기에 없습니다. 나는 당신이 부르는 찬양에 귀를 기울이려고 하지 않는 그 인간들 속에서 당신의 찬양을 듣고자 합니다.' 고가르덴의 『정치윤리학』에 대한 부버의 비판은 위의 책 p.244 이하를 참조하라.

25) 키르케고르에 대해서와 같이 바르트의 로마서 강해에 대하여 본회퍼는 다음과 같이 비판하고 있다. "하나님께서 타인을 사랑하라고 명령하실 때 "그 타인은 그 자신으로서는 언제나 끝없이 고려 밖에 세워신다" 하고 바르트가 말할 수 있는 그 정당성은 어디에 있는가? – 하나님은 이웃 사람 자신을 무한히 귀중하게 여기셨으며 타인으로서의 이웃 "그 자체"(an sich)는 존재하지 아니한다. 타인은 단지 타인 일반에 대한 한 "비유"에 불과한 존재는 아니다. 혹은 미지의 하나님의 특권을 위임받은 자에 불과한 것은 아니다. 오히려 그는 그 자신에 있어서 무한히 귀중하다. 왜냐하면 하나님께서 그를 귀중하다고 인정하여 주셨기 때문이다. 그래도 나는 결국 다시금 하나님과 함께 홀로 이 세속 가운데에 존재해야 하는가?" … "바르트와 우리들 사이의 두 번째 차이점은 사귐(communio)의 개념에 대한 차이에 있다. 하나님과 이웃을 "동일시 하는 것"(Einer-sein)은 그리스도교의 공동체와는 하등의 관계도 없다. 그러나 바르트는 두 개념을 동의어로 사용하고 있다."(SC. p.119), 『교회 교의학』 제3권 2책. p.242 이하에서 바르트는 이 과오를 창조론의 틀 안에서 수정하였다. 그리고 여기에서 그는 단독자로서의 인간의 인간성이 드러나야 한다고 외친 니체를 비판하고 본회퍼의 인격주의를 전적으로 지지하였다.

26) 여기에서는 "Person"을 개인이라는 뜻으로 번역하였다. "개인적"이란 말은 곧 "Personal"을 번역한 것이다.

27) 헤겔은 역사를 정신의 발전사로 본다. 그리고 국가를 객관적 정신의 발전의 절정으로 보아 국가는 인간의 의지와 그 자유가 외화(外化)된 정신의 이

념이라고 말하였다. 그러므로 헤겔은 국가 지상주의와 전체주의로 빠질 수 밖에 없었다. 개인과 사회, 개체와 전체의 상호 연관성을 말하는 본회퍼와 좋은 대조를 이룬다.

28) 라이프니츠는 단자론(Monadologie)으로써 개체주의(Individualismus)와 보편주의(Universalismus), 다양성(Vielheit)과 단일성(Einheit)을 조화시켰다. 즉, 라이프니츠는 분할될 수 없으며 비공간적이고 힘(Kraft)과 같은 성질을 가진 형이상학적인 실체, 즉 단자를 가정하고 이 단자들을 세계 구성의 단위라고 생각하였다. 그리고 이 단자들은 창문이 없기 때문에 상호 간의 작용이 불가능하며 다른 단자에게 영향을 미칠 수 없는 자립적이고 독립적인 것이라 생각하였다. 또 단자들은 자신의 본질과 법칙에 의하여 움직이는 개성적인 실체라고 보았다. 그러나 모든 단자는 서로 조화될 수 있도록 미리 설정되어 있으며 이 세계의 모습을 동일하게 보여주는(spiegeln, repräsentieren) 것이라고 생각하였다. 이와 같은 단자론에 의하여 라이프닛츠는 보편주의와 개체주의, 단일성과 다양성을 종합하였다. 라이프닛츠의 이러한 논리가 본회퍼의 개체와 전체의 문제 해결에 도움을 주고 있다.

29) 제베르그(Reinhold Seeberg)-1859년 탄생한 독일의 조직신학자로서 루터연구에 큰 공헌을 남겼다. 그는 역사가로서도 두각을 나타내었으며 교회의 영적인 생활에 머무르지 아니하고 사회적인 분야에서 큰 영향을 주었다. 그의 교리사 저술(4권)은 유명하다.

의지공동체(Willensgemeinschaft)를 본회퍼는 다음과 같이 설명한다. 즉, 인간의 이익공동체는 동물과 다름 없는 인간의 본능에 의하여 형성되는 것이 아니라 인간의 의식하는 정신이 작용할 때에 비로소 존재하게 되며 어떤 목적을 지향하는 의지의 행위에 근거되어 있을 때에 형성된다. 그러나 이 공동체는 이러한 의지의 행위로 말미암아 비로소 필연적으로 형성되는 것이 아니라 어떤 목적을 지향하는 의지의 행위가 이 공동체의 본질을 이루고 있다는 것이다. 그래서 인간의 운명공동체는 그 본질상 의지공동체라고 본회퍼는 말한다.(SC. p.52)

객관적 정신이란 여러 사람의 의지가 화합될 때 지금까지 알려지지 아니한 제3의 어떤 "결합"이 일어나게 되는 것을 말하는데 이것은 서로 화합하는 여러 개인의 의사에 전혀 의존하지 아니하는 것이다.(SC. p.64) 그래서 "객관적인 정신은 공동체의 지체들을 넘어서서 작용하는 의지이다"라고 본회퍼는 정의하고 있다.(SC. p.65)

30) 역사를 개인의 만남과 결단에서 이루어지는 "바로 나의" 역사로 환원시켜 버리는 오늘날 불트만의 견해를 참조하라. (『역사와 종말론』. 1958. p.2 이하. 138 이하) 그리고 불트만에 대한 케제만(E. Käsemann)의 신중하면서도 비판적인 질문을 제기하라. 이것은 「신학과 교회를 위한 잡지」 (Zeitschrift für Theologie und Kirche, ZfTK) 1957년 판 제1권 p.14 이하에 다음과 같이 나타나 있다. "세계의 주권자로서의 권력을 장악하시는 그리스도의 실재성과 근원성이 그것(즉, 비울의 인민론)에서 분명히 나타난다. … 내가 볼 때에 불트만은 그가 본 이 사실을 단지 윤리의 영역에서만 의미있다고 생각하였다. 더 정확하게 말해서 나와 너의 관계의 영역에서만 이 사실이 의미있다고 보았다. … 어떠한 이유를 막론하고 이와 같이 위장된 개인주의가 여기서 그 자리를 견지할 수 없다. 교회가 그의 지체의 총화가 아니듯이 세계와 역사는 나와 너 사이에서 성취될 수 있는 현실적인 여러 관계의 총화가 아니다. 만일 세계와 역사가 나와 너 사이에 이루어지는 관계의 총화라면, 세계와 역사 그리고 교회는 각 개인들이 행하는 무한히 많은, 그러나 그 근원에 있어서는 너무도 피상적인 행동으로 해소되어버릴 것이다."

31) 본회퍼는 사회철학적이며 혹은 사회학적인 문제들의 궁극적인 논거를 십자가에 나타난 그리스도의 계시에 두고 있다. 그러나 하나님의 창조라고 하는 일반적이며 보편적인 사실에 그 논거를 두지 아니한다.

32) 개체는 전체 속에서 해소되지 아니하며 전체는 개체에서 해소되지 아니하고 오히려 양자는 균형관계 속에 있다는 개인과 공동체 간에 성립되는 논리가 죄의 개인성과 전체성의 문제에 그대로 적용되고 있다. 따라서 이 논리는 회개의 문제에도 적용되며 대리행위의 개념으로 진전하여 그리스도의 대리행위에서 그 절정에 도달한다. 그리고 그리스도의 대리행위가 그의 사회적인 신학의 구심점(求心點)을 형성하고 있다.

33) 불트만이 힘들인 로마서 5장에 대한 해석을 참조하라. ("신약신학" 1951. p.246 이하) 즉, 바울은 아담의 인간성에 기인하는 저주를 영지주의의 신화의 영향을 받으면서 기술하고 있다. 그러나 그것은 죄를 죽음에 해당하는 "숙명"이 되도록 하며 이 숙명은 거기에 대하여 인간이 하등의 책임도 없는 숙명을 말한다. 불트만은 아담과 대조를 이루는 그리스도에서 출발하여 다음과 같이 말한다. "그리스도를 통해서 신앙인들에게 확실한 사실이 되는 생명의 가능성이 주어지지 아니한다. 그렇다면 유비적으로 말하여 다음의 사실이 분명하다. 즉, 아담으로 말미암아 죄와 죽음의 가능성이 아담과 같은 모든 인간들에게 주어진다. 그리고 그 가능성은 각 개인의 책임적이면서 허물 많은 행위를 통하여 비로소 실현된다. 이것이 과연 바울 자신의 생각인지 아닌지는 물론 의심스러운 사실로 남아있다. 어쨌든 아담과 같은 모든 인간이 소유하고 있는 죄와 죽음에 이르는 분명하고도 보편적인 타락성은 그에게 있어서는 의심할 수 없는 사실로 되어 있다." 영지주의적인 신화와 그 속에 있는 결정주의를 지시하여 보이므로 말미암아 개인의 죄와 인류 전체의 죄가 동시에 성립된다는 사실을 인식할 수 있는 가능성이 차단된다. 그리고 개인의 죄와 인류 전체의 죄가 동시에 성립된다는 이 사실을 바울이 이미 말하였으며 또 본회퍼가 바르게 파악하였다고 생각된다. 그리스도론적인 대조의 상(Gegenbild)은 개인의 속죄를 의미하지 아니한다. 그리스도론적인 대조의 상은 그리스도에게서 이루어지고 있는 세상을 위한 사죄의 대리행위와 교회 안에서 이루어지고 있는 세상을 위한 사도적인 대리행위에의 부름을 의미한다.

34) 인류 전체의 죄에 대하여 본회퍼는 다음과 같이 말하고 있다. "독일인 각자, 그리스도인 각자의 죄가 존재할 뿐만 아니라 독일의 죄와 모든 교회의 죄가 존재한다." 그러나 그는 이러한 연관성에서 "선택된 백성"으로부터 민족의 존재 일반과 특히 독일 민족을 향하여 관심을 돌리고 있다. 왜냐하면 퇴니스와 더불어 그는 그 민족을 성숙한 한계 시간상의 공동체로 생각하였기 때문이다. 그러나 여기에 있어서 하나님께서 다른 민족을 제쳐두고 이스라엘을 선택하신 사실은 그의 특수한 단 한 번의 성격의 의미에 있는 것은 아니다.

오히려 청년운동(* 20세기 초두의 반데르포겔에서 시작된 정신과 문화의 갱신 운동)의 민족성에 관한 고찰에서 그 의미를 발견할 수 있다. 그의 사상적 발전에 있어서 다음의 사실은 매우 독특하다. 즉, 『윤리학』에서는 민족의 위임으로써 등장하지 아니한다. 그리스도교 국가들의 선택에 관한 개념이 여기서는 인정될 수 없는데, 이 개념은 홀랜드의 신학에 큰 영향을 주었다. 그러나 이러한 경향을 취하고 있는 "서구에 있어서 그리스도교의 형태와 그의 구체화" (E 《《Ethik의 약자》》 p.30 이하) 및 "그리스도와 서구의 무신성의 역사 속에서 성숙하게 된 세계"(『저항과 순종』)에 관한 본회퍼의 생각이 여기서 암시될 수 있다.

35) 여기에서도 트뢸취와 베를린 학파의 역사주의를 거부하는 본회퍼의 교의학적인 방법론을 엿볼 수 있다. 십자가에서 이루어진 그리스도의 대리행위를 본회퍼는 윤리적으로 일반화시키는 것을 거부하고 신학적으로 파악되어야 한다고 여기서 말하고 있다.

36) 하나님 앞에 서 있는 인간의 개체성과 개인 상호 간의 신학적인 사회적 관계를 본회퍼는 다음과 같은 루터의 두 가지 개념의 긴장관계에서 파악하고 있다. (1) 우리는 모두 죽음을 요구당하고 있으며 아무도 다른 사람을 위하여 죽을 수 없다. 고유한 존재로서의 각 개인은 … 자신을 위하여 죽음과 투쟁한다. 우리는 귀에다 대고 소리쳐 알린다. 그러나 임종할 때에 각 개인은 자신을 위하여 익숙해 있어야 한다. 그렇다면 나는 너 안에서 존재하지 아니하며 너는 내 안에서 존재하지 아니한다. (루터전집, WA 10, III. 1) (2) "내가 죽어야 한다면 나는 혼자 죽음을 맞이하지 않는다. 내가 고난을 당할 때 그들이 나와 함께 고난을 당한다." 즉, 그리스도께서 "모든 거룩한 천사들과 천국에 있는 사람들과 땅 위의 경건한 사람들과 함께 고난을 당한다."(루터전집 II. 745).

37) 이 성서 구절들은 "지옥에의 체념"(resignatio ad infernum)에 관한 초기 루터의 신비주의적인 이론에 해당하는 구절이다.

38) 『행위와 존재』(Akt und Sein), 1931. 1956 제2판, 이하 AS로 약칭하여 인용함.

39) 법학의 역사에 있어서 이와 유사한 경우에 관하여 리터(K. Ritter)의 저서, 『자연법과 실증주의론』(Zwischen Naturrecht und Rechtspositivismus. 1956)을 참조하라.

40) 이 문제를 더 발전시키고 있는 베버(O. Weber)의 논문 「하나님의 성실하심과 인간 실존의 연속성」(Die Treue Gottes und die Kontinuität der menschlichen Existenz)을 참조하라. 1952년 판 복음주의 신학지(EvTh)의 부록 p.131 이하.

41) 글뢰게는 존재론과 인격주의의 연관성을 바로 이러한 면에서 파악하고자 하였다. (위의 책 p.41) "계시는 하나님께서 자기의 품격과 행동 방향에 대한 결정(Selbstbestimmung)이요 자기를 속박시키는 것(Selbstbindung)이다. 곧, 존재론적으로 현존하기에 이르기까지 자기 운명을 결정하시는 일이요 자기를 속박하시는 일이다. 하나님은 눈으로 볼 수 있고 인간이 그의 마음대로 처리할 수 있는 보증물들을(역사적 예수, 말씀, 성례전) 제시하시면서 약속하신다. 계시는 … 포괄적인 존재론적 원천으로서의 초인격적인 "교회 안에 있는 존재"를 존재론적으로 창조한다. 그리고 이 포괄적인 존재론적 원천 속에서 인간의 실존은 가능해진다."

42) 호베(G. Howe)의 논문 「칼 바르트의 신학과 현대 물리학의 일치점」(Parallelen zwischen der Theologie K.Barths und der heutigen Physik), 1956, 바르트의 70세 축하 기념 논문집 Antwort p.410 이하.

43) 슐링크의 위의 책 p.1 이하와 칼 바르트 『교회 교의학』, 제2권 1장과 제3권 2장을 첨가하여 참조하라.

44) 루터의 이 명제 자체는 아리스토텔레스의 논리학을 극복하지 못하고 있음이 분명하다. 피켈(Fickel)이 편집한 루터의 로마서 강의에서 인용한 다음 구절을 참조하라. (제1권, p.110 이하. 제2권 p.266 이하). "비존재라는 것은 이름 없는 사물과 죄 속에 있는 인간이다. 실행된다는 것은 의롭게 인정받는다는 것이다. 존재는 의(義)다. 업적이란 것은 의롭게 살아가고 있는 것을 뜻한다. 고난이 완전하게 되고 완성되는 것을 뜻한다. 그리고 이 다섯은 동작에서와 같이 사람에게서 언제나 존재하고 있다." ("Non-esse

est res sine nomine et homo in peccatis; fieri est justificatio; esse est justitia; opus est juste agere et vivere; pati est ferficiet consummari. Et hec quinque semper velut in motu sunt in homine.") 여기서 본회퍼의 해석은 청년 시기의 루터를 훨씬 능가하고 있다.

45) 오직 교회론적이며 그리스도론적인 본회퍼의 사고는 성육신의 개념 및 인간과 그의 현실 속으로 "하나님께서 들어오심"에 관한 개념 하에 머물고 있다. 그러므로 그의 배타적인 교회론적이며 그리스도론적 사고는 굳어지지 아니하고 현실의 정황에 적응할 수 있는 부드러움을 소유하고 있다. 그 반면 바르트에 있어서 성육신의 이론은 삼위일체론적인 사고에서 새로운 의미를 획득하고 있다. 전통적으로 전하여져 오던 성육신론이 실현된다. 따라서 주요한 존재론적인 개념들은 유농상태에 있는 어떤 사건의 과정을 가리키게 된다. 하나님과 인간의 통일성은 고정된 상태(Zustand)로 해석되지 아니하고 "역사"(Geschichte)로 해석된다.

46) 다음과 같은 마르틴 부버의 기본명제는 이 사실을 의미하고 있다. "태초에 관계가 있었더라."(Im Anfang ist die Beziehung) (『대화하는 삶』: Dialogisches Leben. p.30)

47) 루터가 로마서 1장 17절의 하나님의 의를 이렇게 이해하였다. 이 의는 사람이 자기의 적극적인 행위로써 획득하는 의가 아니라 예수 그리스도의 공로로써 받아드리는 의를 뜻한다.

48) 바르트 『교회 교의학』 제3권 1책 p.207 이하. p.220 이하. 3책 p.57 이하를 참조하라. 아리스토텔레스의 실체 개념과 상반되는 신학적인 관계 개념의 의미에 대하여서는 슐링크의 위의 책을 참조하라.

49) 1949년에 발행된 『윤리학』에는 이 전환을 본회퍼 자신이 다음과 같이 기술하고 있는 것으로 인용되어 있다. "나는 내 스스로 어떤 거룩한 생활과 같은 그런 것을 계속하려고 노력하므로써 신앙을 배워 얻을 수 있다고 생각하였다. 이와 같은 생각의 결과로써 나는 『나를 따르라』를 저술하였던 것이다. 그러나 내가 말할 나위도 없이 사랑하는 이 책이 얼마나 위험한 것인가를 요즈음 나는 분명히 알고 있다. 그뒤에 나는 삶의 완전한 현

세성 속에서 비로소 신앙을 배워 얻을 수 있다는 사실을 깨닫기까지 이것을 경험하였고 지금도 경험하고 있다."

50)「복음주의 신학」지, 1955, p.164 이하.

51) 에벨링(E.Ebeling)의 성서 개념들의 비(非)종교적 해석(Nicht-religiöse Interpretation bibischer Begriffe) (『성숙한 세계』: Muendig Welt, 제2권, 1956, op.33)은 성서개념들의 "비종교적이며 세속적인 해석"에 관한 슬로건을 비판하기에 이르고 있다. 해석과 그리스도인의 "세속성"에 관한 본회퍼의 질문은 그에게 있어서 그리스도의 통치가 그리스도교 종교를 밀어내어 버린 그 자리에 등장한다. 다시 말해서 "그리스도는 어떻게 비종교인들의 주가 될 수 있을까? – 비종교적인 그리스도가 존재할 수 있을까?– 종교 없이 우리는 어떻게 하나님을 이야기할 수 있을까? 즉, 형이상학이나 내면성 등과 같은 시간적으로 제한된 전제들을 떠나서 우리는 어떻게 하나님을 이야기할 수 있을까? – 우리는 우리들 자신을 종교적으로 우선권을 가진 자로 생각하지 아니하고 오히려 이 세상에 완전히 속한 자로 생각하면서– 우리는 어떻게 "비종교적이며 세속적인" 그리스도인이 될 수 있는가? – 그렇다면 그리스도는 종교의 대상이 아니라 종교의 대상과는 완전히 다른 분이시니 그는 참으로 세속의 주가 된다."(WE. p.180)

52)『교회 교의학』제3집 4책 p.43 2책 p.205 이하에서 바르트도 이같이 말하고 있다.

53) 홀바인(Hans Holbein, 1497~1543), 그 당시 휴머니즘과 깊이 관련된 미술가로써 종교적인 작품을 많이 남김. 주로 하인리히 8세의 궁중화가로서 활약하였음.

인간이 소유하고 있는 가능성들의 한계점에서 하나님과 인간이 만나는 것이 아니라 삶의 한복판에서 만난다는 본회퍼의 기발한 명제는(E. p.177). 1933년에 이미 나타나고 있는데 선악과가 에덴 동산의 한복판에 있었다는 설화에 대한 그의 해석에서 발견할 수 있다. 그래서 그는 다음과 같이 말하고 있다. "인간의 한계는 그의 현존의 변두리에 있는 것이 아니라 현존의 중심에 있다. 삶의 변두리에서 추구되는 한계는 인간이 소유하고 있는 가능성의 한계이며 삶의 한복판에 있는 한계는 인간의 한계이며 오직 인간의 현존재의 한계이다 …그 한계 즉, 선악과가 있는 바로 거기에 생명의 나무가 있고 삶을 허락하여 주시는 주님 자신이 계신다."(『창조와 타락』: Schöpfung und Fall, SF로 약칭함 · 1955년 제2판, p.62)

54) 『성숙한 세계』제2권 p.199, 『저항과 순종』p.125에서는 다음과 같이 말하고 있다. "에베소서 1장 10절에 근거하고 있는 만물의 회복에 관한 이론 – 즉, 교부 이레니우스의 회복론(recapitulatio)은 대단히 탁월하고 만족할 만한 것이다." 이 말은 현실의 "파우스트적인 성격"에 관한 초기 관념론의 사상과 조화될 수 있다고 보겠다. 코르프(H. A. Korff)는 그의 저서 『괴테시대의 정신』(Geist der Goethezeit) 제2권(1957년 제4판) p.21에서 다음과 같이 말하고 있다. "만일 현실을 동경하여 현실 속에서 육이 되고자 하나님 자신이 자연으로 변하였다면 순간 순간마다의 현실 속에는 대단히 절박하고도 충일한 하나님의 신성(神性)이 출렁거리고 있으며, 이 신성은 한 현실에서 다른 현실로 쉬지 않고 파급되는 파우스트적인 삶의 성격을 이룬다."

55) 『윤리학』p.178에서 다음과 같이 말하고 있다. "현실에 상응하는 행위의 근원은 사실적인 것을 단지 인정해 주기 위하여 존재하고 있다는 사이비 루터의 그리스도나 혹은 혁명이라면 무엇이든지 환영하는 급진적이며 광신주의적인 그리스도가 아니라, 인간을 용납하시며 인간과 그 세상을 사랑하시고 심판하시고 또 자기와 화해시키신 인간이 되신 하나님 예수이다." 『윤리학』 p.61에서는 다음과 같이 말하고 있다. "전체 현실은 두 가지 영역으로 구분되며 윤리학은 이 두 가지 영역의 상호 올바른 관계를 위하여 노력한다. 스콜라 철학은 자연의 왕국이 은혜의 왕국 보다 하위(下位)의 것이라 하였고 사이비한 루터주의는 그리스도의 율법에 대하여 이 세상이 소유하고 있는 제 질서의 독자성을 주장하였다. 광신주의에 있어서는 이 세상과 적대 관계에 있는 선택받은 자들의 공동체가 이 땅 위에 하나님의 나라를 세우려는 싸움을 하고 있다고 한다. 이렇게 되면 그리스도의 사건(Sache)은 전체 현실 안에서의 한 부분적이고 국부

적인 문제로 되어버린다. ⋯ 인간에게는 단지 다음의 가능성이 남을 뿐이다. 즉, 그는 전체 현실을 포기하고 두 영역 중에서 어느 한 영역에 속해야 하며 세상을 버리고 그리스도를 택하든지 아니면 그리스도를 버리고 세상을 택해야 한다."

56) 루터는 "두 왕국의 투쟁의 비극"에 대하여 말하고자 한 것이 아니라 "화해에서 출발하는 단순한 삶"에 대하여 말하고자 하였음에 틀림없다고 본회퍼는 생각한다.(E. p.180).

57) 반 룰러(A. A. van Ruler)는 이것과 전혀 다른 의미로 말하고 있다. 그의 저서 『세속 속에서의 그리스도의 형태화』(Gestaltwerdung Christi in der Welt. 1956) p.34 이하를 참조하라.

58) 에벨링은 위의 책 p.53 이하에서 본회퍼가 제기한 성서 개념들의 비종교적인 해석을 "신학적인 카테고리", 즉 율법과 복음에서 파악하여 이를 더 발전시키고자 한다. 그래서 "비종교적인 해석은 율법과 복음을 구별하는 해석이다"라고 말한다. (p.54) 이와 같은 신학적인 의도는 내가 생각하기에 본회퍼가 제기한 해석의 문제의 핵심을 찌르지 못하는 것 같다. "종교"의 문제에 있어서 그에게 중요한 것은 하나님의 인식론적인 혹은 윤리적인 초월의 문제이다. 서구의 무신성을 이해하고자 함에 있어서 원래 중요한 것은 "희망이 없는" 무신성과 "약속으로 충만한" 무신성이 아니다.(에벨링) 서구 역사에 있어서 점차적으로 나타난 무신성은 본회퍼가 그리스도를 바로 인식하는 데에 도움이 되었다. 왜냐하면 그 무신성으로 말미암아 하나님에 관한 그릇된 표상이 제거되고 그의 무능력 하심으로 말미암아 힘과 활동의 영역을 세속 속에서 획득하는 성서의 하나님을 볼 수 있는 눈이 열리기 때문이다.(WE. p.24) 그 무신성은 또한 "십자가와 수난 속에서 이루어지는 그리스도의 통치"를 인식하는 데에 도움이 되었는데 "십자가와 수난 속에서 이루어지는 그리스도의 통치"에서 참된 세속성을 향한 해방이 체험될 수 있다. 바로 이것이 그의 "세속적인 해석"의 비전에 대한 출발점이며 율법과 도그마를 사용하는 것이 그 출발점은 아니다. (WE. p.242). 본회퍼에게 중요한 것은 "현실 전체"를 포괄하는 그리스도의 통치 하에서 영위되는 그리스도인의 세속적인 삶이

기 때문에 성서 개념에 대한 그의 해석은 더 이상 종교적인 영역에 머무를 수 없었다. 이 "세속적인 삶"은 단지 "하나님 앞에서 현실을 유지시키는 것"을 의미할 뿐만 아니라 그리스도의 뒤를 따르는 것을 의미하며 세속 속에서 하나님의 고난에 참여하는 것과 그리스도와 "함께 사는 삶"을 의미한다.(WE. p.241, 242를 참조하라).

59) 두 가지 가능성에서 야기되는 법 철학적인 혼란에 관한 리터(Kl. Ritter)의 탁월한 설명을 리터의 위의 책에서 참조하라.

60) 이 문제에 관하여 E. p.98 이하, p.255 이하, p.283 이하를 참조하라.

61 리터의 위의 책. p.58 이하.

62) 하나님의 현실과 세속의 현실에 동시에 참여해야 하며 양자 중에서 어느 하나에만 참여해서는 안 된다고 그리스도는 우리에게 말한다."(E. p.60).

63) 『윤리학』 p.231, 주 5. 이와 비슷한 뜻에서 틸리히(Paul Tillich)는 "하나님의 통치"의 개념을 통하여 중세의 교권적인 타율과 현대의 세속적인 자율의 대립을 극복할 수 있으리라고 생각하였다.

64) 『윤리학』 p.223 이하를 참조하라. 여기에서 본회퍼는 "질서", "직분", "직무" 등의 지금까지 인습적으로 사용하여 오던 개념들의 의미를 고찰하고 있다. 그러나 이 개념들에 대한 역사적인 여러 가지 오해 때문에 그는 무엇보다 먼저 위임의 개념을 주장하고자 하였다. 그리고 그는 내용 자체를 해명함으로써 질서, 직분, 직무 등의 낡은 개념을 새생시키고 회복시키고자 하는 목적으로 위임 개념을 주장하고자 하였다. 퀴네트(W. Künnet)의 저서 『마귀와 하나님 중간에 있는 정치』(Politik zwischen Dämon und Gott, 1954) p.136에는 질서의 개념이 단지 증명되고 있을 뿐이며 질서의 개념을 재생시키고자 하는 본회퍼의 위임 개념에서 결과된 사실상의 성과는 간과되고 있다. "유지 질서"의 개념을 1933년 신학토론에 이끌어 들인 자가 퀴네트인지 아니면 본회퍼인지는 상당히 중요한 문제이다. 퀴네트의 저서 『하나님 존전의 국가』(Nation vor Gott, 1933)에 나타난 유지 질서의 개념과는 확연하게 다른 유지 질서의 개념에서 본회퍼 자신이 의도하는 바가 무엇인가에 대하여는 위의 말을 참조하라.

65). 위임을 "하나님께서 인간의 순종을 받으시고자 하는 장소"라고 정의하므로 써 본퍼는 바르트의 특수 윤리에 가장 가까이 접근하고 있다. 바르트『교회 교의학』제3권 4장 p.22 이하를 참조하라.

66) 이에 관하여 루터의 위임 개념을 참조할. 윙그렌은 그의 저서『루터의 직업론』(Luthers Lehre vom Beruf, 1952) p.128 이하에서 다음과 같이 말한다. "율법 대신 명령에 복종하기 위하여 우리는 율법에서 자유롭다. 하나님의 명령은 새로운 창조를 도읍고 있다. 그리고 이 명령은 지금 이 순간에 일어나고 있는 명령이다."

67) 이것과 병행되는 내용이 헥켈(J. Heckel)의 루터 해석에서 분명히 나타나고 있다.『오늘의 신학실존』(TH Ex : Theologische Existenz Heute)총서 속간 55, 1957년 판 p.53에 게재된「두 왕국론의 미로에서」("Im Irrgarten der Zwei-Reiche-Lehre")라는 논문에서 그는 다음과 같이 말하고 있다. "영의 왕국"(ecclesia spiritualis)안에서 이루어지고 있는 삶은 직업상의 현실존재에 있어서 모든 직분에 처하여 있는 그리스도인의 모든 행동과 영위하는 일들을 포함한다. ⋯ 넷째 계명에 나타난 모든 세가지 직분과 활동에서, 그리고 세 가지 성직 계급과 3대권에서, 그리스도인의 모든 삶이 해야 할 직무(das officium omnis vitae)가 완성된다. -퇴른발의 저서『루터의 영적 통치와 세속적인 통치』(Geistliches und weltliches Regiment bei Luther) p.171을 참조하라. 여기서 그는 다음과 같이 말하고 있다. "세속적인 인격의 가장 첫째되는 의미는 이것이다. 곧 세속 안에 있는 그리스도인의 삶은 하나님의 삶, 즉 하나님 자신이 그의 피조물과 제 직분과 직무 안에서 누리시는 그 삶에 근거되어 있다는 사실이다. ⋯ 그리스도인의 세속적인 인격은 또한 다음의 사실을 의미한다. 즉, 그리스도는 공동창조자(concreator)가 아니라 하나님의 삶 속에서 살고있는 협력자 (cooperator)가 되며 그의 실현을 위한 도구로서 그를 위하여 봉사한다는 사실이다.

68) 이것도 루터가 말한 "베일"의 개념과 일치한다. 루터는 다음과 같이 말하였다. "곧 세상에서 교회를 마련하는 일은 감추어져 있다. 그러나 베일 곧 가면, 또 사기조각으로써 어떤 곳을 깍아두고 조각을 입혀서가 아니

면 마련하기 어렵다. … 그러나 그와 같은 가면은 결혼, 정치, 가정을 뜻하며 요한, 베드로, 루터, 암스또르프 따위도 그것이다."("Opertetenim ecclesiam in mundo apparere. Sed apparere non potest nisi in larva, personatesta, putamine et vestituto aliquno … At tales larvae sunt Maritus, politicus domesticus, Johannes, Petrus, Luthers, Amsdorffius etc.") (『루터전집』 WA, 서신집 9, 610, 47) 여기에 대하여 볼프의 위의 책 p.233을 참조하라. 또 윙그렌은 위의 책 p.95에서 다음과 같이 말하고 있다. "지배자가 하나님의 협력자로서 자기의 직무를 수행할 때 그 지배자는 하급자에게 명령을 내릴 수 있게 된다. 하나님에게 있어서 모든 베일은 형제나 이웃 등의 모습으로 구체화된 율법이다."

69) 『윤리학』 p.89에서 다음과 같이 말하고 있다 "하나님이 들어오심으로써 비로소 인간이 존재와 선의 존재가 완성될 것이다. 그러나 올바른 준비와 기다림이 요구되므로 오실 주님으로부터 비치는 한 가닥 빛이 이미 인간의 존재와 선의 존재를 비치고 있다."

70) 『윤리학』 p.98에서는 다음과 같이 말한다. "그리스도로 말미암아 삶 자체의 목적성(Selbstzwecklichkeit)은 피조물성을 의미하게 되고 목적을 위한 수단으로서의 삶은 하나님의 나라에 동참하는 것을 의미하게 된다. 그 반면 자연적인 삶의 영역에 있어서 삶 자체의 목적성은 권리로 나타나고 목적을 위한 수단으로서의 삶은 그 삶에 부과된 의무로 나타난다."

71) 근자에 슐링크는 "하나님 곧 유지하시는 분의 계명"을 통하여 다시 한 번 세속적인 권리를 확립하여 보고자 하였다. 「케리그마와 도그마」지(KuD : Kerygma und Dogma. II, 1956, p.256 이하) "유지질서"에서 본회퍼는 창조의 중보자인 그리스도와 구속의 중보자인 그리스도를 일치시키려고 했던 루터의 놀라운 일을 상기한다. 즉, 루터는 다음과 같이 말하였다. "세계의 모든 움직임을 결코 종결시키지 아니하는 그분이 마리아의 품 속에 있다. 곧 만물을 홀로 유지하고 있는 그분이 한 작은 어린 아이로 되셨다."

72) 루터는 다음과 같이 말하였다. "그러므로 아래의 모든 것은 성령의 직무요 열매다. 자식을 양육하고 아내를 사랑하고 권위 기관에 복종하는 것

은 성령의 열매다. 교황주의자들 가운데도 육욕적인 자가 있다. 왜냐하면 그들은 지성이 없기 때문이다. 얼마나 그들은 피조물적이냐."(Ergo omnia officia et fructus spiritus sancti; alere prolem, diligere uxorem, obedire magistratu; sunt fructus spiritus. Apud papistas sunt carnalia, quia non intelligunt, quid creatura.) 퇴른발은 위의 책 p.149에서 다음과 같이 말한다. "그리스도의 의 또는 그리스도인의 의는 단지 개인의 의인만을 의미하는 것은 아니다. … 하나님은 그리스도 때문에 온 세계를 정결하다고(totum mundum purgatum propter Christum)보신다. 그리스도를 한 사사로운 인격(persona privata)으로 만들어 버린 것은 스콜라 철학의 큰 과오였다. 오히려 그리스도의 하신 일은 인류 전체를 위한 것이다. … 루터는 이 사실을 대단히 강조하였다. … 스콜라 철학은 사물을 심리화하여 관찰하는 방법을 고안하였고 이것으로 인하여 그리스도인의 의는 인간적인 속성으로 이해되었다. 이것은 궁극적으로 완전한 의미에서 그리스도가 하나님이 되는 그리스도론적인 관찰 방법을 사용하지 않기 때문이다. 이 관찰 방법을 철저히 따른다면 그리스도께서도 창조된 현실을 포괄하고 있다는 결과에 이를 수 밖에 없다. 그 대신에 스콜라 철학은 때때로 신적인 것과 인간적인 것을 마음속의 내적인 한 가치(eine innere qualitas in corde)와 이미 갖추어진 자연적인 의(die vorbereitende justitia naturalis)로 나누었다. 이에 대한 루터의 비판은 신교정통주의에도 해당된다고 볼 수 있다."

73) 루터의 "3대권"론에서 제의적(祭儀的)인 교회의 역사적 원형과 영적인 왕국의 내적 근거를 찾아볼 수 있다. 헥켈의 위의 책 p.40 이하를 참조하라.("두 개의 교회").

74) 돔보이(H. Dombois)의 논문 「제도의 문제와 결혼」(Das Problem der Institutionen und die Ehe)을 참조하라. 『법과 제도』 p.55 이하에 수록되어 있다.

75) 『윤리학』 p.257에서 다음과 같이 말하고 있다. "세속적인 제 질서 상호 간의 관계와 교회와의 관계의 문제에 있어서 경제(oeconomicus), 정치(politicus), 종교(hierarchicus)에 관한 루터의 세 가지 직분론 대신에 - 이

세 가지 직분의 결정적인 특징과 불변의 의미는 결코 상하의 질서에 있지 않고 평등의 질서(Nebeneinanderordnung)에 있다. 즉, 세속의 질서를 교회의 이질적인 지배로부터 보호하며 또 교회의 질서를 세속의 이질적인 지배로부터 보호하는 이것이 이 3가지 직분론의 결정적인 특징이요 불변의 의미이다! - 결혼과 가족, 노동, 정부, 교회라는 성서를 토대로 한 네 가지 위임에 관한 이론이 나타나야 할 것이다. 이 질서들은 구체적이며 계시에 근거되어 있고 또 계시에서 증거된 하나님의 약속을 소유하고 있다는 점에서 신적인 것이다." - 루터는 다음과 같이 말하고 있다. "모든 직분은 다른 이를 섬기기 위하여 그 방향으로 지향한다. 어머니는 아이를 보호한다. 그녀가 아이를 필요로 하는 것이 아니고 아이가 그녀를 필요로 한다. 남자는 일어나야 한다고 느끼는데 잠잘 수 있지만 아내와 자녀를 양육할 필요를 느끼기 때문이며, 그 때문에 그는 일어나는 것이다. 우리 모두는 거꾸로 되어있다." (『루터 전집』. WA, 15. 625, 7). (Omnes status huc tendunt, ut aliis serviant. Mater custodit puerum; ipsa non indiget, sed puer. Vir cogitur surgere: posset dormire, sed quia uxorem et pueros nutrire cogitur, ideo surgendum. Nos omnia invertimus.) 이에 대하여 윙그렌은 위의 책 p.18에서 다음과 같이 말하고 있다. "모든 질서는 서로 도와 주도록 규정되어 있다. ... 그러므로 직분 자체는 한 윤리적인 주체이다. 왜냐하면 직분은 율법을 통하여 일하시는 분으로서의 하나님이기 때문이다." 루터가 말한 제 직분의 동등성에 관하여서는 볼프의 위의 책 p.232 이하를 참조하라.

76) 『법과 제도』, p.65 이하를 참조하라.

77) 17세기 칼빈 계통의 신학자들 가운데 예정론을 더 천착하여 토론할 때, 타락 전 예정설(Supralapsarismus)과 타락 후 예정설(Infralapsarismus)로 갈라져 논쟁하였다.

78) 여기에 관하여는 휘징가(J. Huizinga)의 문화 형태의 분석을 참조하라. 『뛰노는 인간』(Homo ludens), 1938.

제2부

1장. 본회퍼에 있어서 세계의 현실과 신의 구체적 계명

2장. "고난당하는 하느님만이 도우실 수 있다"
    디트리히 본회퍼의 하나님의 고난의 신학

3장. 오늘 우리의 세계에 대한 디트리히 본회퍼의 의미
    - 테러의 시대 속에서 평화와 저항 -

4장. 내가 체험한 40년 한국
    - 1975년에서 2015년 사이 -

본회퍼에 있어서 세계의 현실과 신의 구체적 계명*

Jürgen Moltmann
손규태

I. 현재와 당시에 제기되는 문제들

우리가 위에서 제기한 문제에 접근해 가고 또 본회퍼의 신학적 인식과 관련해서 대화를 이끌어 가려고 하면 그가 처했던 역사적 상황과 우리가 처해 있는 상황, 그리고 그가 당면했던 시대적 문제들과 우리의 문제들을 우선 명백히 해두는 것이 좋을 것이다. 만일 내가 본 것이 옳다고 한다면 그와 그의 세대가 출발점으로 삼았던 세계는 그들이 무엇을 해야 했고 또 거기서 어떻게 행동해야 했으며, 또 그 세계를 어떻게 영위해 나가야 했으며, 그리고 주어진 세계의 현실에서 어디를 거처와 발판으로 삼아야 하는가를 알고 있었고 또 알고 있다고 믿었다. 오늘날 우리가 우리의 신학적 조상과 스승이라고 지칭하는 그들은 모두 당시에는 문화적 개신교와 하나의 기독교적 세계라고 하는 낡아빠진 종합을 해체하기 위한 교회적, 신학적 운동에 관여하고 있었다.

이러한 해체는 변증법적 신학운동을 통해서 가장 영향을 받았으며 고백교회의 형성에서 끝장을 본 것이다. 이들이 걸어간 정신적 풍토는

"중심의 상실이란 말로 특정지어진다. 사람들이 그렇게 오랫동안 교회의 음성으로 간주해 왔던 것이 비판의 과정을 거치고 나니 전적으로 세상의 소리였음이 드러났다. 교회의 영원한 제반가치들과 계명이 특정한 부르조아적이고 민족적인 사회질서의 이상이고 생활양식이라는 것이 드러난 것이다. 그러나 이러한 부확(不確)하게 되어버린 세계에서 잠이 깬 이들은 철저하게 교회, 설교, 신학의 핵심적이고 생동적인 중심적 내용, 신 자신의 약속과 지시를 계시한다는 '말씀'에 대해서 물었던 것이다. 본회퍼가 어떻게 여러 다른 이들을 위해서 … 이러한 새로운 돌파구를 모범적으로 뚫어나갔는가는 초기 작품에서 보는 대로 그의 선생인 하르낙과 제베르그와의 조용한 그러나 역력하게 눈에 띠는 대결이 잘 말해주고 있다. 그는 자유주의학파 출신이었으며, 명백한 교회적 신학을 밀고 나가기 위해서는 이 전통과의 단절은 불가피하다는 것을 감지했다.[1]('SC 1954², S. 176fff. 참조)

   변증법적 신학의 제자들이고 후예인 우리들은 이러한 중심, 말씀, 교회에로의 새로운 출발을 그 자체의 자리에서 같이 하지 못했으며 또 하나의 세계화된 기독교의 이런 것들이 우리의 교회사다. 거기에 비해서 우리들은 명백히 "교회적 신학"에서 성장했다. 우리의 선조와 스승의 세대에 피나는 투쟁의 결과였던 것이 우리에게는 바로 우리가 이어받은 표식이다. 당시에 설계되가던 변증법적 교회적 신학의 모습을 부정적으로 규정했던 적들은 사라졌다. 당시 그리스도가 하나의 기독교화된 문화의 배후로 밀려날 위험에 처해있었다면 오늘날에는 그리스도와 "말씀"은 하나의 원칙, 즉 사람들이 그 중요성을 전혀 알지 못하는 형성이 되어버릴 위험에 처해 있다. 본회퍼는 「옥중서신」에서 이렇게 쓰고 있다. "자유주의 신학은 그것이 세계 내에서 그리스도가 할당 받을 자리에 대한 권리를 세계에다 양도해 버린데 약점이 있다. 자유주의 신학은 교회와 세계의 투쟁에서 세계에 의해서 부과된 비교적 미약한 평화를 승인한 것이다."(S.218) 우리는 이것을 오늘날에 적용하고 말해야 한다면 이렇게 할 수 있을 것이다. '교회신학의 약점은, 그것이 그리스도가 세계를 용인하고 그 안에 계셔야 할 권리를 그에게 양도하지 않은 데 있고 또 그리스도가 가져온 화해를 통해서 이루어진 세계를 위한 평화를 자유주의 신학이 개진하지 못하게 한 데 있다.' 다시 말하면 오늘날 우리의 현상은 세상적, 역사적, 정신적 현실의 지평이라고 하는, '지평의 상실,'의 적잖은 위험을 거치지 않고서는 특징지울 수 없을 것이다. 순수한 복음의 선포는 독백으로 끝나고 만다. 하나님의 계명에 대한 복종이 정치적 목적에 유용한 것들과 일치하는 데서 말해지거나 아니면 철저한 배타주의를 통해서 정치적 영역의 현실성이 외면당하거나 한다. 세상적인 현실과 계시의 선포 사이의 무관계성은 놀랄 만하게 명백히 드러났다. 그렇지만 지평 없는 중심, 주변없는 핵심이 존재할 수 없듯이 실례를 말하지 않더라도 세상적인 생동적 삶에서의 그리스도의 지배 밖에서 그를 찾을 수는 없다. 본회퍼는 『윤리학』에서 이렇게 쓰고 있다. "우리가 배타적으로 그리스도를 우리의 주로서 인식하고 고백하면 할수록 그만큼 우리에게는 그의 통치 영역의 크기도 더 넓게 열려진다."(S. 161) 본회퍼는 이렇게 오늘날 우리에게 매혹적인 테마를 제공했다. 그러나 어떻게 이 그리스도의 현실성의 영역이 획득될 수 있는가?

칼 바르트는 30년대에 이 물음이 심각하게 제기되자 창조론에서 변증법으로부터 유비의 길을 택했다.[2] 폴틸릭은 인간실존의 물음과 계시의 답 사이의 넓은 구역을 상관성의 방법을 통해서 극복해보려고 했다. 불트만은 실존론적 해석의 프로그램을 설계했다. 본회퍼에게서는 "진정한 세상성"이라고 하는 사고와 위임통치론이 이 문제의 특별한 해결의 시도로서 제시된다. 그는 고백교회가 가진 보수적이고 복고적인 성격들을 감지했었다. (「옥중서신」 220, 261) 그는 미래에 있을 교회의 침체를 예견했고 1944년도의 바로 그의 마지막 편지에서 다시금 그는 스스로 "아직도 자유주의 신학의 유산을 자기 속에 지니고 있고, 또 이 물음을 끄집어 내서 다루어야 할 현대 신학자"라고 느끼고 있었다. (「옥중서신」 257). 여기에서 오늘날 우리가 제기해야 할 대화가 있는데, 19세기로 부터 우리에게 넘어온 물음들, 즉 역사에 대한 물음(Dilthey, Troeltsch), 자연적 지혜의 문제, 신의 영과 인간의 정신 문제(Schleiermacher), 신국과 지상에서의 인간의 소명 문제(A. Ritschl) 등이 그것이다. 이런 물음들은 언제나 사회, 문화, 소명에 대한 구체적 관련에서 제기되어야 한다.

II. 세계의 현실성

그러면 대체 이 세계의 현실성은 어떻게 이해되어야 하며, 또 그것은 어떻게 대처되어야 하는가 하는 물음으로부터 우리는 출발한다. 만일 신계명이 언제나 구체적인 계명이고 언제나 사실에 준하는 형태를 가지는 것이라면 우선 제기되어야 할 물음은 도대체 "사실"(Sache)이 어떠한 품위와 구조를 가지는 것이며, 그리고 거기에 알맞게 그것을 형성하기 위해서 하나님이 주시는 계명은 어떤 것일까 하는 것이다. 본회퍼는

1932년 청소년 평화회의에서 행한 연설에서(전집 I, 145) 다음과 같이 선언했다. "교회는 현재 그리고 여기에서 사실에 대한 인식에 바탕을 두고 구체적인 방식으로 하나님의 말씀, 즉 능력의 말씀을 말해야 한다. 그렇지 않으면 교회는 뭔가 다른 것, 인간적인 것, 무력의 말씀을 말하게 된다. 교회는 언제나 참된 원칙들을 설교해서는 안되고 오늘날 참된 계명만을 말해야 한다. 왜냐하면 '언제나' 참된 것이란 바로 '오늘'에는 참된 것이 아니기 때문이다. 하나님은 우리에게는 '언제나' 바로 '오늘' 하나님이다". 이러한 확정적인 선언은 구체적 계명에 대한 요구가 동시에 "구체적인 것", "현실성", "역사"의 새로운 이해와 관련될 때만 의미가 있다. 따라서 우리는 우선 신학적으로나 존재론적으로 현저하게 새로운 현실개념을 검토하려던 본회퍼의 자극적인 시도에 눈을 돌려 보자.

1. 성육신의 계시를 통한 현실성의 개시

에베소 1,10; 골로새 1, 19ff., 빌립보 2,9-11을 근거로 해서 본회퍼는 신이 인간이 된 데서 세계의 현실성의 재실체화라고 하는 특유한 관점을 갖게 된다. "예수 그리스도를 통해서 하나님의 현실성은 이 세상의 현실에로 들어왔다. 하나님의 현실성에 대한 물음과 세계의 현실성에 대한 물음이 동시에 그 해답을 얻는 장소는 오직 예수 그리스도라는 이름을 통해서만 규정된다. 이 이름을 통해서 하나님과 세계가 연결된다. 모든 만물이 그 안에서 유지된다.(골 1,16) 이제부터는 예수 그리스도의 이름을 말하지 않고는 하나님이나 세계에 대해서 말할 수 없게 되었다. 그를 간과한 제반 현실성의 개념들은 추상적인 것들이다."(『윤리학』 60)

이렇게 함으로 모든 초자연적 계시실증주의는 부정된다. 즉, 예수 그리스도의 계시는 하나님, 그의 본질, 그의 행위에 대한 계시일 뿐만 아니라 이 행위를 통해서 받아들여지고 변화된 세계의 완전하고 참된 현실성도 내포하고 있다. 그러나 만일 그리스도 안에서 하나님과 세계의 전체 현실성이 드러났다면 자연과 초자연, 영적인 것과 세상적인 왕국, 계시신학과 자연신학이라고 하는 전통적 이원론은 상대적인 것이 된다. "두개의 현실성들이 존재하는 것이 아니라 오직 하나의 현실성만이 존재한다. 그것은 세계의 현실성 내에서 그리스도를 통하여 계시되어진 하나님의 현실성이다."(『윤리학』62) "그리스도의 현실성은 그 자체 내에 세계의 현실성을 내포한다. 세계는 그리스도 안에 나타난 하나님의 계시와는 무관한 자기 자신의 현실성을 가지고 있지 않다. … 세계, 자연적인 것, 속된 것, 이성은 이제는 처음부터 하나님 안에 받아들여졌으며, 이 모든 것은 하나님의 현실, 그리스도 안에 존재한다. 그것들은 말하자면 예수 그리스도 안에서 하나님에 의하여 받아들여졌고 받아들여지는 존재의 운명 속에서 보여진다고 하는 세상적인 것의 참개념에 속한다."(『윤리학』63) 이 현실성이 오직 계시로서의 그리스도의 말씀들에서만 드러난다고 하는 것은 그것이 오직 계시와 신앙의 인식에서만 존재한다고 하는 것은 아니다. 오히려 신앙이 그 안에 존재하고 또 신앙이 몫을 얻고 또 신앙이 그 역사에서 실현되는 전체 현실은 신앙이나 불신앙으로부터 하나님의 현실성에 의하여 포괄되고 받아들여진 현실성이다. 따라서 그리스도 안에서의 세계의 계시는 그것이 이념과 체념 사이의 깊은 동요에서 가능한 것보다 훨씬 낫고 깊은 세계현실성의 이해에 이르게 한다. 세계현실성 밖에는 현실적 그리스도인 됨이란 존재할 수 없는 것처럼 그리스도의 현실성 밖에는 현실적 세계성도 존재하지 않는다.(『윤리학』 65) "세계는 그리스도에게 속해 있으며 오직 그리스도 안에서만 세상답게 존재한다."(『윤리학』 69)

본회퍼는 이 현실에서 벌써 주어진 "하나님이 이 세계에 들어왔다는 것", 하나님에 의해서 인간의 세계가 받아들여졌다고 하는 모든 인식을 내포하고 있는 이 사실을 다음과 같은 결정적인 명제를 가지고 강조할 수 있다. "선이란 현실성이며 더욱이 하나님에 의해서 보여지고 승인된 현실성 자체며"(『윤리학』 59) 또 아주 많이 인용되는 그러나 어떤 어두운 미래와 관련해서 그의 목회적인 의도에서나 이해될 수 있는 말인 "사실들 자체 내에 하나님이 존재한다"(『옥중서신』 134)라는 말로 절정에 이른다.

시종일관 본회퍼는 그의 성육신의 교리를 회복사상과 연결시킨다. "에베소 1,10에서 유래한 만물의 회복설(Anakephaleiosis, Recapitulatio)은 위대한 그리고 철저히 위로를 주는 사상이다."(『옥중서신』 125) 이 사상은 『윤리학』에서도 여러 진술들 가운데 나타나 있다. 본회퍼가 말하고 있는 현실성이란 그에게는 그리스도론적 구조들을 가지고 있다. 하나님에 의하여 받아들여지고 담당된 인간과 세계의 현실성은 그리스도를 통해서 그 본래의 "메시야적 성격"에서 드러난다. 하나님이 이 현실성에 들어오심으로 그는 이 세계와 더불어 역사를 이루어가게 된다. "삶이란 타자들에 대한 영원성의 근거에 의해서 유지된다. 삶이란, 즉 삼위일체이신 하나님을 찬양하는 공동체와 창조의 일원으로서 자기를 인식한다."(『윤리학』 75) 따라서 이렇게 메시야적 현실 가운데 들어선 모든 삶은 세계에서의 신의 수난에 참여하고 찬송을 부르면서 하나님의 기쁨에 화합하게 될 것이다.

만일 우리가 『윤리학』을 꿰뚫고 있는 기독론적 표현, "하나님이 세계에 들어왔다"는 데 대하여 신학사적 유비들을 찾으려 한다면 그는 곧 독일의 관념론 시대의 개신교 신학과 마주하게 될 것이다.(예, Rothe)[3] 그렇지만 우리는 본회퍼를 범신론적으로 오해해서는 안된다. "하나님이 세계에 들어 왔다는 것"(Eingehen)은 본회퍼에게서는 결코 세계와의 통일화나 세계에로의 신의 자기해소(Selbstauflösung)나 신에로의 세계의 해소를 의미하지 않는다. 내세계적 신개념과 가지는 거리는 외세계적 신개념의 그것과 같이 멀다. 신의 "현실접근"(Wirklichkeitsnähe)에의 의지는 그렇지만 오늘날 교회의 계시도덕주의에게는 이상하게 들릴지도 모를 진술을 그로 하여금 하게 했다. 본회퍼에게서 중요한 것은 성육신과 더불어 전체 세계현실성이 그 소외로부터 벗어나서 오직 거기서만 존재할 수 있는 주인 밑에 붙잡혀 있다는 것 또 그리스도 안에서 세계의 전체 현실성이 신의 창조로서의 그 본원성에서 그리고 하나님의 나라로서의 궁극적 타당성에서 드러났다는 것이다. "이것은 '우리의 세계'는 그리스도 안에 있는 하나님의 현실성과 세계의 현실성 밖에 있는 어떤 것으로서가 아니라, 또 그리스도에 의하여 감당되고 받아들여지고 화해된 세계에도 속하지 않는 것으로서, 또한 우리의 상황과 우리의 시대에 대하여 어떤 '원칙'으로는 적용되어서는 안되는 것을 의미하는 것은 아니다. 오히려 우리와 우리의 세계를 이미 오랫동안 감싸 보존하고 있는 예수 그리스도 안에 있는 현실이 어떻게 지금 현재적인 것으로 역사하는가. 즉, 우리가 그 현실 가운데 살아야 하는가가 문제일 것이다" (『윤리학』 61).

2. 예수 그리스도 안에서의 현실성의 통일성과 전체성의 개시

오직 역사의 목표와 끝으로부터만 모든 현실적인 것의 전체성과 통일성으로서의 역사가 개시되고 신앙과 복종에서 그것은 인지된다. 현실성의 전체성과 통일성은 역사 한가운데서 일어난 십자가와 부활에서 신비한 종말적인 거의 현현에서 드러났다. 회복사상에도 나타났듯이 "전체로서의 현실성"(Wirklichkeitsganzen)이란 개념에서 본회퍼는 모든 것은 걷고 있다. 그는 이러한 현실성의 포괄적 개시성으로부터 간과된 제반 현실개념을 "추상적인 것들"(Abstraktionen)로 규정한다.(『윤리학』 60) 전체로서의 현실성의 "감광화"는 부분적인 면에서는 중요하다는 사실은 아마도 더욱 더 조심스럽게 말해두어야 할 것이다. 현실성이 갖는 전체성은 현상학적으로 다루어진 개별 학문과 대립하지 않는다. 개개 학문의 모든 인식론적 자기비판은 여기에 부딛치게 된다. 그러나 그리스도교 신학이 포괄적 제반 영역과 통합을 산출해 낼 수가 있을까? 인식론적 자기비판은 신학에도 해당된다. 본회퍼는 제반 학문이 다루고 있는 세계의 질서나 과정들과 대조적으로 성육신의 '기적'을 해석하는 데서 기독교 신학의 본래적인 현실이해를 본다. 만일 인간이 그리스도 안에서 하나님과 세계의 현실성에 동시에 참여한다면 우리는 물론 거기서부터 신학과 제 학문 간의 의미깊고 필요한 위력에 대해서 말해도 좋을 것이다.[3a] 제반 학문들은 그것들의 세계이해의 부분적 가면을 스스로 포기하고 어떤 신학적 형이상학에 통합되지는 않는다. 제 학문들을 신학을 통해서 상호 연결시키고 해석하는 것은 오히려 본회퍼에게서는 위임통치론과 관련해서 생긴 것이다. 그리스도교 신학을 통해서 공동의 역사와 동시에 결말론이 사물의 각 영역과 제반 경험형식들에게 알려진다. 세계적인 것, 자연적인 것, 이성적인 것 그리고 속된 것은 모두 그리스도 안에서 이미 하나님에 의하여 "받아들여진 것"(Angenommensein) 그리고 "받아들여지고 있는 것"(Angenommenwerden)의 "운동"속에서 보게 된다. 이 "운동"이라고 하는 사고방법은 본회퍼의 현실성의 개념이 고정된 존재의 질서가 아니라 역사로서의 현실성이 갖는 개시성을 의도하고 있음을 말해준다. 오직 인간이 되신 하나님으로부터 모든 현실성이 그 권리, 본질, 근원, 목표를 유지하고 있음은 그리스도교 신학에서 포기할 수 없이 명백히 해야할 사항인 것이다.

"하나님의 계시로서의 예수 그리스도의 현실성을 고백하는 자는, 같은 입으로 하나님의 현실과 세계의 현실을 고백한다. 왜냐하면 그는 그리스도 안에서 하나님과 세계가 화해한 것을 발견하기 때문이다. 그러나 바로 이러한 이유 때문에 그리스도인도 영원한 투쟁의 인간이 아니라 현실이 그리스도 안에서 하나인 것같이, 그도 이 그리스도의 현실성에 속하는 그리스도인이고 그 자신이 하나의 전체인 것이다."(『윤리학』 65) 하나님 안에서 보여진 세계의 전체성은 현실성의 종말론적 일치와 상응한다. "인간은 그의 인격과 행실에 있어서 개인으로서 뿐만 아니라 그가 서 있는 인간과 피조물의 공동체의 일원으로서 나눌 수 없는 전체이다."(『윤리학』 59) 이상주의적 윤리는 당위와 존재, 인격과 행위, 개체와 공동체를 구별함으로 이 현실적인 것의 통일성과 전체성에도 또한 삶이 지니고 있는 헤아릴 수 없는 잡다한 사태들과 역사적 상대성 앞에서 손을 들고마는 실증주의적 이해에도 도달할 수가 없다. 말하자면 기독교 윤리에 있어서는 세계의 통일성과 인간의 전존재에로의 화해에, 하나님이 세계에로 들어오셨다는 사실에 불안에서부터 해방된다는 것이다. 그 불안은 (역사의 불가피한 사건들에 따르라는 하나님의 요구로부터나 아니면 교회의 거룩한 영역에 따르라는 세계의 요구로부터 도망치기 위해서) 사람들이 신의 현재와 세계 사이를 구별할 때 생기는 것이다. "영역의 사고방식" (Raumdenken)은 고정적인 사고방식이며 율법적 사고방식이다. "두 영역이라는 논리적 사고방식은 예수 그리스도 안에 나타난 궁극적 현실성의 계시에 대한 신앙에서 극복되기 때문에 그것은 세계의 현실성 밖에 현실적인 그리스도인 됨이 있을 수 없고 예수 그리스도의 현실 밖에 현실적인 세계성도 존재하지 않는다는 것을 의미한다."(『윤리학』 64f.) 구체적인 계명은 따라서 인간의 역사적 현실성의 종말론적 전체성과 관련하여 전체적 인간의 신앙행위를 요구한다. "신앙은 뭔가 전체적인 것, 즉 삶을 건 행위다. 예수는 하나의 새로운 종교에로가 아니라 생명에로 불렀다."(『옥중서신』 246)

모든 영역이나 공간적 사고는 하나님과 세계의 화해라고 하는 이 기초론적 관점에서 보면 완전히 파괴되어야 한다고 본회퍼는 말하다. 이런 사고는 … 좀 더 신중을 기해서 말한다면 … 하나의 왕국에 대한 종말론적 기대에서는 그것의 무상성에로 환원되어야 한다. "주어진 사태를 재가하기 위해서만 존재하는 의사 루터주의자의 그리스도도, 모든 혁명만을 축복해야 하는 극단적인 광신주의자의 그리스도도 아니고, 인간을 받아들이고 그와 함께 세계를 사랑하고 심판하고 그것과 화해한 인간이 되신 그리스도가 현실에 적합한 행위의 근원이다."(『윤리학』 178) 자연과 초자연, 영적 영역과 세상적 영역에 대한 존재의 구별들은 예수 그리스도라고 하는 주요 사건을 전체로서의 현실성 안에서 어떤 지엽적인 관심사로 만들게 한다. 어디에서든지 하나의 그리고 한분에게서 개시된 하나님과 세계의 현실성 밖에서 제반 현실성들이 고려되는 것이다. 어디에서든지 그 안에 숨겨져 있는 현실성의 통일성과 전체성이 인정되지 않고 있다. 예수 그리스도 안에 나타난 계시와 세계와의 관계는 도달할 수 없는 목표, 즉 거기에서 바로 이 세계가 예수 그리스도의 계시 안에서 열려지고 확대된 것으로 보여지지 않는 그런 목표가 되어버린다. 화해자는 창조자이기 때문에 화해는 우주적 폭을 가지고 있으며, 따라서 그리스도 안에서 세계의 전체 현실성이 열려지고 받아들여지며 그 궁극적 진리가 드러난다. 이렇게 해서 처음부터 세상적인 것이 그리스도 안에서 해석된다면 그 반대로 진정한 세상적인 것, 초자연적인 것은 자연적인 것 안에서, 거룩한 것은 속된 것 한가운데서, 계시적인 것은 단지 이성적인 것 외에 다른 데서 찾거나 소유할 수 없는 것이다.(『윤리학』 63)

 그런데 얼핏 보기에는 단일론적 사고구조에 대해서 취하게 되는 제반 우려에서 본회퍼는 결코 하나님과 세계의 "원칙적 통일"을 생각한 것이 아니고 성육신의 현실성의 해사(解辭)를 생각했다는 사실에 주의를 기울여야 한다는 것이다. 세계 자체에서부터가 아니라 성육신으로부터 하나님과 세계의 하나이고 전체적인 현실성이 개시된다. 이 통일성은 은폐된 통일성, 즉 그리스도의 십자가 밑에 은폐된 것이다. 그리고 그것은 궁극적인 종말론적인 것이다. 그것은 오직 신앙과 희망에게 주어진다. 하나님이 세계에 들어왔다는 것은 이러한 관계에서도 일치를 의미하는 것이 아니라, 종말을 향하여 돌진하는 하나의 역사로서 세계 현실성의 개시를 의미한다. "그렇지만 기독교적인 것과 세상적인 것은 동일한 것은 아니며, 자연적인 것은 초자연적인 것과 계시적인 것은 이성적인 것과 동일하지 않고 오히려 이 양자 사이에는 오직 그리스도의 현실성에서만, 즉 궁극적인 현실성에 대한 신앙에서 주어지는 일치가 존재한다. 이 통일은 세상적인 것과 기독교적인 것이 서로 고정적인 독립성을 주장하는 것을 피하고 이 양자가 서로 마주서서 토론하고 그렇게 함으로서 거기서 이 양자의 공동의 현실성, 그리스도의 현실성 안에 나타난 통일성을 확증하므로 확고해진다."(『윤리학』 63f.) 이러한 관련에서 '궁극적인 것과 궁극 이전의 것'에 대한 본회퍼의 연구를 안중에 두면 좋을 것이다. 또 "역사"라는 카테고리를 해석해 보면 도움이 될 것인데, 이 카테고리는 본회퍼에게서 그렇게 잘 취급되어 있지 않고 이러한 결함은 그의 사고의 도식에 대해 가끔 오해할 성격을 남겨놓기는 했지만.[4]

하나님은 이 세계를 가지고 역사를 지어나간다. 세계현실성을 부활의 지평에서의 역사만으로서 해석할 때 세계의 각기 다른 측면들을 통합할 수 있다. 신자들을 위한 역사의 은폐된 종말이 그리스도 안에서 계시되었기 때문에 역사의 과정에서 계시와 자연, 계시와 이성은 신자들에게 서로서로 마주서며 상호 연관되고 궁극에 가서는 서로 향하게 된다.

3. 현실성의 인격적 성격의 개시성

만일 그리스도교 신학의 본래적인 현실성 이해가 성육신의 기적의 해석이라고 한다면 "현실성은 처음이나 마지막이나 중성적인 것(하나의 "그것")이 아니라 현실적인 분, 즉 인간이 된 하나님이다."(하나의 "당신")

(『윤리학』 177) 이미 그의 초기작품들에서 본회퍼는 관찰의 주관성을 뛰어넘는 것이 갖는 인식론적 초월과 만남의 순간에서의 당신(Du)의 윤리적 초월 사이를 구별지었다.(『성도의 교재』 27ff.) 사람의 인격은 "그것을 초월하는 신적 인격과의 관계에서 또 그것을 통해서 압도당하는 데서처럼 그것과 대결하는 데서 성립한다."(『성도의 교재』 27f.) "현실성의 형식으로서 당신(Du)은 원칙적으로 이 영역에서는 자아(Ich)에 대립하는 독자적 성격을 띤다. 그러나 그것이 이상주의적 대상형식과 본질적으로 구별되는 것은 그것이 주체의 정신에 내재하지 않는다는 사실을 통해서이다. … 당신(Du)의 초월과 더불어 실제로 인식론적 초월이 말해진 것은 아니다. 그것은 단지 결단하는 과정에 서 있는 자가 경험하나 그러나 국외자에게는 결코 나타내 보여질 수 없는 순전한 윤리적 추월이다. 따라서 그리스도교적 인격개념에 관해서 말하게 되는 모든 것은 단지 책임 가운데 서있는 자에 의해서만 파악되어야 한다."(『성도의 교재』 30)

이러한 구별은 후기의 서신과 문서들 가운데 다시 등장한다. 그리스도교의 종교적 오해에 대한 본회퍼의 투쟁은 철학적으로 말하면 이론적 초월과 윤리적·인격적 초월의 혼동에 대한 투쟁이다. "나는 하나님이 하나의 성년된 세계의 영역에서 밀려났으며, 따라서 그는 칸트 이래 단지 경험의 세계 저편에서만 공간을 차지해오고 있다는 사실에서 출발했다."(『옥중서신』 229) "그러나 피안적인 것은 한없이 먼 것이 아니고 가장 가까운 것이다."(『옥중서신』 255.) "하나님의 피안은 우리의 인식능력의 피안이 아니다! 인식론적 초월은 하나님의 초월과는 무관하다. 하나님은 우리들 한가운데 피안적으로 존재한다."(『옥중서신』 182) 비로소 인간의 제반 가능성의 한계에서가 아니라 삶의 한가운데서 하나님이 인간을 만난다는 것, 또 그리스도는 불안과 약함에서가 아니라 인간의 가장 강한 삶 한가운데서 인간을 사로잡고 요구를 해 오신다(「옥중서신」 227, 231)는 본회퍼의 논제는 이미 1933년 "창조와 타락"의 성서해석에서 발견된다. "인간의 한계는 현존재의 가장자리가 아니라 한가운데 있다. 인간의 가장자리에서 찾아진 한계는 … 그 가능성의 한계다. 그리고 한가운데 있는 한계는 현실성의 한계, 바로 현존재(Dasein)의 한계다. … 그 한계가 있는 곳 - 지식의 나무 - 거기에 살아계신 주님 자신인 생명나무도 있다."(62) 초기 본회퍼의 인격주의와 당시 발전되었던 당신(Du)의 논리적 초월의 개념에 의해서 "성인이 된 세계에 대한 그리스도의 요구"에 관한 그의 최후적인 전망과 종교적 오해에 대한 그의 증거가 명백해진다.

따라서 현실성은 궁극적인 분에게서는 인격적 성격을 갖는다. 그것은 인간에게 요구를 하고 또 선사한다. 인간은 그의 행위와 고난을 통해서 응답을 주기 위해서 생명으로 부름 받았다. 그것은 실존론적으로 생각해서 그렇게 함으로서 현실성이 인격적 제반 관계의 총합에로 국소화되거나 하는 것처럼 오해되어서는 안 된다. 전체 인간의 생명의 행위로서의 신앙은 응답하는 자의 인격적 전체성을 의미할 뿐만 아니라 그의 사회적 전체성이기도 하다. "Wittiko는 그가 현실적 생애에서 올바른 길을 찾으려고 애쓰고 그렇게 함으로 경험자들의 충고를 듣고, 또 그 스스로 '전체'의 일원이 됨으로 '전체적인 것'을 행했다. 인간이란 자기 자신을 위해서만 하나의 '전체자'(Ganzer)가 되지 않고 다른 사람과 함께만 그것이 가능하다."(「옥중서신」 141)

윤리에서 "현실적인 분 없이 현실성을 이해하려고 하는 것은 책임적인 자가 결코 빠져서는 안 될 어떤 추상성 속에 사는 것을 의미한다"(『윤리학』 60)고 말했을 때 우리는 "추상성", 즉 세계현실성에 대한 부분적 사실이해의 의미와 필연성을 그렇게 함으로써 인격주의적으로는 하찮은 것으로 만들어서는 안 된다. 신앙을 통한 제반 현실과의 접촉에서 갖게 되는 인격적 특성은 "궁극적인 것"이며 그것을 통해서 궁극이전의 것이 소멸되지는 않는다. 본회퍼가 다른 곳에서 "현실성은 궁극적으로는 인격적 성향에서" 성립된다고 선언하고 홀바인은 태양, 달, 바람을 그의 사자의 춤을 그린 그림에서 인격화한 것을 지적했을 때(『윤리학』 177) 그렇게 함으로서 궁극이전의 것,(Das Vorletzte) "그것"(Es) – 그것의 매개체를 통해서 인격적 관계들이 발견된다 – 으로서의 주어진 사실적인 것의 특성이 부정되는 것은 아니다. "하나님은 당신(Du)으로서 만날 뿐만 아니라 그것(Es)을 통해 변장한다. 내 물음에서 중요한 것은 근본적으로 어떻게 우리가 이 이것(Es)(운명)에서 당신을 찾는가 하는 것이다."(『옥중서신』 151) 운명, 역사의 불가피한 사태, 주어진 사실들의 자동화 현상 등에 대한 항거는 하나님의 섭리에 기독교적으로 복종한다고 하는 것으로 성급하게 비약될 수는 없다. "이 둘은 단호하게 붙잡아야 한다."(『옥중서신』 151).그렇지만 "행위와 존재"에서 다소 제기된 현실의 사실적인 제 현상과 대비해서 그것의 인격적 현상에 대한 일방적 고찰에 그치기에는 아직도 문제들이 남아있다.

4. 예수 그리스도의 말씀에서의 현실성의 해석

만일 하나님의 성육신에서 전체적인 완전한 세계현실성이 받아들여지고 화해되었다고 한다면 이 받아들여지는 운동 가운데 있는 이 현실성은 예수 그리스도의 말씀에서 해석된다. "예수 그리스도는 현실과는 거리가 먼 분으로서 현실성을 향하여 걸어가시는 것이 아니라, 그분이야말로 현실적인 것의 본질을 자기의 육체에 지니고 경험하며 지상의 어떠한 인간과도 달리 현실적인 것으로부터 말하는 분이며, 어떠한 이데올로기에도 희생되지 않는 유일한 분이며, 현실적인 분 자체이다. 그는 현실적인 분으로서 모든 현실적인 것의 근원, 본질, 목표이기 때문에 그 자신이 현실적인 것의 주님이며 율법이다. 예수 그리스도의 말씀은 그의 실존의 해석이며, 따라서 거기에서 역사가 성취에 이르는 그 현실성의 해석이다."(『윤리학』 178) 하나님을 통해서 받아들여진 상태에 있는 진정한 세계성의 구조들과 운동은 이 한 분의 자기계시에서 드러난다. 그분의 계명, 따라오라는 부르심, 그의 약속이 현실성의 계시다. 예수의 말씀에 따르는 신자는 이렇게 다시 주어진 통일성과 전체성의 세계에 들어가며 또 도대체 어떻게 이 예수 그리스도의 현실성, 그마저도 포괄하고 있는 현실성을 구체적 계명으로 해석해야 하며, 어떻게 그 현실성 안에서 살아야 하며, 어떻게 그는 세계를 받아들이는 과정에 "참여하게" 되는가를 묻는다.[5] (이것은 그리스도교 윤리의 본래적 물음이기도 하다) 참여, 관여, 같이 사는 것, 고통을 같이 하는 것 등의 사상은 본회퍼의 일관된 윤리적 표현들이다. 그에게서는 그리스도교적 삶에서는 인식과 행위가 중요할 뿐만 아니라 전체 세계현실성에의 전체적 삶의 참여가 문제된다는 점을 그는 지적한다. 즉, '생명의 충만함'에 참여하는 것 - 본회퍼에게서 철학적 생명주의를 연상하게 하는데 - 이 문제가 된다.[6]

구체적 계명에 관한 물음은 성육신에 상응하는 이해, 해석 그리고 현

실성에의 참여에 대한 물음이다. "책임적인 인간은 현실성에 대하여 그
것과는 동떨어진 낯선 율법을 강요하지 않고 오히려 그의 행위는 진정
한 의미에서 '현실에 적응하는' 것이다."(『윤리학』 177) 예수의 말씀들은
완성된 역사에서 왔고 따라서 전권을 가지고 있으며 역사의 완성을 위
해서 인간을 하나님과 세계의 하나이고 완전한 현실성에로 통합시키기
때문에 그것들은 역사에서 책임적 삶을 위한 구체적 계명이다. 따라서
세계를 세계로서 고려하고 이 세계가 그리스도 안에서 받아들여진 세
계라는 사실을 잊지 않고 하는 행위는 현실에 적합한 것이다.[7] 그러한
완전하고 전체적인 현실성에 적합한 행위는 현실성을 이상적으로 규
격화하려는 돈키호테의 태도와 주어진 사태 앞에서 굴종적 심정을 갖
는 산쵸 판챠의 태도 그 사이를 꿰뚫고 나아간다.(『윤리학』 176ff.) 이것은
"교회적으로 재가된 규범체제를 통하여 만들어진 고정화된 속박과 자
기 자신을 방임한, 인간의 법적 이성의 자의적이고 실증주의적 자기개
진에 대해 냉담성 사이를 꿰뚫고 나간다."(E. Wolf, Libertas Christiana, 32)
본회퍼에게 있어서는 현실에 적응하는 행위라고 하는 이 좁은 길이 『나
를 따르라』에서의 소명, 값싼 은혜가 아니고 또 그렇다고 "위법적 은혜"
를 약속하지도 않는 소명에서 구체적이 된다.

5. 진정한 세상성으로서의 현실성의 그리스도의 십자가에서의
계시

하나님이 세상에 "들어왔다는 것"은 숨겨진 사건, 십자가에 죽으
신 분의 모습 속에 숨겨진 사건이다. 예수 그리스도의 십자가를 통하

여 이 세계는 단 한 번 그의 인침을 받았다. 본회퍼에게는 이 말은 하나님이 그 아들을 버림으로써 세계의 완성된 가리워지지 않은 "세상성"이 밝혀졌다는 것이다. 그리스도교는 초자연적이고 종교적인 세계변용(Weltverklaerung)이 될 수는 없다. 왜냐하면 그리스도의 십자가는 철저하게 세계의 깊은 무신성을 있는 그대로의 세상성 안에서 드러내기 때문이다. "그리스도인은 구원신화의 신자들처럼 언제나 세상적 파업이나 어려움으로부터 영원한 것에로 도피하는 것이 아니고 예수 그리스도처럼 ('나의 하나님, 왜 나를 버리시나이까?') 이 세상의 삶을 끝까지 맛보아야 하며, 오직 그렇게 힘으로써 십자가에 죽으시고 부활하신 분이 그와 함께 하시며, 또 그도 그리스도와 함께 십자가에 못박혀 죽고 부활하게 된다."(「옥중서신」227) "우리가 세계 한 가운데 살아야 한다는 사실을 인식함이 없이는 우리는 정직해 질 수가 없다. 그리고 우리는 바로 이 사실을 - 하나님 앞에서 - 인식한다. 하나님 자신이 앞에서의 우리의 상황을 올바로 인식하게 된다. 하나님은 우리가 하나님 없이도 삶을 제어해가는 그런 인간으로 살아야 한다는 것을 알게 했다. 우리와 같이 계신 하나님은 우리를 버린 하나님이다.(마가, 15,34!) 하나님은 자기를 세계로부터 십자가에로 끌려가도록 내버려 두었고, 하나님은 세상에서 무력하고 약하며, 우리와 함께하는 하나님도 바로 그리고 오직 그런 분이며, 그가 우리를 돕는다 ... 성서는 인간에게 하나님의 무력과 수난을 지시해준다. 오직 수난하는 하나님 만이 도울 수 있다. 우리가 그런 한에서만 그릇된 신관념을 일소하게 만들 세계의 성숙성에로의 전기(前記)한 발전은 세계에서 그의 무력함을 통해서 힘과 영역을 획득하는 성서의 하나님을 볼 눈을 열어 놓는다고 말할 수 있다."(「옥중서신」242)

「옥중서신」에 나오는 이 유명한 구절들은 해석을 요한다. 여기에는 두 개의 사상의 흐름이 섞여있다. 1. 서구의 자율성과 계몽주의의 발달이 기독교적, 종교적 세계변용(Weltverklaerung)을 파괴해 버렸다. "도덕적, 정치적, 자연과학적, 작업가설로서의 하나님은 극복되었다."(「옥중서신」240) 세속화 운동은 어느 영역에서나 종교의 신들의 황혼을 불러왔고 이러한 삶의 현실성이 갖는 세상적 무신적 성격을 들추어냈다.[8] 이러한 발전과 관련해서 본회퍼의 물음은 어떻게 이러한 성숙된 세계가 그리스도교의 요구 아래 서게 되는가 하는 것이다. 2. 다른 한편, 본회퍼는 인간이 종교적 "배후세계"(etsi Deus non daretur)로 도피하지 않고 마음대로 처리해야 하며 제한조건이나 착각에 빠지지 않고 그리스도와 더불어 그리고 그 안에서 받아들여져도 좋은 하나의 무신의 세계에 살아야 한다는 인식을 갖게 하는 것이 바로 그리스도의 십자가 자체라고 하는 놀라운 확신을 가졌다. 여기에서 그가 문제삼은 것은 현대의 자율적 의식이 발달한 세계를 그리스도교가 어설프게 모방하며 따라가야 한다는 것은 아니다. 그를 사로잡은 것은 그리스도교의 변증학이 아니라 그에게 하나의 성숙한 세계의 전체 현실성을 열어 보여준 새로운 그리스도 인식이다. 우리는 하나의 성숙한 세계의 진정한 세상성 – 하나님 앞에서 – 을 인식하며 하나님 자신이 그런 인식을 우리에게 강요한다. 하나님은 십자가의 표징(表徵)에서 우리는 종교적 착각없이 살아야 한다는 인식에 이르게 한다. 성서 자체가 수난과 무력에서 강하신 그리스도를 우리에게 지시한다. 십자가의 파라독스, 하나님이 그의 아들을 버린 이 파라독스에서만 역사의 모순과 현재의 문제성으로 가득찬 이 차안의 전체 깊이와 넓이가 측정되고, 드러나며, 받아들여진다. "누가 하나님에 대해서 '비종교적으로' 말하기를 원하면, 세계의 무신성은 종교적으로 어떻게든지 은폐되지 않고 오히려 열려지며 그렇게 해서 그 세계 위에 깜짝 놀랄 빛이 비쳐져야 한다고 말할 수 있으리라. 성숙한 세계는 하나님 없는 세계며 그렇기 때문에 아마도 미성숙한 세계보다 하나님과 더 가까이 있는지도 모르겠다."(「옥중서신」 246) 현대의 비종교적 세계는 서구의 지나간 시대보다 더 무신적이다. 그러나 이 세계는 더 하나님과 가까이 있다. 왜냐하면 이 세계가 십자가에서 열려진 현실성에 더 가까이 왔으며, 또 십자가에 달리신 분을 통해 되어진 요구에 의해서 그 자체의 현실성에 대한 보다 나은 이해에 도달했기 때문이다.

이 서구세계의 진화와 그리스도론은 이런 관점에서 볼 때 피차 어떤 관계에 서 있는가? "성숙된 세계"라고 하는 개념을 신학적으로 명백히 개괄해 보는 것이 좋겠다. 이 사상은 계몽주의운동의 파토스를 열어 놓은 천년왕국적-진화론적 사상 (chilialistisch-evolutionistische Gedanke)에 기원을 두고 있다.[9] 렛싱(Lessing)에게서는 이 사상은 "인류의 교화를 위한 사상"의 배후에 이러한 형태로 자리잡고 있다. 유아로부터 소년기를 거쳐 성년에 이르기까지 인류는 신적인 제반 계시의 훈련을 통해 성숙해지며 이런 길을 가는 과정에서 점차 계시 없이도 지낼 수 있는 것을 배우게 되며 이성을 자율적으로 사용하는 것을 배우게 된다. 모든 타율적 계시의 진리들은 선취(先取)된 이성의 진리들이며, 교육사의 과정에서 그러한 것으로 이전되어 간다. 그와 비슷한 파토스가 칸트의 유명한 도식에도 등장한다. "계몽주의란 인간이 스스로 죄책을 갖던 미성숙 상태에서 탈출하는 것이다. 미성숙성은 타인의 인도함이 없이는 자기의 오성을 마음대로 이용할 능력이 없음을 의미한다."(Was ist Aufklärung?

Werke VIII, S.35) 독일 관념론의 신학자 중에 특별히 Richard Rothe가 이러한 새로운 정신에 대해서 고려해 보려고 했었다. 그에게서 그리스도교의 "종교적 형식"의 극복이라고 하는 사상이 잘 드러나고 있다. "도덕성의 이념의 조명을 통해서 (- 여기서는 인간 삶의 제반 영역에서 그리고 인간사회의 전분야에 걸친 도덕적 성숙을 의미한다 241) 그리스도교 정신도 그 발전의 새로운 단계에 접어들었다. 그리스도교 정신은 순수 종교적인 형식과 함께 교회적 형식도 포기했으며, 그렇게 함으로 그의 윤리적 측면의 배양에 집중하게 되었다. 이렇게 해서 그리스도교는 순수한 경건과 그것과 동시에 교회주의(Kirchlichkeit)로부터 벗어나서 도덕성에로의 전환을 문제삼고 있는 것이다."(Theol. Ethik, VI² 1870, S. 240) 이러한 도덕성의 이념은 주관성의 원리며 Rothe에게서는 그 안에 "성숙성의 의식"을 내포하고 있다. 그에게서도 "성숙한 세계"라는 사상은 천년왕국적 진화론(종교에서 도덕성에로, 교회에서 국가로, 그리스도교에서 神國에로)과 결부되어 있다.

본회퍼에게서는 아마도 Rothe나 Christoph Blumhard[10]에서와 같이 종교적 과거를 극복해 버린 발전에서 역사의 주님의 활동에 유사한 신뢰를 둔 것 같으나 자유주의자나 경건주의자의 천년왕국적인 기본적 내용은 결여되어 있다. 역사적 발전의 제반 계기들은 세계에서의 십자가와 하나님의 메시아적 수난의 비밀로 이끌어 가는 역할을 한다. 본회퍼의 사상에서 특수한 것은 그 사상이 세계의 성숙성이 갖는 천년왕국적 계몽주의적 개념을 십자가에 달린 분의 그리스도론 안에 흡수되고 포함시키게 했으며, 진정한 세상성, 그리스도교의 차안성을 십자가에 달린 분을 하나님께서 버렸다고 하는 사실에서 이해하고 있다는 점이다.(「옥중서신」 249) 「옥중서신」에서 인용한 구절은 『윤리학』 230이하의 부분들과 일치한다. "예수 그리스도의 십자가의 선포 없이 혹은 그것에 대항해서 세계의 무산성(無神性)이나 세계가 하나님을 버렸다는 데 대한 인식은 존재하지 않으며 오히려 세상적인 것이 늘 자기의 신격화에 대한 끊임없는 열망에 만족하려고 하게 된다 … 세계가 하나님 앞에서 그리고 현실성 가운데 있는 그대로의 세계, 즉 그 무신성에서 하나님과 화해된 세계로 존재하도록 허락할 자유와 용기가 결여되어 있다. 십자가에 달린 그리스도를 통해서만 진정한 세상성 속에서의 삶, 즉 세상적인 것의 선포나 그것과 나란히 어떤 세상적인 것의 자율성과 모순되지 않는 삶이 존재한다."(『윤리학』 230) 선교와 신앙 없이 혹은 그것과 대립해서 세계의 궁극적 현실성에 대한 완전한 이해란 존재치 않는다. 왜냐하면 그리스도의 계시는 이념적 혹은 종교적 착각을 떠난 생명의 완전한 차안성(此岸性)의 계시며, 거기로 따르라는 소명은 예외 없이 세계 내에서의 하나님의 수난에 동참하여 같이 살라는 데에 이르기 때문이다.(「옥중서신」 249) 마지막 편지에 이르기까지 본회퍼에게는, 세계는 그 자체에서 보다는 차안에서 십자가에 죽으신 분과의 사귐에서 더 잘 이해될 수 있다는 사상이 견지된다.(「옥중서신」 221,231,236,265) 이러한 사상은 "성숙한 세계에 대한 요구"는 십자가에 못박혀 죽은 그리스도를 통해서 완성된다는 것을 말해준다. "그리스도의 통치"와 "진정한 세상성", "그리스도인의 제자직과 깊은 차안성", 완전한 훈련 – 그것들 안에 죽음과 부활의 인식이 현재(現在)한다 – 등은 피차 상응하는 개념들이다.

 왜냐하면 진정한 세속성과 세상성은 십자가에 죽은 분에 대한 신앙과 그의 제자적에 부합하기 때문이다. 정치와 경제에 있어서 세상적 실존은 주저함이나 착각함이 없이 차안적인 것에 대한 진정한 세상성과 거기에 대한 전체적인 배려에서 관철되기 위해서는 그리스도교적 실존을 필요로 한다. 세상적 실재가 그리스도교적 실존을 필요로 하는 것은 목적에 대한 수단("백성에게 종교가 유지되어야 한다")으로서도 아니고 극복되어야 마땅한 과거(진보적 무신론을 위한 "부르조아적 잔재로서")로서도 아니고 남아있는 협약점(Kontraktpunkt)으로서 이다. 세계에서의 선교하는 일에 종사하는 것 역시 간접적 봉사다. 교회는 그 말씀과 행위를 통해서 그리스도 안에 있는 전체 삶의 의인(義認)과 성화(聖化)를 증언함으로 세계에서의 삶이 이념적 세계변용의 폭력으로부터 그 본래성에로 해방된다. 본회퍼는 그의 생애동안 내내 세상적인 것의 이데올로기적 허위화 과정을 목격했다. 진정한 세상성은 다른 한편 오늘날에도 무사려(無思慮)한, 체념적인 생명의 실증주의에 의해서 잘못되어가고 있다. 십자가에 달린 분에 대한 신앙을 통하여 이데올로기적 종교적 세계변용으로부터의 해방은 바로 "존재에의 용기"(Tillich)거나 1933년 본회퍼가 짜라투스트라에서 말한 니체의 말과의 관련에서 한 "대지에 대한 성실"을 의미한다. "형제들이여, 대지에 충실하시오. 그리고 그대들에게 초세상적 희망들을 말할 수 있는 이들을 믿지 마시오." 이것은 땅에 대한 단호하고 주저함이 없는 봉사에로의 해방이다. 이것과 관련해서 R. Schneider가 『비엔나의 겨울』(1959, S.197ff)에서 지적한 것을 여기 인용할 필요가 있을 것 같다. "차안에 대한 불붙는 의지에서만 피안에 대한 신앙(삶의 위기 이후에)이 싹튼다. 뭔가 원함이 없는 자는 믿지 않는다 … 여기에 종교의 몰락, 만회할 수 없는 몰락의 원인이 있다. 어지간한 상황에서는 사람들은 '잘' 살아간다. 그러나 이 '잘'이라는 말에는 능력은 없다. 필름은 다 돌아가 끝났고 TV 영사막에도 불이 꺼졌다. 다시 한 번? - 아니 계속해서? - 왜? 그 밖에서는 작열하는 구름버섯이 공기 중에 퍼져나간다. 칼이 사람을 찔러 쓰러뜨린다. 선교하기를 원한다면 차안에 대한 의지를 강화해야 할 것이다. 불안은 아무 데도 쓸모가 없다. 그러나 어디에 그 논거들이 있단 말인가?" - "그리스도교의 깊은 차안성"에 대한 본회퍼의 사상은 실은 그의 전 작품을 꿰뚫고 있는 흐름인데, 이 사상은 현대 정신이 갖고 있는 바로 이 문제로 가득한 면에 대한 비상한 내답이다.

구체적 계명

여기에 이렇게 개괄해 놓은 "진정한 세상성"이란 새로운 "그리스도교적 세상성"을 의미하는 것이 아닌지, 또 본회퍼에 있어서 인간이 인간답게 되어 가는 것과 타율성과 자율성의 정치적인 것으로부터의 해방은 근본적으로 인간적인 것과 정치적인 것의 새로운 기독교화를 의미하는 것은 아닌지, 또 본회퍼의 성숙한 세계의 역사는 "그리스도교적 서구"의 울타리 안에서 보아서는 안되지 않은가, 말하자면 역사에서의 새로운 아직 알려지지 않은 "그리스도의 형성화"(Gestaltwerdung Christi)로서 보아서는 안되지 않는가 하는 문제들이 남게 되는 것은 자연스러운 일이다. 그의 윤리적 고찰들은 서구의 "유선과 몰락"에서 그 구체적 장소를 갖는다.(『윤리학』 30ff.) "단 한 번 선한 것이 아니라 어떻게 그리스도가 우리 안에서 오늘날 여기서 모습을 취하고 계신가 하는 것이 말해질 수 있고 말해져야 한다."(『윤리학』 28) 그의 『윤리학』은 "구체적인 『윤리학』"이 되기를 원한다. 따라서 그의 물음은 오늘날 이 현실성 내에서 그리스도의 모습이 되어가는 것과 그의 실존의 해석을 지향하고 있다. 그의 위임통치론은 오늘날 사회적 현실성에서의 하나님의 구체적 계명에 대한 도식화한 표현이다. 우리는 거기에 관심을 갖고 우선 그것의 역사적 출산시간부터 묻고자 한다.

독일의 개신교는 사회투쟁 중에 교회란 본래 어떤 것인가 하는 것을 경험했을 뿐만 아니라 적어도 부수적으로는 전통에 대립하는 새로운 길을 제시하는 문화적 경험들도 했다. 그것은 본회퍼가 말한 대로 공동의 항거의 경험이다. 그 고유한 과제, 즉 부활한 예수 그리스도에 대한 설교에 집중함으로써 교회는 허무화의 정신에 치명적인 타격을 준다. 그러나 '저지하는 것'(Aufhaltende), 즉 질서를 유지하는 힘은 교회에서 그 동맹자를 발견하고 그 질서를 구성하는 요소로서 아직 존재하는 것들은 모두 교회 곁을 찾아온다. 정의, 진리, 학문, 예술, 교육, 인간성, 자유, 애국 등은 오랫동안 그 미로를 헤맨 후에 그들의 근원으로 되돌아왔다.(『윤리학』 46) 그것은 교회가 무력하고 박해를 받는 상황 하에서는 어떠한 "기독교화"나 "교회화"도 될 수 없다. 모든 선한 것들이 교회의 품속으로 다시 돌아오지는 않았다. 본회퍼는 바로 "근대의 종국"이 새로운 중세기를 꿈꾼 것은 아니다. 그렇지만 빌립보 4;8 이하에 나타난 의미에서 그리스도의 통치에 대한 증언자들 가까이에서 그것들은 평화를 발견한다. 공동의 항거에서 자아인식의 순간은 제 질서, 위임, 교회에 대한 세상적 위탁들이 갖는 새로운 파트너 관계의 형성을 위한 위대한 가능성들이 매장되며 그 반대도 마찬가지다. 국가와 교회와의 관계,

국가교회적, 고전적인 것에 대한 낡은 관념들, 그러나 국가와 교회의 분리의 관념을 극복할 수도 있었던 하나의 개념이 눈에 띤다. 내 생각으로는 본회퍼의 위임통치론은 최상의 것이며 오늘날에도 많은 부분에서 항거에서 저 대처를 위한 지시적인 표현들을 내포하고 있다. 구체적 계명의 발견을 위해서 거기에서 어떠한 기준들과 노선들이 제시되어야 할까?[11]

윤리적 결과, 계명, 지시는 당면하고 있는 현실성과 상황 자체로부터 필연적으로 생겨나는 것도 아니고, 또 이상적인 규범체계로부터 추론될 수 있는 것도 아니며, 그리스도의 현실성이 역사에서 인간을 만나고 그를 제자적으로, 참여에로, 동고(Mitleiden)에도 끌어넣는 곳에서 필연적인 것(Notwendige)으로서 제시된다고 하는 사실이 위에서 언급한 내용들에서 분명해졌다. "하나님의 계명은 자비로운 하나님에 의하여 인간에게 주어진 전체적이고 구체적인 요청이다. 그 계명은 역사적인 것에 대립하는 무시간적인 것도, 응용과는 구별되는 원리도 아니며, 인간을 향한 하나님의 말씀이며 더욱이 그 형태에 있어서나 내용에 있어서나 구체적 인간에 대한 구체적 말씀이다."(『윤리학』215)

1. 교회의 구체적 계명

이미 1932년 본회퍼는 청소년 평화회의에서 행한 강연에서(전집 I, 140ff.) 모든 것은 계명이 갖는 구체적이고 예언자적이고 현실에 적합한 모습에 집중되어 있다. 거기에서 그는 어떻게 그리고 언제 교회가 전력을 다해 구체적 계명을 말할 수 있는 자리에 서게 될까 하는 것을 문제

삼았다. 거기에 대한 가능성과 힘은 교회 내에 현존하는 그리스도를 통해서 교회에 주어졌다. 교회에 임재하는 그리스도는 구체적 지시를 위한 근거요 동기다. 그렇지만 교회는 그 인간성과 현실성을 인식할 때만 비로소 전력을 다해 인간이나 사물을 향해서 말할 수 있다. 따라서 세상을 향한 교회의 말씀은 그것이 힘있는 것이 되어야 할 때 세계에 대한 깊은 인식에 근거해서 그것의 완전한 현재적 현실성에서 말해져야 한다. 완전한 능력은 신적 위탁에서 뿐만 아니라 다른 한편 어떤 상황에서 "필연적인 것"이 말해진다고 하는 사실에서 생긴다. 따라서 세계인식과 역사적 이해는 불가결의 전제다. "복음의 선포에서 성례전이 무엇인가 하는 것은 계명의 선포에 있어서 현실성의 인식과 같다 ... 현실성은 계명의 성례전이다 ... 왜냐하면 현실성의 윤리적 성체전은 현실성과 창조의 현실성의 관계에 바탕을 두고 있기 때문이다."(전집 I, 147)

그러나 어디에서 교회는 구체적 계명을 인지하게 되는가? 완전한 사물인식에 대한 요구는 교회의 한계와 위탁을 넘어서는 것이 아닐까? 두 개의 가능한 답이 주어진다. 1. 교회는 성서적 율법과 산상설교를 행위의 절대적 규범으로 본다. 그러나 십계명과 산상설교는 인간에게서 자기의 상황에서 스스로 듣고 행동하지 못하게 하는가? "계명은 단번에 주어지는 것이 아니라 언제나 다시금 새롭게 주어진다."(전집 I, 149) 2. 하나님의 계명은 창조의 질서에서 주어지고 시간의 계명으로서의 역사에 적응하는 질서의 의지에서 생긴다. 그러나 죄가 제 질서를 가리우기 때문에 그 질서들이 신적 계명의 인식을 위해서는 무제가 되지 않는 것이 아닐까? 3. 본회퍼 자신의 입장은 아래와 같이 말할 수 있으리라. 즉, 계명이 성취되는 곳, 하나님의 질서의 새로운 세계가 존재하는 곳에서만, 즉 예수 그리스도 안에서만 우리는 계명을 구체적이고 완전하게 인지할 수 있다는 것이다. 그러나 이것이 뜻하는 바는 기존하는 제반 질서는 – 세계에서는 거기에 따라 모든 것이 다루어진다 – 역사 내에서 새롭게 사건화되는 하나님의 계시의 말씀의 결과를 위해서 "보존의 질서"로서 개방되어 있어야 한다는 것이다. 개개 질서는 자체를 폐쇄시키고 선교를 더 이상 용납지 않을 경우에는 파괴될 수 있고 또 파괴되어야 한다. 근본적인, 종말론적인 개방성과 세계내적인 비결정성이 인간의 행위를 관습에 얽매놓으려는 제 질서를 하나님의 역사 내에서의 열린 통합과정에도 상대화시킨다. 다른 한편 사건화되는 계시의 말씀은 접합과 혁명을 통해서 질서 내에서 전통화되어가는 제반 사건들과 언제나 구체적으로 연결되어야 한다고 말해야 할 것이다. 그렇게 될 때 구체적인 계명은 그리스도에 대한 증언으로서의 성서의 말을 듣고 구체적인 그때 그때의 사건에서 역사를 이해하고 파악하는 사이에서 대화와 대결을 통해서 발견된다.[11a]

구체적 계명의 목표는 자유롭게 하는 그리스도의 통치의 진행에서 세계 내에서의 인간의 협동(cooperatio), 차안의 삶의 완성을 향해 그리스도와 함께 살고 고통을 같이 나누는 것이며, 세계의 하나님의 현실성에 참여하는 것이다. 한마디로 말해서 살아계신 하나님의 역사에의 인간의 통합이다.

2. 교회와 국가에서 하나님의 왕국

위에서 인용한 강연에서 구체적 계명은 교회 내에 현존하는 그리스도와 연결되어 있는데 반해, 1932년 본회퍼의 주기도문 두 번째 기원 강해에서 (당신의 나라가 임하옵소서. 지상에서의 하나님의 나라를 위한 교회의 기도, Furche 1958) 국가는 교회와 나란히(neben) 있는 "하나님의 세계통치의 또 다른 형태"로 인식된다. 즉, "하나님의 나라는 우리의 세계에서는 교회와 국가라고 하는 둘 사이에 있는 다른 어떤 것이 아니다 ... 하나님의 나라는 국가가 생의 보존의 질서로 인정되고 승인되는 한 국가에서 그 형태를 취한다 ... 기적(Wunder) – 교회는 부활의 기적에 대한 신앙에서 탄생했다 – 과 질서(Ordnung)는 하나님의 나라가 지상에서 표현되고 또 그 나라가 서로 갈라지는 두 개의 형태들이다."(14ff.) 따라서 하나님의 구체적인 뜻이 늘 그의 나라가 갖는 은폐되고 미래적인 통일성을 고려에서 문제되는 것이라면 하나님 나라의 이 두 개의 형태 사이의 대화 그리고 하나님의 역사의 감당자들 사이의 대화가 있어야 하며, 신학적 인식과 정치학과 지혜 사이에 대화가 있어야 한다.(본회퍼의 『윤리학』에서 「국가」 참조)

3. 세계에서 하나님의 위임의 복수성(復數性)

『윤리학』에서 본회퍼의 이러한 사상발전은 명백하게 하나님의 네 개의 위임통치론에서 완성되는데 이 위임통치론은 여기서는 하나의 그리스도 현실성, 즉 세상에 대한 하나님의 사랑의 현실성의 분류와 정리로 이해되어야 할 것이다. 전체 세계는 스스로가 알건 모르건 그리스도에 의하여 그리고 그들을 향하여 창조되었다. 이러한 관련성은 인간이 갖는 어떤 항속적인 기본관계들이나 삶의 성격들, 즉 결혼, 노동, 국가, 교회가 울타리 그어지고 형성되는 일정한 하나님의 위임들에서 구체적이 된다. 때때로 본회퍼에게는 문화가 제5의 위임으로 등장한다.(『윤리학』 70ff., 202) "질서", "직무", "분야" 등의 표현들 대신에 "위임"이란 개념으로 본회퍼는 이미 처음부터 특정한 역사적 개정을 의도하고 있다. "우리는 신적 질서 대신 하나님의 계명을 말한다. 왜냐하면 그렇게 함으로써 어떤 존재규정에 대한 하나님의 위탁의 성격이 더욱 더 분명하게 드러나기 때문이다."(『윤리학』 70)

루터교 전통이 가진 고정적 사고방식에 대항해서 위임개념은 구체적 결단에서 형성적 과제로서의 하나님의 구체적 계명이라고 하는 살아 있고 사실적인 사건의 새로운 이해에 달하게 된다. "그것들은 예수 그리스도의 하나님과 나란히 있는 어떤 제2의 신적 법정이 아니다. 예수 그리스도의 하나님에게 복종하게 되는 장소이다. 그기에서는 질서들이 문제가 되지 않고 그들이 가진 신앙이 문제가 된다."(『윤리학』 279, Karl Barth, KB), Ⅲ,4, 22ff) 그러나 인간들이 같이 사는데 있어서 이러한 기본적 관계들은 이러한 현실과 뗄 수 없는 결단을 할 경우에는 신앙의 복종을 위해서는 이래도 저래도 좋은 것은 아니다. "신앙을 통한 복종의 구체적 장소"로, "신적 계명을 통한 특정한 지상의 영역에 대한 요구, 유보, 형성으로"(『윤리학』 223) 이 기본적 관계들은 역사내에서 그때그때 새롭게 사건화되는 계명의 말씀을 전제로 한다. 이러한 기본적 관계들은 역사적 사건들의 제반 변화가 끝날 때까지 존속한다.(『윤리학』 257) 이들은 인간과 더불어 창조되었고 그런 한에서 하나님에 의해서 주어졌다. 이들은 현실적으로 인지되는 말씀에 대한 복종을 통해 주고받는 역사적 행위에서 새롭게 형성되는 인간존재의 집약적 구조다. 하나님의 계명은 역사 내에서 언제나 가족, 국가, 노동관계, 교회에서 구체적 형체를 갖는다. 즉, 성취나 실패의 구체적 형태를 갖는다. 사람들이 그것들을 통해서 새롭게 하나님의 말씀에 직면한다면 여기서는 구체적 계명의 새로운 성취가 생긴 것이다. 역사적으로 "죄를 받아들이는 것"(『윤리학』186) 뿐만 아니라 새로운 책임적 삶도 여기에 속한다. 왜냐하면 이 위임들은 결코 계시나 교회의 권위로부터 나온 것은 아니기 때문이다. 그것들은 인간의 역사를 전제로 한 것이며 선포되는 계명에 의해서 점유되며 언제나 새롭게 비판적으로 변화된다.

그러나 이 계명의 한계설정과 선택은 어떻게 주어지는가? 본회퍼는 바로 그에 의해서 유명하게 된 위임들은 성서에서 구체적인 위탁과 약속들을 발견한다는 것, 그리고 바로 그것들이 천적, 미래적 세계에 대한 유비들을 말해준다는 사실을 지적하고 있다.(『윤리학』 257) 그렇지만 결코 현실성의 구성이 성육신으로부터 특정한 위임에로 바뀌게 되는 것은 아니다. 유비라고 하는 사고도 역시 여기서는 강제성을 띠지 않는다. 더욱이 백성, 종족, 민족 등과 같은 무수한 다양성을 지닌 질서들과 관련해서 그 위임이 갖는 단순한 역사적 실존을 통한 정당성이 아니라 실증적인 하나님의 위임, 하나님의 계명과 약속을 묻는 것이 타당하고 허용된다. 그러나 한편으로는 내 생각에는 절대로 확실히 해두어야 할 것은 본회퍼에 의해서 취해진 선택과 한계는 성서적으로 각인된, 전형적으로 서구적인 것이라는 사실이다. 예를 들면 본회퍼가 초기에 재산과 문화를 "노동"의 위임에 넣은 것은 단지 19세기의 사회적 이념들을 배경으로 해서만 이해된다. 그와 함께 하나의 구체적인 역사적 상황을 전제로 하는 그의 위임론에서는 특정한 과거 위에 그리고 특정한 미래를 위해 내려진 결단은 사회적 형성을 위해서 타당한 것이다. 한걸음 더 나아가서 이러한 관계에서『윤리학』228면의 고찰을 더 전개해 보자. 설교를 듣지 않고도 - 그러나 그리스도의 현재를 배제함이 없이 - 세상적 질서는 가능하다. 그러나 그것은 바로 제반 부분적 진리 중의 완전한 진리로서 그리스도의 지배의 선포를 요구한다. 알려지지 않은 하나님이 알려진 하나님으로 되는 것은 그가 계시하고 또 설교되기 때문이다. 이렇게 본회퍼는 그의 위임론에서 같이 사는 삶이라고 하는 역사적으로 되어버린 구조들을 받아들인다. 만일 위임통치론으로부터 사회적 질서의 계시신학적, 이상형의 체계를 도출해 내려고 한다면 그는 잘못을 범하고 말 것이다.

이론적 사실에 있어서 하나님의 계명이 인간을 만나는 곳에서는 언제나 이 위임영역들에서 복종하는 것이 외형적으로는 문제가 된다. "세상적 영역에서 영적 영역에로의 후퇴란 존재하지 않고 저 네 개의 하나님의 위임 하에서 그리스도교적 삶의 훈련이 존재할 뿐이다."(『윤리학』70) "따라서 신적 위임들의 가르침은 하나이고 전체인 현실이 예수 그리스도 안에서 우리에게 계시되듯이 인간을 그 현신 앞에 세우는 구실을 한다. 이렇게 여기서도 모든 것은 하나님과 인간이 하나가 되는 예수 그리스도의 몸이라고 하는 현실에서 통합된다."(『윤리학』73) 1932년 본회퍼가 그리스도의 임재를 교회론적으로 이해하고 있는 동안에 거기서는 그리스도의 pleroma는 우주적으로 생각되었다. 즉, 교회 내에서만이 아니라 세계 내에서의 다수의 신적 위임들에서 현존한다는 것이다. 그리스도 내에서 개시된 현실성의 완성과 전체성은 하나의 위임에서 표현되지 않고 "오직 교회, 가족, 노동, 정치적 권위가 상호 한계를 지켜서, 서로 나란히 개개의 방법으로 하나님의 계명을 힘있게 함으로 그것들은 위로부터 말하고 가르칠 권위를 받게 된다. 어느 한 권위도 배타적으로 스스로를 하나님의 계명과 동일시할 수 없다. 하나님의 계명의 탁월성이 드러나는 곳은 이 여러 가지 권위가 서로, 나란히, 공동으로 또 상대하여 질서가 잡혀지고 구체적인 관계와 한계의 이러한 다양성 속에서만 하나님의 계명은 예수 그리스도에게서 계시된 계명으로 효력을 가진다는 사실에서다."(『윤리학』 216) 이것은 본회퍼에게 있어서는 "생명의 다성음"을 긍정하기 위한 특유한 자유며,(『옥중서신』 193) "생명의 다차원성"을 가능하게 하는 것이다.(『옥중서신』 210) 이는 그리스도 안에서의 만물의 상위적, 은폐적, 종말론적 통일에 근거를 둔다. 삶이란 십자가에 달린 분의 통합적 지배에 대한 신앙에서 단일선적인 것도 아니고 교회화되지도 않으며 삶의 전체적 완성에로 개방되고 전체영역에서의 감사에 찬 복종에로 규정되어 있다.

구체적 계명의 발현에 대한 문제에서는 역사에 하나님 통치의 다양성이란 위임보유자와 그것을 위탁받은 자 사이의 상응관계와 대응관계(Miteinander und Gegeneinander), 즉 협력관계를 통해서 역사적 결단은 전체 현실성을 고려해서 내려질 수 있다는 것을 의미한다.

하나님은 그의 위임들을 통해서 전 세계와 인간 삶의 전 영역에 그의 다스리는 계명을 세우기를 원했으나 개개 위임의 그것이 가진 자기 자신의 방식에 따라서 구체적이다. 따라서 개개 위임은 현실성의 그리스도 중심적 통일성과 직접적으로 관련되며 또 그 자체의 품위와 고유한 전위를 가지고 있다. 여기에서 아래와 같은 기본적 명제가 나온다.

1) 위임들은 서로 대항해 서 있는 상쇄적인 것이거나 아니면 고유한

상위적인 위임으로부터 추론될 수 있는 것이 아니다. 한 분 그리스도의 통치가 오직 제 위임들의 기능적 병렬과 다양성에서 표현된다.
2) 국가와 교회 사이의 근본적인 분리란 존재할 수 없고 단지 상호 제한과 보충을 통해서 역사적으로 변천해 가는 기능적 병렬이 존재할 뿐이다.
3) 교회의 영적 권력이 세상적 질서 위에 올 수 없다(가톨릭의 교권제도의 원리 등)
4) 교회에 대한 정치적 권력의 상위주장이나, 신정적 국가교회적 해결도 존재하지 않는다.

만인은 다 같이 위에서 언급한 모든 위임 하에 서 있고 이들 전부에서 그리고 이들의 상호관계에서 사람들은 "하나님이 그리스도를 통해서 준배해 준 세상적이고 영원한 현실성 앞에 인간을 세우게 된다."(『윤리학』73)

역사에서의 제반 위임들이 갖는 상호적 복수성이라는 논제가 특별히 본회퍼의 주요한 사상인 것 같다. 개개 위임들은 이중적인 방식으로, 즉 본질과 위탁에 있어서의 통적적(統추的), 종말론적 그리스도의 통치에 의해서 그리고 제한성에서의 다른 위임들과 호상성에 의해서 제한된다. 교회 편에서는 그 자체를 하나님의 지배로 이해해서 생의 제반 영역에서 도덕적 권위를 제 것인 양 생각하는 유혹을 주의해야 하며 국가 측에서는 전체주의와 제반 관계를 국가가 획일화하려는 유혹을 주의해야 한다. 제반 위임의 구별은 역사 내에서 그것들이 갖는 제한성과 보충성에서 언제나 새롭게 획득되고 감수되어야 한다. 예를 들면 교회가 자기의 위탁의 권리를 위해 투쟁하는 곳에서는 교회는 그렇게 함으로 동시에 교회를 위협하는 국가의 권리와 위탁을 위해서도 싸우고 수난을 겪게 된다는 것을 알아야 한다.

제 위임 간의 상호병치(Koordination der Mandate)는 하나님께서 원하신 것이라는 개념은 우리가 구체적 계명(戒命)을 문제 삼을 경우 제 위임 간의 실제적 병치(並置)라는 논제에 이르게 된다. 복음이 성육신의 기적을 해석하는데 있어서 현실성의 통일성과 전체성을 논증한다고 한다면, 교회, 가족, 정치, 경제 각 분야에 종사하는 이들은 다같이 현재적 현실성을 기점으로 하는 해석과 거기 따른 지시가 무엇인가를 물어야 할 것이다. 구체적 계명은 하나님의 뜻이 구체적으로 사람들이 직무를 수행하고 있는 사회에서 어떻게 이루어지고 있는가 하는 공동의 물음을 통해서 각기 다른 봉사를 하지만 협력하므로 각기 다른, 중복되기도 하는 위임영역에서 발견될 수 있다. 본회퍼는 위임론에서 분명하게 제 4계명의 '세 개의 최고권력' 혹은 '세 개의 교권권력'에 대한 루터의 이론을 해석해 보려고 했다. 루터의 사회윤리적 개념은 은총을 통해서만 의로워진다고 하는 복음과 함께 주어지는 중세기 기독교 세계(Corpus Christianum)의 비성직화(Entklerikalismus)에서 생겨난 것이나 그 실체는 잃지 않고 있다.[12]

다른 한편 본회퍼의 위임론은 미국에서 널리 알려지게 되었던 개혁교적 사회형성과 놀라운 병행을 찾게 된다.(예를 들면 그의 전집 1, 323 이하에 나오는 "종교개혁 없는 프로테스탄티즘"이란 주목할 만한 글에서 그는 국가와 교회의 관계 및 미국관계들의 구체적인 사회적 결단들을 다루고 있다.) 루터에게서 사회적 삶에 있어서 비성직화(혹은 보편성직화)가 문제가 되었다면 여기서는 사회적 삶의 비국가화가 문제가 된다. 예로서 아브라함 쿠이퍼

(Abraham Kuyper)가 신적 위임 - 그 아래 이 영역들(즉, 문화, 가족, 경제, 교회, 학문 등)이 서 있는 - 을 무시하거나 바꾸거나 줄이거나 해서는 안 된다. … 국가는 모든 삶을 빨아들이는 어떤 기적을 부리는 식물이 되어서는 안 된다. 그 자체의 뿌리에 서 있으면서 그것은 숲 속에 있는 다른 종류들 한가운데서 그 위치를 점해야 하며 그렇게 함으로서 독자적으로 펼쳐나가는 모든 생명이 거룩한 자율성에서 유지하도록 해야 한다.(Reformation Wider Revolution, 1904, S,89)

4. 구체적 계명을 찾아내는 방법에 관한 논제들

1) 구체적인 계명은 예수 그리스도 안에서 개시된 현실에 상응하는 전체적이고 하나의 지시이다.
2) 구체적인 계명은 따라서 그것을 찾아내기 위해서는 사실지향적인 것과 사실인지를 요구한다. 그것은 성서적 증언에서만 생기는 것도 아니고 또 역사의 강제성이나 필연성에서 드러나는 것도 아니다. 구체적 지시는 교회와 위임들과의 대화, 신학적 인시과 자연적 사실인시 사이의 대화에서 발견된다. 하나의 "현실적 응적" 지시란 위임소지자들의 상호 협력을 요구한다.
3) 역사에서의 하나님의 구체적인 뜻에 대한 물음에서는 교회는 하나님의 통치의 보편성을 유지해야 한다. 하나이면서 전체인 현실성인 하나님의 나라는 역사에서 여러 가지 형태를 취한다. 교회의 보편성은 그것이 자체 자연적 세계 자체나 모든 세계인식을 그의 신학에 연결시킨다는 사실에서 성립되지 않고 그 보편성 그 자체가 하나님에 의

해서 받아들여질 현실이 갖는 다른 제반 형태들(위임들)과의 상관성 (Partnerschaft)을 갖는다는 데서 성립된다. 즉, 폭군적으로도 노예적으로도 아니고 예언자적으로 관계되는 데서 성립된다.[13](van Rule) 이 보편성은 삶의 의인과 성화를 위해서 자기의 말을 해야 하며 또 정치적, 경제적 지혜와 학문에 귀를 기울여야 한다. "교회는 지배하면서도 아니고 돕고 섬기면서 인간 사회의 삶이 갖는 세상적 과제들에 참여해야 한다." 교회는 모든 분야에 종사하는 사람들에게 그리스도와 더불어 사는 생활, 즉 '타자를 위해 존재한다'는 것이 무엇을 뜻하는가를 말해주어야 한다."(「옥중서신」 261)

4) 계명발견이라고 하는 구체적 형태는 말씀에 귀를 기울이는 양심. 즉 개개인을 위한 실천적 인식과의 관련에서의 양심(Con-scientia)이다. 교회와 가족이라는 사이에는 심방(Hausbesuch)이라는 것이 놓여 있다. 심방에서 비로소 모인 회중 앞에서의 설교는 일정한 위임영역에서의 구체적 계명의 설교로 발전한다. 설교는 여기에서도 교회에서 직무를 수행하는 이들과 부모들 사이의 공동의 대화나 기도의 형식을 취한다. 구체적인 계명을 찾기 위한 이러한 교회의 낡은 실천은 오늘날에는 사람들에게 전적으로 거의 기능을 하지 못하기 때문에, 또 사회적인 제반 변화들은 삶을 개별화해 버렸기 때문에 가정심방에 해당하는 것이 정치적, 문화적, 경제적 집단이나 관청을 방문하는 것으로 발전될 수밖에 없다.

5) 그렇지만 교회라고 하는 공동체에 속한 개개의 그리스도인들은 사회에서 하나님의 뜻에 대해 침묵을 지키거나 그것을 멸시하는 것과 관련하여 하나님의 이름으로 구체적 계명을 선포하도록 부름받고 있

다. 모험이나 순수한, 의심없는 복종 등이 거기에 속한다. 말하자면 오류의 모험이 아니라 자기 자신의 인격의 모험이 요구된다. 거기에는 대리(Stellvertretung)의 행위도 속한다. 한 아버지가 아이들을 대리해서 말하고 행동하듯이 교회나 거기에 속한 개개인은 사회를 위해서 말하고 행동한다.

6) 모든 위임을 위한 목표는 역사에서는 다가오는 하나님의 나라, 새 하늘과 새 땅에 대한 기대와 희망에서 하나님의 뜻이 이루어지는 것을 의미한다.

찾아보기

* 본 논문은 Die mündige Welt, III, Kaiser, München 1960, S.42~58에 있는 것을 번역한 것이다.

1) 『성도의 교제』(Sanctorum Communium), 1954² S. 176ff. 참조.

2) " Christengemeinde und Bürgergemeinde." 1946에서 정치윤리, 유비사상의 유사한 평가는 "Die Theologie und die Kirche"지 1928, S.377면에 실린 "교회와 문화"에서 발견된다. 인용하면 "이상적인 방법으로는 슐라이엘바흐가 해냈지만 문화창조에 대한 보편적 성화를 말하는 것은 고려할 수 없다. 그러나 문화창조는 비유적으로 그렇게 말할 수도 있다고 하는 가능성에 대한 근본적인 맹목성도 마찬가지다. ... 하나님의 나라를 이 맹목성은 인간의 어떤 문화적 창조에서도 드러나지 않는 것으로 보나, 표징이 아마도 많은 문화창조에서 드러난 하나님의 나라가 가까웠다고 하는 표징을 위해서는 개방되어 있다. "

3) 분명히 본회퍼의 그리스도론은 그것을 넘어서서 전적으로 류터교의 Kondeszendenzchristologie에 그 뿌리를 두고 있다.

3a) H.Schelsky, Religionssoziologie und Theologie, EZZ 1959 H.3. 131: "제반 시간적 훈련이 갖는 특수한 상황제약성이, 그것이 갖는 학문적 타당성에까지 확대되어야 한다고 하는 강제성은 어떤 신앙이나 가치의 선취와 보편적 요구에서 논증되어서는 안되는 학문들이 갖는 상호의존성이나 협력의 의식에 이르게 된다."

4) 거기에 대해서는 『윤리학』에서 "긍정적인 것과 궁극이전의 것"이란 항목(75면 이하) 참조. 거기에서는 역사적인 것의 그 자신의 이해에 고착되어 있다. 실학적 역사개념에 대해서는 W. 판넨 베르그의 Heilsgeschehen

und Geschichte, KuD, 1959, 218~237, 259~288 참조.

5) 극단적인 인격주의적 역사이해와 현실이해의 예로서는 볼트만의 "역사와 종말론", 1958, S, 2ff. S.184ff, 그리고 J. Cullberg의 Glaube und Wirklichkeit, 1958년 참조. E. Bloch의 『휴머니스틱 유뮬론』에서도 셸링의 "자연주의"(Natursubjekt)의 범주가 받아들여지는 데서 "물질의 주체화"에 거점들 그리고 현실성의 자연과학적 사물화의 물신숭배의 극복을 위한 거점들도 발견된다. 예, Das Prinzip Hoffung, Ⅱ, 1955, 242ff.

6) 초기 바르트에게서 신칸트학파적인 사고유형들이 나타났던 것과 유사한 정도로 본회퍼의 용어는 이른바 "생철학"의 그것에 가깝다(딜타이, 니체, 퇴니스, 오르테가 등) O. F. Bollnow, Die Lebensphilosophie, 1958 참조.

7) 『윤리학』에서 책임적 행위가 갖는 "현실적 적응성"(176ff)과 "사태적응성"(183ff) 참조.

8) 쉘링의 철학적 성찰에서는 "모든 것, 신까지도 버려야 한다"고 하는 굉장한 논제가 발견된다. 예 : O. hammelsbeck, ZEE, 1957, 291 참조.

9) 계몽신학에 대해서는 전에 Bernhard Groethuysen이 Die Entstehung der buergerlichen Welt-und Lebensanschuung in Frankreich, I, 1927,S. XIff.,에서 분석한 바 있는 근대정신 일반을 통해서 종교적 문제제기들이 그 피각을 벗게 되었다고 하는 깊고 잘 묘사되지 못한 논제의 발전이 있었다. "근대의 시민적 이시은 생을 어느 정도까지 스스로가 처리할 수 있다는 것, 제반 우주적 문제설정 없이도 삶을 그 자체 내에서 근거를 찾는 자기 자신에게 거절을 둔 전체로서 파악할 수 있다는 사실을 알게 되었다. 우리는 이런 의미에서 근대의 인간의 의식화된 차안을 말할 수 있을 것이지만 이 차안성이 자기 자신에게 근거를 둔 어떤 특정한 세계관, 인간이 다르게 형성된 세계관들과 대립할 수 있는 세계관에 바탕을 두었다는 의미에서는 아니다 ... 궁극적 물음에 대해 그리스도교가 계시한 것과는 다른 해결책을 인간이 제시할 수 있다는 사실이 아니고 인간이 일반적으로 거기에 대한 확고한 지식을 갖지 않고, 또 그런 확실성에 대한 탐구없이도 살 수 있다는 사실이 그에게(파스칼에게) 이해할 수 없는 것,

악마적인 것으로 나타나게 했다 ... 삶 자체란 변해왔다고 말할 수 있을 것이다. 삶이란 더 그것이 어떤 의미를 갖기 위해서 어떤 초월적 해석들을 필요로 하지 않으며, 또 세계와 인간의 운명을 다루는 특정한 물음에 대한 대답이 삶의 형성을 위한 전제도 아니다. 인간은 이런 의미에서 근대의 생의 실증주의를 말할 수 있을 것이다 ..."

10) Christoph Blumhardt, Christus in der Welt. Briefe an Richard Wilhelm, 1958 참조. 여기에는 본회퍼가 다루었던 문제들을 위한 평가되지 않은 많은 자료들이 있다.

11) 나는 본회퍼의 위임론을 "구체적 계명"에 대해서 제기된 물음을 위해서 평가되는데 그치려 한다. 법의 신학적 근거와 "제도들"에 대한 최근의 연구를 위한 위임개념의 해석에 대해서는 Moltmann, Herrschaft Christi und soziale Wirklichkeit nach D. Bonhoeffer, Theol. Existenz, neue Folge, Heft 71, 1959 참조.

11ᵃ) 여기서는 본회퍼의 위임론은 확실히 창조의 질서나 자연법적 사상들에 대한 중요한 진일보를 했다. 그러나 그의 위임의 우주에는 P. Althaus가 Theologie der Ordnungen, 1935에서 창조의 질서들을 위해서 고안해 낸 모든 근본적인 특성들이 근간을 이룬다는 사실도 부정할 수 없다. 이 점에서도 그에게는 현실성을 "역사"로서, 시간적이고 우연적인 것에서 행동하시는 하나님의 기대로서 받아들이는 것이 희랍적 본질에 대한 물음을 통해서, 또 역사의 전율적 사건들 속에서 고정된 제 원형들에 대한 "종교적" 물음을 통해서 가리워져 있다.

12) 루터의 교권제도론에 대해서는 E. Wolf, Peregrinatio, 1954, S, 214ff. 에 나오는 "Politia Christi. Das Problem der Sozialethick im Luthertum,"과 J. Küpper의 Drei hierarchienlehre als Kritik an der mittelalterlichen Gesellschtsauffassung, EvTh, 1959, H.*, S.361ff. 참조.

13) A.A. van Ruler, Gestaltwerdung Christi in der Welt. über das Verhältnis von Kirche und Kultur, 1956, "Bekennen und Bekenntnis", Heft

3; die prinzipielle geistliche Bedeutung der Frage nach dem Verhältnis von Kirche und Staat, ZEE, 1959, H.4, 220ff. 참조.

2장. "고난당하는 하느님만이 도우실 수 있다"
디트리히 본회퍼의 하나님의 고난의 신학

"고난당하는 하나님만이 도우실 수 있다"
디트리히 본회퍼의 하나님의 고난의 신학

Jürgen Moltmann

김균진

1. 포로수용소의 철조망 안에서 만난 본회퍼의 책들

나는 한 번도 본회퍼를 직접 만난 적이 없다. 그는 나보다 20년 더 연상이다. 독일에서 그는 "1933년 세대"였고, 나는 "1945년 세대"이다. 그는 나의 스승일 수 있었는데, 그의 책들을 통해 나의 초기 스승이 되었다. 1946년에서 1948년까지 나는 그의 책들을 대할 수 있었다. 영국 노팅험(Nottingham) 부근의 포로 수용소 노르톤 캠프(Norton Camp) 안에 설치된 신학교에서 신학을 공부하기 시작했을 때였다.[1] 영국 YMCA가 이 신학교를 설치하였고, 영국 군인들이 학교를 경비하였다. 그리고 제네바의 세계교회협의회가 전쟁 포로들을 돕기 위해 신학 서적을 보내주었다. 본회퍼가 쓴 『나를 따르라』(Nachfolge), 『신도의 공동생활』(Das gemeinsame Leben)의 중판이 인쇄되었고, 『한 사자(使者)의 증언. 디트리히 본회퍼를 추모하여』(Das Zeugnis eines Boten. Zum Gedächtnis von Dietrich Bonhoeffer)라는 제목의 본회퍼 추모의 책이 여기에 첨가되었다. 나이 어린 전쟁 포로로서 나는 『나를 따르라』를 읽게 되었는데, 매우 명료한 언어를 가진 이 책은 나에게 감당하기 어려운 것을 요구하였다. 그 당시 나는 하나님을 찾기는 했지만 자신의 확신을 가진 그리스도인은 아직 아니었다. 그럼에도 불구하고, 이 책은 나에게 깊은 감명을 주었다. 『신도의 공동생활』은 마음에 들지 않았다. 그 이유는, 수용소 막사 안에서 나는 20명의 다른 포로들과 함께 5년이나 강요된 '공동생활'을 해야만 했기 때문이다. 그 당시 나는 내 자신의 삶을 동경하고 있었다. 그러나 나는 본회퍼를 추모한 『한 사자의 증언』에서 후에 에버하르트 베트게(Eberhard Bethge)가 출판한 『저항과 복종(옥중서간)』(Widerstand und Ergebung)에 실린 글들을 읽을 수 있었다.2) 베트게는 본회퍼의 서신에서 유래하는 이 본문들을 이미 1945년 제네바 소재 세계교회협의회에 전한 것으로 보인다. 「황홀하게 숨겨진 선한 힘들에 관해…」, 「그리스도인들과 이방인들」과 같은 시들이 이 책에서 발견된다. 이 시들 가운데 그 당시 나는 아래 구절에 밑줄을 그었다. "그리스도인들은 고난 가운데 계신 하나님과 함께 한다". 나에게 가장 큰 감명을 준 것은 "기독교의 이 세상성(此岸性, Diesseitigkeit)"에 관한 본회퍼의 생각이었는데, 이것은 이미 인쇄된 1944년 8월 21일의 서신에서 유래한다.

"지난 몇 년 동안 나는 기독교의 깊은 이 세상성을 점점 더 깊이 알고 이를 이해하게 되었다. … 그것은 죽음과 부활에 관한 인식이 그 속에 항상 현존하는… 이 세상성이다.… 수없이 많은 과제들과 문제들, 성공과 실패, 경험과 어려움 속에서 살게 될 때, 우리는 우리 자신을 하나님께 맡기게 된다. 이때 우리는 자신의 고난을 진지하게 여기지 않고, 세상 안에 계신 하나님의 고난을 진지하게 여기게 된다.… 이리하여 우리는 겟세

마네의 예수와 함께 깨어난다.… 우리는 이 세상에서의 삶 속에서 하나님의 고난을 함께 당하는 한 인간 곧 그리스도인이 된다. … (Widerstand und Ergebung, 248~249)

본회퍼의 이 생각은 그 당시 나에게 깊은 확신을 주었다. 그리스도인으로서 나는 그 이전보다 더 소극적으로 살지 않고, 오히려 더 적극적으로 살고 싶었기 때문이다. 모든 포로들처럼 나는 자유를 원했고, 이 세상 속에서 하나님에 대한 믿음과 모든 감성을 가지고 충만한 삶을 살기를 원했다. 이 사유와 삶의 충만함을 나는 세상 속에 살았던 그리스도의 삶과의 친교 속에서 발견하였다. 그러나 본회퍼의 뒤를 따라 내가 참여해야 할 "세계 안에 계신 하나님의 고난"은 어디에 있는가?

2. 세계 안에 계신 하나님의 고난: 배제되어버린 하나님

1951년 에버하르트 베트게는, 본회퍼가 1943년부터 여러 감옥에서 쓴 서신들과 시들을 출판하였다.[3] 우리와 같은 젊은 신학생들에게 이것은 놀라운 발견이었다. 매일 저녁 우리는 우리 자신의 영적 무장을 위해 이 책을 읽었고, 그 당시 내가 공부했던 괴팅겐(Göttingen)대학 학생들과 그의 생각에 관해 토의하였다. 이것은 한 예술가의 작업실을 들여다보는 것과 같았다. 여기서 우리는 다양한 기획들, 새롭게 생성되는 기본 생각들을 볼 수 있고, 한권의 신학책이 어떻게 생성되는가를 볼 수 있었다. 만일 본회퍼가 전쟁에서 살아남았다면, 그는 이 서신들을 결코 출판하지 않았을 것이다. 그는 잘 체계화된 책들 속에서 자기의 생각들을 정돈하였을 것이다. 본회퍼가 남긴 서신들을 읽게 될 때, 우리는 그가 걸어갔던 삶의 길에 참여하게 되고, 우리 자신의 신학적 사고의 길을 걷게 된다. 우리는 본회퍼의 모든 말을 저울대 위에 올려 놓을 필요가 없다. 그의 서신들 안에는 오류도 있다. 이들을 우리는 우리 자신의 생각을 자극하는 신학적 시도 내지 실험으로 생각하는 것이 좋겠다. 여기서 우리는 감옥에서 쓴 본회퍼의 신학을 판단하려 하지 않는다. 오히려 본회퍼와 함께 신학적으로 생각해보는 것을 시도하고자 한다.

하나님은 이 세계 속에서 고난을 당한다, 그리스도인들은 고난 속에 계신 하나님과 함께 한다, 그는 어떻게 이 생각에 이르게 되었는가?

이 생각에 이르게 된 동기는 독일의 나치 독재에 저항하면서 그가 당했던 자신의 고난도 아니고, 고백교회에 대한 박해도 아니었다. 그가 수용했던 루터교회의 십자가의 신학도 아니고, 1933년에서 1935년까지 목사로 런던에서 일하면서 알게 된 하나님의 "고난받을 수 있음"(Leidensfähigkeit)이나 "고난받을 수 없음"(Leidensunfähigkeit)에 관한 영국교회의 토론도 아니었다. 그 동기는 이른바 유럽의 "위대한" 정신사적 "발전"에 있었다. 이 발전은 중세기 유럽의 종교적 세계에서 근대의 세속적 세계로, 기독교의 타율을 버리고 과학과 윤리와 정치의 자율로 발전한 근대 유럽의 역사적 과정이었음을 본회퍼는 다음과 같이 말한다.

"도처에서 사람들은 인간과 세계의 자율을 찾는다. ⋯ 도덕적, 정치적,

자연과학적 작업가설로서의 하나님은 이제 폐기되었다. … 이 작업가설(곧 하나님)을 버리는 것은 지적 정직성(intellektuelle Redlichkeit)에 속한다. … 우리는 마치 하나님이 없는 것처럼(etsi Deus non daretur) 이 세계 속에서 살아야 한다는 것을 인식해야 한다. 그래야 우리는 정직할 수 있다. 이것을 우리는 바로 하나님 앞에서 인식한다. 하나님 자신이 이것을 인식하라고 요구한다. 이렇게 우리의 성숙함(Mündigwerden)은 하나님 앞에서 우리의 상황을 바르게 인식하도록 한다. 우리는 하나님 없이 삶의 문제를 처리하는 자로서 살 수밖에 없다는 사실을 하나님은 알게 하신다. 우리와 함께 하는 하나님은 우리를 버리는 하나님이다.(막 15:34) 하나님이란, 작업가설 없이 우리를 세계 속에서 살도록 하는 하나님은, 우리가 항상 그 앞에 서 있는 하나님이다. 하나님 앞에서 그리고 하나님과 함께 우리는 하나님 없이 산다."(Widerstand und Ergebung, 240~242)

여기서 본회퍼는 하나의 역설을 말하는 것처럼 보인다. 그러나 우리가 "작업가설의 하나님"이란 표현을 인간 자신이 만든 종교들, 곧 인간을 의존적으로 만들고 자신의 삶에 대한 책임을 빼앗아버리는 종교들의 거짓된 신으로 이해할 때, 이 역설은 해결된다. 본회퍼에게 이것은 "종교적인 신들", 곧 자기 자신과 세계에 대한 책임을 지지 않기 위해 인간이 자기 자신에게 만든 우상의 상(Götzenbild)이다. 이것은 그 시대의 정치적 미신의 우상들이요, 우리 시대의 자본주의적 미신의 우상들이다. 이 우상들은 안전을 약속하면서 희생제물을 요구한다. 본회퍼는 기독교가 하나의 "구원종교"(Erlösungsreligion)가 되어 거짓된 위로를 퍼트리는 것을 거부한다. 그리고 우리를 성숙하고 책임적 존재로 만드는 참 하나님은 예수 그리스도의 하나님, 십자가에 자기의 아들을 홀로 두는 하나님이라 말한다.

본회퍼는 골고다의 사건을 현대의 자율적인 세계, 그가 즐겨 부르는 "성숙한 세계"를 해석하는 범주로 삼는다.

"하나님은 자기를 이 세계로부터 십자가로 밀어내게 한다. 이 세계 속에서 하나님은 무력하고 약하다. 이렇게 오직 이렇게, 그는 우리 가운데 계시고 우리를 도우신다. 마태복음 8:17은, 그리스도는 그의 전능하심을 통하여 도우시는 것이 아니라, 그의 연약함을 통하여, 그의 고난을 통하여 도우신다고 분명히 말한다!"

"인간의 종교성은 고통 가운데 있는 인간에게 세계 속에 있는 신의 능력을 보여준다.… 이에 반해 성서는 하나님의 무력함과 고난을 인간에게 보여준다. 고난당하는 하나님만이 도우실 수 있다."(Widerstand und Ergebung 242)

"근대 세계가 추구한 인간의 자율과 성숙은 "거짓된 하나님 표상"을 제거해버렸다. 이 발전은 "그의 무력함을 통해 세계 속에서 힘과 공간을 얻는 성서의 하나님을 볼 수 있는 눈을 열어주었다."(Widerstand und Ergebung 242)

본회퍼가 말한 "세계 속에서 하나님의 고난"은 무엇을 뜻하는가?

그것은 아래 두 가지를 뜻한다. 1. 근대 인간의 성숙을 통해 "배제되어버린 하나님", 2. 골고다에서 "십자가에 달린 하나님."

이것을 우리는 다음과 같이 말할 수 있다: 하나님은 십자가에서 그의 아들의 죽음을 "고난당한다." 또 우리는 이렇게 말할 수 있다. 하나님은 근대의 성숙한 세계로부터 배제당함으로 "고난당한다." 그러나 고난당하는 하나님이 어떻게 "도우실" 수 있는지, 우리는 상상하기 어렵다.

본회퍼는 골고다를 유럽의 근대 세계를 신학적으로 해석하는 범주로 사용하는데, 이와 유사한 시도를 우리는 1803년에 집필된 헤겔(Georg Wilhelm Friedrich Hegel)의 저서 『신앙과 지식』(Glauben und Wissen)에서 발견한다.[4] 이 책에서 헤겔은 "근대 시대의 종교가 근거하는 감정, 곧 하나님 자신이 죽었다"는 감정에서 출발하여, 절대 자유의 관념을 발전시키고자 한다. "하나님 자신이 죽었다"는 명제는 헤겔이 요한 리스트(Johann Rist)의 「성 토요일의 찬송」(Karsamstagslied)에서 빌린 것이다. 리스트를 위해 헤겔은 성 금요일 곧 하나님의 아들의 죽음과 부활의 일요일 곧 사람의 아들의 부활 사이의 상황을 설명한다. 그는 하나님 자신이 죽었다는 근대의 종교적 감정을 골고다의 하나님의 죽음과 해석학적으로 결합시킨다. 그리하여 "역사적 성 금요일"(historischen Karfreitag)을 "사변적 성 금요일"(spekulativen Karfreitag)로, 곧 보편적 성 금요일로 해석하고, 이것을 "그의 무신성(Gottlosigkeit)의 전체 진리와 냉혹함 속에서" 설명한다. 그러나 헤겔은 역사적 성 금요일은 물론 사변적 성 금요일의 이 무신성과 하나님의 버림받음(Gottverlassenheit)을 궁극적 상태로 보지 않고, "가장 높은 관념의 계기"로 본다. 이리하여 하나님의 부활에 이르고자 한다. 왜냐하면 "전체성(Totalität)은 그의 모든 진지함 속에서 그리고 가장 깊은 근거로부터 모든 것을 포괄하는 동시에, 가장 깨끗한 형태의 자유로 부활할 수 있고 또 부활할 수밖에 없기 때문이다."(Glauben und Wissen, 124)

하나님의 버림 속에서 십자가에 못박힌 분의 부활에 대한 하나님의 기쁨과 하나님의 오른 편에 높이 들리신 십자가에 달린 분 곧 "하나님의 어린 양"에게 주어진 하늘과 땅의 모든 권세에 대한 헤겔의 이 통찰이, "하나님의 고난"에 대한 본회퍼의 신학적 성찰에는 빠져있다. 그러나 본회퍼는 헤겔과 동일한 사고의 양식을 사용한다. 그렇지만 헤겔이 "하나님의 죽음"이라 말할 때, 본회퍼는 "하나님의 고난"에 관해 말한다. 그래서 나는 1964년 『희망의 신학』에서 다음과 같이 말했다. "부활과 하나님의 미래를 우리는 십자가에 달린 예수가 처했던 하나님의 버림에서만 볼 것이 아니라, 세계가 처한 하나님의 버림에서도 보아야 한다는 점이 헤겔에 있어 신학적으로 망각될 수 없을 정도로 분명하다."[5]

현대 혹은 성숙한 세계, 세속적 시대 혹은 "새로운 시대"(Neuzeit)에 대한 모든 기독교적-신학적 해석들은 20세기의 경악스러운 일들과 범죄들 이후, 옆길로 빠진 것으로 증명되었다. 1. 이 해석들이 말하는 현대 세계는 서구의 세계이지, 결코 세계 전체가 아니다. 그리스도의 나라 혹은 제3제국, 자율에로의 봉기, 하나님의 죽음 혹은 하나님의 고난 등, 현대 세계의 이 모든 신학적 해석들은 서구 세계의 한계 속에서 좌절해버리고 말았다. 세계에 대한 서구의 해석들은 모두 제국주의적이다. 2. 무신론은 19세기에만 해방의 잠재력을 가지고 있었다. 그러나 20세기에 무신론은 스탈린주의와 파쇼주의에서 살인적인 것으로 드러났다. 그것은 수백만 명의 목숨을 희생시켰다. 디트리히 본회퍼의 생명도 희생시켰다. 19세기의 진보의 세계는 세계 파멸의 심연으로 인도하였다. 히틀러가 말한 "민족"은 성숙한 자율을 가져오지 않고, 오히려 죽음에 이르기까지 자발적 복종을 유발했을 뿐이다: "영도자는 해방하고, 우리는 당신을 따른다!" 21세기에 무신론은 사람들이 무엇을 잃어버렸지만, 무엇을 잃어버렸는지 알지 못하는 하나의 우울한 무신성이 되어버렸다. 세계의 상황에 대한 이 모든 해석들은 매우 자의적이며, 1992년 프란시스 후쿠야마(Francis Fukujama)의 『역사의 종말』, 2007년 찰스 테일러(Charles Taylor)의 『세속적 시대』(A secular Age)처럼 짧은 수명을 가졌을 뿐이다.

"세계 속에 계신 하나님의 고난"은 어디에 있는가?

1) "인간은 하나님 없는 세계에 내한 하나님의 고난을 함께 당하도록 부르심을 받는다"(Widerstand und Ergebung 244). 하나님을 믿는 사람은 하나님처럼 그의 주변 세계의 무신성으로 인해 고난을 당한다. 이것은 세계의 우주적 고통인 동시에 하나님의 고통이다.

2) 하나님은 그리스도 안에 있는 그의 고난에 참여할 것을 요청한다. 곧 "예수 그리스도 안에 있는 하나님의 메시아적 고난에 빠질 것을

(Hineingerissen)을" 요청한다.(245) 바울에 따르면 "그리스도의 고난"은 박해와 모욕과 멸시를 말한다. 용기 있고 저항하는 그리스도인들은 그리스도 때문에, 그리스도와 함께 이것을 견디어낸다. 그것은 "메시아적 고난"이기 때문에, 그리스도인들은 메시아적 희망의 힘으로 이 고난을 짊어지고 간다. 나치의 독재 시대에 고백교회와 목사들이 박해를 당하였다. 한국의 군사 독재 시대에 민중신학자들이 박해를 당하였다.

3) "사람들은 그의 고난 속에 계신 하나님에게로 간다,
그들은 가난하고 모욕을 당하며, 집이 없고 빵이 없는 그를 발견한다,
죄와 연약함과 죽음에 삼켜진 그를 본다.
그리스도인들은 그의 고난 속에 계신 하나님 안에 있다." (247).

이것은 "위대한 세계심판" 때 그리스도께서 말씀하신 그의 "작은 형제자매들"을 연상시킨다. 이들에 관해 그리스도는 다음과 같이 말한다. "너희가 여기 내 형제자매 가운데 지극히 보잘것없는 사람 하나에게 한 것이 곧 내게 한 것이다."(마 25:40) "그리스도의 고난"과 가난한 사람들의 고난은 자주 밀접하게 결합된다. 엘 살바도르의 주교 오스카 아눌포 로메로(Oscar Arnulfo Romero)가 가난한 사람들의 편에 섰을 때, 로메로는 부유한 자들의 사주로 총살을 당하였다. 나치 독재 때 박해를 당하던 유대인들을 돌보아 준 사람들은 강제수용소로 가야만 했다.

"고난당하는 하나님만이 도울 수 있다"고 본회퍼는 말한다. 나는 이에 첨가하고 싶다. 하나님은 고난당하는 하나님인 동시에 부활과 미래

세계의 하나님이기 때문이다.

3. 하나님은 고난을 당할 수 있는가, 아니면 고난을 당할 수 없는가?

1972년에 출판된 『십자가에 달린 하나님』에서 나는 "하나님의 고난"에 대한 본회퍼의 생각을 수용하고 하나의 새로운 십자가의 신학을 썼나. 이때 나는 가톨릭 신학자 칼 라너(Karl Rahner)의 격한 비판을 받았다. 그 이후 나는 하나님의 고난당할 수 있음과 고난당할 수 없음에 관한 토의에 휩쓸리게 되었다. 이와 함께 본회퍼의 신학도 도마에 섰기 때문에, 여기서 나는 이 문제를 다루고자 한다.

칼 라너는 죽기 마지막 인터뷰에서 다음과 같이 말하였다:

"만일 하나님이 - 한 번 거칠게 말해본다면 - 나처럼 더러운 분이라면, 나의 더러움과 곤궁과 나의 절망을 벗어나는데 아무 도움도 되지 않을 것이다. … 올바르고 참되고 나를 위로하는 뜻에서 고난당할 수 없는 하나님(Deus impassibilis), 변하지 않는 하나님(Deus immutabilis)이다. 몰트만을 위시한 일련의 신학자들에게서 나는 절대적 역설의 신학(Theologie des absoluten Paradoxons)을 본다."[6]

이와 같은 정반대의 입장은 어디에서 오는가?

그리스 형이상학에서 출발할 때, 우리는 다양성과 활동과 고난을 신성의 본질에서 배제할 수밖에 없다. 활동할 수 없고 고난당할 수 없는 영원한 신성은 살아 있는 자들과 죽은 자들의 활동하고 고난당하는 세계에 대칭한다. 이같은 통찰에서 아리스토텔레스는 그의 『형이상학』 12권에서 신성의 무감각의 공식(Apathieaxiom)을 다음과 같이 말한다. 무감각의 신(Theos apathes), 신성은 무감각하다. 그것은 아무런 기분도, 아무런 욕구도, 아무런 고난도 알지 못한다. 이 형이상학적 신성을 믿는 사람은 그를 닮게 된다. "행복하지만 교만하지 않으며, 고난을 당하지만 겁내지 않으며, 피할 수 없는 것을 품위 있게 받아들여야 한다. … " 따라서 현자는 동요하지 않으며, 욕구를 느끼지 않으며, 고난을 당하지 않는다. 아리스토텔레스 당시 무감각은 죽음에 대한 영혼의 존엄성을 나타내는 말이었다. 오늘날 무감각은 하나의 질병으로, 냉담한 마음, 정신적 무관심, 죽음의 사자(Vorbote)로 이해된다.

이에 반해 성서의 구원의 역사로부터 출발할 때, 우리는 이스라엘의 하나님, 곧 사랑과 분노의 격정을 가진 하나님, 자비의 하나님을 만나게 된다. 신약성서에서 우리는 그리스도의 수난의 역사를 만난다. 하나님과 세계의 화해를 위해 자신의 아들을 내어줌은 하나님의 본질적 사랑으로 선포되며, 빵과 포도주를 나누는 성만찬에서 추모된다. 그리스도의 수난의 역사는 하나님의 수난이요 하나님의 격정이요 하나님의 고난이다. 만일 그렇지 않다면, 화해하고 구원하는 어떤 작용도 그리스도의 수난의 역사로부터 나올 수 없을 것이다.

1986년 교황 요하네스 바울 2세(Johannes Paul II.)는 성령에 관한 그의 교서 『주님과 살림을 받은 자』(Dominium et Vivificantem)에서 다음과 같이 말한다:

"죄로 말미암아 고난이 있게 되었다면, 오직 십자가에 달린 그리스도 안에서 성령을 통해 하나님의 고통은 인간적으로 완전하게 표현된다. 여기서 우리는 하나의 역설적인 사랑의 비밀을 본다. 즉, 하나님이 그리스도 안에서 고난을 당한다는 것이다."[7]

이에 반해 그의 후계자 베네딕트 16세(Benedikt XVI), 곧 이전에 나의 동료 교수였던 요셉 라칭어(* Joseph Ratzinger, 베네딕트16세의 교황되기 전 이름은 요셉 라칭어였음)는 클레보의 베른하르트(Bernhard von Clairveaux)의 명제를 자랑스럽게 말한다:

"Impassibilis est Deus,
sed non incompassibilis".

하나님은 고난당할 수 없다,
그러나 동정할 수 있다.

여기서 나는 무감각의 신성을 말하는 아리스토텔레스 - 토마스적 형이상학을 버리고, 성서의 하나님, "살아계신 하나님"에 대해 신학적으로 집중하는 것이 더 나을 것이라 생각한다. 뉴욕의 지혜로운 랍비 아브라함 헤쉘(Abraham Heschel)은 그렇게 하였다. 그는 무감각을 출발점으로 삼지 않고 하나님의 열정(Pathos)을 출발점으로 삼았고, 그의 백성을 위한 하나님의 격정으로부터 세계 속에 있는 하나님의 고난을 이해하였다.[8] 이스라엘의 하나님은 그의 백성에게 내려오시고 그 안에 거하심으로써, 곧 그의 쉐히나(Schechinah, 하나님의 거주하심) 속에서 이 백성의 동반자와 고난의 동지가 되신다. 그의 백성 안에 거하시면서 그는 이 백성의 패배와 박해와 죽음을 함께 경험한다. 이런 점에서 이스라엘의 고난은 하나님의 고난이기도 하다.

그리스도의 십자가에서 하나님의 아들만이 우리를 위한 하나님의 버림의 고통을 당하는 것이 아니라, 아버지도 자기의 외아들이 당하는 죽음의 고통을 함께 당한다. 그리고 성령은 아들의 고통을 아버지의 고통과 결합시킨다. 아들은 하나님의 영의 능력 속에서 자기를 내어주기 때문이다. 이로써 생명을 살리는 부활의 영을 통해 아들이 죽음에서 아버지의 영광으로 부활할 수 있는 모든 준비가 갖추어진다. 그리스도의 십자가와 부활의 이 사건 속에서 우리를 향한 하나님의 "크신 자비"가 계시된다. 살아계신 하나님의 본질은 무감각이 아니라 사랑의 열정이다.

살아계신 하나님은 고대 그리스의 형이상학이 말하는 절대자가 아니다. 그는 충만한 관계를 가진 구원의 역사의 하나님이다. 그가 지으신 피조물의 세계에 대한 관계들 속에서 하나님은 인내하시며 관대하신 분으로, 사랑하시며 고난을 당하시는 분으로 경험된다. 살아계신 하나님은 적극적인 동시에 수동적인 분으로, 곧 말씀하시는 동시에 사람의 말을 듣는 분으로 경험된다. 이것은 지배의 관계가 아니라 사랑의 관계다.

칼 라너가 도움을 받을 수 있는 길은, 하나님이 그의 더러움과 곤궁과 절망 속으로 들어오시며, 이것을 그와 함께 나누시고, 그에게서 이를 제거하는 데 있다. 이 길을 통해서만 하나님은 그를 이 모든 것에서 구해낼 수 있다고 나는 생각한다.

4. 하나님은 움직일 수 없는가, 아니면 움직일 수 있는가, 변화될 수 없는가, 아니면 변화될 수 있는가?

변화될 수 없음(immutabilitas)은 아리스토텔레스가 그의 형이상학에서 신성에 부여하는 다른 하나의 신적 속성이다. 땅 위에 있는 모든 사물들은 타자에 의해 움직여지고 또 스스로 움직인다. 반면 신성은 움직이지 않으며 모든 사물들 위에서 변화되지 않는다. 초대교회의 기독교 신학은 변화될 수 없음의 신적 속성을 수용하였다. 이것은 그리스도인들이 하나님을 신뢰할 수 있도록 하기 위함이었다. 만일 하나님이 움직이는 분이라면, 그는 변화될 수 있는 분일 것이다. 그는 고대 그리스의 신들처럼 자기의 기분에 행동하는 분일 것이다. 이같은 하나님을 그리스도인들은 신뢰할 수 없을 것이다. 아리스토텔레스 - 토마스적 형이상학은 신성을 주체(Subjekt)로 이해하지 않고, 가장 높은 실체(Substanz)로 이해하였다.[9]

그러나 성서의 살아계신 하나님은 그 자신을 다스릴 수 있는 주체이다. 그는 스스로 움직일 수 있고 또 타자에 의해 움직여질 수 있다. 그는 그 자신으로부터 나가서 세계를 창조할 수 있고, 안식일의 안식을 누릴 수 있다. 형이상학은 하나님의 변화될 수 없음에 관해 말하는 반면, 성서는 우리가 신뢰할 수 있는 하나님의 신실하심에 관해 말한다. 그러나 이스라엘의 하나님 경험에 의하면 하나님은 그의 신실하심의 포로가 아니다. 그는 사람을 지으신 것을 "후회할" 수도 있다.(창 6:6) 하나님의 후회는 하나님의 변화될 수 없음에 모순된다. 그러나 그의 신실하심에 모순되는 것은 아니다.

아퀴노의 토마스가 말한 것처럼, 살아계신 하나님은 "처음으로 움직이는 자" 곧 부동의 원동자(primum movens)인가? 아니면 그는 사람들에 의해 움직여질 수도 있는 분인가? 이스라엘의 하나님 경험은 하나님의 자비를 불러일으키는 이스라엘 백성의 고난과 함께 시작한다.

"나는 이집트에 있는 나의 백성이 고통받는 것을 똑똑히 보았고,
또 억압 때문에 괴로워서 부르짖는 소리를 들었다.
그러므로 나는 그들의 고난을 분명히 안다.
이제 내가 내려가서 이집트 사람의 손아귀에서 그들을 구하여…"
(출 3:7-8).

하나님의 내려오심은 그의 백성이 당하는 고난에 대한 그의 자비로

말미암아 일어난다. 그리스도의 하나님 역사도 이와 비슷하게 시작된다.(요 1:4)

이스라엘의 시편에서 기도는 하나님을 움직인다. "주님, 돌아와 주십시오."(90:13) "주여, 깨어나십시오."(44:23) "일어나십시오."(44:26) 하나님은 주체로서 자유롭다. 그는 머물 수도 있고 떠날 수도 있다. 하나님은 가까이 계실 수도 있고, 멀리 떨어져 계실 수도 있다. 이것이 성서의 하나님 경험들이다. 하나님은 그의 "얼굴을 비칠" 수도 있고, 그의 얼굴은 "숨길"(hester panim) 수도 있다. 하나님은 사람의 고통을 "회상할" 수도 있고, 그를 "잊어버릴" 수도 있다.(시 44:25)

만일 하나님이 움직일 수 없고 변화될 수 없는 분이라면, 우리는 하나님께 기도하고 또 간구할 수 없지 않은가?

하나님에 관한 기독교의 이론(신론)은 기도의 신학과 일치해야 할 것이다.[10] 신론에서 하나님은 변할 수 없다고 이야기하다가, 기도할 때 하나님의 변할 수 있다고 믿는 것은 모순된 일이다. 우리가 기도할 때 하나님은 변할 수 있다고 믿는다면, 신론에서도 그렇게 진술해야 할 것이다.

하나님을 변화될 수 없는 분으로 간주하는 신학자들은, 임마누엘 칸트(Immanuel Kant)처럼 기도를 기도하는 인간의 자기변화(Selbstveränderung)로 위축시켰고, 프리드리히 슐라이어마허(Friedrich

Schleiermacher)처럼 간구의 기도를 폐기하였다.

하나님은 그리스도 안에서 우리의 모든 기도를 이미 이루어주셨다고 말한 신학자들은, 칼 바르트(Karl Barth)처럼 간구의 기도를 공허한 것으로 만들어버린다. 하나님께 드리는 감사만 남게된다.

나를 위시한 일연의 신학자들은 고난에서의 구원과 생명의 새 창조를 바라는 기도의 위대한 성취를 시사한다. 이들 신학자들은 하나님의 위대한 우주적 기다림을 향해 모든 기도를 개방한다.

그런데 우리가 고려해야 할 또 하나의 측면이 있다. 즉, 우리 인간의 기도는 그리스도와 아버지의 관계 속에 포괄된다는 것이다. 우리는 예수와 함께 "하늘에 계신 우리 아버지 … "를 기도한다. 우리의 기도는 그리스도를 통해 아버지에게 전해진다. 아들은 우리를 위해 기도하고, 성령은 말할 수 없는 탄식과 함께 우리를 대변한다.(롬 8:26) 그리스도 안에서 우리는 우리의 기도를 들으시고 우리의 고난을 알며, 우리를 자비롭게 여기시는 하나님을 발견한다. 우리가 접할 수 있고 우리를 위해 변화될 수 있는 하나님을 발견한다.

5. 자유를 향한 길 위에서

지금까지 우리는 본회퍼 이후 오늘의 신학적 토론을 고찰하였다. 이

제 결론에서 우리는 본회퍼로 돌아가기로 하자. 본회퍼는 고난에 머물지 않았다. 그는 자신의 고난은 물론 "하나님의 고난"에도 머물지 않았다. (*그는 고난을 해방의 길로 이해하였다.). "행위뿐만 아니라 고난도 자유를 향한 길이다."(254) 고난이 해방의 길이 될 수 있는 것은, 우리의 일을 완전히 하나님의 손에 맡길 수 있기 때문이다. 고난당하는 것을 행위의 중단(Abbruch)으로 보지 않고 행동의 완성(Vollendung)으로 볼 때, 고난은 행동의 계속(Fortsetzung)을 뜻한다. 여기서 본회퍼는 그 자신의 감옥생활을 생각한 것으로 보인다. 감옥에서 그는 어떤 행동도 할 수가 없었다. 그는 고난을 견디어만 했다. 그러나 그는 무엇이 지금 일어나고 있는가를 알고 있었다. 그러므로 그는 죽음을 "인간의 자유의 대관식"이라 찬양하였다.

본회퍼는 "자유를 향한 길 위에서의 단계들"(Stationen auf dem Weg in die Freiheit)을 서술하였다. 마지막 이전의 단계를 그는 고난이라 보았고, "영원한 자유를 향한 길 위에서의 가장 높은 향연"은 죽음이라 하였다. 본회퍼의 아래 본문과 함께 나는 이 강연을 끝내고자 한다

"이제 오라, 영원한 자유를 향한 길 위에 있는 최고의 향연이여. 죽음이여, 우리의 허무한 몸과 우리의 눈 먼 영혼의 무거운 사슬과 벽을 헐어버려라. 그리하여 우리가 여기서 보지 못하도록 한 것을 드디어 보게 하여라. 자유여, 우리는 훈육과 행동과 고난 속에서 너를 오랫 동안 찾았다. 이제 우리는 죽음 속에서 하나님을 바라보며 너를 인식한다."

(Widerstand und Ergebung 251)

찾아보기

1) J. Moltmann, Weiter Raum. Eine Lebensgeschichte, Gütersloh 2005, 31-46.

2) Das Zeugnis eines Boten. Zum Gedächtnis von Dietrich Bonhoeffer. Oekumenische Kommission für die Pastoration der Kriegsgefangenen, Genf 1945, 56-57.

3) E. Bethge(Hg), Dietrich Bonhoeffer, Widerstand und Ergebung. Briefe und Aufzeichnungen aus der Haft, München 1951. 이 논문에서 나는 이 책의 첫 판을 인용함.

4) G. W. F. Hegel, Glauben und Wissen, 1802/03, PhB 62 b, Hamburg 1962, 124.

5) J. Moltmann, Theologie der Hoffnung, München 1964, 153. 이에 관해 "하나님의 죽음"과 그리스도의 부활에 관한 장, 150~155.

6) 문헌 출처: J. Moltmann, In der Geschichte des dreieinigen Gottes. Beiträge zur trinitarischen Theologie, München 1991, 169. 칼 라너의 사망 후 내가 쓴 서신과 함께 170-171. 또한 이에 관해 J. Moltmann, Der lebendige Gott und die Fülle des Lebens, Gütersloh 2014, 47-52.

7) Johannes Paul II., Enzyklika Dominum et Vivificantem, über den Heiligen Geist im Leben der Kirche und der Welt, 18. Mai 1986, 41.

8) A. Heschel, The Prophets, New York 1962, Chap. 14: The Philosophy of Pathos, 247-268.

9) Der lebendige Gott, 45~47.

10) G. Thomas, Die Affizierbarkeit Gottes im Gebet. Eine Problemskizze, in: A. Grund u. a.(Hg.), Ich will dir danken unter den Völkern, FS für B. Janowski, Gütersloh 2013, 709-731.

3장. 오늘 우리의 세계에 대한 디트리히 본회퍼의 의미
- 테러의 시대 속에서 평화와 저항 -

오늘 우리의 세계에 대한 디트리히 본회퍼의 의미
- 테러의 시대 속에서 평화와 저항 -

Jürgen Moltmann

김균진

디트리히 본회퍼(Dietrich Bonhoeffer)가 세계에서 가장 널리 알려진 20세기 독일의 신학자란 점은 의심할 수 없는 사실이다. 그는 한국, 남아프리카, 니카라구아 그리고 민중의 억압 속에서 고난당하는 여러 다른 나라들의 무법적 독재에 대한 적극적 저항의 모범이 되었다. 그러나 그는 하나님의 이름으로 평화를 세우는 교회와 세계 속에서 그리스도의 평화를 주장한 평화의 신학자이기도 했다. 1945년 4월 9일 그는 플뢰썬뷔르크(Flössenbürg) 강제포로수용소에서 순교를 당하였다. 이를 통해 그는 자기가 말한 대로 살았고, 그가 믿었던 주님을 위해 죽음을 당한, 신빙성 있는 신학자가 되었다.[1] 그가 쓴 문헌들은 독일에서 언제나 다시금 새로운 판을 거듭하며, 많은 나라의 언어로 번역되고 있다. 많은 나라에서 본회퍼 학회가 형성되었다. 한국에서는 유석성 총장이 오랫동안 회장으로 있었다. 분명히 본회퍼는 신학생들과 의식있는 그리스도인들에게 언제나 다시금 깊은 감명을 주었다.

디트리히 본회퍼는 재능이 뛰어난 대학생이었다. 그는 교회의 신학적, 사회적 형태에 관한 천재적 논문과 함께 21세의 나이에 박사학위를 받았고, 1930년 대학교수자격 논문을 끝냈다. 그러나 1933년 그는 앞길이 양양한 학문적 출세의 길을 버리고, 독일의 나치독재에 대항하는 고백교회의 투쟁에 가입하였다. 1945년 그는 39세의 나이에 살해당하였다. 그는 신학적 저술을 위해 많은 시간을 갖지 못하였다. 그 시간은 10년에 불과하였다.

유석성 서울신대 총장이 그의 박사학위 논문에서 기술한 것처럼, 우리는 본회퍼의 신학에서 세 가지 시대를 구별할 수 있다: 1. 학문적 시대, 2. 고백교회 시대, 3. 적극적 저항의 시대.[2] 그의 신학은 이렇게 세 가지 시대로 구별되지만, 예수 그리스도는 그에게 언제나 동일한 분이었다. 그는 교회 안에 그리고 정치적 세계 안에 있는 그리스도의 현존을 믿었고 또 그것을 찾았다.

오늘 여기에서 나는 본회퍼의 신학적 출발점들을 요약하기보다, 그의 평화의 메시지와 히틀러의 테러정권에 대한 적극적, 무력적 저항에 그가 가입한 것을 설명하고, 이것이 오늘 우리에게 무엇을 의미하는가를 다루고자 한다. 평화를 외치면서 테러에 저항하는 것은 모순되는가? 만일 양자가 모순된다면, 오늘 우리는 이 모순과 함께 살 수 있는가?

I. 평화

A. 덴마크 파뇌에서 남긴 본회퍼의 메시지

1934년 8월 덴마크 파뇌(Fanö)에서 "세계교회 친선연구회"(Internationale Freundschaftsarbeit der Kirchen)와 "실천적 기독교를 위한 세계교회협의회"가 공동으로 주최한 회의가 열렸다. 이즈음에 독일의회의 의징 힌덴부르크(Hindenburg)가 사망하였고, 히틀러가 1934년 독일의회에서 총체적 권력을 장악하였다. 바로 이때 디트리히 본회퍼는 의미심장한 연설을 하였다. 이 연설은 오늘도 중요한 의미를 가진다.[3] 여기서 나는 이 연설에 제시된 본회퍼의 네 가지 명제에 관해 토의하고자 한다:

1. "안보를 향한 길 위에 평화는 없다"

본회퍼는 이에 대한 근거를 다음과 같이 제시한다. "왜냐하면 평화는 모험될 수밖에 없기 때문이다. 평화는 큰 모험이요, 결단코 보장될 수 없다. … 우리는 무기를 가지고 평화의 투쟁을 이길 수 없다. 오히려 하나님과 함께 이길 수 있다. 이 투쟁은 십자가에 이르는 바로 그 길 위에서도 이길 수 있다."

2. "평화는 있어야 한다. 그리스도께서 세계 속에 계시기 때문이다"

이에 대한 근거. "'땅 위에 있는 평화', 이것은 아무런 문제가 아니다. 오히려 이것은 그리스도 자신의 나타나심과 함께 주어진 계명이다."

3. "평화가 있어야 한다. 그리스도의 교회가 있기 때문이다",

오직 교회 때문에 온 세계가 산다. 그리스도의 이 교회는 모든 백성들 가운데서 살지만, 민족적, 정치적, 사회적, 인종적 종류의 모든 한계들을 초월한다. 이 교회의 형제들은 그들에게 말씀하시는 한 분의 주님 그리스도의 계명을 통해 분리될 수 없이 결합되어 있다. 이 결합은 역사와 피와 계급과 언어의 모든 끈들이 인간을 결합할 수 있는 것보다 훨씬 더 강하다.

4. 온 세계로부터 오는 "그리스도의 거룩한 교회의 위대한 에큐메니칼 공의회만이,

다음과 같이 말할 수 있다. 즉, 세계는 … 평화에 관한 말씀을 들어야 하며, 민족들은 기뻐하게 된다는 것이다. 그 까닭은, 그리스도의 교회는 그리스도의 이름으로 이 세상의 아들들의 손에서 무기를 빼앗고 그들에게 전쟁을 금지하며, 미친 듯이 질주하는 세계에 대해 그리스도의 평화를 외치기 때문이다."

B. 위의 명제들에 대한 토의:

1. 위의 첫째 명제는, 히틀러가 독일의 군비확장을 통해 세계대전을 준비했던 1934년대 그 시대만큼 오늘도 중요한 의미를 가진다. 히틀러는 이 전쟁을 처음부터 의도하였다. 안보(Sicherheit)는 평화를 이루지 못한다. 그러나 평화는 안보를 이룰 수 있다.(Sicherheit schafft keinen Frieden, aber Frieden schafft Sicherheit)

동서 진영의 "냉전" 시대에 세계의 안보는 수소폭탄의 "상호 보장된 파괴"의 위협을 통해 보증되었다: "첫 번째로 먼저 쏘는 자가 두 번째로 죽는다"(Wer als Erster schießt, stirbt als Zweiter). 이것이 평화인가? 그렇지 않다! 그러므로 이 시대를 우리는 "냉전" 곧 차가운 전쟁(Kalter Krieg)이라 불렀다. 러시아인들은 이것을 "3차 세계전쟁"이라 말했다.

세계에서 최고도로 무장되어 있고 가장 위험한 지역으로 알려진 남북한의 경계선은 이 "냉전"의 잔여물이다. 여기서 상호 간의 위협을 통해 이루어지는 안보는 결코 평화가 아니다.[4]

현대세계의 안보국가(Sicherheitsstaat)는 국가와 관계없는 이슬람의 테러에 대한 방어로 말미암아 생성되었다. 이에 대한 모범은 미국이다. 2001년 9월 11일 이슬람의 뉴욕 세계무역센터 폭파에 대해 미국은 지속적 "비상사태" 선언으로 대응하였다. 당시 미국의 대통령이었던 죠지 부시(George Bush jr.)는, "미국은 전쟁을 하게 되었다"(America is at war)

고 외쳤다. 이와 함께 그는 전쟁에 관한 법률을 도입하고, 2001년 11월 "애국헌장"(Patriot Act)에서 미국 시민들의 자유의 권리를 제한하였다. 그리고 "악의 세력들"에 대한 "선제공격"을 정당화하고, 쿠바의 관타나모(Guantanamo)에 불법적 감옥을 세우며, 온 세계에 걸쳐 실제의 테러분자는 물론 위험하다고 생각되는 테러분자들을 무인비행기를 통해 죽였다. 미국 안전보장국(NSA: National Security Agency)은 온 세계에 불법적 감시망을 설치하였다. 국가권력의 헌법적 정당성과 시민들의 기본권리가 국가 "안보"의 이름으로 폐지되었다. 국가권력이 "절대적"인 것이 되었다. 다시 말해 그 자신의 정당성을 제시해야 할 의무를 갖지 않게 되었다. 이리하여 사적으로 조직된 아래로부터의 테러(Terror von unten)에 대해, 법이 없는 위로부터의 테러(Terror von oben)가 생성되었다. 안보를 추구하는 국가는 민주화된 법의 국가의 종식이었다(Der Sicherheitsstaat ist das Ende des demokratischen Rechtsstaates).

본회퍼는 오늘 우리의 세계에 대해서도 타당성을 가진다. 안보를 추구하는 한 평화는 없다. 그러나 먼저 평화를 찾을 때, 안보는 저절로 찾아온다. 이것은 신뢰와 통제에 대해서도 타당하다. 레닌(Lenin)은 말하기를, "신뢰는 좋은 것이고, 통제는 더 좋은 것이라 하였다."(Vertrauen ist gut, Kontrolle ist besser) 무소부재의 정보체제를 가진 소련의 독재가 그 결과였다. 신뢰와 통제의 관계를 거꾸로 되돌리는 것이 타당하다는 사실을 우리 모두는 잘 알고 있다. 즉, 통제는 좋은 것일 수 있지만, 신뢰는 항상 더 좋은 것이다. 신뢰는 보다 더 인간적이기 때문이다. 그러나 본회퍼 자신이 알고 있었듯이, 신뢰와 평화는 하나의 모험이다. 신뢰는 실망으로 끝날 수 있고, 평화는 상처를 받을 수 있기 때문이다. 이 위험에 대해 우리는 오직 "하나님과 함께" 대응할 수 있다. "십자가에 이르는 길"에서도 평화가 이루어질 수 있다. 본회퍼는 이 길을 걸었다. 그는 다음의 사실을 알고 있었다. 즉, 한계가 없는 하나님의 인내는 모든 폭력보다 더 강하다. 그것은 폭력을 행하는 자들이 갖지 못한 시간을 갖기 때문이다.

2. 본회퍼의 둘째 명제는 이렇게 말한다. "평화는 있어야 한다. 그리스도께서 세계 속에 계시기 때문이다." 본회퍼는 그리스도의 오심과 평화의 절대 계명을 직결시킨다. 여기서 나는 성서에 기록된 성탄절 이야기를 회상하면서 다음과 같이 말하고 싶다: "이 세계 속에 그리스도의 나타나심"은 누가복음의 천사들이 선포하는 "큰 평화"와 결부된다. 타락한 세계의 구원자가 태어났다. 하나님 없는 죄인들의 구원자가 오셨다. 그리스도의 나타나심과 함께 하나님의 평화가 이제 이 세상 속으로 오셨다. 세계의 비밀은 생존을 위한 투쟁이 아니요, 선과 악 사이의 투쟁이 아니다. 세계의 비밀은 하나님의 평화이다. 예수 그리스도는 이 적대적인 세계 속에 있는 하나님의 평화다. 영광스럽고 충만하며, 모든 피조물이 함께 나누는 영원한 생명이 예수 그리스도 안에 "나타났다."(요일 1:1) 우리가 그리스도를 우리의 세계 속에서 인식할 때, 평화의 계명이 지닌 의미가 저절로 밝혀진다. 그리스도와 함께 평화에 대한 희망이 평화가 없는 이 세계 속으로 들어왔다. 그러므로 평화는 가능하다고 우리는 믿는다. 끊임없는 전쟁들의 세계와는 전혀 다른 세계(* 곧 전쟁이 없는 세계)가 가능하다는 것을 우리는 희망한다. 우리가 살고 있는 이 세계

속에서 하나님의 평화는 적에 대한 승리를 통하여 이루어지는 것이 아니라 화해를 통해 이루어진다. 화해는 죄책의 용서를 의미하며, 선으로 악을 극복하는 것을 의미한다. 그것은 모든 피조물이 함께 나누는 새로운 생명의 시작을 의미한다.

"높은 곳에는 하나님께 영광이요." 이 평화는 하나님에 적대해서는 불가능하다. 그것은 오직 하나님과 함께 가능하다. "땅 위서는 평화로다." 하나님의 평화는 하나님이 "기뻐하는" 모든 사람들을 위한 것이다. 하나님은 모든 사람을 자비롭게 여긴다. 여기서 땅은 특별한 의미를 가진다: 하나님의 평화는 땅 위에 있는 인간의 세계만을 위한 것이 아니라, 땅과 땅의 모든 피조물들, 하나님이 사랑하는 모든 땅을 위한 것이기도 하다. 하나님의 평화는 축복을 뜻한다. 하나님의 평화 속에서 이루어지는 삶은 가장 큰 축복을 받은 삶이요, 하나님의 영원한 사랑에 의해 긍정되어진 삶이다. 그것은 폭력적 행위, 불법과 살인보다 더 강하다. 그러므로 본회퍼의 생각은 타당하다. 평화가 있어야 한다. 그리스도께서 이 세계 속에 계시기 때문이다.

3. "평화가 있어야 한다. 그리스도의 교회가 있기 때문이다." 여기서 본회퍼는 1934년 유럽에 있었던 현실의 교회를 생각한 것이 아니라, 신앙의 교회만을 생각했던 것으로 보인다. 그리스도인들이 신앙하는 그리스도의 교회는 모든 민족들 가운데 있지만, 모든 민족들의 정치적, 사회적, 인종적 한계들을 초월한다. 교회는 유대인들과 이방인들 사이에 있는 "제3세대"라고 초대교회는 말하였다. "모든 낯선 곳이 그들

에게는 본향이요, 모든 본향은 그들에게 낯선 곳이다"라는 말을 우리는 초기 그리스도인들에 관한 초대교회의 디오그네트 서신(* Diognetbrief, 주후 3세기 기독교 철학자 Hermias를 포함한 그리스도인들의 삶을 아름답게 묘사하는 익명의 서신)에서 읽을 수 있다. 그리스도의 죽음과 부활에 참여하는 세례를 통하여 그리스도인들은 분리와 투쟁의 이 세계에 대하여 죽고, 새로운 생명으로 부활하였다. 이 신앙에서 본회퍼는 다음과 같은 귀결을 도출한다. 그리스도의 형제들과 자매들은 분리될 수 없이 함께 결합되어 있다. 단 하나의 거룩한 교회 안에 있는 이 결합은, 자신의 민족과 자신의 조국과 자신의 인종, 그리고 자신의 계급에 대한 결합보다 더 강하다. 이 생각은 1934년 유럽의 상황에서 하나의 희망사항인 동시에 예언이었다.

그것은 하나의 희망사항이었다. 왜냐하면 그 당시 유럽에서 교회는 민족교회(Nationalkirche)였기 때문이다. 국가를 초월하는 그리스도인들의 공통된 신앙보다 민족주의가 더 강하였다. 제1차 세계대전에서 600만 명의 그리스도인들이 그들이 속한 국가의 군인으로서 죽음을 당하였다. 그들은 그리스도를 위해 죽은 것이 아니라, 그들의 조국을 위해 죽었다. 민족주의는 20세기의 가장 나쁜 우상숭배였다. "거룩한 조국"을 위해 수백만 명의 생명이 희생되었다. 소수의 그리스도인들만 이에 대항하였을 뿐이다. 어떤 사람은 "조국의 배반자"로 처형되었다. 로마 가톨릭 교회도 이 정치적 우상숭배에 저항하지 않았다. 이 우상숭배는 이른바 "콘스탄티누스적 전환"으로 소급된다. 그때까지 박해를 받던 기독교는 제3세기 콘스탄티누스 황제와 그의 후계자들 아래에서 로마제국의 제국종교(Reichsreligion)가 되었고, 로마제국은 그리스도인들의 거룩한 제국(Heiliges Reich)이 되었다. 오늘에야 이르러 이 전통은 종식되고 있다. 비콘스탄티누스적인 새로운 교회가 아시아와 아프리카에서 생성되고, 유럽과 아메리카에서는 콘스탄티누스 이후의 새로운 교회가 생성되고 있다.

그러나 본회퍼의 환상은 희망사항에 불과했는가? 독일의 나치 이데올로기와 나치 독재에 대한 교회의 저항 속에서 오직 그리스도만을 고백하는 교회 곧 고백교회가 생성되었다. 본회퍼는 그 최초의 인물들 가운데 한 사람이었다. 고백교회에게 참으로 중요한 것은 자신의 민족교회와의 결합성이 아니라, 다른 나라에 속한 그리스도인들과의 에큐메니칼적인 결합성이었다. 고백교회와 함께 독일에서는 에큐메니칼 교회가 생성되었다. 이것을 본회퍼는 이미 1934년에 예언자적으로 감지하였다. 즉, 평화가 있어야 한다, 그리스도의 교회가 모든 민족들 안에 있고, 교회의 결합성이 민족적 결합성보다 더 강하기 때문이다.

4. 위대한 에큐메니칼 공의회. 그 당시 그리고 오늘, 그리스도의 단 하나의 교회에 대한 거대한 유토피아, 이것은 1934년 본회퍼가 덴마크의 파뇌(Fanö)에서 제의한 대담한 환상이었다. 교회의 이 보편적 평화공의회는 아래 두 가지 극단적 계명을 성취해야 한다고 본회퍼는 제의한다: 1) "평화에 대한 말씀"을 민족들에게 전권을 가지고 선포하여, 이 말씀을 그들이 듣고 수용케 하는 것, 본회퍼가 말한 것처럼, 그것을 "인지하게"(vernehmen) 하는 것. 2) 예수 그리스도의 이름으로 모든 그리스도

인들의 손에서 무기를 빼앗고, 그들에게 전쟁을 "금지하는 것". 이것은 1934년은 물론, 오늘 우리에게도 하나의 유토피아이다. 누가 이같은 전(全)기독교적 공의회를 소집할 수 있는가? 로마 교황이나 콘스탄티노플의 대주교인가, 아니면 독일의 한 교수인가? 그리고 기독교는 언제 한목소리로 "평화에 대한 말씀"을 외치면서 전쟁을 저주할 것인가?

1983년, 파뇌(Fanö)의 회의가 있은지 거의 50년 후 뱅쿠버(Vancouver)에서 열린 세계교회협의회 총회는 "정의, 평화, 창조의 보존"에 대한 세계대회를 결정하였다. 초대교회 시대의 기본적 공의회들 다음에 정교회가 인정하지 않는 단 한 번의 거대한 "공의회" 대신, 세계교회협의회는 "공의회적 과정"(konziliaren Prozess)을 결정했는데, 이 과정은 1989년 드레스덴(Dresden)과 바젤(Basel)에서 중요한 결과들을 공적으로 발표하였다. "공의회적 과정"은 본회퍼가 말한 "거대한 에큐메니칼 공의회"를 목적으로 가진다. 여기서 우리는 다음의 사실을 볼 수 있다. 즉, 유토피아가 세계의 신적 비밀인 예수 그리스도와 관계될 때, 그것은 아무런 작용도 일으키지 못하는 유토피아로 머물지 않는다는 것이다.

1934년 거대한 국가교회들과 민족교회들은 "정의로운 전쟁"에 대해 성찰하고, 전쟁에 대하여 윤리적 한계를 세우고자 하였다. 오늘날 이 교회들은 "정의로운 평화"에 대해 에큐메니칼적으로 성찰하고 있다. 이미 1948년 암스텔담(Amsterdam)의 에큐메니칼 회의는 이렇게 말하였다: "하나님의 뜻을 따른다면, 전쟁은 있어서는 안 된다." 2011년 5월 자마이카(Jamaica)의 킹스톤(Kingston)에서 열린 세계 에큐메니칼 평화회의 (Friedens-Konvokation)는 "정의와 자유 안에서의 평화"를 에큐메니칼 운동의 주요 목적으로 삼았다.[5] 여기서 문제가 된 것은 죽임의 야만성 (Barbarei des Tötens)에 대항하는 "평화의 문화"였다.

평화는 전쟁을 끝내는 것 이상의 것이다. 평화는 정의가 있을 때에만 가능하다. 평화는 정치적, 경제적 억압의 종식이다. 평화는 자유다. 우리는 하나님과의 평화, 우리 자신과의 평화, 인간 공동체 안에서의 평화 그리고 땅의 자연 안에서의 평화를 필요로 한다. 본회퍼는 평화를 전쟁에 대한 대안으로 생각하였다. 이것은 이해될 수 있고 또 타당하다. 그러나 평화는 행복스러운 상태가 아니라, 폭력이 철폐되고, 정의로운 구조들이 건설되는 하나의 길이요 과정이다. 평화는 적대관계와 적들의 상들(Feindbilder)이 철폐되고, 국가 간의 조약들을 통해 신뢰(Vertrauen in Verträgen)를 구축하는 과정이다. 예언자 이사야가 선포한 것처럼, 평화는 사회와 국가가 "칼을 보습으로" 바꾸는 창조적 변화이다. 과거에 인류는 전쟁을 수행하고, 증오하고 죽이는 것을 배워야 했다. 이에 반해 이제 우리는 갈등을 극복하고 평화를 세우는 것을 "배워야" 한다. 평화는 저절로 오지 않는다. 폭력이 난무하는 오늘의 세계 속에서 그것은 매우 큰 노력을 요구한다. 전쟁은 영웅적 용기와 희생물을 요구한다면, 평화는 용기있고 영리한 행동, 그리고 자신의 생명과 희생자들의 개입을 요구한다. 그러나 이것은 죽음을 위한 개입과 희생이 아니라 생명을 위한 개입과 희생이다. 이것은 개입하는 사람들 자신에게 십자가의 길이 될 수 있지만, 이들에게 큰 확신을 부여한다.

II. 저 항

1. 적극적 저항에 대한 본회퍼의 결단

1939년 본회퍼는 미국에 머물 수도 있었다. 그러나 그는 전운이 감돌고 있는 독일로 일부러 돌아갔다. 하나님이 그를 독일에서 필요로 한다고 확신했기 때문이다. 그는 그의 매형 한스 폰 도나니(Hans v. Dohnany)를 통해 독일군 첩보대(Spionageabwehr)에 속한 군인들의 저항단체와 접속하게 된다. 그가 군대에 징집되어야 했을 때, 첩보대는 그를 불러 외국과의 접촉 임무를 맡겼다. 첩보대의 이름으로 그는 스웨덴으로 가서 벨 폰 치체스터(Bell von Chichester)를 만났고, 스위스에 가서 세계교회협의회를 방문하였다. 히틀러가 지배하는 독일에 저항단체들이 있고, 이 단체들은 독재자 히틀러를 제거하기 위해 노력한다는 것을 알리는 것이 그의 임무였다. 그는 카나리스 해군 제독(Admiral Canaris)과 오스터 육군 대령(Oberst Oster)를 중심으로 한 저항단체와 함께 1945년 4월 처형되었다.

왜 본회퍼는 교회 목사로서 군인들의 저항에 참여했는가? 1938년 히틀러에 의해 강제수용소로 끌려간 마르틴 니묄러(Martin Niemöller)의 대리자 헬뭍 골비처(Helmut Gollwitzer)는 1939년 본회퍼와 나눈 대화를 다음과 같이 회상한다: 이 대화의 중심 문제는, 교회의 목사가 정치적 저항세력들과 연대할 수 있는가의 문제였다.[6] 골비처는 이를 반대했는데, "고백교회의 목사로서 내가 하는 일이 정치적 이유 때문이란 혐의를 받지 말아야 한다"는 이유에서였다. 본회퍼는 교회적 저항과 정치적 저항의 이 구별을 반대했다. "이같은 살인자 정권 아래에서 기독교 신앙의 귀결로서의 정치적 저항을 분명하게 긍정하는 것"을 골비처는 존중하였다. "나를 따르라"는 그리스도의 온전한 부르심이 본회퍼에게는 교회와 국가의 구별보다 더 중요했다. 그리스도인으로서 그리스도의 부르심을 받은 그는 목사 직분의 한계를 핑계로 이 부르심을 거절할 수 없었다.

그러나 본회퍼는 목사로서 자기의 직업을 가지고 이것을 논증하기도 하였다. 그와 함께 감옥에 갇혀 있던 한 수감자가 어느 날 그에게 이렇게 물었다. 어떻게 목사가 히틀러에 대한 적극적 저항운동에 가담할 수 있느냐는 것이었다. 이에 본회퍼는 다음과 같은 비유로 대답하였다. "술에 만취된 한 자동차 운전자가 밀집된 군중 속으로 돌진할 때, 그 미친 사람의 희생자가 된 사람들의 장례식을 치러주고 가족들을 위로하는 것만이 목사의 사명이 아니다, 보다 더 중요한 것은 술에 만취된 그 운전자에게서 자동차 핸들을 빼앗는 것이다."[7] 본회퍼가 이야기한 다른 하나의 비유에 의하면, "자동차 바퀴 밑에 깔린" 부상자들을 치료하는 것은 물론, 차축에서 바퀴를 빼내는 것이 보다 더 중요하다. 내가 만일 비행기를 자기 손에 넣고 모든 승객들을 죽이려고 하는 테러분자를 진압할 수 있는 상황에 있다면, 나는 어쩔 수 없이 그를 죽일 수밖에 없을 것이다. 디트리히 본회퍼에게는 폭력에 대한 원칙적 질문보다 생명에 대한 책임이 더 중요하였다. 이리하여 1934년 평화주의자였던 그는 1940년 적극적 저항의 투쟁자가 되었다. 그는 평화와 저항의 모순을 의식하였다. 그래서 적극적 저항에의 참여가 평화의 선포를 위한 자신의 봉사를 "믿을 수 없는" 것으로 만들지 않는가, 그는 자주 질문하였다.

1943년 체포되기까지 본회퍼는 『윤리학』을 저술한다. 이 책에 수록된 「책임적 행동의 구조」라는 장(章) 제목 아래에 「죄책의 수용」(Schuldübernahme)이란 제목의 작은 절(節)이 나온다.[8] 이 절에서 그는 자신의 결단에 대한 정당성을 기술한다. 그 논리 전개를 우리는 다음과 같이 요약할 수 있다:

1) 모든 책임적 행동의 근원은 예수 그리스도 안에 계신 하나님이다.

2) 예수는 죄책을 가진 인류의 공동체 속으로 들어왔다. 그는 이들의 죄책을 짊어지고자 한다.

3) 오직 무아적 사랑 때문에 그는 현실의 모든 사람들과 똑같은 죄책을 가진 자가 된다. "죄가 없는 자인 예수는 인간의 죄책을 짊어진다." 예수는 우리를 위하여 책임을 진다.

4) 이웃을 "대리하는 모든 책임적 행위는 죄 없이 죄책을 짊어진 예수 그리스도 안에 그의 근원을 가진다."

5) "죄책에 대한 책임을 벗어나고자 하는 자는, 인간 현존의 마지막 현실로부터 자기를 분리시킨다. … 그는 인간에 대한 책임보다 자신의 인격적 죄없음을 더 중요하게 여긴다. … 죄 없는 자가 무아적으로 사랑하는 자로서 (* 이웃의) 죄책을 짊어지는 것은, 예수 그리스도로 말미암은 책임적 행동의 본질에 속한다."

죄책의 수용은 두 가지 측면을 가진다: 나는 나의 인간적 공동체가 지닌 죄책을 의식적으로 짊어진다, 그리고 나는 인간을 위한 책임적 행동을 통해 스스로 죄책을 가진 자가 된다. 본회퍼의 경우 이것은 다음의 사실을 말한다: 나는 유대인들을 죽인 살인자들의 백성 가운데 살며, 이 살인적 체제에 대한 적극적 저항에 참여한다. 나는 나의 백성을 사랑하기 때문에, 이 대량학살자를 죽일 채비가 되어 있다. 이로써 나는 1934년 내가 선포했던 평화의 계명을 지키지 않는다는 빚을 짊어진다. 그러나 나는 독일의 저항운동이 나에게 제시하는 가능성 속에서 책임적으로 행동할 수밖에 없다.

"첩보대" 내의 군사 저항단체, 곧 카나리스 제독과 오스터 대령도 이같이 생각했는지 나는 알 수 없다. 그러나 이들은 자신의 저항운동에 대해 아무 죄책도 느끼지 않았다고 생각된다. 도리어 히틀러의 살인적 체제에 복종한 사람들이 죄책을 느껴야 한다고 그들은 보았을 것이다. "한 정부가 큰 자의(Willkür)와 함께 독재적 정부가 될 때, 악마적인 상황이 발생하며, 그 결과 하나님 아래 있지 않은 체제가 생성된다. 마귀적 권력에 대한 복종은 죄일 따름이다.… 원칙적으로 이같은 상황에서 어떤 형식의 것이든 반란의 권리가 성립된다"고 1952년 노르웨이 루터교회 주교 베르그라프(Berggrav)는 선언하였다. 그는 2차 세계대전 때 독일군 점령에 대한 노르웨이인들의 저항에 적극적으로 참여하였다. 홀란드, 프랑스, 폴란드 그리고 독일군에 의해 점령된 다른 지역의 투쟁자들도 자신의 행위에 대해 죄책을 느끼지 않았다. 도리어 이들은 독일의 점령세력에 대한 협력분자들을 고소하였고, 전쟁이 끝난 후 이들에 대한 재판을 시작하였다. 그러나 이보다 더 어려운 일은, 자신의 민족 안에서 이 민족에 대한 사랑 때문에 저항운동을 벌이고, "민족 배반자"로 처형되는 것이었다.

여기서 우리는 정치적 저항의 권리와 기독교적 저항의 권리에 대해 성찰하고자 한다:

1) 독일 헌법 20조 4절은 다음과 같이 말한다: "이 질서(곧 민주적 법치국가의 질서)를 제거하고자 하는 모든 사람에 대해, 만일 다른 도움이 불가능할 경우, 모든 독일인은 저항의 권리를 가진다." 특별한 상황에서 저항은 정치적 책임이다.[9] 정부의 불법적이고 비인간적인 폭력 행사에 대한 저항은 합법적인 것이다. 토마스 폰 아크빈(Thomas von Aquin)에 의하면, a) 불법적 국가권력에 대한 저항과 b) 찬탈한 국가권력에 대한 저항은 정당하다. 1948년과 1966년의 민주적 법치국가의 선언과 인권선언을 통해 어떤 형태의 것이든 간에 오늘날 저항은 권장되고 있다.

2) 적극적 저항에 대한 본회퍼의 결단이 민주적 법치국가의 회복을 위한 목적으로 유발되었다고 생각되지 않는다. 그의 『윤리학』은 민주주의에 대해 별로 말하지 않는다. 그의 결단은 나치의 인종주의 독재의 희생자들로 말미암아 유발되었다. 이미 1933년에 본회퍼는, 히틀러의 독재가 유대인 대량학살로 이어질 것이라 예견하였다: "유대교는 제거되어야 한다"고 히틀러는 『나의 투쟁』(Mein Kampf)에서 말하였다. 폭력적 통치의 죄없는 희생자들, 억압당하는 자들과 박해당하는 자들은 기독교적 사랑의 행동을 부르짖는다: 1560년 스코틀랜드 개혁교회 신앙고백 제14조는 이웃사랑의 계명을 다음과 같이 열거한다:

"죄없는 사람들의 생명을 보호하고,
독재에 저항하며,
억압당하는 사람들을 돕는 것."

본회퍼는 이것을 행하였다. 이를 통해 그는 정의와 자유 안에 있는 평화를 위해 기여하였다.

찾아보기

1) E. Bethge, Dietrich Bonhoeffer. Eine Biographie, München 1986; J. Moltmann, Klausund Dietrich Bonhoeffer, in: J. Mehlhausen (Hg.), Zeugen des Widerstandes, Tübingen 1998, 194~216.

2) Suk-Sung Yu, Christologiesche Grundentscheidungen bei Dietrich Bonhoeffer, Diss. Tübingen 1990.

3) D. Bonhoeffer, Kirche und Völkerwelt, 28. August 1934. Gesammelte Schriften I, München 1958, 216 ff.

4) 보다 더 자세한 아래 내용에 관해 J. Moltmann, Drachentöten und Friedenstiften im Christentum, in: Ethik der Hoffnung, Gütersloh 2010, 211~240.

5) F. Enns/A. Mosher, Just Peace. Ecumenical, intercultural and interdisciplinary Perspectives, Eugene, Oregon 2013.

6) H. Gollwitzer, Weg des Gehorsams, in: W. E. Zimmermann, Begegnungen mit Dietrich Bonhoeffer. Ein Almanach, München 1964, 109~116.

7) O. Dudzus, Dem Rad in die Speichen fallen, 위의 책, 66~74.

8) D. Bonhoeffer, Ethik. Zusammengestellt und herausgegeben von E. Bethge, München 1949, 186.

9) A. Kaufmann, Widerstandsrecht. Wissenschaftliche Buchgesellschaft, Darmstadt 1972. J. Moltmann, Rassismus und das Recht auf Widerstand, in: Das Experiment Hoffnung, München 1974, 145~163.

4장. 내가 체험한 40년 한국
- 1975년에서 2015년 사이 -

내가 체험한 40년의 한국
- 1975년에서 2015년 사이 -

Jürgen Moltmann

김균진

40년에 달하는 한국과 나의 관계의 역사는 함께 나누는 공동의 고통과 공동의 기쁨의 역사요, 언제나 더 깊은 우정의 역사였다. 한국 민족과 한국의 문화를 나는 경이롭게 생각하며, 세계 기독교의 모범이 될 수 있는 새로운 가능성을 한국의 교회에서 발견한다. 먼저 나는 한국에 대한 나의 경험들을 말씀드리고 싶다.

한국과의 관계는 1970년 케냐의 나이로비에서 열린 개혁교회 세계연맹(Alliance of reformed Churches, Presbyterian and Congregational) 총회에서 시작되었다. 이 총회에서 나는 「분열된 세계 안에서의 평화」란 제목으로 강연하면서, 독일과 한국과 같은 분단된 나라들 그리고 베를린과 벨파스트처럼 분단된 도시들에 대해 말했다. 강연이 끝나자 박봉랑 교수가 나에게 와서 한국에 초대하고 싶다고 하였다. 이를 계기로 우리는 활발한 서신교환을 시작했는데, 그는 튀빙겐대학 박사학위 과정 공부를 위해 자기 제자 가운데 한 사람을 보내주었다. 이 학생은 나중 연세대학교 교수가 되었고 많은 재능을 가진 나의 번역자 김균진 교수였다. 또 그 당시 뷔르템베르크주(州) 교회 선교목사로 일하면서 튀빙겐(Tübingen)에 살고 있던 박종화 목사가 이에 가세하였다. 이 두 사람과 함께 나의 많은 한국 제자들이 줄을 잇게 되었고, 나는 그들의 "박사 논문지도교수"(Doktorvater)가 되었다. "하루의 선생은 한 평생의 아버지다"라는 중국 격언처럼, 나는 내가 지도한 제자들에게 아버지와 같은 느낌을 가진다. 박사학위를 받은 후 그들이 어떤 길을 걸어가며, 나중에 어떤 신학적 통찰들을 발전시키는지, 나는 항상 깊은 관심을 가지고 지켜보고 있다.

1975년 나는 「민중의 투쟁 속에 있는 희망」(Hoffnung im Kampf des Volkes)이란 매우 위험한 강연 제목과 함께 처음으로 한국에 왔다. 이 강연은 일본의 도시산업선교 회의에서 발표한 것이었다. 그 당시 한국 백성, 곧 민중은 무서운 군사독재와 혹독한 산업화 과정 속에서 고난을 당하고 있었다. 이들은 자신이 당하는 고통과 용기, 곧 한(恨)을 공적 저항을 통해 나타내었다. 한국신학대학에서 나는 안병무 교수를 만났는데, 그는 독일 하이델베르크대학에서 마가복음 안에 나타난 "오클로스"(ochlos)에 대하여 박사논문을 썼다. 안교수는 이 박사논문을 민중신학으로 발전시켰다. 또 얼마 전 감옥에서 석방된 학생들과 나의 한국 방문 다음에 감옥형을 받은 학생들을 만날 수 있었다. 그들은 모두 삭발을 하고 있었다. 그들과의 만남 속에서 나는, 한 학생이 감옥에서 일곱 명의 수인들에게 세례를 베풀었다는 얘기를 들었다. 또 어떤 학생은 북한에 대한 관계 때문에 사형을 언도 받았는데, 내가 쓴 『희망의 신학』이 자신의 신념에 대한 근거가 되었다고 말하였다. 그 당시 나는 이 학생의 석방을 위해 한국 법무부에 항의 서한을 보냈는데, 아무런 대답도 듣지 못하였다. 그는 석방되어 일본에 살고 있다는 얘기를 나중에 들었다.

그 당시 한국은 민족적 갈등을 겪는 동시에 사회적 갈등을 겪고 있었다. 한국전쟁이 끝난 뒤, 미국은 남한을 북한과 공산주의 진영에 대한 하나의 요새로 구축하였다. 그러므로 북한과의 모든 사적 접촉이나 교회적 접촉은 처벌 대상이었다. 그러나 남한과 북한은 한 민족이었다. 그러므로 한국 민족의 고통스러운 분단을 극복하고자 하는 사람들은 북한 사람들과의 접촉을 시도할 수밖에 없었다. 많은 용기 있는 사람들과 목사들이 이를 시도했으나 좌절하고 말았다. 한국민족 전체가 오늘도 당하고 있는 치명적 한계에 새로운 변화의 기운이 김대중 대통령과 그의 "햇볕정책"을 통해 비로소 일어나게 되었다. 한국의 사회적 갈등은 무리한 산업화, 노동조합에 대한 억압으로 말미암아 일어났다. 1975년 내가 한국에 머무는 동안, 한 노동자가 저항을 하다가 죽음을 당하였고, 노동조합 지도자들이 투옥되었다. 내 강연 제목이 왜 "위험한" 것으로 보였는지, 여러분은 상상할 수 있었으면 좋겠다. 내가 강연하기 전에 또 내가 강연을 끝낸 뒤 한국 정보부 직원들이 신학대학에 와서, 왜 총장들이 나를 강연에 초대했는지 조사하였다. 그러나 그들은 나를 괴롭히지는 않았다.

당시 나는 연세대학교 영빈관에 머물고 있었는데, 프로그램이 꽉 차 있었다. 오전에 한 강연을 끝내고 돌아오면, 다른 신학대학에서 보낸 자동차가 나를 기다리고 있었다. 한번은 무당이 일하는 사당을 방문하고 싶다고 박봉랑 교수와 그의 동료들에게 말했더니, 한참 주저하다가 그들은 어느 날 저녁 나를 데리고 가까운 산으로 갔다. 어둠침침한 사당에서 한 여자 무당이 아버지를 잃어버린 어느 가족과 함께 애도의 제(祭)를 치르고 있었다. 무당은 매우 아름답게 제를 치루었는데, 마지막에 망자의 외투를 입고, 그의 모자를 자기의 머리에 쓴 다음, 슬프게 우는 가족을 위로하였다. 벽에는 무속적 성물들이 그려진 그림들이 걸려 있었다. 우리는 깊은 인상에 잠겨 산을 내려왔다. 박봉랑 교수는 나에게 한국의 작은 상(床)을 선물했는데, 이 상은 지금도 나의 서재에 놓여 있다. 또 그는 나의 부인에게 한복을 한 벌 선사했다. 당시는 물론 지금도 젊어보이고 진보적인 서광선 교수와 나는 그때부터 친구관계를 갖게 되었다. 나는 어느 장로교회에서 설교를 했는데, 이 교회의 건물은 아직 건축되지 않은 상태였다. 그래서 아주 궁색한 막사 안에서 예배를 드렸다. 이름 난 장로회신학대학에서 이종성 총장과 한국 장로교회 최초의 선교사의 아들 모펫(Moffat) 미국인 교수가 나를 영접했다. 날씨가 매우 추워서 우리는 원통형의 무쇠난로로 손을 덥힐 수 있었다. 모든 것이 건축되어가는 과정에 있었다. 강연이 끝난 뒤 한복을 입은 한 여대생이 꽃다발을 나에게 선사했다. 세계 곳곳에서 강연을 했지만, 이것은 처음 있는 일이었다. 그 다음에 나는 감리교회와 침례교회 신자들을 방문하기 위해 대구로 갔다. 한국 체류 마지막에 서광선 교수는 자기 집에 친교의 자리를 마련하였다. 그의 부인은 우정의 표시로 나와 나의 부인에게 나무로 만든 오리 두 마리를 선사했다. 일본과 홍콩을 거쳐 나는 집으로 돌아왔다.

1981년 봄 나는 두 번째로 한국을 방문하였다. 한국의 일반적 상황은 이전보다 더 악화된 상태였다. 이번에도 나는 장로회신학대학교와 한국신학대학에서 강연을 하였는데,「사회적 삼위일체론」과「창조의 미래」에 관한, 이전보다 덜 위험한 강연이었다. 나는 뮌스터에서 공부한 김수환 추기경을 방문하였고, 나의 여자 박사학위 과정생 이성희 부모님이 마련한 성대한 식사에 초대를 받았다. 그러나 유감스럽게도 방바닥에 앉아 식사를 해야만 했다. 그 다음에 나는 서울에서 강연을 할 수 없었다. 그 대신 나는 교회를 지키려다가 경찰에 폭행을 당하고 병원에 입원해 있는 목사들을 방문하였다. 그들은 자유를 위해 목숨을 내어줄 마음의 준비가 되어 있었다. 끝으로 그 당시 정치적 이유로 이화여대에서 파면당한 서광선 교수가 외국 대학생 그룹과 함께 나를 데리고 경주로 갔다. 옛 왕국 신라의 수도를 탐방한 다음, 우리는 유명한 부다의 석상을 보기 위해 석굴암으로 올라 갔는데, 그 이마의 보석에는 첫 아침 첫 햇살이 영롱하게 비치었다. 여기서 나는 "고요한 아침의 나라" 한국을 볼 수 있었다. 동경을 거쳐 독일로 돌아가기 전, 나는 연동교회에서 설교를 하였다. 튀빙겐에 돌아와서 나는 강의 시간에 검은색 수건을 청강자들에게 보여주었는데, 이 수건은 정치적 수감자들의 어머니들이 서울 명동 성당에서 억압에 대항하여 이마에 두르던 것이었다. 안병무 교수는 체제 비판으로 2년의 감옥형을 언도받았고, 그가 인도하던 체제 저항적 갈릴리 교회는 경찰의 위협을 당했다. 가톨릭 시인 김지하는 사형수 감방에서 처형을 기다리고 있었다. 몇 년 전 공동으로 열린 프랑크푸르트 행사에서 나는 그를 만났다. 독일 개신교회 언론지(Evangelische Kommentare)에서 나는「한국, 희망의 나라 - 눈물의 나라」

란 제목의 긴 논문을 발표하고, 『민중, 남한의 하나님 백성의 신학』이란 제목의 책을 출판하기 위한 자료들을 수집하기 시작했다. 1984년에 나는 이 책을 박종화 목사와 함께 출판했는데, 쿠르트 샤르프(Kurt Scharf) 주교의 기고문이 이 책에 첨가되었다.

1984년 한국의 교회들은 한국 개신교회 100주년 기념행사에 나를 초대하였다. 이것은 전혀 예기하지 못했던 큰 신뢰의 표시였고, 이에 대해 나는 오늘도 깊은 감사의 마음을 가지고 있다. 강원용 목사가 기념사업 위원회를 이끌고 있었다. 한국 개신교회 보수측은 풀러 신학교의 맥그라브란(McGravran) 교수를 초대하였다. 그는 「교회 성장」(Church Growth)에 대해 강연하고, 나는 「화해」에 대해 강연하기로 기획되어 있었다. 이에 첨가하여 나는 한국 기독교장로회 69회 총회에 초대를 받았다. 마지막으로 연동장로교회가 교회설립 90주년 기념행사에 나를 초대하였다. 이에 덧붙여 나는 영락교회 오전 7시, 10시 11시 30분 예배 설교의 초청을 받았다. 전체 10일간의 일정을 뒤돌아 볼 때, 매우 힘든 일정이었다고 말하지 않을 수 없다. 그러나 그 당시 나는 아직 젊었기 때문에, 모든 일정을 소화할 수 있었다. 기독교장로회 총회에서 나는 곧 부헨발트(Buchenwald) 강제수용소에서 자신의 믿음 때문에 살해된 바울 슈나이더(Paul Schneider) 목사, 플로센뷔르크(Flossenbürg) 강제수용소에서 정의를 위해 죽음을 당한 디트리히 본회퍼(Dietrich Bonhoeffer), 산 살바도르(San Salvador) 교회에서 가난한 사람들을 위한 개입 때문에 총에 맞아 죽은 로메로 대주교(Erzbischof Romero), 이 세 사람의 순교자에 근거하여 순교에 대해 강연하였다. 크리스챤 아카데미에서는 "화해"에 관한 협의회가 열렸다. 안병무 교수와 한 보수적 교수가 논쟁을 벌였는데, 유감스럽게도 화해에 이르지 못하였다. 그 다음에 나는 병이 났다. 그러나 강원용 목사의 동생이 희귀한 약초들을 가지고 병을 고쳐 주었다. 끝으로 나는 영락교회에서 설교를 했는데, 아침 7시 예배의 설교는 하지 못하였다. 어느 날 하루의 시간을 할애하여 나는 해인사로 가서, 불교의 찬란한 문화재에 깊은 감명을 받았다. 100주년 기념행사 뒤에 나는 한국교회에 속한 것처럼 느꼈다. 특별히 안병무 교수를 위시한 민중신학자들과 밀접한 관계를 가졌지만, 나의 신학이 민중신학과 완전히 일치한 것은 아니었다. 기독교장로회가 매우 친근하게 느껴졌지만, 예수교장로회 통합측의 교회에서도 나는 설교를 하였다. 그동안 내가 출판한 『조직신학을 위한 기여』 시리즈는 삼위일체론을 거쳐 창조론과 그리스도론으로 발전하였다. 책 부피가 작고 누구나 이해하기 쉬운 소책자를 통해 나는 평신도에게도 나의 신학을 알리고자 하였다. 이 책들의 한국어 번역이 세계에서 가장 먼저 출판되는 일이 자주 있었다. 그러나 한국이 내가 있는 튀빙겐으로 오기도 하였다. 곧 튀빙겐대학교를 향한 한국 학생들의 물결이 끊어지지 않았다.

1995년 9월에 나는 다시 한국을 방문하였다. 한 장로교회에서 설교하였고, 연세대학교, 한신대학교와 서울신학대학교에서 강연을 하였다. 이번 방문 때 중요한 일은 순복음교회 설교자 조용기 목사와 나중에 대통령이 된 김대중 선생과의 만남이었다. 두 사람과의 만남은 박종화 목사를 통해 이루어졌다. 아침 7시에 나는 63층의 고층건물에서 조용기 목사와 아침식사를 나누었다. 조용기 목사는 젊었을 때 어떻게 기독교 신자가 되었는지, 어떻게 설교하고 80만 명에 육박하는 교회를 세우게 되었는지 얘기하였다. 나는 나의 포로생활과 하나님의 버림을 받은 것 같은 경험을 얘기하고, 시련을 당했던 예수가 전쟁포로로서 시련을 당한 나를 찾았고, 나에게 큰 희망을 주었던 것을 얘기해주었다. 우리의 삶의 역사와 믿음의 역사에서 우리는 여러 가지 공통점을 발견하고, 서로 잘 이해할 수 있었다. 아침식사가 끝난 후 9시 30분에 나는 300명의 순복음교회 목사들과 400명의 선교사들 앞에서 성령에 관한 강연을 하였다. 그 당시 나는 천식을 앓고 있었는데, 조 목사는 나의 손을 붙들고 기도를 하였다. 적어도 3주 동안 천식은 나에게서 떠나갔다. 그는 자신의 사역에서 잃어버린 사람들의 구원, 병든 사람들의 치유, 가난한 사람들의 성공의 3중 은혜에 착안하였다. 그는 자기의 교회와 기도원에서 많은 병든 사람들을 치유하였다. 그러나 성공의 복음을 선포하지 않고, 우리를 위해 십자가에 달린 그리스도와 오순절에 주어진 성령의 은사를 선포하였다. 또 박종화 목사는 나를 김대중 선생에게 데리고 갔는데, 그 당시 박종화 목사는 김대중 선생의 대통령 선거를 위해 일하고 있었다. 최초의 군사 독재자는 자신의 중앙정보부장에게 살해되었고, 다른 두 사람은 법정에서 형을 선고받았다. 이로써 민주주의가 한국에서 꽃피기 시작하였다. 김대중은 중앙정보부에 의해 살해될뻔 했지만, 그의 깊은 가톨릭 신앙이 그에게 시련을 이길 수 있는 큰 힘을 주었다. 또 감리교 신자인 부인이 그에게 힘이 되었다. 작별할 때 그는 나에게 조그만 탁상시계 하나를 선물하였다. 이 시계는 지금도 내 서재 창문가에 서 있다. 시계는 지금도 잘 가고 있다. 한국을 떠나기 전, 한국 제자들과의 만남이 롯데호텔에서 있었다.

2000년에 나는 다시 한국에 왔다. 여의도 순복음교회는 나와 함께 하는 회의를 열었는데, 영어로 출판된 조용기 목사의 모든 책들을 미리 나에게 보내주었다. 그는 강렬한 십자가의 신학과 개인의 영혼에 관한 오순절 신학을 가지고 있었지만, 강렬한 부활의 신학을 갖고 있지 않음을 나는 볼 수 있었다. 그래서 나는 강연에서 부활과 부활의 영의 능력들의 밀접한 관계를 드러내고자 하였다. 이로써 개인적인 영의 은사의 장벽을 극복하고자 하였다. "하나님의 영은 모든 육 위에 부어진다", 하나님의 영은 "땅의 표면을 새롭게 한다". 그러므로 우리는 사회적, 경제적, 생태학적 관계들 속에서도 하나님의 창조적 영을 기다려야 하고 찾아야 한다. 아침 식사와 함께 가진 대화에서 조용기 목사와 나는 이 비판적 내용에 대해서도 의견을 같이 하였다. 그 다음에 나는 연세대학교에서 「과학과 지혜」에 대하여 강연하였고, 그동안 늘 해 온 것처럼, 감리교신학대학, 서울신학대학, 장로회신학대학에서도 강연을 하였다.

2004년 오순절에 조용기 목사는 나를 다시 자기 교회의 신학회의에 초대하였다. 이 회의의 중심 주제는 나의 『희망의 신학』과 조 목사의 선교에 관한 내용이었다. 이번에도 우리는 서로를 잘 이해하였다. 나는 연세대학교의 학술 심포지움에 참여하고, 일요일 오전 경동교회에서 2번 설교를 한 다음, 간신히 비행기에 탑승할 수 있었다. 크리스토프 블룸하르트(Christoph Blumhardt)와 나의 도움으로 조용기 목사의 오순절 교회는 옛날의 묵시사상적 세대주의를 극복하고, 하나의 새로운 역동적 종말론을 갖게 되었다. 성령의 은사는 "하늘에서 떨어지는 불"과 같은 "초자연적 에너지"에 불과한 것이 아니라, "미래의 세계의 힘들"이기도 하다.(히 6:5) 조용기 목사가 얻은 새로운 개방성을 보여주는 감동적 표지(標識)는 순복음교회 "가족신문"에 발표된 2005년 신년 연설이었다. 이 연설에서 그는 자기 자신을 비판하였다. 곧 그리스도의 복음을 개인의 영혼구원으로 너무 좁게 해석하였다는 것이다. 이에 그는 "사회구원과 신음하는 모든 피조물의 구원의 해"를 선포하였다. "그 동안 나는 사회적 악을 등한히 다루었다. 자연의 재난들에 대해 나는 아무 관심도 갖지 않았다"고 조 목사는 말하였다. "하나님의 구원은 자연도 포함한다"는 통찰과 함께, 그는 사회봉사와 자연보호를 위한 봉사기관을 세웠다. 그의 교회신문은 이 기관의 사업을 위해 기고해 줄 것을 요청하였다. 나는 기쁘고 감사한 마음으로 기꺼이 기고하였다.

2013년 나는 큰 규모를 가진 한국의 한 일간지로부터 신문사 창립 기념강연과 전직 문화부 장관과 대담을 해달라는 초청을 받았다. 아울러 실천신학대학원이 나를 초청하였다. 그 사이에 서울신학대학은 서울신학대학교로 승격되었고, 나의 튀빙겐 제자 유석성 박사가 총장이 되었다. 이를 계기로 유석성 총장은 나를 자기 대학교 명예교수로 초빙하고, 명예 박사학위를 수여하고자 하였다. 이리하여 한 주간의 프로그램이 꽉 차게 되었다. 한국에 도착했을 때, 조용기 목사가 아침 7시 조찬에 나를 초대하였다. 나는 그와 함께 기도하였다. 그러나 그의 아들 문제 때문에 법정에 고소된 상태에 있다는 것을 나는 몰랐다. 하나님은 그의 애타는 부르짖음을 들으셨을 것이다. 실천신학대학원은 멀리 떨어진 서울 외곽 산 속에 있었다. 그 다음 날 신문사 창립 기념행사가 있었다. 유감스럽게도 전직 문화부 장관은 병환으로 오지 못했다. 그래서 실천신학대학원 총장이 나를 위한 프로그램을 주선하였다. 우리는 큰 교회에 모인 천여 명의 젊은이들 앞에서 강연을 했는데, 이 교회는 20년 전 가정교회에서 발전한 것이었다. 음악이 프로그램 진행을 동반했는데, 나는 「희망의 하나님과 우리의 미래」란 제목으로 강연하였다. 수요일 오전에 나는 유석성 총장 집무실에서 명예 박사학위 수여식을 위한 예복을 입었다. 서광선 교수의 축사가 있은 다음, 총장의 학위증서와 후드 수여가 있었다. 끝으로 수많은 꽃다발 선사가 있었다. 이어서 나는 「기독교 - 기쁨의 종교」란 제목의 강연을 하였다. 모든 순서가 끝난 뒤, 김선도 감독, 장로회신학대학교 김명용 총장과의 즐거운 만찬으로 하루의 명예로운 시간과 4일간의 짧은 일정이 끝났다. 지난 40년 동안 한국은 제3세계의 국가에서 고도의 기술정보 국가로 발전하였다. 서광선 교수와 함께 길에서 수없이 많은 자동차가 지나가는 것을 보게 되었다. 그러자 서 교수는 이렇게 말하였다: "민중이 자동차를 타고다니는 이후, 민중신학은 더 이상 존재하지 않는다." 그러나 번영에 이른 이 나라는 새로운 문제들을 안고 있고, 분단된 민족의 상처는 아직도 피를 흘리고 있다.

2014년 나는 서울신학대학교의 명예교수로서 두 번의 강연을 하기 위해 다시 한국을 찾았다. 또 장로회신학대학교가 『희망의 신학』 40년을 축하하고, 명예박사 학위를 수여하기 위한 것도 한국을 다시 찾은 계기가 되었다. 아울러 나는 아시아-태평양 신학자 협회의 개회강연을 하게 되었다. 김선도 감독은 광림교회 설교에 나를 초청하고, 이 교회의 명예목사로 세웠다. 나의 부활절 설교에 감동하는 많은 교인들을 보면서, 내 자신이 감동하였다. 신학교수가 되기보다 교회목사로 계속 봉직하는 것이 더 낳지 않았을까 하는 생각이 들 정도였다. 나의 명예박사 학위증서는 종이에 인쇄된 것일 뿐 아니라 대리석에 새겨져 수여되었다. 너무나 많은 꽃다발 선사를 받아, 팔로 안고 있기가 힘들 정도였다. 김명용 총장은 모든 것을 완벽하게 준비하였다. 40년 전에 처음으로 왔던 워커힐에 다시 온 듯한 느낌이었다. 아시아-태평양 신학자 협의회와 함께 아시아-태평양 신학저널이 탄생하였다. 「도시 - 희망의 장소?」에 관한 나의 강연은 이 저널의 첫째 논문으로 출판되었다.

내가 봉직했던 튀빙겐 개신교회 신학부는 2014년 서울신학대학교, 장로회신학대학교와 협력관계를 체결하였다. 나는 이를 매우 기쁘게 생각한다. 협력관계를 활성화시키기 위해 공동의 심포지엄을 열기로 쌍방 간에 약속되었다. 제1차 심포지엄은 2014년 튀빙겐에서 열렸는데, 「도시」를 그 주제로 다루었다. 1,000만 명 이상의 주민을 가진 메가도시, 세계도시가 아시아에서 생성되었기 때문이다. 고층건물 안에 있는 고독한 대중 속에서 기독교 선교는 무엇을 해야 하는가? 제2차 심포지움에는 4명의 튀빙겐 교수들이 한국으로 왔다. 서울신학대학교가 주최하였고, 「평화」가 그 주제였다. 이 심포지엄에서 나는 「디트리히 본회퍼: 테러 시대 속에서 평화와 저항」이란 제목의 강연을 하였다. 강연 후 한국 신학자들과 독일 신학자들 사이에 활발한 대화가 있었다. 2016년 제3차 심포지엄이 튀빙겐에서 준비되고 있는데, 「거룩(성결)」 (Heiligkeit)이 그 주제로 다루어질 예정이다.

이제 나는 한국과 함께 한 나의 역사에 관한 얘기를 끝내고 싶다. 한국을 방문할 때마다 나는 새로운 믿음의 확신과 새로운 통찰들과 함께 튀빙겐으로 돌아왔다. 대한기독교서회가 한국어로 번역된 나의 책들을 20권의 전집으로 출판하고자 하며, 김명용 총장이 온신학을 통해 나의 신학에 응답하고자 함에 대해 깊은 감사의 뜻을 표한다.

이제 나는 한국교회와 독일교회가 처한 상황의 차이를 밝히고, 한국교회의 모델이 독일교회의 그것보다 더 큰 희망을 가지고 있다는 것을 말하고자 한다. 아시아, 오세아니아, 아프리카에서 새로운 기독교가 생성되고 있다. 유럽과 아메리카의 옛 교회에 비해 새로운 것은 무엇인가? 이 차이는 로마제국의 콘스탄티누스 황제와 비잔틴의 후계자들에게로 소급된다. 그때까지 박해를 받던 기독교 교회는 콘스탄티누스 황제로 말미암아 로마제국의 공인종교(religio licita)로 승격된다. 그후 콘스탄티누스의 후계자들을 통해 기독교는 로마제국의 국가종교가 되고, 로마제국은 그리스도의 거룩한 제국이 된다. 그리스도께서 하늘로부터 다스리듯이, 황제들은 땅 위에서 그리스도의 이름으로 다스리게 되었다. 바잔딘교회(* 지금의 동방정교회)에서 우리는 만물의 통치자 그리스도께서 건물 천정 높은 곳에 계신 것을 볼 수 있다.

가이사랴의 유세비우스는 박해받던 교회가 지배하는 교회로 넘어간 이 변화를 가리켜, 그리스도께서 성도들과 함께 다스리는 천년왕국으로 넘어간 것이라 해석하였다. "우리가 그와 함께 고난 받으면, 또한 그와 함께 다스릴 것이다." 그러나 기독교적 국가종교는 교회로서 조직화되지 않고, 천년왕국으로 조직화되었다: "이 사람들은 하나님과 그리스도의 제사장이 되어서, 천 년 동안 그와 함께 다스릴 것입니다."(계 20:6) 이 천년왕국은 평신도들 위에서 다스리는 사제들의 계급체제(Priesterhierarchie)였다. 주후 800년 칼 대제의 즉위와 함께 로마제국이 그리스인들로부터 프랑크족(* 게르만 민족의 한 종족)으로 넘어간 제국의 넘어감(translatio imperii)이 일어난 이후, "독일 민족의 신성 로마제국"이 있게 되었다.

기독교적 국가종교와 교회의 차이는 무엇인가? 교회의 공동체의 원리(Gemeindeprinzip)는 사라지고, 교구체제(Parochialsystem)가 이를 대체하게 된다. 이리하여 서구교회는 너무도 많은 수동적 교인들을 갖게 되었다. 다음과 같은 나의 체험은 이것을 여실히 보여준다. 나의 가족과 함께 튀빙겐으로 이사왔을 때, 우리는 하우쎄가(Hausserstraße)에 살게 되었다. 하우쎄가는 마르틴교회(Martinskirche) 교구에 속했기 때문에, 우리는 자동으로 마르틴교회에 속하게 되었다. 비징어가(Biesingerstraße)로 집을 옮겼을 때, 우리는 튀빙겐 중앙교회(Stiftskirche)에 속하게 되었다. 그러나 우리에게 말을 건넨 사람은 아무도 없었다. 우리는 중앙교회로 가지 않고, 자발적으로 야코부스교회(Jakobuskirche)에 다녔다. 현재 독일의 "주교회"(州敎會, Landeskirche)는 아직도 국가교회의 조직을 가지고 있다. 종교개혁은 가톨릭적인 교회국가를 거부했지만, 국가교회로 되돌아가고 말았다. 이리하여 "그의 지역 - 그의 종교"(cujus regio - ejus religio)라는 원리가 지배하게 되었다.(* 가톨릭교회와 개신교회 두 교단 중, 지역 영주가 어느 교단에 속하느냐에 따라 그 지역의 교단이 결정됨을 말함) 프랑스 혁명과 미국혁명을 통해 교회와 국가의 분리되었음에도 불구하고, 유럽과 미국의 교회들은 여전히 국가종교와 신성 로마제국의 구조를 가지고 있는데, 이들은 점점 더 다(多) 종교화되어가는 사회 속에서 아직도 다수 종교의 위치에 있다.

비(非)콘스탄티누스적인 교회들은 공동체의 원리와 자발적 구성원제(freiwillige Mitgliedschaft)를 그 특징으로 가진다. 그러므로 이 교회들 안에는 수동적 교인들보다 적극적 교인들이 다수를 차지한다. 믿음의 결단을 하고 한 교회 공동체에 속하게 된 신자들이 교회의 선교와 사회 봉사활동에 적극 참여하고자 한다. 이 교회들은 공적 질서의 한 부분이 아니며 국가교회가 아니라, 자유로운 공동체들이다. 내가 아는 바에 따르면, 개별의 교회들은 유능한 경영, 교회성장과 세계선교 프로그램을 가진 큰 회사처럼 조직화되어 있다. 이들은 장로회의제에 가까운 질서를 가진다. 이 교회들은 예배와 아침기도, 교육과 사회봉사의 중심이 된다. 내가 서울에서 본 광림교회는 이에 대한 본보기가 된다.

불교와 이슬람 혹은 사회주의가 지배하는 나라에서 비 콘스탄티누스적인 교회들은 다수의 교회가 아니라 소수의 교회이다. 이들의 선교는 잃어버린 사람들의 구원, 병든 사람들의 치유, 가난한 사람들의 번영에 집중한다. 한 가지 더 첨가한다면, 아시아의 메가도시 속에서 고독한 대중들의 고향이 되고자 한다. 이 교회들이 가지는 종교 간의 대화는 다수의 지배종교와 공통적인 것을 찾기보다, 기독교 신앙의 특징적인 것을 찾는다. 다른 종교단체들과의 대화는 서구에서처럼 보편적인 세속적

관용에 관심하기보다, 기독교적 증언에 관심한다. 여기서 우리는 종교 간의 직접적 대화와 간접적 대화를 구별할 수 있다. 간접적 대화에서 다루는 문제는 신학적 문제들이 아니라, 지역적이며 공통적이며 사회 문화적인 문제들 그리고 땅의 보존에 관한 문제들이다. 비 콘스탄티누스적 교회들은 그리스도의 천년왕국 속에서 살지 않는다. 그들은 자신을 보호해주는 "거룩한 제국"(Sacrum Imperium)을 갖지 않기 때문이다. 그들은 박해를 당할 수도 있다. 그들은 모두 천년왕국 이전의 시대에 있다. 그들은 장차 영광 가운데서 오실 그리스도의 오심을 기다린다.

그러므로 나는 옛날의 콘스탄티누스적 교회들보다 비 콘스탄티누스적 교회들이 더 현실적이고 더 큰 희망을 가진다고 생각한다. 옛날의 기독교적인 나라들이 세속적이며 다 종교적 사회로 변함에 따라, 옛날의 국가교회들은 점점 더 자유교회로 변할 것이며, 아시아, 오세아니아, 아프리카의 교회들과 동일한 상황과 과제들을 직면케 될 것이다. 그렇게 되는 것이 좋을 것이다!

TEIL I.

THEOLOGISCHE EXISTENZ HEUTE

EINE SCHRIFTENREIHE, HERAUSGEGEBEN VON K. G. STECK
UND G. EICHHOLZ · NEUE FOLGE NR. 71

TEIL I.

THEOLOGISCHE EXISTENZ HEUTE

EINE SCHRIFTENREIHE, HERAUSGEGEBEN VON K. G. STECK
UND G. EICHHOLZ · NEUE FOLGE N R. 71

JÜRGEN MOLTMANN

**Herrschaft Christi und soziale Wirklichkeit
nach Dietrich Bonhoeffer**

INHALT

Vorbemerkung

I. Frühe Denkformen

1. Die Soziologie und die Kunst
2. Der ekklesiologische Personalismus und der soziologische Transzendenzbegriff
3. Die Soziologie der personalen Gemeinschaft.
4. Anwendung der gewonnenen Perspektiven auf die Struktur der communio peccatorum und der communio sanctorum
5. Ergänzung durch die theologisch-ontologischen Überlegungen aus der Schrift „Akt und Sein"
6. Ergänzung durch den Begriff der „analogia relationis"

II. Theokratie und Christologie

1. Theokratie und Inkarnation
2. Theokratie und Kreuz
3. Der neue Wirklichkeitsbegriff
4. Das Gebot

III. Das Mandat

1. Der Mandatsbegriff
2. Die ontische Vorgegebenheit der Mandate.
3. Die Mandate als Wegbereitung im „Vorletzten"
4. Analogische Strukturen.
5. Stellvertretung
6. Die Koordination der Mandate
7. Die Funktionen der Mandat im einzelnen

Vorbemerkung

Den Anlaß zu der im Folgenden versuchten Diskussion der Sozialethik Bonhoeffers gibt das seit 1949 im Auftrage der EKD geführte rechtstheologische Gespräch[1]. Die dort entstandenen Probleme einer theologischen Begründung des Rechtes und theologischer Aussagen über die institutionellen Phänomene von Recht, Ehe und Staat überhaupt beinhalten und begrenzen die Fragestellungen, mit denen an das Werk D. Bonhoeffers herangegangen werden soll.

Diese Studie ist hervorgegangen aus einem Vortrag über „Mandat" und „Institution", der am 17. Juni 1958 vor der Evangelischen Forschungsakademie Christopherusstift in Heidelberg gehalten wurde. Im Laufe der Arbeit und aus der nachfolgenden Diskussion heraus entstand das Interesse, Bonhoeffers Mandatsbegriff im Rahmen nicht nur der dogmatischen Grundlagen seiner „Ethik", sondern auch der theologischen und sozialethischen Grundzüge seines Gesamtwerkes darzustellen. Die heutige Bonhoefferinterpretation krankt daran, daß einzelne Gedanken aus seiner „Ethik" oder aus den letzten Briefen in „Widerstand und Ergebung" isoliert betrachtet werden und ihre ursprüngliche Verwurzelung in seinen frühen systematischen Schriften zur Soziologie der Kirche („Communio Sanctorum", 1927 geschrieben, 1930 veröffentlicht, 1954 neugedruckt) und zur Frage der theologischen Ontologie („Akt und Sein", 1931, 1956²) nicht genügend beachtet wird. Es muß daher der Versuch gemacht werden, gewisse Grundbegriffe, die zur Lehre von den Mandaten geführt haben, wie „Wirklichkeit", „Stellvertretung", Personalität" und „Sozialität" in ihren Voraussetzungen bei Bonhoeffer aufzuweisen und ihren eventuellen Gestaltwandel durchgängig nachzuzeichnen. Es kann weiterhin nicht unterlassen werden, einige Gesprächssituationen zeitgebundener Art für seine Schriften herauszustellen, die ja in sich selber einen auffallend geringen polemischen Charakter tragen. Zu letzt dürfte bei einer Diskussion von Bonhoeffers „Ethik" weder der Rückbezug auf Luthers Sozialethik fehlen, in deren Auslegung und Anwendung Bonhoeffers „Ethik" überraschende und, wie die neuere schwedische Lutherforschung von G. Törnvall und G. Wingren und die deutsche Lutherforschung von E. Wolf und J. Heckel zu erweisen scheinen, erhellende Perspektiven eröffnet, noch eingehende Verweise auf die Nähe und die Entfernung Bonhoeffers zu K. Barth, mit dem er sich und der sich mit ihm namentlich in ethischen und ekklesiologischen Fragen ständig im Gespräch befindet. Nur im Zusammenhang solcher Aspekte tritt das Profil der Gedanken Bonhoeffers so heraus, daß ein Verstehen möglich und eine fruchtbare Weiterführung sinnvoll werden.

Zwei Tatbestände erschienen für die Konfrontation des Bonhoefferschen Mandatsbegriffs mit den bisherigen Ergebnissen des genannten Institutionengespräches besonders glücklich:

1. Es ist dem rechtstheologischen Gespräch für die Erfassung der institutionellen Phänomene in Recht, Ehe und Staat der bisher theologisch - wenigstens im Protestantismus - unbelastete Begriff der „Institution" zugrunde gelegt worden. Es ist damit im Ergreifen und Sichten der Phänomene zunächst jene theologische Vorentscheidung vermieden, die mit Signifikationen wie „Ordnung" oder „Stand", wie „Gesetz" oder „Wert", unvermeidlich gegeben wäre. Die „Institution" deutet zunächst lediglich auf den göttlichen Stiftungscharakter solcher Verhältnisse hin. Es ist damit die Möglichkeit eröffnet, daß sich Theologie und Rechts- und Gesellschaftswissenschaft in der Erarbeitung dieses neuen Begriffes neu finden und das Gespräch gegenseitig fruchtbar wird.

2. In der bisherigen Diskussion sind verschiedentlich durchweg positive Hinweise auf Bonhoeffers neue Gedanken über Gebot und Mandat, über Akt und Sein, über Relation und Analogie laut geworden[2]. Es ist aber weder die Sozialethik Bonhoeffers[3] im Ganzen, noch seine zentralen Begriffe der „Stellvertretung" und der „Wirklichkeit" im Besonderen, noch endlich sein kühner Versuch, eine Tafel der einander koordinierten Mandate aufzustellen, in das Gespräch einbezogen und damit die Anwendbarkeit seiner Versuche und Ergebnisse geprüft worden.

Wenn ein solcher Versuch hier unternommen wird, so geschieht er unter der selbstverständlichen Voraussetzung, daß wir von Bonhoeffer nur Fragmente und Perspektiven einer Sozialethik nur Visionen der Probleme und Hinweise zur theologischen Ergründung besitzen, nicht aber eine abgerundete und in Auseinandersetzung erhärtete Systematik der Gedanken.

Diese Vorbemerkung schließt ein, daß dieser Bericht nicht eine bloße Darstellung intendieren kann, sondern das Gespräch ihm zu wenden und ihn in das heutige Gespräch bringen will.

I. FRÜHE DENKFORMEN

1. Die Soziologie und die Kirche

Bonhoeffer tritt in die noch heute bewegende Diskussion ein mit einer „dogmatischen Untersuchung zur Soziologie der Kirche „Sanctorum communio", 1930[4)] die trotz ihrer, von der heutigen Theologie weithin verlassenen, idealistischen Begrifflichkeit von einer imponierenden „Höhenlage" (Barth, IV, 2, 725) ist. Es ist die Entdeckung der sozialen Intention sämtlicher dogmatisher Grundbegriffe, die Bonhoeffer zu einer neuen soziologischen Entfaltung des Kirchenbegriffs führt. „Der Begriff der Kirche ist nur denkbar in der Sphäre gottgesetzter Realität, d.h. er ist nicht deduzierbar. Die Realität der Kirche ist eine Offenbarungsrealität, zu deren Wesen es gehört, entweder geglaubt oder geleugnet zu werden" (SC 65). Die Kirche Christi erschließt ihr Wesen niemals einer Betrachtung unter allgemein soziologischen oder religionssoziologischen Gesichtspunkten. Das Wesen der Kirche kann nur aus ihr selber von innen her recht und sachgemäß verstanden werden. Dennoch wird eine Ekklesiologie die in der Offenbarung in Christus gegebene Wirklichkeit der Kirche sozialphilosophisch und soziologisch in ihren Strukturen zu entfalten haben und in dieser Entfaltung die Bedeutung der soziologischen Kategorien für die Theologie fruchtbar machen.

Das Thema einer Soziologie der Kirche war Bonhoeffer gegeben von der Arbeit der Berliner Schule, die sich an die Untersuchungen von E. Troetsch anschloß (Die Sozialleheren der christlichen Kirchen und Gruppen, 1911). Während hier die Geschichte der christlichen Gemeinschaften und Gemeinschaftsideen unter einem selbständigen historisch-soziologischen Interesse untersucht und dargestellt wurde, galt die Aufgabe, die Bonhoeffer angriff, der Überwindung eben dieses soziologischen und historischen Relativismus und damit der Bekämpfung solcher sozialpragmatischer Theologie. Von der historischen Betrachtung der zufällig gewordenen christlichen Sozial gebilde her läßt sich die Frage nach der ihr eigenen und wesenlichen Struktur der Kirche nicht beantworten. Bonhoeffer geht den umgekehrten Weg: „Die Frage nach einer christlichen Sozialphilosophie ... ist, weil sie nur vom Kirchenbegriff aus beantwortet werden kann, eine echt dogmatische ... Geben sich echte theologische Begriffe als je nur in einer eigenen sozialen Sphäre gesetzt und erfüllt zu erkennen, so läßt sich von hier aus der spezifisch theologische Charakter einer Untersuchung zur Soziologie der Kirche wahren" (SC 7). Gelingt es auf diesem Wege, die „eigene soziale Sphäre" christlicher, d. h. dogmatischer Grundbegriffe, wie „Person", Urstand", „Sünde", „Offenbarung", „Stellvertretung" und „Gemeinschaft" zu enthüllen und damit den ekklesiologischen Bezug des Dogmas darzustellen, so werden dabei die soziologischen „Wesensstrukturen" der Kirche heraustreten, die ihren empirischen Gemein- schaftsfornlen zugrundeliegen. „In der notwendigen Verknüpfung der Grundbeziehungen mit der empirischen Gemeinschaftsform als Eigenform liegt, formal gesprochen, das Wesen der Kirche" (SC 83). Darum ist sowohl das historisierende als auch das religiöse Mißverständnis der Kirche abzuwehren. Die „Offenbarungsrealität" der Kirche Christi kann nicht als geschichtliches Gemeinschaftsphänomen sachgemäß erfaßt werden.Sie wird nicht historisch, sondern nur als in der Wirklichkeit Gottes und seiner Offenbarung begründet verständlich. Das religiöse Mißverständnis wäre dagegen die Gleichsetzung der Kirche mit dem eschatologischen Reiche Gottes. Die geschichtliche Gebundenheit der Menschen wird darin übersprungen, d. h. die Geschichtlichkeit wird entweder gegenständlich vergöttlicht wie in der hierarchischen Theokratie der römisch-katholischen Kirche, oder sie wird als historisch zufällig, unter dem Gesetz des Todes und der Sünde stehend, bewertet, die keine theologische Relevanz habe. Beide, die historische und die religiös-eschatologische Betrachtungsweise verkennen die Wirklichkeit der Kirche, die geschichtliche Gemeinschaft und gottgesetzt zugleich ist. Beide verkennen das Problem, das in der Koinzidenz von Phänomenologie und Theologie in der Erfassung ihrer Wirklichkeit liegt, die eine historische und eschatologische, eine menschliche und göttliche zugleich ist [5].

Wenn Bonhoeffer diese Koinzidenz in der „Wesensstruktur" der Kirche sieht, die einerseits ihren empirischen Sozialakten ursprungsmäßig zugrunde liegt und andererseits aus der „Offenbarungsrealität" zu entfalten ist, so will er damit die Sozialphilosophie mit ihren sozialen Grundbeziehungsbegriffen in den Dienst der Dogmatik nehmen. Denn die Sozialphilosophie fragt - nach seiner einleitenden Begriffsbestimmung (SC 11 ff.) - nach „den letzten Beziehungen sozialer Art, die vor allem im Wissen und Wollen zur empirischen Gemeinschaftsbildung liegen, nach den ‚Ursprüngen' der Sozialität in der menschlichen Geistigkeit und ihrem wesenhaften Zusammenhang mit dieser. Sie ist Wissenschaft von der ursprünglichen Wesensart der Sozialität schlechthin." Wenn aber alle dogmatischen Grundbegriffe eine „soziale Intention" aufweisen, so muß die Aufnahme sozialphilosophischer Grundbegriffe zugleich eine Auseinandersetzung mit ihnen bedeuten. Erst in einer solchen Verwandlung und Neuprägung werden die sozialphilosophischen Begriffe von „Person" und „Gemeinschaft" für eine dogmatische Untersuchung zur Soziologie der Kirche verwendbar.

In diesem Ansatz, den Bonhoeffer bei der Sozialphilosophie, und zwar vornehmlich bei der Sozialphilosophie des deutschen Idealismus, nimmt, liegt nun aber schon eine ganz bestimmte Richtung vorgezeichnet, die er bis in die Sozialethik der „Mandate" hinein einschlagen wird. Damit ist nicht nur eine gewisse, in den späteren Schriften zunehmend verschwindende, idealistische Begrifflichkeit gemeint. Indem Bonhoeffer die sozialphilosophische Frage nach den „Ursprüngen" und den „Wesensstrukturen" der Sozialität aufgreift, wird nicht mehr reflektiert über den geschichtlichen Prozeß von Entstehen und Vergehen der Ordnungen, über die geschichtliche Labilität des gesellschaftlichen Prozesses. Das prägt seine Soziologie der Kirche und später der Mandate zu jener ihr eigentümlichen Statik, an der verschiedentlich eine drohende Verkürzung der Eschatologie und eine gesetzliche Erstarrung geschichtlich-dynamischer Verhältnisse kritisch bemerkt wurde. Es werde „das Mysterium der Kirche unter dem Kreuz vor dem Jüngsten Tag" „systematisch oder gar soziologisch enthüllt", befürchtete H. Chr. von Hase[6], und K. Barth fragte zum Mandatsbegriff, ob es nicht vermieden werden müsse, „zu rasch doch wieder starr zu werden in der Behauptung von bestimmt geordneten menschlichen Verhältnissen"[7]. Es ist Bonhoeffers Intention, die Soziologie der Kirche aus dem historischen Relativismus herauszulösen, in welchem lediglich die Akt-Seite, die fließende Labilität dieser Gemeinschaft sichtbar wird, nicht aber ihr Wesen in Gottes Gebot und Verheißung, die überhaupt erst die Geschichte der Kirche in Gehorsam und Ungehorsam ermöglichen und bestimmen. „Wir fragen nach der wesenhaften Struktur der Kirche, aber wir geben keinen geschichtsphilosophischen Entwurf ihrer Entwicklung. Der Verlauf der Kirchengeschichte belehrt grundsätzlich nicht mehr über den eschatologischen Sinn als jeder gegenwärtig verstandene Augenblick", heißt es im Anschluß an das Rankewort, daß „jede Epoche unmittelbar zu Gott sei" (SC 212). Was ist hier unter „Struktur" verstanden? - Bonhoeffer selbst verlangt, daß man unterscheide zwischen „Struktur und Intention" (SC 41). „Die Struktur des Ganzen wird zwar nur in den einzelnen Aktintentionen anschaulich, aber sie ist prinzipiell unabhängig von diesen." Er möchte damit einen rein ontologischen von einem empirischen Gemeinschaftsbegriff unterscheiden. Unter einer „Wesensstruktur" ist mithin so etwas wie ein unverfügbarer Grundriß gemeint, der im Akt der Annahme verwirklicht und anschaulich wird, nicht aber in ihm aufgeht, noch erst durch ihn geschaffen wird [8]. Wenn Bonhoeffer also von Wesensstrukturen der Kirche Christi redet, so ist damit nicht schon die jeweilig geschichtliche Gestalt der Kirche gemeint oder gar „Christus selber soziologisch faßbar gemacht" [9]. Wenn er in der „Ethik" von den „Strukturen des verantwortlichen Lebens" spricht, so sind damit nicht starre menschliche Verhältnisse gemeint. Vielmehr handelt es sich um unverfügbare Wesensstrukturen, die in den empirischen Akten in Erscheinung treten, jedoch nicht von ihnen alteriert werden, oder wie es in der „Ethik" später heißt: „Der Wille Gottes ist weder eine Idee, die erst nach Realisierung verlangt, er ist vielmehr selbst schon Wirklichkeit in der Selbstoffenbarung Gottes in Christus. Der Wille Gottes ist aber auch nicht einfach identisch mit dem Seienden, so daß Unterwerfung unter das Seiende seine Erfüllung wäre, er ist vielmehr eine Wirklichkeit, die

im Seien den und gegen das Seiende immer neu wirklich werden will"
(E 74). Dennoch bleibt die Frage offen, ob Gottes Stiftung in Verheißung
und Gebot als das „Wesen" der Kirche mit der ganzen daran hängenden
Metaphysik bezeichnet werden darf, ob der Wille Gottes als die „Wirklichkeit, die im Seienden und gegen das Seiende zur Verwirklichung
drängt", angesprochen werden kann. In beiden Übersetzungen liegt
terminologisch der platonische Eidos-Begriff[10] verborgen. Bonhoeffer
hat sich selber 1937 in der „Nachfolge"[11] gegen eine Verwechslung von
ontologischen Aussagen und verkündigendem Zeugnis gewendet und in
ihr das „Wesen aller Schwarmgeisterei" gesehen. Von dieser Unterscheidung zwischen ontologischer und kerygmatischer Aussage her wäre zu
fragen, wie weit eine Soziologie der Kirche im Gewande sozialphilosophischer Terminologie möglich ist und wie weit die „soziale Intention"
dogmatischer Begriffe sich in soziologischen Kategorien ausdrücken
läßt, ob und wie also „die empirische Kirche und die wesentliche Kirche
(- gemeint ist die Kirche des Glaubens und der Verheißung, nicht als Wesen ihrer
geschichtlichen Erscheinung -) logisch und soziologisch und in beidem zugleich theologisch unter einen Begriff zu bringen seien, was, soziologisch
und theologisch entfaltet, der Satz besagt, daß, in der Offenbarung des
Herzens Gottes die Kirche begründet' sei" (E. Wolf, SC 5). Die Begriffe
„Struktur", „Wesen" und „Wirklichkeit" werden im Bonhoefierschen
Sprachgebrauch nur recht verstanden, wenn ihre kerygmatische Neuprägung beachtet wird.

2. Der ekklesiologische Personalismus und der soziologische Transzendenzbegriff

Die genannte Aufnahme und Neuprägung sozialphilosophischer Begriffe muß sich nun erweisen und muß zu prüfen sein in der von Bonhoeffer vorgenommenen Auseinandersetzung der christlichen Person- und Grundziehungsbegriffe mit denen der Sozialphilosophie. Wie sind die ontischen Grundbeziehungen sozialen Seins überhaupt verstanden worden, wie sind sie für den Kirchenbegriff zu verstehen, das ist die Frage. Bonhoeffer diskutiert die metaphysischen Systeme bei Aristoteles, in der Stoa und bei Demokrit und Epikur und wendet sich dann dem erkenntnistheoretischen Personbegriff zu, wie er durch die Frage nach der Erkenntnistheorie von Descartes neu gesehen und von Kant ausgebildet dann für den deutschen Idealismus im 19. Jahrhundert maßgeblich wurde. In der Auseinandersetzung mit namentlich dem erkenntnistheoretischen Personbegriff entwirft Bonhoeffer einen theologischen Personalismus, der seinen Zusammenhang mit dem zu Beginn des 20. Jahrhunderts allenthalben aufbrechenden personalistischen Denken (Dilthey, Buber, Grisebach, Gogarten, Rosenstock-Huessy u. a.) nicht verleugnet, der jedoch eine durchaus eigene Gestalt gewinnt. [12)]

Das metaphysische Schema wird dem Wesen der Personalität nicht gerecht, wenn es diese dem Gattungsbegriff subsumiert oder als das Individuelle ins Allgemeine zieht. Eine wesentliche Umwandlung der aristotelisch-thomistischen Substanzmetaphysik vollzog sich bei Descartes und Kant im erkenntnistheoretischen Personbegriff: Das sich denkend seiner selbst vergewissernde Ich wird zum Ausgangs punkt einer Welterkenntnis, deren Wirklichkeit zum „Objekt" neutralisiert, zum Gegenstand materialisiert wird. Der damit verbundene „Seinsverlust" (K. Jaspers, Descartes und die Philosophie, 1948^2, 79 ff.) zeigt sich im Verlust der Geschichte, im Verlust der ursprünglich personalen Ich-Du-Beziehung, also im Verlust echter Sozialität[13]. Wenn bei Kant die Synthesis der transzendentalen Apperzeption das Ich-Du-Verhältnis wie auch den Gegensatz von Subjekt und Objekt in der höheren Einheit des Geistes, der intellektualen Anschauung aufhebt, so ist zwischen Subjekt - Objekt im er kenntnistheoretischen Sinne und der Ich-Du-Relation im ursprünglich personalen Sinne nicht mehr unterschieden, vielmehr die letztere in die erste hineingezogen (SC 20). Aus diesem Subjekt - Objekt Schema, dem der deutsche Idealismus weithin verhaftet war, kann nie ein Weg zu einer soziologischen Kategorie gefunden werden. Bonhoeffer erinnert an Fichte, den einzigen idealistischen Philosophen, der die Unzulänglichkeit der idealistischen Kategorien für die Bewältigung des Problems des „anderen" empfand, und seine fragwürdige Formulierung: „Der Begriff des Du entsteht durch Vereinigung des ‚Es' und des ‚Ich' (SC 33). Das Du kann allenfalls als das „fremde Ich" erkannt werden. Eine Synthese der Geisterwelt kann dann nur in der Pluralität atomistischer Iche und als Einheit in einem sie transzendierenden und sie aufhebenden Geiste gedacht werden. Man stößt nicht hindurch zum Begriff der Gemeinschaft, sondern gelangt nur zum Begriff der Selbigkeit und der Einheit.

Um den sozialen Begriff der Person zu erfassen, geht Bonhoeffer aus vom Begriff der „konkreten Zeit". Das erkenntnistheoretische Verständnis der Zeit als reiner Anschauungsform bleibt unberührt, wenn er sagt: „Im Augenblick des Angesprochenwerdens steht die Person im Stande der Verantwortung, oder anders gesagt, der Entscheidung; und zwar ist die Person hier nicht die idealistische Geist- oder Vernunftperson, sondern die Person in konkreter Lebendigkeit und Besonderheit - im Augenblick" (S C 26). Daraus folgt der für den Idealismus so unsinnige Gedanke: „Person entsteht und vergeht immer wieder in der Zeit. Sie ist nicht ein zeitlos Bestehendes, sie hat nicht statischen, sondern dynamischen Charakter, sie besteht immer nur, wenn der Mensch in ethischer Verantwortung steht; immer neu wird sie erzeugt, im ewigen Wechsel des Lebendigen" (SC 27). Der Idealismus hat keinen Blick für die Bewegung (Geschichte), er hat kein Verständnis für den Augenblick. „Es ist dagegen christliche Erkenntnis, daß im Augenblick des Bewegtseins, des Stehens in der Verantwortung, des leidenschaftlichen ethischen Kampfes, der Heimsuchung des Menschen durch den ihn überwältigenden Anspruch die Person als bewußte erzeugt wird; daß also aus der konkreten Situation die konkrete Person erwächst" (CS 27). Personalität steht also in einem genetischen Zusammenhang mit dem konkreten Augenblick der Begegnung und der Entscheidung. Dieser konkrete Augenblick der Begegnung meint nun aber nicht irgendeine Begegnung, sondern das Erlebnis der „ethischen Schranke", der ethischen, nicht der erkenntnistheoretischen Transzendenz. „Die menschliche Person entsteht nur in Relation zu der ihr transzendenten göttlichen, in Widerspruch gegen sie wie in Überwältigung durch sie" (SC 28) Nur aus der absoluten Zweiheit von Gott und Mensch entspringt die christliche Person, an der Transzendenzerfahrung entsteht das konkrete geschichtliche Existieren. Aber es handelt sich hier nicht um die erkenntnistheoretische Transzendenz, sondern um die ethische Transzendenz des Du. Das Du ist die „Wirklichkeitsform", die sich von der idealistischen Gegenstandsform des Begegnenden darin unterscheidet, daß sie nicht dem Geiste des Subjektes immanent ist. Es ist „eine rein ethische Transzendenz" (SC 30), die nur der in der Entscheidung, unter dem Anspruch Stehende erlebt, ohne daß er sie einem Außenstehenden demonstrieren kann. Du-Charakter ist ganz eigentlich die Form, unter der das Göttliche erlebt wird, jedes menschliche Du trägt seinen Charakter nur durch das Göttliche (SC 32). Hier darf in Parenthese eingefügt werden, daß dieser ethische, soziale Transzendenzbegriff für Bonhoeffer bis in die letzten Briefe hinein bestimmend geblieben ist: „Das ‚Für-andere-Dasein' Jesu ist die Transzendenzerfahrung ... Nicht die unendlichen, unerreichbaren Aufgaben, sondern der jeweils gegebene erreichbare Nächste ist das Transzendente! ... Gott in Menschengestalt ... Der Mensch für andere" (WE 260)[14]. Nur von dem Personalismus des frühen Bonhoeffer und dem hier entwickelten Begriff der sozialen Transzendenz in der Ich-Du-Beziehung her werden m. E. seine letzten Visionen von der „tiefen Diesseitigkeit des Christentums" und der „mündig gewordenen Welt" verständlich. Es ist das Du Gottes, das hier im konkreten Du des sozialen Lebens begegnet. Menschen werden in bezug auf ihre Wirksamkeit für den anderen zum Abbild Gottes, und zwar in einer doppelten Genesis: 1. Als geschaffenes Du: Das göttliche Du schafft erst das menschliche Du und weil dieses von Gott gemacht und gewollt ist, ist es ein wirkliches, absolutes, heiliges Du, wie das göttliche auch. Die Ich-Du-Beziehung ist nicht eine schwebende Beziehung. „Kein Mensch kann von sich aus den anderen zum Ich, zur ethisch verantwortungsbewußten Person machen. Gott oder der Hl. Geist tritt zum konkreten Du hinzu, nur durch sein Wirken wird der andere mir zum Du, an dem mein Ich entspringt, m. a. W. jedes menschliche Du ist Abbild des göttlichen Du" (SC 32). So wie die Frage nach dem Wesen der menschlichen Person zur Frage nach dem Ursprung der Person wird und diese nur aus dem Ereignis der geschichtlichen Berufung durch Gott beantwortet werden kann, so wendet sich auch die Frage nach der Gottesebenbildlichkeit von der Frage nach dem Wesen des Menschen an sich zur Frage nach seiner Relation für den anderen und kann nur aus dem Ereignis der Ich-Du-Beziehung beantwortet werden[15]. Nicht was der Mensch sich selber sei, sondern was er im Ereignis der Begegnung mit und für den anderen sei, ist die Frage. „Die christliche Person, freilich nur diese, besteht eben nur in immer erneutem Entstehen" (SC 34); sie steht in einem genetischen Zusammenhang zur Relation. 2. Menschen werden füreinander zum Abbild, zur Larve oder zum Mittel des göttlichen Anspruches nicht nur als geschaffenes Du im allgemeinen, sondern als „inkarniertes Du" Gottes im konkreten: „Wie ich Gottes ‚Ich' erst kenne in der Offenbarung seiner Liebe, so auch den anderen Menschen; hier hat der Kirchenbegriff einzusetzen. Dann wird es klar werden, daß christliche Person ihr eigentliches Wesen erst erreicht, wenn Gott ihr nicht nur als Du gegenübertritt, sondern als Ich in sie, ein geht'" (SC 33). Das aber bedeutet, daß Bonhoeffer den Anspruch Gottes im Nächsten nicht nur von der Schöpfung und den Larven Gottes in der Geschichte her denkt, sondern von der Menschwerdung Gottes in Christus her. Erst das „Eingehen Gottes in den Menschen" - hier fällt der bis in die „Ethik" hinein entscheidende christologische Begriff - macht konkret, daß „einer dem anderen zum Christus" wird (Luther), zum Ebenbild des lebendigen Gottes in Fürbitte, Opfer und Sündenvergebung. Erst hier in der Gemeinschaft Christi, in der Kirche, begegnet der andere nicht mehr wesentlich als Anspruch, sondern als Gabe, ist das Du dem Ich nicht mehr Gesetz, sondern Evangelium (SC 115), erst darin erfüllt sich wahre Gottesebenbildlichkeit und echte menschliche Personalität und Sozialität. Die Christusgemeinschaft der Kirche ist die Gestalt des Evangeliums.

Bonhoeffers Personalismus gipfelt also in der Christusgemeinschaft der Kirche. Von hier aus fällt ein ungemein treffendes, kritisches Licht auf Kierkegaards existentiellen Personalismus. Bonhoeifer weiß sich ihm verwandt in der antiidealistischen Erfassung der konkreten Wirklichkeit der Person. „Auch Kierkegaards ethische Person besteht nur in der konkreten Person, aber sie steht nicht in notwendiger Beziehung zu einem konkreten Du. Sie setzt sich selbst, nicht wird sie gesetzt durch das Du" (SC 34). Er begründet einen extremen Individualismus, der dem anderen nur noch relative, keine absolute Bedeutung für den Einzelnen mehr beimessen kann. Es ist interessant, daß sich die gleiche Kritik an Kierkegaard bei M. Buber findet[16]. Wenn Kierkegaard in Darlegung der Kategorie des Einzelnen sagt: „Jeder soll nur mit Vorsicht sich mit dem ‚anderen' einlassen und wesentlich nur mit Gott und mit sich selbst reden", so heißt das Gott auf die sublimste Art mißverstehen. „Die Schöpfung ist keine Hürde auf der Bahn zu Gott, sie ist diese Bahn selbst. Wir sind miteinander erschaffen und auf ein Miteinander zu. Die Geschöpfe sind mir in den Weg gestellt, damit ich, ihr Mitgeschöpf, durch sie und mit ihnen zu Gott finde. Ein durch Ausschluß ihrer zu Erreichende wäre nicht der Gott aller Wesen, in dem sich alles Wesen erfüllt"[17] hält M. Buber dagegen und findet bei Kierkegaard einen verborgenen Marcionitismus ohne Folgerrichtigkeit. Schon der Begriff der geschaffenen Gottesebenbildlichkeit des menschlichen Du macht den Personalismus Kierkegaards zu einem Gott und Mensch in Wahrheit verfehlenden Denken. Wieviel stärker aber bringt demgegenüber Bonhoeffers eigentümliche Vorstellung von der Inkarnation als dem Eingehen Gottes in die menschliche

Wirklichkeit an den Tag, daß Kierkegaards Kategorie des Einzelnen die Christusgemeinschaft der Kirche verfehlt und verfehlen muß.

Noch eine zweite Kritik wird anzumelden sein. Es ist aus dem Gesagten ersichtlich, daß Bonhoeffer auf weite Strecken dem prinzipiellen Personalismus Gogartens folgt. Die entscheidende Abwendung geschieht dort, wo Bonhoeffers Personalismus in das christologische und ekklesiologische Denken einmündet. Für Gogarten ist das Gegenüber von Gottes Wort und menschlichem Hören konstitutives Prinzip. Das in Gesetz und Evangelium geschehende Wort qualifiziert im Ereignis die jeweilige menschliche Wirklichkeit des Daseins; jedoch in der Weise, daß die geschichtliche menschliche Wirklichkeit mittels des theologisch ausgelegten Gesetzes verstanden wird. Gottes Forderung begegnet unter der „Larve" des anderen, unter der Larve irdischer Herrschaft, oder in der Forderung der Autonomie schlechthinniger Freiheit (vgl. die kurze Darstellung von G.Gloege, a. a. 0. 29 ff.). Der Person-setzende Verspruch des Wortes Gottes auf der anderen Seite geschieht durch den Menschen Jesus von Nazareth. Die Kirche „repräsentiert" von ihm her die in reiner Aktualität des Heilsgeschehens gegründete reine Personalität des Menschen. Sie muß darum eine „schlechthin unweithafte Größe" sein; nicht „Organisation", sondern viel mehr selbst das „eschatologische Geschehen der Offenbarung hier in der Welt". Hier trennen sich die Wege sowohl was den Kirchenbegriff angeht als auch was die politische Ethik in späteren Ausführungen Bonhoeffers angehen wird. Die christologische Begrün-

lebend, mittragend an dem allgemeinen Strom der geistigen Wechselwirkung. Hier wird die Offenheit des personalen Seins augenscheinlich (SC 46). Aber diese Sozialität meint eine Gleichgewichtslage zwischen personalem und sozialem Sein, in gegen seitiger Bedingung. Wie das soziale Sein die Personalität gebiert, so gebiert seinerseits das personale Sein die Sozialität. Die charakteristische Form, unter der der Strom der umgreifenden Geistigkeit erlebt wird und seinerseits überhaupt erst geschichtlich entsteht, ist die Du-Form. Damit ist gegen Hegels Geistprinzip eingewendet, daß der individuell personale Geist allerdings nur kraft der Sozialität lebt, daß aber andererseits der „soziale Geist" eben nur in der individuellen Gestalt „wird" und so echte Sozialität auf die personale Einheit hindrängt, diese nicht überwindend und aufhebend, sondern sie konstituierend und ins Leben rufend. Man kann von keiner Priorität reden, sondern nur von einem reziproken Verhältnis.

Wie aber der Idealismus Hegels das personale Eigensein zu mißachten droht, so droht das moderne, von Kierkegaard und Heidegger inaugurierte existentielle Denken, das Eigensein der Sozialität zu verkennen, ja gar nicht erst zu erreichen. Erschöpft sich denn die soziale Einheit in den personalen Wechselbeziehungen? -Theologisch gesagt; meint Gott mit der Gemeinschaft etwas den einzelnen Menschen in sich Aufsaugendes, oder meint er nur den Einzelnen (SC 49)? - Die postulierte „Gleichgewichtslage" verbietet eine ein seitige Aufrechnung dieses dialogischen Verhältnisses, auch - und gerade diese Wendung Bonhoeffers erscheint von aktueller Bedeutung - die existentialistische Monologisierung des Einzelnen, der seine „Eigentlichkeit" aus der Verfallenheit an das „Man" nur bei sich selber findet. Der Grundsatz von der Gleichgewichtslage zwischen personalem und sozialem Sein gebietetes, den Strukturen der Gemeinschaft weiter nachzudenken. Das soziale Sein der Gemeinschaft geht nicht in der Summe der Personen und ihrer wechselseitigen Beziehungen auf, sondern stellt etwas neues, transpersonales dar. Bonhoeffers Begriffe sind hier unsicher, tastend und suchend. Er spricht von der „Kollektivperson", an der der Einzelne teilhat und die über ihn hinausgeht, die aber selbst ohne das Korrelat des personalen Einzelseins unverständlich bliebe (SC 49). Er spricht vom „monadischen Bild" von Leibniz, das sich zum Verständnis des in der Gemeinschaft sich bildenden neuen Aktzentrums nahelegt, von der „Willensgemeinschaft" nach Seeberg, vom „objektiven Geist" nach Hegel. Das „Netz der Sozialität" liegt vor allem Willen zur Gemein- schaft, die hier wirklichen Beziehungen sind auch bei völliger und bewußter Ablehnung noch vorhanden. Bonhoeffer hält es nicht für eine Errungenschaft des modernen Denkens, von solchen Hypostasierungen der Gemeinschaft losgekommen zu sein. Wenngleich seine Begriffe zur Erfassung des Problems der Gemeinschaft nur Hilfsbegriffe aus der Sozialphilosophie die des deutschen Idealismus sind, mit denen eben die Gleichgewichtslage zum personalen Sein nicht deutlich gemacht werden kann, so ist doch seine Vision des Problems treffend und in der Anwendung auf den Kirchenbegriff von hoher Fruchtbarkeit[19]. „Gott schuf

Mann und Weib aufeinander angelegt. Gott will nicht eine Geschichte einzelner Menschen, sondern die Geschichte der Gemeinschaft der Menschen. Gott will aber nicht eine Gemeinschaft, die den Einzelnen in sich aufsaugt, sondern eine Gemeinschaft von Menschen. Für seinen Blick sind Gemeinschaft und Einzelner im selben Augenblick und ineinander ruhend da. Die Struktur der Kollektiv- und der Individualeinheit ist vor Gottes Augen gleichgeartet. Auf diesen Grundbeziehungen ruht der Begriff der religiösen Gemeinschaft und der Kirche" (SC 52). Gerade der Kirchenbegriff erfordert einen Gemeinschaftsbegriff, nach welchem das soziale Sein sich nicht in den interpersonalen Ich-Du- Beziehungen der Individuen erschöpft. Erst wenn das eigene und eigentümliche Sein der „Kollektivperson" mit einbezogen wird, werden die sozialen Verhältnisse in ihrem vollen Reichtum und in ihrer ganzen Lebendigkeit erfaßt.

Wenn Bonhoeffer so von „wesenhaften" Strukturen des personalen und sozialen Lebens spricht, so bleibt seine Voraussetzung zu beachten, daß es sich nämlich nicht wie im Idealismus um ein ewig bleibendes ungeschichtliches Wesen handelt, sondern um Aussagen, die theologisch ihren Ort in der Urstandlehre und in der Eschatologie haben. Damit ist gesagt, daß sowohl der christliche Personbegriff als auch der einer ungebrochenen sozialen Gemeinschaft geschichtlich gedacht werden müssen. Die das „Wesen unendlich alterierende Wirklichkeit der Sünde" kommt in der eschatologischen Erwartung der neuen Menschheit zur konkreten Erfassung. Der ungebrochene Personbegriff muß so verstanden werden, wie es dem die Geschichte der Sünde und des Todes in Hoffnung überwindenden Gedanken der neuen Menschbeit entspricht (SC 36). „Also nicht weil allgemein als schöpfungsgemäß notwendig erweisbar, sondern weil in der Offenbarungung vorausgesetzt und mitgesetzt, lassen sich die sozialphilosophischen und soziologischen Probleme im theologischen Rahmen behandeln, und nur so werden sie verstanden" (SC 38).

4. Anwendung der gewonnenen Perspektiven auf die Struktur der communion peccatorum und der communio sanctarum

In der Anwendung auf die Soziologie der Sünde und des neuen Lebens dominiert bei Bonhoeffer der anvisierte Gemeinschaftsbegriff, der mit „Kollektivperson", „objektivem Geist" usw. nur heuristisch und mit philosophischen Hilfsbegriffen beschrieben ist.

a) Die im Begriff der Sünde zwischen Ich und Du wie zwischen Ich und Menschheit angesprochenen neuen Grundbeziehungen zeigen sich im „ethischen Atomismus", wie Bonhoeffer die Seinsweise der communio peccatorum nennt: „Mit der Sünde tritt der ethische Atomismus in die Geschichte. Das gilt wesentlich für die Geistform. Alle Naturform der Gemeinschaft bleibt bestehen, aber sie ist im innersten Kern korrupt" (SC 73). Das Gewissen isoliert den Sünder in seiner Einsamkeit vor Gott. Damit zusammen begegnet die andere Erkenntnis, die diese nicht aufhebt, sondern noch vertieft, die Erkenntnis, daß die Not der Sünde eine unendlich große ist. „Damit führt die Erkenntnis der höchsten Einsamkeit zu der anderen (- Erkenntnis) der weitesten Gemeinsamkeit der Sünde" (SC 73). Aus dem zuvor Gesagten über Personalität und Sozialität muß die Sünde als überindividuelle, wie auch als individuelle Tat vorgestellt werden. „Die Menschheit der Sünde ist eine ... und doch unendlich oft zerrissen. Sie ist Adam wie jeder einzelne er selbst und Adam ist" (SC 80). Die sündige Tat ist als personale Tat zugleich die Tat des ganzen Menschengeschlechtes in Person. Das Erlebnis, der peccator pessimus zu sein, und das Erlebnis, in der communio peccatorum zu sein, sind untrennbar aufeinander bezogen (Jes. 6).

Wie aber sind personale Schuld und soziale Schuldverflochtenheit zusammen zu denken? - Wie ist das „Sein in Adam" (Röm. 5) zu verstehen? - Als „Erbsünde" im Sinne des metaphysischen oder biologischen Gattungsbegriffes (Thomas)? - Als Wiederholung der Aktsünde Adams durch den Einzelnen? - Es kommt offenbar alles darauf an, in dem sündigen Einzelakt selbst den Gesamtakt der Sünde zu finden, und zwar ohne den einen zum Grund des andern zu machen (SC 75). Das von Bonhoeffer in den sozialphilosophischen Überlegungen bereitgestellte Denken kommt hier zur Anwendung, wenn er sagt: „Die sündige Tat des Einzelnen ist zugleich die Tat des menschlichen Geschlechtes (nicht mehr im biologischen Sinne) in seiner Person ... Dieses Verhältnis von Einzelnen und Geschlecht entspricht ... dem monadischen Bild, in dem jede einzelne Monade die ganze Welt ‚repräsentiert'... Jeder Akt ist sowohl Einzelakt, wie auch in ihm die Gesamtsünde der Menschheit wieder wach wird. Damit ist nun auch die Allgemeinheit der Sünde begründet als in der Einzelsünde notwendig mitgesetzt" (SC 76). In dieser „Mitsetzung" sind die Grenzen des Ich nicht übersprungen. Aber wie in jedem Ich das Du mitgesetzt ist, so ist immer auch schon das Geschlecht mitgesetzt Erbsünde oder „Gesamtsünde", wie Bonhoeffer sagt, ist nur die andere Seite, der mitgesetzte Horizont der persönlichen Sünde. Die persönliche Sünde ihrerseits ist die existentielle Tiefe der Gesamtsünde. Der existentiellen Tiefe der Sünde entspricht die kosmische Weite der Sünde. Es kann das eine nicht ohne das andere gedacht werden. Es kann das eine nicht aus dem anderen abgeleitet werden. Das Subjekt der Sünde ist der Einzelne und das Geschlecht. Weder ist eine Moralisierung der Sünde möglich, noch eine Materialisierung der Sünde erlaubt[20]. Der Zusammenhang von Einzelschuld und Gesamtschuld ist ein soziologischer. Wie aber kann die Gesamtheit, die Menschheit, das Volk, mithin die „Kollektivperson" ethisch angesprochen und damit ethisch verantwortbar gemacht werden?-

Bonhoeffer weist auf den biblischen Sprachgebrauch hin, daß nicht nur Einzelne von Gott angesprochen dargestellt werden, sondern auch das Volk, daß nicht nur einzelnen Menschen, sondern auch Städten und Gegenden das Evangelium verkündet wird. „Es ist der israelitische Begriff des ‚Volkes Gottes', der nur aus solchem Angerufensein durch Gott entsprang, angerufen durch die Propheten, durch den Lauf der politischen

Geschichte, durch fremde Völker. Nicht dem Einzelnen, sondern der Kollektivperson gilt der Anruf. Das Volk soll Buße tun ... Das Volk muß getröstet werden (Jes. 40, 1)" (SC 78). Es gibt auch einen Willen Gottes mit dem Volk genauso wie mit dem Einzelnen[21]. „Die Gemeinschaft, die aus Gott zu Gott ist, die grenz zeitlichen Sinn in sich trägt, sie steht vor Gottes Auge und löst sich nicht auf in das Schicksal der Vielen" (ebd.). Dabei kommt es nicht darauf an, ob das ganze Volk in der Summe seiner Glieder den Ruf Gottes hört und die vollständige Kollektivperson Buße tut. Nur „in" den Einzelnen kann das geschehen. Doch sind es nicht die Einzelnen, sondern ist es die Gesamtheit, die in den Einzelnen hört, Buße tut und glaubt, sofern Gott in wenigen das ganze Volk (Gen. 18, 32) sehen kann und in Einem die ganze Menschheit sah und versöhnte, und sofern Buße und Glaube der Einzelnen nicht in privatisierender Separation vom Volke - was dem individualistisch-moralistischen Mißverständnis der Sünde entspräche -, sondern „in Stell vertretung" für das Volk und die Gesamtheit geschieht, -was dem soziologischen Zusammenhang von Einzel- und Gesamtschuld, der Tiefe und der Weite des Sündenbekenntnisses, entspricht. So wie die totale und universale Schuldverhaftung der einzelnen Person die konkrete Gestalt der Gesamtschuld ist, so ist die stellvertretende Buße, das stellvertretende Sündenbekenntnis und der fürbittende Glaube die konkrete Gestalt der Erneuerung des Ganzen. An die Stelle der atomistischen Solidarität der communio peccatorum tritt die stellvertretende Gemeinschaft, die communio sanctorum. Oder: die

Menschheit ist in Adam eine Kollektivperson, die nur durch die Kollekivperson „Christus als Gemeinde existierend" abgelöst werden kann.

Es ist ersichtlich, daß die für Bonhoeffer bis in die letzten Briefe hinein zentrale Idee der Stellvertretung den von ihm soziologisch erarbeiteten Gedanken der Gesamtheit, des „Netzes der Sozialität", der „Kollektivperson", voraussetzt. Wenn, wie zu zeigen. sein wird, die Stellvertretung streng christologisch gefaßt ist, so bleibt doch die universale oder theokratische Grundstruktur erhalten. Das erbindet Bonhoeffer nicht nur mit Hegel, dessen Begriffe er kritisch und in Abwandlung übernimmt, sondern auch mit dem ostkirchlichen Gemeinschaftsgedanken vom „ssobornostoj".

Chomjakow und Arseniew werden an entscheidenden Stellen im Zusammenhang der Ekklesiologie zitiert (SC 134,152).

b) Alle sozialphilosophischen Überlegungen, mit denen Bonhoeffer beginnt, zielen nicht nur auf die Erfassung der sanctorum communio ab, sondern gewinnen erst hier ihre konkrete Gestalt. Die personale Grundbezogenheit der Menschen aufeinander, die vorwillentliche Form der Sozialität, die „objektive" Gestalt des Gemeinschaftsgeistes, das alles meint nicht das Wesen des Menschlichen an sich, sondern ist bezogen auf die Offenbarungsrealität der Kirche und die eschatologisch zu verstehende neue Menschheit. Sozialphilosophisch gesprochen ist für Bonhoeffer die Kirche als „Leib Christi" eine Kollektivperson. Jedoch - und damit durchbricht er den romantischidealistischen Organismusund

Christus neu, d. h. von der Ewigkeit her gesehen; und sie wird in der Wirkung des Geistes neu, d. h. von der Zeit her gesehen. Der Aktualisierung in der Geschichte steht nicht die Ermöglichung in Christus gegenüber, sondern die Wirklichkeit des in Christus erfüllten Willens Gottes zur Versöhnung und das Aufgehobensein in seiner Stellvertretung. So wird endlich der christologische Gedanke der Stellvertretung grundlegend für Bonhoeffers Sozialtheologie. Es ist wie eine klärende Erleuchtung für ihn: „Die Stellvertretung Christi birgt tiefe sozialphilosophische Probleme" (SC 106). Von hier aus wird die „soziale Intention" aller christlichen Grundbegriffe ins Licht treten. Mit dem Gedanken der Stellvertretung durchdringt Bonhoefier die sozialphilosophischen Hilfsbegriffe, mit denen er sich zunächst an diese Frage herantastete. In seiner Anwendung auf die Soziologie der Gottesgemeinschaft, der Kirchengemeinschaft, des christlichen Gehorsams im verantwortlichen Handeln unter den Mandaten Gottes in der Welt liegt das bei weitem noch nicht gehobene Vermächtnis Dietrich Bonhoeffers.

Doch verfolgen wir diesen Gedanken von seinem Ursprung her. „In ihm (- im stellvertretenden Handeln Christi) fällt konkrete Innerzeitlichkeit und das ‚für alle Zeiten' real zusammen. Stellvertretung findet statt für Schuld und Strafe ... Man hat häufig den Strafcharakter des Leidens Jesu bestritten. Luther hat gerade auf ihn allen Nachdruck gelegt. Sündenfolgen auf sich zu nehmen ist auch im bürgerlich-ethischen Leben denkbar, die Eigenart des christlichen Stellvertretungsgedankens ist eine Schuld-

und Strafstellvertretung im prägnanten Sinne ... Am Verbrecherkreuz triumphiert die stellvertretende Liebe, der Gehorsam gegen Gott über die Schuld, und damit ist die Schuld tatsächlich gestraft und überwunden" (SC 106). Bonhoeffer hat in der „Ethik" und in den letzten Tegeler Briefen diese Stellvertretung auch mit dem „Für andere-dasein" ausdrücken können (Christus der Mensch, der für andere da ist). Das hat zu dem Mißverständnis einer Moralisierung im Sinne allgemeiner Menschenliebe Anlaß gegeben. Hier am Ursprung des Gedankens in seiner ersten Schrift wird der exklusiv christologische Grund des Gedankens sichtbar. Stellvertretung ist keine ethische Möglichkeit und keine ethische Norm, sondern allein die Realität der göttlichen Liebe zur Gemeinde, sie ist kein ethischer, sondern ein theologischer Begriff. Durch das christliche Prinzip der Stellvertretung ist die neue Menschheit zusammengefaßt und gehalten. In ihm besteht die materiale Besonderheit der christlichen Grundbeziehungen (SC 107). Die „Stellvertretung" ist damit eigentlich ein ontologischer Begriff, der das neue Sein des Menschen in der Rechtfertigung durch Christus begründet. Er widerspricht daher nicht dem ethischen Begriff der vollen Verantwortung der Einzelperson vor Gott. Die Stellvertretung Christi begründet und macht überhaupt erst sichtbar, was Verantwortung vor Gott heißt. Indem Christus an die Stelle tritt, wo der Mensch vor Gott verzweifelt er selber oder verzweifelt nicht er selber sein will, gewinnt der Mensch in ihm seine Person vor Gott. Oder, wie Bonhoeffer sagt: Indem der Mensch Christus als Stellvertreter für seine gesamte Person anerkennt, verdankt er dieselbe ihm (SC 107, Anm. 1). Zur „Struktur des verantwortlichen Lebens", so führt Bonhoeffer in der „Ethik" aus, gehört die Bindung des Lebens an Gott und Mensch in der Gestalt der Stellvertretung und der Wirklichkeitsgemäßheit auf der einen und die Freiheit des eigenen Lebens auf der anderen Seite: „Nur das in der Bindung selbstlos gewordene Leben steht in der Freiheit eigensten Lebens und Handelns" (E 174).

Das Prinzip der Stellvertretung faßt nicht nur die neue Menschheit mit Christus zusammen, sondern verknüpft diese auch untereinander zu neuer Gemeinschaftlichkeit. „Wie die Liebe Gottes in der Stellvertretung Christi die Gemeinschaft zwischen Gott und Mensch wiederherstellt, so ist auch die menschliche Gemeinschaft wieder wirklich geworden in der Liebe" (SC 108).

So wird denn die Kirche als die neue Menschheit durch die Stellvertretung Christi in neue soziale Bezüge gesetzt:

1. Die Personalität des Einzelnen wird nicht aufgehoben in einer höheren Ganzheit der Kirche. Sie wird nicht pluralisiert in einem Gesellschaftsverband ohne Einheit. In der Stellvertretung des Einen für die Vielen liegt die Einheit der Vielen (Geistvielheit SC 111 ff.).

2. Die neue Menschheit ist in Christus wie in einem Punkt zusammengesehen: in ihm ist sie gerechtfertigt und geheiligt (Geisteinheit SC 140 ff.).

3. Diese Gottesgemeinschaft in der Stellvertretung Christi aktualisiert

sich in der Stellvertretung der Menschen untereinander, in der Sozialität des Für-einander-Daseins in der Kirche; in Hingabe und Liebe, in der Fürbitte und in der Sündenvergebung (Geistes gemeinschaft SC 114 ff.).

„Eine trägt den anderen in tätiger Liebe, Fürbitte und Sündenvergebung, in der völligen Stellvertretung, die nur in der Gemeinde Christi möglich ist, die als Ganzes auf dem Prinzip der Stellvertretung, d. h. auf der Liebe Gottes, beruht ... In dem strukturellen Miteinander von Gemeinde und Gemeindeglied in Stellvertretung und Kraft der Gemeinde besteht der soziologisch spezifische Charakter der Liebesgemeinschaft" (SC 139)[22].

Es ist die Frage, was dieser Gedanke der Stellvertretung für die Soziologie der Kirche zu leisten vermag. Wir heben vier Punkte hervor:

1. In der Stellvertretung Christi für die Gemeinde kann Sein und Akt, Vollendet-sein in ihm und Aktualisierung durch die Kraft des Hl. Geistes in neuen sozialen Verhältnissen von Ich und Du und Gemeinschaft zusammen gedacht werden: Integration und Integrationsprozeß, das Versetztsein in einen neuen Stand oder ein neues Sein und der Akt der Annahme in geschichtlicher Entscheidung und Hingabe, Zustand und Vorgang.

2. Die Gottestat der Stellvertretung konstituiert Gemeinschaft und Personsein, ohne das eine in dem anderen aufzulösen.

3. Der Gedanke der Stellvertretung verbindet Herrschaft und Dienst, Theokratie und Kreuz zur „Gottesherrschaft von Kondeszendenz und Passion" (H. Dombois).

4. Der Gedanke der Stellvertretung verbindet die Zweckbestimmung der Kirche für die ganze Menschheit Gottes (- die Kirche steht stellvertretend an der Stelle, an der die ganze Menschheit vor Gott stehen sollte) und Zweckerfüllung Gottes in der Kirche, in welcher das neue Sein im Dasein-für-andere in der Welt anbricht. Dieser letzte Gedanke der Stellvertretung der Kirche für die Welt klingt schon in der ersten Schrift Bonhoeffers an in seiner Liebe für Stellen wie

2. Mos. 32, 32 und Röm. 9, 1, wo um der Liebe zum Volke willen der Wunsch nach Schuldübernahme und Selbstopfer in die Verwerfung im Propheten oder Apostel laut wird[23]. (So heißt es in dem Gedicht vom abschiednehmenden Mose: „Der die Sünde straft und gern vergibt, Gott ich habe dieses Volk geliebt").

5. Ergänzung durch die theologisch - ontologischen Überlegungen aus der Schrift „Akt und Sein"[24]

In seiner Habilitationsschrift versucht Bonhoeffer die gewonnenen Ansätze für die Diskussion um Akt und Sein im Kreise der dialektischen Theologie fruchtbar zu machen. Er sieht die Dialektiker Barth, Bultmann und Gogarten auf dem Wege, die Offenbarung Gottes von allen verhärteten Seinsbegriffen, von Objektivierungen und Verfügbarkeiten freizumachen und sie als reinen Akt zu verstehen, im Transzendentalismus Kants befangen, sei es mehr theozentrischer Art (Barth) oder unter anthropozentrischem Aspekt (Bultmann). Auf der anderen Seite findet er die Ontologen, die die Offenbarung Gottes greifbar haben wollen in Gestalt eines Dogmas, eines Bewußtseins oder der Institution Kirche, auf dem Abwege, den Menschen zu sichern gegen den unverrechenbaren Anspruch Gottes durch ein Sein im Bereich des objektiv Seienden und des verfügbar Vorhandenen [25]. Wir lassen die Frage auf sich beruhen, ob diese Analyse der Antithese dieser theologischen Fronten und ihre Rückführung auf philosophische Systeme nicht vereinseitigend und simplifizierend ist, und fragen nach Bonhoeffers eigener Weiterführung der herausgestellten Linien aus der Soziologie der Kirche in den nun angestrebten „theologischen Seinsbegriffen" (AS 87).

Die Kirche als Seinsart der Offenbarung Gottes erscheint Bonhoeffer als die gesuchte Einheit von Akt und Sein. Die Kirche ist - nicht als menschliche Möglichkeit, sondern als „Offenbarungsrealität" - das ontologische Urdatum, in welchem personale Existenz und soziale Relation ermöglicht und damit das Leben der Gemeinschaft von Personen durch die Person und das Werk der Stellvertretung Christi konstituiert werden. Hier in der Kirche ist Gott in seiner Freiheit für den Menschen, in seinem Bund und in seiner Treue zum Akt der Offenbarung und zur ergangenen Verheißung da; und zwar nicht in ewiger Nichtgegenständlichkeit (Barth, Bultmann), nicht „je im Akt", sondern in seiner Treue zum gegebenen Wort (AS 68). Mit der Herausstellung des biblischen Zeugnisses vom Bund und von der Treue Gottes geht Bonhoeffer den einzig möglichen

Weg, um den theologischen Aktualismus sowie auch den theologisehen Ontologismus zu überwinden[26]. Die geschichtliche Offenbarung Gottes ist nicht gebunden an den jeweiligen Augenblick menschlicher Existenzbetroffenheit, sie ist nicht gebunden an menschliche Gegebenheiten und Bedingtheiten. Bonhoeffer möchte von Luthers ChristoIogie aus die Offenbarung in Akt und Sein bedenken: „Unseres Gottes Ehre aber ist die, so er sich um unsertwillen aufs allertiefest heruntergibet ins Fleisch, ins Brot in unseren Mund, Herz und Schoß und dazu um unsertwillen leidet, daß er unehrlich gehandelt wird, beide auf dem Kreuz und Altar" (WA 23, 157 zit. AS 59). Und so sagt er gegen das formalistisch-aktualistische Verständnis der Freiheit und Kontingenz Gottes in der Offenbarung: „Es handelt sich doch in der Offenbarung nicht so sehr um die Freiheit Gottes jenseits ihrer, d. h. um das ewige Bei-sich-selbst-Bleiben und um die Aseität Gottes, sondern vielmehr um das Aus-sich-Heraustreten Gottes in der Offenbarung, um sein gegebenes Wort, um seinen Bund, in dem er sich gebunden hat, um seine Freiheit, die gerade in dem Frei-sich-gebunden-Haben an den geschichtlichen Menschen, in dem Sich-dem-Menschen-zur- Verfügung-Geben ihren stärksten Erweis findet. Gott ist frei nicht vom Menschen, sondern für den Menschen. Christus ist das Wort der Freibeit Gottes. Gott ist da, d. h. nicht in ewiger Nichtgegenständlichkeit, sondern - mit aller Vorläufigkeit ausgedrückt - ‚habbar' , faßbar in seinem Wort in der Kirche. Hier tritt dem formalistischen ein inhaltliches Verständnis der Freiheit Gottes gegenüber. Sollte dieses sich als echtes

Verständnis der Freiheit Gottes bewähren lassen, so sind wir vom reinen Aktverständnis der Offenbarung aus auf Seinsbegriffe verwiesen" (AS 67 f.). Es ist die Treue Gottes zu seiner Selbstbindung an die Bundesverheißung, die der Offenbarung in der Geschichte den Charakter der Selbigkeit Gottes gibt. Gottes Wesen ist nicht seine Absolutheit, sondern „die Beständigkeit der von ihm frei vollzogenen Relation zum Geschöpf, die Beständigkeit seiner erwählenden Barmherzigkeit und Treue" (0. Weber, a. a. 0. 137). Der Streit um Akt und Sein in der Offenbarung Gottes setzt den ontologischen Gottesbegriff und die erwähnte erkenntnistheoretische Transzendenz voraus. Erst wenn diese Voraussetzung sich wandelt, erst wenn der Ausgangspunkt der theologischen Überlegung Gottes Wesen als seine Treue und Gottes Offenbarung als Gottes Bund markiert, kann dieser Gegensatz überwunden werden. Dann aber befindet sich das theologische Denken in der „soziologischen Kategorie", wie Bonhoeffer sie zu erarbeiten sucht. Gottes Handeln ist Gottes Sein; jedoch nicht ein Sein im Sinne des Objektseins, sondern im Sinne des Für-den-Menschen Daseins. Gott will in unwandelbarer Treue des Menschen Gott sein[27].

Damit ist dann auch Entscheidendes über des Menschen Mensch sein ausgesagt. Er trägt den Grund seines Menschseins nicht in sich selber. Seine Kontinuität mit sich selber ist nicht aus ihm selber heraus erweisbar. Auf der anderen Seite steht er vor Gott auch nicht in jener dimensionslosen Enge und Einsamkeit einer jeweilig punktuellen Existenz. In der Treue Gottes, der immer schon für ihn da ist - mit dem Vorsprung gleichsam der Prädestination ist seine Existenz immer schon - nicht erst durch den Augenblick, wohl aber im konkreten Augenblick ergriffen - betroffene Existenz, neugeschaffene Existenz, Existenz im sozialen Bezuge, Existenz in bezug auf Christus (AS 94). Seine Existenz ist weder als Seiendes erstarrt, noch ins Nichtsein verflüchtigt, sondern im stellvertretenden Sein Christi für ihn als personales und soziales Sein in der Gemeinde begründet. In der Treue Gottes zur Verheißung wird der Mensch aus den vorfindlichen Bindungen seiner Naturgeschichte, Volksgeschichte und Kulturgeschichte herausgenommen und in die Gottesgeschichte gestellt; so in der Tradition des Segens von Abraham auf Isaak. Und auf Jakob; so in der Treue Gottes zur Predigt des Evangeliums, darin sich Gott von Geschlecht zu Geschlecht zu seinem Volk bekennt. Hier gibt er sich seiner neuen Menschheit so, daß seine Person alle, die er erworben hat, in sich zusammenschließt, sich ihnen und diese sich gegenseitig verbindet und verpflichtet (AS 91). „Wird Sein der Offenbarung in Seiendes festgelegt, so bleibt es vergangen, existentiell belanglos; wird Sein der Offenbarung im Nichtgegenständlichen verflüchtigt, so geht die Kontinuität verloren. Mithin muß dem Offenbarungssein eine Seinsart zukommen, die beide dargetanen Ansprüchen genügt: als solche Seinsart verstehen wir die Person und die Gemeinschaft ... Nur so ist die Schwebe zwischen Seiendem und Nicht-seiendem in der Konkretheit der Seinsart einer echten, d. h. durch Christus begründeten Persongemeinschaft gewahrt ... Die Seinsart der Offenbarung ist nur in Bezug der Personen bestimmbar. Im sozialen

Bezug kommt der statische Seinsbegriff des ‚es gibt' in Bewegung. Einen Gott, den ‚es gibt', gibt es nicht; Gott ‚ist' im Personbezug, und das Sein ist sein Personsein" (AS 94).

Die alte ontologische und grammatikalische These der mittelalterlichen Scholastik hieß: „operari sequitur esse". Alle Bewegungen und Relationen müssen als Prädikate des Seins verstanden werden. Nun ist sowohl durch die Entwicklung der modernen Naturwissenschaft[28)] als auch durch die umfassende Renaissance biblisch-reformatorischen Denkens in der Theologie dieser aristotelische Grundsatz als unzureichend herausgestellt worden. Die Erfassung der Relativität im Naturgeschehen wie auch die Bezeugung der Wirklichkeit Gottes, die Wesen und Eigenschaften, Sein und Handeln umfaßt[29)], lassen offensichtlich diese Art des ontologischen Denkens allein nicht mehr zu. Bonhoeffer klammert im Zuge seiner theologischen Überlegungen über Akt und Sein der Offenbarung die Diskussion, ob das esse dem operari oder nicht viel mehr das operari dem esse vorangehe, mit einer kühnen Auslegung eines Lutherzitates ein: „Prius enim esse quam operari, prius autem pati quam esse. Ergo fieri, esse, operari se sequuntur"[30)]. „Der Mensch gerät Gott gegenüber in die Stellung eines Leidenden, Luther redet hier von der nova nativitas. Existenz ist als pati bestimmt, d. h. von Existenz kann ‚eigentlich' erst geredet werden als von getroffener Existenz ... Getroffene Existenz ist Existenz im sozialen Bezug" (AS 95). Das pati, das Erleiden und die Passion, geht dem Sein und dem Akt vorher. „In der Offenbarung d. h. in der Kirche ist der geschichtliche, ganze Mensch, Einzelner und Menschheit, getroffen: ich glaube, d. h. ich weiß mich getragen: ich werde getragen, ich bin angesprochen, mir ist vergeben, es wird für mich gebetet (pati), darum bin ich (esse), darum glaube ich (agere). Hier schließt sich der Kreis. Denn auch das agere ist hier pati; immer aber ist das Ich das geschichtlich Eine, allein im Glauben Neue" (AS 99). In dem so verstandenen Offenbarsein Gottes für den Menschen und der so getroffenen und umschlossenen Personalität des Menschen „fügen sich transzendentaler Ansatz vom ‚Sein nur im Akt' und die ursprüngliche ontologische Grundthese von der Freiheit des Seins dem Akt gegenüber, vom Aufgehobensein des Aktes im Sein, unerwartet ineinander ... Transzendentaler und ontologischer Ansatz kommen in der soziologischen Kategorie zusammen" (AS 100 ff.).

Indem Bonhoeffer so durch die philosophische Dialektik von Akt und Sein hindurchstößt zur „soziologischen Kategorie", muß und kann nun nicht mehr von einem Wesen Gottes an sich geredet werden. Der Blick wird frei für das Personsein Gottes in der Relation des Bundes zum Menschen. Die ewige Unwandelbarkeit Gottes, in der noch die protestantische Orthodoxie im ontologischen Gottesbegriff die spezifische Eigenschaft Gottes festhalten zu müssen glaubte, kann im soziologischen Gottesbegriff als geschichtliche Treue Gottes gedacht werden, wie es dem biblischen Zeugnis entspricht. Gottes Sein ist immer schon Gottes Sein für den Menschen. In seiner Offenbarung in Christus ist der in sich selbst beständige Gott der in seiner Treue zur gegebenen Verheißung beständige Gott. Entsprechend kann und braucht nicht mehr nach einem Wesen des Menschen gefragt zu werden. Der Blick wird frei für das Person-sein des Menschen als des Bundesgenossen Gottes, wie Bonhoeffer sagt, für das neue Sein des Menschen in Christus, in der Kirche. Jenseits von idealistischer Wesensbestimmung und aktualistischer Geschichtsbestimmung wird des Menschen Sein als ein Sein-in soziologisch beschrieben.

Weiterführend ist an dieser Stelle der Ansatz der speziellen Ethik bei K. Barth (Kirchliche Dogmatik III, 4, 22 ff.). Auch Barth verläßt die Frage nach der „Wesensstruktur" Gottes und der „Wesensstruktur" des Menschen ähnlich wie Bonhoeffer. Doch spricht er von dem trinitarischen Sein Gottes als Schöpfer, als Versöhner und als Erlöser und von des Menschen gottesgeschichtlicher Bestimmung als Geschöpf, als Sünder und als Kind. „In der Folge dieser drei Gestalten erscheint auch der Mensch als ein bestimmtes Wesen." Die spezielle Ethik hat dann die Aufgabe, diese Geschichte Gottes und des Menschen von der Schöpfung zur Versöhnung und zur Erlösung zu beschreiben. Sie setzt daher nicht eine Theologie als Wesensbestimmung Gottes und eine Anthropologie als Wesensbestimmung des Menschen voraus, sondern nimmt die Begegnung Gottes und des Menschen auf dem Wege dieser drei Gestalten als Geschichtsbestimmung des Menschen wahr, in welcher Geschichte dann auch der Mensch als ein bestimmtes Wesen erscheint. Das ist die trinitarische Entfaltung der aktualistisch mißverständlichen Aussagen des frühen Barth, den Bonhoeffer in seiner Kritik im Auge hatte. Immerhin wäre eine Weiterführung der Gedanken Bonhoeffers von der Treue Gottes in der Stellvertretung Christi, im Sein-für-den-Menschen, zur trinitarischen Entfaltung von Gott dem Schöpfer, Versöhner und Erlöser denkbar, ebenso wie die Weiterführung von Bonhoeffers Vorstellung von des Menschen Sein in der Kirche zur Gottesgeschichte von Geschöpf, Sünder und Kind. Aber hier scheinen sich die Wege zu trennen von einer theozentrisch gefaßten Christologie bei Bonhoeffer und einer trinitarisch gefaßten Christologie bei Barth[31].

6. Ergänzung durch den Begriff der „analogia relationis"

Schon in „Sanctorum communio" hat Bonhoeffer das zwischenmenschliche Ich-du-Verhältnis in Analogie zum göttlichen Du-Verhältnis des Menschen gesehen und beschrieben. Nur in bezug auf seine Wirksamkeit auf den anderen kann von dem Menschen als von dem Abbild Gottes geredet werden. Erst wenn Gott ihr nicht nur als Du gegenübertritt, sondern als Ich in sie „eingeht", gewinnt die christliche Person ihr eigentliches Wesen. Erst in der Gottes gemeinschaft, in der Christus durch den Hl. Geist in den Menschen kommt, kommt auch die Kirche in den Menschen, gewinnt endlich die neue Mitmenschlichkeit darin die konkrete Gestalt der Analogie, der Gottesebenbildlichkeit. Ein Stück weiter führt diesen Ansatz Bonhoeffers Auslegung von Gen. 1-3 in „Schöpfung und Fall", 1933, 1955³. Hier zeigt Bonhoeffer am Begriff der Freiheit auf, was er unter dem vom ihm geprägten Gedanken der „analogia relationis" versteht. Darin ist der Mensch dem Schöpfer ähnlich, daß er frei ist. Aber Freiheit ist nicht etwas, was der Mensch für sich hat oder bei sich selber fände, sondern etwas, was er für den anderen hat und nur im bezug auf den anderen findet. „Freiheit ist eine Beziehung, sonst nichts" ³²⁾; und zwar eine Beziehung zwischen zweien. Freisein heißt ‚frei-sein-für-den-anderen', weil der andere mich an sich gebunden hat. Nur in der Beziehung auf den anderen bin ich frei. Kein substantieller, kein individualistischer Freiheitsbegriff vermag Freiheit zu denken. Freiheit ist das, worüber ich schlechthin nicht wie über eine Eigenschaft verfügen kann, es ist das einfach Geschehende, sich Ereignende, durch den anderen an mir Geschehende (41 ff.). Urbild dieser Freiheit in der Sozialität kann darum nicht die absolute Freiheit eines Gottes an sich sein. Exemplum und sacramentum dieser Freiheit für den anderen ist Gottes freie Gnade, in der Gott nicht für sich, sondern für den Menschen frei sein will. Das zwischen menschliche Ereignis der Freiheit füreinander steht in einem genetischen Zusammenhang mit dem Ereignis, daß Gott in Christus frei ist für den Menschen, denn in ihm schafft Gott sein Bild auf Erden. „Geschaffene Freiheit heißt hier nun - und das ist das über alles bisherige Tun Gottes Hinausgehende, das Einmalige kat'exochen -, daß Gott sebst in sein Geschaffen sein geht. Jetzt befiehlt er nicht nur, und sein Wort geschieht, sondern jetzt geht er selbst in das Geschaffene ein und schafft so Freiheit" (42). Dieses durch Gottes Menschwerdung geschaffene „Bild, das Gott ähnlich ist", ist deshalb und nur aus diesem christologischen Grunde keine analogia entis, keine Entsprechung des niederen Seins zur Struktur des höheren Seins an sich. Wenn Gott nicht als der für sich Seiende gedacht werden kann, sondern in Christus sein „für den Menschensein" bezeugt, dann kann nur von einer analogia relationis geredet werden. Die Analogie liegt daher in der Entsprechung dieser göttliche und menschliche Existenz begründenden Relationen. Das besagt, daß die Relation nicht eine Struktur menschlichen Seins an sich ist, sondern geschenkte, gesetzte Beziehung, justitia passiva meint, und daß daher der Mensch nur im Blick auf das göttliche Urbild dieser Analogie inne werden kann. „Analogia relationis ist darum die von Gott selbst gesetzte Beziehung und nur in dieser von Gott gesetzten Beziehung analoga. Beziehung von Geschöpf zu Geschöpf ist gottgesetzte Beziehung, weil sie in Freiheit besteht und Freiheit von Gott her ist" (44). Nur im Akte der Setzung, also nur im Ereignis der „Mitwirkung" und der Integration des Menschen in die Gottesherrschaft in Christus springt analogia relationis auf.

Bonhoeffer meint nicht, daß schon durch die Schöpfungstatsache solche Entsprechung gegeben sei - als kausale Attributionsanalogie zwischen Ursache und Wirkung. „Das Werk ist dem Schöpfer nicht ähnlich, es ist nicht sein Ebenbild, sondern es ist die Gestalt seines Befehls" (39). Er denkt offensichtlich auch nicht an die Analogie mitmenschlicher Beziehungen zu den inneren Relationen der Trinität Gottes. Das ganze Analogiedenken ist bei ihm bezogen auf die Realpräsenz Gottes in Christus, auf das „Eingehen Gottes" in die geschaffene Wirklichkeit. K. Barth hat zwar den Begriff der analogia relationis von Bonhoeffer übernommen. Er verwendet ihn im trinitarischen Denken jedoch offensichtlich anders[33].

II. THEOKRATIE UND CHRISTOLOGIE

Die entscheidende Frage der Sozialethik richtet sich nicht eigentlich auf die Soziologie der Kirche, sondern auf die Anwendung der hier gewonnenen theologischen Ontologie auf die institutionellen Phänomene in der Welt, auf die Ordnungen, Stände oder Mandate, die neben und mit der Kirche existieren, und mit denen, unter denen und für die die Kirche nach Gottes Gebot fragt. Um nun Bonhoeffers Sozialethik der Mandate recht in den Blick zu bekommen, sei ein theologisches Zwischenthema eingeschaltet über „Theokratie und Christologie", in welchem es darum gehen soll, den dogmatischen Grundriß der „Ethik" zu erfassen. Zugleich soll mit einer solchen Grundlagenbesinnung eine folgenreiche Wendung in Bonhoeffers Denken angezeigt werden; jene Wendung, die von der „Nachfolge" 1937, zur „Ethik", die in den ersten Kriegsjahren entstand, und zu den überraschenden Visionen der letzten Briefe von der „mündig gewordenen Welt" führte[34]. Ging es Bonhoeffer in seinen frühen Schriften um die Soziologie der Kirche, um die Konsequenzen aus dem Glauben an die Gegenwärtigkeit Christi in seiner Kirche, um den „Christus als Gemeinde existierend" und die spezifische Eigenart der Gemeinde in der Nachfolge, so erscheint in der „Ethik" der Horizont der Christusherrschaft von der Kirche auf die Welt ausgeweitet zu sein, so geht es jetzt offensichtlich um die Gegenwart Christi in der Mitte und Fülle des ganzen Lebens, um die Schau der Wirklichkeit in allen Lebensbezügen als der in Christus mit Gott versöhnten Welt. Mit dem Hinweis auf eine solche „Wendung" ist jedoch keinesfalls ein Bruch im Gesamtwerk Bonhoeffers behauptet. Auch ist es unmöglich, seine letzten Gedanken gegen seine früheren theologischen Darstellungen zu wenden. Es liegt vielmehr der Schluß nahe, daß es genau die theologischen Grundbegriffe der frühen Schriften von der „ethisch-sozialen Transzendenz Gottes", vom „Eingehen Gottes in die Wirklichkeit" und von der „Stellvertretung Christi" sind, die sich nun in einer anderen Thematik bewähren und jene „Wendung" überhaupt erst ermöglichen. Der Schlüssel zur Einheit des Denkens in der verschiedenen Thematik seiner Schriften wird in diesem Satz zu sehen sein: „Je ausschließlicher wir Christus als unseren Herrn erkennen und bekennen, desto mehr enthüllt sich uns die Weite seines Herrschaftsbereiches" (E 161). Was in den frühen Schriften an christologischer Konzentration erscheint, dasselbe tritt uns in den letzten Schriften, in der „Ethik" und in den Briefen, als theokratische Weite entgegen, als Horizont der Christusherrschaft mitten in der Weltlichkeit der Welt. Beides gehört zusammen wie Mitte und Umkreis, wie Zentrum und Horizont, wie Zucht und Weite. „Die Schöpfung und das Reich Gottes ist uns allein gegenwärtig in Gottes Selbstoffenbarung in Jesus Christus", heißt es in der „Ethik" (E 59). Dieser christozentrische Satz besagt in seiner Exklusivität zugleich, daß in Christus eben die ganze Weltwirklichkeit offenbar wird, aposteriori gleichsam als Gottes Schöpfung und in der Weise der Prophetie und der Verheißung als Gottes Reich. Dieses dialektische Verhältnis und diese dialogische Spannung von Inkarnation und Schöpfung, von Kreuz und Weltherrschaft gilt es nun im Ansatz zu erfassen.

H.Chr. von Hase[35] hat aufmerksam gemacht auf den Wandel im Amtsbegriff Bonhoeffers. Hatte er früher gesagt, daß die sanctorum communio das „Amt" stifte, so heißt es in der „Ethik", das Wort setze ein klares Gegenüber von oben und unten. Der Prediger ist nicht Exponent der Gemeinde, sondern Exponent Gottes gegenüber der Gemeinde. „Dieses Amt ist unmittelbar von Christus gesetzt, es empfängt seine Legitimität nicht durch den Willen der Gemeinde, sondern durch den Willen Jesu Christi ... Es ist gleichzeitig mit der Gemeinde" (E 227). Dieser neue Amtsbegriff hat darin seinen Grund, daß das Amt der Verkündigung im Unterschied zum christlichen Leben der Gemeinde dem Ganzheitsanspruch Christi auf die Welt in allen ihren Lebensbereichen und Mandaten, nicht aber der Kirche allein unterstellt ist. Das Wort übt seinen befreienden und recht fertigenden Dienst aus an dem Leben in allen Mandaten, in Ehe, Arbeit, Obrigkeit und Kirche. Es geht nämlich im Amt der Verkündigung nicht um das Wort der Kirche oder ihre Herrschaft, nicht um die Souveränität Gottes im eigenen Kreise, sondern um die davon in ihrer Universalität und Totalität zu unterscheidende Weltherrschaft des Weltversöhners. Indem die Kirche dieser Herrschaft dient, stellt sie sich in der Zeit der Geschichte vor dem Eschaton, im Bereich also des „Vorletzten", brüderlich, nicht herrschend, prophetisch, nicht klerikal, neben die anderen Mandate Gottes in der geschaffenen Wirklichkeit. Die Kirche rückt in diesem Amtsbegriff aus der endzeitlichen Vollkommenheit, in die sie nach Bonhoeffers erster Schrift zu geraten schien, in den Bereich des Vorletzten und des eschatologisch Vor-läufigen. Ihr Auftrag ist bestimmt durch die ihr eigenes Sein transzendierende Herrschaft Christi und ist begrenzt durch die Mandate Christi in der Welt, in denen die ganze Welt bereits vollständig unter dem Herrschaftsanspruch Christi steht, wissend oder unwissend. Wollte man methodisch die neue Wendung im Denken Bonhoeffer ansprechen, so könnte man sagen, es ist die Wendung einer im Ursprung betont „kirchlichen Dogmatik" zu einer „theokratischen Theologie". Theologisches Denken versteht sich dann nicht nur als „Funktion der Kirche", sondern als Funktion der in Christus erschienenen und in ihm für die Welt erwarteten Gottesherrschaft[36].

1. Theokratie und Inkarnation

Der Hinweis auf den der Welt zugewendeten Amtsbegriff in Bonhoeffers „Ethik" legt es nahe, die Grundkonzeption seiner Sozialethik als eine theokratische, bzw. christokratische, zu bezeichnen. Unter Berufung auf Kol. 1, Eph. 1 und Phil. 2 gestaltet sich für Bonhoeffer die ihm eigentümliche universale und ontologische Sicht der Theokratie in Christus. „In Jesus Christus ist die Wirklichkeit Gottes in die Wirklichkeit der Welt eingegangen" (E 60, 62, 63). Alle Wirklichkeitsbegriffe, die von diesem

Eingehen Gottes in die Welt absehen, sind Abstraktionen, Abblendungen der ganzen Wirklichkeit auf einen bestimmten Ausschnitt. „Die Wirklichkeit ist zuerst und zuletzt nicht ein Neutrum, sondern der Wirkliche, nämlich der menschgewordene Gott" (E 177). „Die Wirklichkeit ohne den Wirklichen verstehen zu wollen, bedeutet in einer Abstraktion leben; der der Verantwortliche niemals verfallen darf, bedeutet vorbeileben an der Wirklichkeit" (ebd.). „Von nun an (scil. unter der geglaubten Voraussetzung der Inkarnation) kann weder von Gott noch von der Welt recht geredet werden, ohne von Christus zu reden ... Die Weltwirklichkeit finde ich immer schon getragen, angenommen und versöhnt in der Wirklichkeit Gottes vor" (E 60). Das sind, wenn man so will, realontologische Ausdrücke mit Anklängen an die altkirchliche physische Erlösungslehre, in denen Bonhoeffer die theokratische Einheit der Wirklichkeit ausspricht. Mit der Inkarnation ist „objektive" Wirklichkeit ausgesagt, in dem Sinne, daß ein schlechthin allem menschlichen Denken, Wollen und Glauben vorgegebener, umgreifender ontologischer Zusammenhang besteht zwischen Gott in Christus und allem menschlichen Leben[37]. Mit dem Kreuz ist diese Welt mit Gott versöhnt in ihrer Weltlichkeit. Der Glaube kann die Welt und ihre Weltlichkeit, in welchem Bereich auch immer, nicht anders als unter diesem Zeichen sehen. „Die Wirklichkeit der Welt hat ihre Signatur ein für allemal durch das Kreuz Christi empfangen. Aber weil das Kreuz Christi das Kreuz der Versöhnung der Welt mit Gott ist, darum steht die gottlose Welt zu gleich unter der Signatur der Versöhnung als der freien

Setzung Gottes. Das Kreuz der Versöhnung ist die Befreiung zum Leben vor Gott mitten in der gott-losen Welt, es ist die Befreiung zum Leben echter Weltlichkeit" (E 230). Die Wirklichkeit, die den Menschen umgibt, ihn fordert und ihn beschenkt, ist also als solche nicht neutral, indifferent und dem Glauben fremd, sondern ist in ihrem tiefsten Verständnis von der Inkarnation und vom Kreuz her in ihrer vollen Diesseitigkeit Gottes Wirklichkeit. An die Stelle der diffizilen Akt-Sein-Problematik aus seinen frühen Schriften tritt jetzt bei Bonhoeffer der erregend neue Begriff der „Wirklichkeit" in den Mittelpunkt. Er wird nur verständlich, wenn seine Genesis aus dem personalistischen Denken des frühen Bonhoeffer beachtet wird. Was damals als die „Wirklichkeitsform des Du", als die „soziale Transzendenz Gottes" im Du-Erlebnis bezeichnet wurde, das ist hier weitergeführt bis zum personalen Charakter aller Wirklichkeitserfahrung des Glaubens: „Die Wirklichkeit besteht letztlich im Personhaften", kann Bonhoeffer sagen im Anschluß an den Hinweis auf Holbeins Personifizierungen von Sonne, Mond und Wind auf seinen Totentänzen[38)] und damit den menschgewordenen Gott meinen, von dem her alle Wirklichkeit ihr Recht und ihre Schranken, Ursprung, Wesen und Ziel erhält. Darum: „Wer sich zu der Wirklichkeit Jesu Christi als der Offenbarung bekennt, der bekennt sich im selben Atemzuge zu der Wirklichkeit Gottes und zu der Wirklichkeit der Welt; denn er findet in Christus Gott und die Welt versöhnt. Eben darum ist der Christ auch nicht mehr der Mensch des ewigen Konfliktes, sondern wie die Wirklichkeit in Christus eine ist, so ist er, der zu dieser Christuswirklichkeit gehört, auch selbst ein Ganzes. Seine Weltlichkeit trennt ihn nicht von Christus und seine Christlichkeit trennt ihn nicht von der Welt. Ganz Christus angehörend, steht er zugleich ganz in der Welt" (E 65). In dieser Versöhnung zur Einheit der Welt und des Menschen liegt die Befreiung von der Angst, die entsteht, wenn man zwischen Gottes Gegenwart und der Welt unterscheidet, um dann vor dem Anspruch der Welt in den sakramentalen Raum der Kirche, oder vor dem Anspruch des göttlichen Gebotes in die Anpassung an die Zweckdienlichkeiten der Welt oder die Zwangsläufigkeiten der Geschichte zu flüchten. Die Wirklichkeit, in der sich der glaubende Mensch immer schon vorfindet, ist - diesseits von Glauben und Unglauben, Bewußtsein und Unbewußtsein - die von Gott getragene und angenommene Wirklichkeit. Bonhoeffer kann dieses reale, immer schon vorgegebene „Eingehen Gottes in die Welt" bis zu dem zugespitzten Satz betonen: „In den Tatsachen selbst ist Gott" (WE 134), und man könnte fortfahren: „Die Wirklichkeit hat messianischen Charakter" (van Ruler). „Das Leben erkennt sich ausgespannt und gehalten von einem Grund der Ewigkeit zum anderen; von der Erwählung vor der Zeit bis zum ewigen Heil; es erkennt sich als Glied der Gemeinde und der Schöpfung, die das Lob des dreieinigen Gottes singt" (E 75). So wird denn jedes Leben, das in diese messianische Wirklichkeit gestellt ist und sie annimmt, teilnehmen an den Leiden Gottes in der Welt und lobsagend einstimmen in die Freude Gottes. Mit Recht hat Glenbøj von einem „Inkarnations- und

Anakephalaiosisglauben" bei Bonhoeffer gesprochen [39]. In der Tat meint Bonhoeffer, daß mit der Inkarnation die ganze Wirklichkeit wieder unter ein Haupt gefaßt ist und daß in Christus die ganze Schöpfung vor Gott in ihrer Ursprünglichkeit und Endgültigkeit aufleuchtet und dem Glaubenden einleuchtet.

Jedes Denken in Dualismen, in „Bereichen" und „Räumen", muß an dieser christologischen Schau der Versöhnung von Gott und Welt zerbrechen; die scholastische Unterscheidung von Natur und Übernatur ebenso wie die pseudolutherische Scheidung der beiden Reiche und wie endlich auch der schwärmerische Separatismus von der Welt und der schwärmerische Aktivismus gegen die Welt [40]. Überall wird mit Wirklichkeiten außerhalb der versöhnten Wirklichkeit Gottes und der Welt in Christus gerechnet; überall wird die darin gesetzte Einheit und Ganzheit der Wirklichkeit mißachtet und nicht erreicht: Christus ohne die Welt oder die Welt ohne Christus oder der Mensch des ewigen Konfliktes zwischen Gott und Welt wird zum ethischen Ausgangspunkt genommen. Eine Synthese oder eine Versöhnung ist dann vom Menschen aus nicht mehr möglich, denn die eine Synthese von Gott und Welt in der Versöhnung Christi ist nicht angenommen und kann nicht mehr erreicht werden. Bonhoeffer möchte gegen alle diese Traditionen es wagen, von der „einen Wirklichkeit" und von dem „Wirklichkeitsganzen" auszugehen, wie es in der Offenbarung Christi gegeben ist, aus der das Wunder der Weltversöhnung sich öffnet. Bei allen Bedenken, die sich gegen eine solche scheinbar monistische Konzeption einstellen, bleibt zu beachten, daß Bonhoeffer keinesfalls an eine „prinzipielle Einheit" denkt, wie sie etwa aus idealistischen Systemen bekannt ist, sondern an die Versöhnug von Gott und Welt in der „Person" Christi, an den „in stellvertreten der Verantwortung Handelnden, aus Liebe zum Menschen menschgewordenen Gott" (E 180). Von ihm her und nicht aus der Welt selber wird die eine und ganze Wirklichkeit sichtbar, in die der Mensch im Glauben sich versetzt sieht. Weder aus einer Idee noch aus einer Welterfahrung heraus kann so geredet werden, sondern nur in Auslegung des Wunders der Inkarnation. „Jesus Christus tritt nicht als ein Wirklichkeitsfremder der Wirklichkeit gegenüber, sondern er ist es, der allein das Wesen des Wirklichen am eigenen Leibe trug und erfuhr, der aus dem Wirklichen heraus redete wie kein Mensch auf Erden, der als einziger keiner Ideologie verfallen ist, sondern der Wirkliche schlechthin ist ... Weil er als der Wirkliche Ursprung, Wesen und Ziel alles Wirklichen ist, darum ist er selbst der Herr und das Gesetz des Wirklichen. Das Wort Jesu Christi ist also die Auslegung seiner Existenz und damit die Auslegung jener Wirklichkeit, in der die Geschichte zu ihrer Erfüllung kommt" (E 178 ff.). Darum tritt der Glaube mit ihm in die Welt der wiedergefundenen Einheit und fragt danach, „wie die - auch uns und unsere Welt längst in sich beschlossen haltende - Wirklichkeit in Christus als jetzt gegenwärtig wirke, bzw. wie in ihr zu leben sei"; wie er also an der Wirklichkeit Gottes und der Welt in Jesus Christus „teilhabe" (E 61).

Es kann daher für Bonhoeffer auch nicht das von Lutheranern heute so stark betonte lutherische „Kampfmotiv" in der Gottesgeschichte - regnum Dei und regnum Christi gegen das regnum Satanae - geben. Denn es ist ja eben diese „arge" Welt, die in Christus mit Gott versöhnt ist, und die nun darum eben nicht im Teufel, sondern in Christus ihre letzte eigentliche Wirklichkeit hat (E 67)[41]. Es gibt auch nicht die Separation der Kirche von der Welt - eine Konsequenz, zu der die „Nachfolge" gewisse Befürchtungen nahelegte - ; denn der Raum der Kirche in der Welt ist nicht dazu da, der Welt ein Stück ihres Besitzes streitig zu machen, sondern der Welt zu bezeugen, daß sie Welt bleibe, nämlich Gottes versöhnte Welt, und damit die Welt in ihrer Weltlichkeit und Diesseitigkeit besser und tiefer zu verstehen, als sie sich aus sich selbst heraus zu verstehen vermag. So kann denn Bonhoeffer die Kirche Christi die „Kirche Gottes und der Welt" nennen.

2. Theokratie und Kreuz

Diese alles umgreifende Christokratie hat ihr Bild nicht wie in der byzantinischen Theokratie im sakralen Imperator. Es ist Gottesherrschaft in der Person des Gekreuzigten, d. h. Herrschaft, Autorität und Macht in Stelltretung. „Kraft seiner Ohnmacht hilft Christus" (WE 242). In der Stellvertretung Christi liegt die Offenbarung von Gottes Allmacht und des Menschen Wirklichkeit: „Aus der Freiheit von sich selbst, aus dem

‚Für-andere-Dasein' bis zum Tode entspringt erst Allmacht, Allwissenheit, Allgegenwart" (WE 259). In der Tat der Stellvertretung liegt die Unvergleichlichkeit auf der einen und die bestimmende Urbildlichkeit der Herrschaft Christi gegenüber menschlichem Leben auf der anderen Seite in einem. In Anknüpfung an die christologischen und ekklesiologischen Aussagen über „Stellvertretung" aus „Sanctorum Communio" führt Bonhoeffer in der „Ethik" diesen Gedanken weiter aus und wendet ihn an auf alles durch Christus geschaffene und in ihm erlöste Leben in der Mitmenschlichkeit unter den Mandaten der Welt. „Christi gesamtes Leben, Handeln und Sterben war Stellvertretung ... Weil er das Leben ist, ist durch ihn alles Leben zur Stellvertretung bestimmt" (E 175). Göttliche Stellvertretung ist in jener christologischen Einmaligkeit „ein für allemal" der tragende Grund des Lebens. Mitmenschliche Stellvertretung ist die daraus entspringende Grundstruktur der Sozialität in den Mandaten Ehe, Arbeit, Obrigkeit und Kirche, der Personalbezüge sowohl aus auch der Sachbezüge des Menschen. Herrschaft Christi in Stellvertretung bedeutet – weil es keine Fremdherrschaft, sondern die Herrschaft des Schöpfers, Versöhners und Erlösers ist - Befreiung des menschlichen Verhältnisses in Familie, Arbeit, Kultur und Politik zu ihrem eigenen, ursprünglichen Sein. Die weltlichen Ordnungen kommen unter der Herrschaft Christi zu ihrem eigenen Wesen, unter das ihnen anerschaffene, eingeborene eigene Gesetz. Sie geraten damit nicht in die „Eigengesetzlichkeit", die im Grunde Gesetzlosigkeit ist, sondern sie erhalten innerhalb der von

Gott in Christus geschaffenen, geliebten und versöhnten Welt den ihnen wesentlichen, eigenen zu zukomenden Ort. „So empfangen sie unter der Herrschaft Christi ihr eigenes Gesetz und ihre eigene Freiheit" (E 256).

Die Christusherrschaft, die von der Stellvertretung am Kreuz für Sünde und Sündenfolgen her gedacht ist, kann für die weltlichen Ordnungen nicht die Dienstbarkeit gegenüber einem menschlichen, religiösen Ideal, gegenüber einem Naturgesetz oder der moralischen Autorität der Kirche bedeuten, sondern nur und gerade die „Befreiung zur echten Weltlichkeit", zum Menschwerden des Menschen, zur Weltwerdung der Welt, zum Staatsein des Staates usw. (E. 256). „Nicht Vergöttlichung oder Verwirklichung der weltlichen Ordnung, sondern ihre Befreiung zur echten Weltlichkeit ist Sinn und Ziel der Christusherrschaft" (ebd.). Weder Diastase von Christus und Welt wie im Schwärmertum, noch Synthese von Christus und Welt wie im römischen Katholizismus, sondern der biblische Gedanke der Herrschaft Christi in Stellvertretung ist die reformatorische Lösung [42].

„Konkret wird diese Befreiung durch die konkrete Begegnung der weltlichen Ordnungen mit der Kirche Jesu Christi, ihrer Verkündigung und ihrem Leben. Indem die weltlichen Ordnungen diese Kirche Christi bestehen lassen, ihr Raum geben, ihre Verkündigung der Christusherrschaft gelten lassen, finden sie selbst ihre echte, in Christus begründete Weltlichkeit, ihr eigenes in Christus begründetes Gesetz. Die Stellung zur Kirche Christi wird immer der Maßstab sein für die echte - durch kein ideologisches, fremdes Gesetz, und durch keine eigengesetzliche Willkür gehinderte - Weltlichkeit. Eine verfehlte Einstellung zur Kirche wird immer auch ein Verfehlen der echten Weltlichkeit, der weltlichen Ordnungen, des Staates usw. zur Folge haben und umgekehrt" (E 257). Der Dienst der Kirche an der Welt ist also gleichsam ein indirekter. Indem die Kirche durch ihre Verkündigung von Rechtfertigung und Versöhnung der Herrschaft Christi dient, wird das Leben in den weltlichen Mandaten von dem Terror ideologischer Selbstrechtfertigung befreit zum echten weltlichen Tun, zur Erfüllung der ihm von Gott gesetzten und ihm je eigenen Bestimmung.

Christusherrschaft und „echte Weltlichkeit" können auf diese Weise von dem Gedanken der Stellvertretung her für Bonhoeffer zu auswechselbaren Begriffen werden. Auch das positive Verständnis der „mündig gewordenen Welt" und der „vollen Diesseitigkeit des Lebens" in den letzten Briefen meint im Grunde nichts anderes als die Weltwerdung der Welt und die Menschwerdung des Menschen in, mit und unter der Christokratischen Befreiung von Heteronomie und Autonomie. Allein die Konzentration der Theokratie auf die Stellvertretung Christi am Kreuz, auf Schuld und Sühne, läßt den Horizont einer mündig gewordenen Welt, die vor Gott zu ihrer Ursprünglichkeit und Endgültigkeit gelangt, sichtbar werden [43].

Es ist dann natürlich die Frage, ob diese „echte" Weltlichkeit nicht eine neue : ‚christliche" Weltlichkeit meint, ob nicht die Staatswerdung des Staates unter Bonhoeffers Aspekt eine neue Form der Christianisierung des Staates bedeutet, und endlich also die durch die abendländische Gottlosigkeit von klerikaler oder religiöser Bevormundung „mündig" gewordene Welt (vgl. WE 239 ff.) von Bonhoeffer nicht doch noch oder eben gerade in der Klammer des christlichen Abendlandes verstanden worden ist. In der Tat weisen Bonhoeffers Titelnotierungen für die „Ethik" (E 5) in diese Richtung („Grundlagen und Aufbau einer künftigen Welt", „Grundlagen und Aufbau eines geeinten Abendlandes"). Seine ethischen Überlegungen haben ihren konkreten, geschichtlichen Ort und wollen ihn haben im „Erbe und Verfall des christlichen Abendlandes" (E 30 ff.). Sie stehen in der Aufgabe, nach der Gestaltwerdung der Gestalt Christi heute zu fragen und darin „Rechtfertigung und Erneuerung des Abendlandes" zu finden. Unter diesen Vorzeichen der Christusherrschaft und der konkreten Gestaltwerdung Christi in der Geschichte des Abendlandes heute stehen seine Gedanken, sowohl diejenigen, die sich um den Begriff der „echten Weltlichkeit" als auch diejenigen, die sich um den Gedanken der „mündig gewordenen Welt" gruppieren.

3. Der neue Wirklichkeitsbegriff

Das eigentliche Problem der Ethik und speziell das rechtstheologische Problem bricht immer wieder auf an dem schwebenden Verhältnis von Akt und Sein, naturrechtlich-idealistischer Normierung derWirklichkeit und positivistischer Apotheose der Wirklichkeit. Während dort das Gute der Idealwert ist, gewonnen aus einer apriorischen Einsicht in das „Reich der Werte" (N. Hartmann, H. Coing) oder aus einem kirchlich autorisierten naturrechtlichen Normensystem, wird hier die Autonomie des Sozialprozesses oder die willkürliche Entfaltung menschlicher Rechtsvernunft selber das Gute [44]. Im Wirklichkeitsbegriff versucht Bonhoeffer, den Durchbruch zu einem Jenseits von Sollen und Sein, Idealismus und Positivismus, Normethik und Sozialethik, Naturrecht und Rechtspositivisrnus zu finden. Seine „Ethik" ist in allen verhandelten Problemen diesem Ziele gewidmet[45]. Im Grundsatz versucht er diese eigentümliche Schwebelage christologisch zu erfassen: In Christus ist die Gotteswirklichkeit nicht Idee, Wert oder Möglichkeit für den Menschen geworden, sondern in seine und seiner Welt Wirklichkeit eingegangen. In Christus ist die Weltwirklichkeit nicht als factum brutum oder als „nackte Faktizität", sondern als angenommene, versöhnte und so von Gott um schlossene Wirklichkeit gesetzt. So hat es die christliche Ethik nicht allein mit der Wirklichkeit des Ich und der Wirklichkeit der dem Ich gegenüberstehenden Welt zu tun. „Zeigt es sich aber, daß diese Wirklichkeit des Ich und der Welt selbst noch eingebettet liegen in eine ganz andere letzte Wirklichkeit, nämlich die Wirklichkeit Gottes, des Schöpfers, Versöhners und Erlösers, dann tritt das ethische Problem sofort unter einen völlig neuen Aspekt" (E 55). Alle Dinge und Verhältnisse erscheinen im Zerrbild, wo sie nicht in Gott gesehen und erkannt werden. „Alle sog. Gegebenheiten, alle Gesetze und Normen sind Abstraktionen, solange nicht Gott als die letzte Wirklichkeit geglaubt wird" (ebd.). So ist denn unter dieser Voraussetzung das Problem der christlichen Ethik „das Wirklichwerden der Offen- barungswirklichkeit Gottes in Christus unter seinen Geschöpfen" (E 57). An die Stelle, die in aller anderen Ethik durch den Gegensatz von Sollen und Sein, von Idee und Realität, von Motiv und Werk bezeichnet ist, tritt in der christlichen Ethik die Beziehung von Wirklichkeit und Wirklichwerden, von Vergangenheit und Gegenwart, von Geschichte und Ereignis (Glaube) (E 57). Darum kann es nun für Bonhoeffer heißen: „Das Gute ist das Wirkliche selbst, d. h. nicht jenes abstrakte, von der Wirklichkeit Gottes gelöste Wirkliche, sondern das Wirkliche, so wie es in Gott allein Wirklichkeit hat" (ebd.). Darin ist die Feindschaft der Norm gegen das Seiende ebenso wie die Preisgabe des Gebotenen an das Zweckdienliche aufgehoben. Eine idealistisch „materialisierte" Wirklichkeit ist ebenso eine Abstraktion wie die sog. „schöpferische" Wirklichkeit des Positivismus. Beide Vorstellungen sind gedacht im erkenntnistheoretischen Subjekt-Objekt-Schema, nicht aber in der „soziologischen Kategorie", wie etwa Bonhoeffer sie in seinen ersten Schriften herausarbeitet. Darum finden beide ihre Grenze an der „Nichtsubjeketivierbarkeit" der menschlichen Personalität und an der „Nichtsubjektivierbarkeit" der menschlichen Sozialität im Gottes- und Nächstenverhältnis. [46]. „Echte Wirklichkeit", die in Christus Gott und Mensch umfaßt, ist jenseits bei der Möglichkeiten messianische Wirklichkeit, der erkennend inne zu werden die Integration des Menschen in die Gottesgeschichte bedeutet [47].

Die so gesehene und geglaubte Wirklichkeit wird dann selber in höchstem Maße ethisch relevant: ethisches Handeln muß wirklichkeitsgemäß sein (E 176 ff.). „Wirklichkeitsgemäß ist das christusgemäße Handeln, weil es die Welt Welt sein läßt, weil es mit der Welt als Welt rechnet und doch niemals aus dem Auge läßt, daß die Welt in Christus von Gott geliebt, gerichtet und versöhnt ist" (E 179). In dieser Richtung führt „der Weg des Christen ... hindurch zwischen einer starren Bindung durch ein kirchlich autorisiertes Normensystem und der Gleichgültigkeit gegenüber einer sich selbst über lassenen, willkürlich-positivistischen Selbstentfaltung menschlicher Rechtsvernunft" (E. Wolf, Libertas christiana, S. 32).

4. Das Gebot

Aus dem bisher Gesagten mag deutlich geworden sein, daß für Bonhoeffer das „ethische Ereignis" nicht schon positivistisch aus der begegnenden Wirklichkeit und Situation gefunden werden, noch aus einem starren System idealer Ordnungen deduziert werden kann, sondern daß es für ihn aufspringt, wo die Christusherrschaft in der Wirklichkeit der Welt dem Menschen widerfährt. Es ist die Begegnung zwischen Gottes Herrschaft im Gebot und dem sich verantwortenden Menschen. So heißt es für Bonhoeffer: „Das Gebot Gottes ist die totale und konkrete Beanspruchung des Menschen durch den barmherzigen Gott. Das Gebot ist nicht das Zeitlose gegenüber dem Geschichtlichen, nicht das Prinzip im Unterschied zur Anwendung, sondern ist Gottes Rede zum Menschen, und zwar in ihrem Inhalt wie in ihrer Gestalt konkrete Rede zum konkreten Menschen" (E 215). Damit ist für Gottes Gebot der Widerfahrnischarakter, die Einmaligkeit und Unverfügbarkeit im ethischen Ereignis der Gottesbegegnung im Sinne des oben skizzierten Wirklichkeitsbegriffes ausgesagt. Gottes Gebot ist immer schon konkret; eine Wirklichkeit, die in der Weltwirklichkeit des Menschen zur Verwirklichung drängt. Schon 1932 (Gesammelte Schriften I, 146 fL) ist Bonhoetter alles an der konkreten, gleichsam prophetischen und wirklichkeitsgemäßen Gestalt des Gebotes gelegen. Gegen den üblichen Rückzug der Kirche vom konkreten Gebot in einer geschichtlichen „Stunde" auf allgemeine Richtlinien und ewige Richtigkeiten auf Grund mangelnder Sachkenntnis betont er: „Die Kirche muß das konkrete Gebot wagen im Glauben an die Sündenvergebung ... Was für die Verkündigung des Evangeliums das Sakrament ist, das ist für die Verkündigung des Gebotes die Kenntnis der Wirklichkeit ... Die Wirklichkeit ist das Sakrament des Gebotes." Er hat diese Vorstellung später nicht weiter verwendet. Wichtig ist jedoch die Begründung, die er damals anschloß: „Das ethische Sakrament der Wirklichkeit ist begründet in der Beziehung der Wirklichkeit zur Schöpfungswirklichkeit" (ebd. 147). In der „Ethik" tritt diese Sakramentsterminologie dann zurück, wenn es heißt: „Der Dekalog ist das von Gott offenbarte Lebensgesetz alles unter der Christusherrschaft stehenden Lebens" (E 225). Damit soll gegen eine mißverständliche Theorie der Schöpfungsordnungen die Theologie des Wortes und des Glaubens festgehalten werden. Das Gebot leuchtet nicht aus der Wirklichkeit heraus, sondern es leuchtet von oben aus Gottes Stiftung und Setzung, wie sie in Christus offenbar werden, in die geschaffene Wirklichkeit hinein; und zwar in der Weise, daß Gottes Gebot nicht erst an Grenzsituationen, in denen alle Selbstverständlichkeiten unsicher und schwankend werden, entgegentritt, sondern in der Mitte des Lebens von den hier begegnenden Mandaten verkörpert und ausgerichtet wird und daß diese wiederum ihrerseits im ethischen Ereignis der Gottesbegegnung als Gottes Stiftungen offenbar werden. Gottes Gebot zerstört nicht die geschaffene Wirklichkeit, sondern muß als Erlaubnis und Beauftragung verstanden werden, in der weltlichen Wirklichkeit vor Gott leben zu dürfen und zu sollen. In solchem Gehorsam findet das Leben vor Gott seine Ursprünglichkeit und Eigentlichkeit. So dient das Gebot Gottes der konkreten Befreiung des geschaffenen Lebens in seinen einzelnen Bezügen von Fremdherrschaft (Heteronomie) und Eigengesetzlichkeit (Autonomie) zur „echten Weltlichkeit", die Bonhoeffer „Christonomie" nennen möchte[48]. Ziel des Gebotes Gottes im Zuge der restituierenden Christusherrschaft ist die cooperatio des Menschen, das „Mitleben" und „Mitleiden" mit Gott in der Fülle des diesseitigen Lebens, die Teilgabe und Teilnahme an der Gotteswirklichkeit in der Weltwirklichkeit, die „Nachfolge" Christi im Glaubensgehorsam; zusammenfassend gesagt: die Integration des Menschen in die Gottesherrschaft über die Welt.

Es entsteht nun aber von daher die Frage, wo denn diese voluntas mandati konkret begegne und von welchen Autoritäten sie ausgerichtet werde. Bonhoeffer antwortet mit der Entfaltung seiner Lehre von den Mandaten Gottes. In ihnen findet die prophetische Konkretion des einen Gebotes Gottes, die er 1932 in jenem Vergleich mit dem Sakrament suchte, in den mannigfaltigen Bezügen des irdischen Lebens Gestalt.

III . DAS MANDAT

1. Der Mandatsbegriff

Bonhoeffer setzt bekanntlich in der „Ethik" zweimal an, um den Mandatsbegriff zu erfassen; einmal von dem Gedanken der christologischen Einheit der Wirklichkeit her (E 70 ff.), und dann noch einmal von der Frage nach der konkreten Ermächtigung zum ethischen Reden und Ausrichten des Gebotes her (E 225 ff.).

1. Die ganze Welt ist durch Christus und auf Christus hin geschaffen, ob sie es weiß oder nicht. Diese Bezogenheit wird konkret in bestimmten Mandaten Gottes, in denen gewisse konstante Grundverhältnisse und Lebensbereiche des Menschen umgrenzt und gestaltet werden. „Wir sprechen von Mandaten Gottes statt von göttlichen Ordnungen, weil damit der Charakter des göttlichen Auftrages gegenüber einer Seinsbestimmung deutlicher heraustritt [49]. Gott will in der Welt Arbeit, Ehe, Obrigkeit und Kirche - jedes in seiner Weise ... Nicht weil Arbeit, Ehe, Obrigkeit und Kirche ist, ist sie göttlich geboten, sondern weil sie von Gott geboten ist, darum ist sie, und nur sofern ihr Sein - bewußt oder unbewußt - dem göttlichen Auftrage unterworfen ist, ist es göttliches Mandat" (E 70). Es steht im Hintergrund dieser Sätze die notvolle Auseinandersetzung in Kirche und Theologie zur Zeit des Dritten Reiches über die weltanschauliche Glorifizierung von Rasse und Volkstum und den sie rechtfertigenden und

unterstützenden Gedanken vom „Volksnomos" als der entscheidenden Schöpfungsordnung bei den „Deutschen Christen". Gegen den Abweg, der aus dem Ordnungsbegriff und seiner Biologisierung zur politischen Weltanschauung führte, drängt Bonhoeffer mit dem Mandatsbegriff auf den lebendigen gebietenden Gott, der allein in der Christusherrschaft offenbar wird. Es handelt sich bei den Ordnungen eben nicht um dämonische oder göttliche Geschichtsmächte, sondern um bestimmte Aufträge und Verheißungen Gottes, die zu gehorsamer Erfüllung drängen. „Alle möglichen Aussagen über die weltlichen Ordnungen sind begründet und müssen daher bezogen sein auf Jesus Christus als Ursprung, Wesen und Ziel alles Geschaffenen. Die Herrschaft Christi ist Ermöglichung und Sinn aller dieser Aussagen" (E 225). „Die Ordnungen sind also nicht eine zweite göttliche Instanz neben dem Gott Jesu Christi, sondern sie sind der Ort, an dem der Gott Jesu Christi sich Gehorsam verschafft; nicht um die Ordnungen an sich, sondern um den Glaubensgehorsam in ihnen geht es in Gottes Wort" (E 279)[50]. Als „konkreter Ort des Glaubensgehorsams", als „Inanspruchnahme, Beschlagnahme und Gestaltung eines bestimmten irdischen Bereiches durch das göttliche Gebot" ist das Mandat Gottes der Dialektik von Gesetz und Evangelium entnommen. Schon vom „Ruf in die Nachfolge" konnte Bonhoeffer sagen: „Er ist gnädiger Ruf, gnädiges Gebot. Er ist jenseits der Feindschaft von Gesetz und Evangelium" (Nachfolge, 15). Jetzt aber ist mit dem „Mandat" der Glaubensgehorsam des Christen in der Welt getroffen. Darum hat das Mandat einen direkten evangelischen Inhalt[51]. Es weist den Glaubensgehorsam an den Ort seiner Verantwortung. Es weist der Liebe den Weg zum Nächsten. Gerade darum ist die „Einübung des christlichen Lebens" in den Mandaten konkreter Gehorsam gegen alle Gesetzlichkeit.

Ohne Zweifel will Bonhoeffer im Mandatsbegriff die ursprüngliche Lehre Luthers von den „drey Ertzgewalten", in denen sich die Heiligung des Christenmenschen in der „cooperatio cum Deo" an der Welt und im Leiden der „mortificatio sui" vollzieht, neu verstehen. In Luthers „Sermon" vom Sakrament der Taufe (WA 2, 734) heißt es: „Darum hat Gott mancherlei Stände verordnet, in welchen man sich üben und leiden lernen soll, etlichen den ehelichen, den anderen den geistlichen, den anderen den regierenden Stand und allen befohlen, Mühe und Arbeit zu haben, daß man das Fleisch töte und gewöhne an den Tod." „Die drei ‚Grundordnungen' des sozialen Lebens innerhalb der Christenheit: Ehe, Obrigkeit und Kirche oder: Familie und Wirtschaft, Staat und Kirche sind Stiftungen Gottes, die er in einer auch den Menschen ein leuchtenden ‚Sachgemäßheit' verordnet hat, indem er sie mit dem Menschen ‚mitgeschaffen' hat ... Sie sind der jeweils besondere Ort geordneten Dienstes für Gott an der Welt. Es handelt sich zuletzt bei diesen ‚wider den Teufel' (WA 50, 652, 14) geordneten ‚drey Ertzgewalt', deren Gesetz das ‚natürliche Recht' ist, um die auf das Kommen des Reiches Gottes gerichteten und unauflöslich miteinander verbundenen Funktionen (insofern ist ‚Ertzgewalt' der zutreffende Ausdruck vor ‚Hierarchie' oder gar ‚Stand') der Kirche, des

Staates und er Ökonomie. In ihnen sind daher die ‚weltlichen' Größen von Staat und Wirtschaft, ist der ‚weltliche Stand' der katholischen Gliederung des corpus christianm grundsätzlich nicht sich selbst überlassen oder als bloßes Erziehungsobjekt dem ‚geistlichen Stand' zugewiesen, sondern unmittelbar auch dem Anspruch des Wortes Gottes auf sein ganzes Leben unterstellt" (E. Wolf, Peregrinatio, 1954, 232 IT.). Es ist exakt diese Lehre von den Ertzgewalten, die Bonhoeffer neu zu formulieren sucht, und die in seinem Begriff vom Mandat besser getroffen ist, als durch irgendeine Ordnungstheologie[52]. Denn es ist im Mandatsbegriff wiedergegeben: 1. Es handelt sich um Stiftungen Gottes, die als solche im Lichte der Offenbarung dem Glauben einleuchten und ihm den Ort des Gehorsams weisen. 2. Sie sind mit dem Menschen mitgeschaffen und gehören insofern zur sozialen Struktur des Menschseins in der Welt. 3. Alle Mandate sind als Verkörperung des einen Gebotes gleichartige, voneinander unabtrennbare und nicht ineinander auflösbare Gestalten, „Larven" (Luther), Mittel und Abbilder, in denen sich das Leben des Christen in der Welt auf göttliches Leben gründet, auf das Leben und die Herrschaft, die Gott selbst in seiner Schöpfung ausübt und lebt. In ihnen wird dem Glauben deutlich: „Dies ist nicht die Welt, auf die man sich verlassen kann, aber eine Welt, in der man dienen kann" (Wingren, a. a. 0. 44). „Vielleicht darf man hier von einem repräsentativen und normativen Gegenüber von urständlicher, bzw. ‚erlöster Weltlichkeit' gegen die gefallene Welt reden" (E. Wolf, a. a. 0. 198).

제1부. 본회퍼의 사회윤리

Immer und überall, wo im ethischen Ereignis Gottes Gebot den Menschen trifft, geht es materiell darum, diese Mandate zu erfüllen und in ihnen Gehorsam zu üben. „Es gibt keinen Rückzug aus einem ‚weltlichen' in einen ‚geistlichen' Raum, sondern es gibt nur ein Einüben des christlichen Lebens unter jenen vier Mandaten Gottes. Es geht auch nicht an, die ersten drei Mandate (Arbeit, Ehe, Obrigkeit) als ‚weltlich' dem letzten Mandat (Kirche) gegenüber abzuwerten. Es handelt sich eben mitten in der Welt um ‚göttliche' Mandate, ob es sich um die Arbeit, die Ehe, die Obrigkeit oder die Kirche handelt" (E 70). Damit dienen die Mandate - nicht je für sich, sondern miteinander und füreinander, so wie sie von Gott koordiniert sind - dazu, den Menschen vor die eine und ganze Wirklichkeit zu stellen, in die Wirklichkeit des „Leibes Christi" (E 73), in welchem Gott und die Welt versöhnt wurden. Darin endlich dienen sie der Befreiung des Menschen zu „echter Weltlichkeit" in der Welt und gegen die gefallene Welt. „Christusherrschaft und Dekalog bedeuten für die weltlichen Ordnungen nicht Dienstbarkeit gegenüber einem menschlichen Ideal, Naturgesetz, auch nicht gegenüber der Kirche, sondern der Befreiung zur echten Weltlichkeit, zum Staatsein des Staates usw." (E 231). Die Mandate sind in der Schöpfung durch Christus gesetzte und in der biblischen Christusoffenbarung bezeugte göttliche Aufträge zur Ausrichtung und Erfüllung des Gebotes in der Mannigfaltigkeit des Lebens. Sie sind gleichsam von oben in die Welt gesenkt als Gliederungen der einen Christusherrschaft (E 224). Sie sind vergleichsweise fächerförmige

Entfaltungen der Gottesherrschaft und der christologischen Einheit und Ganzheit der Wirklichkeit. Es dreht sich alles um Christus in Person, aber es zielt auf das weltliche Leben in Gehorsam, in Leiden und Lob vor Gott. Darin findet das weltliche Leben zu seiner ursprünglichen und eigentlichen Gestalt.

2. Gottes Gebot begegnet konkret in Mandatsgestalt, in der Kirche, in der Ehe und Familie, in der Kultur und der Obrigkeit. Nicht irgendwo und überall, nicht in geschichtlichen Mächten und nicht in bezwingenden Idealen ist Gottes Gebot zu finden, sondern allein darin, wo es sich selber gibt. Nur wo Gott selbst dazu er mächtigt, kann Gottes Gebot gesagt warden und nur insoweit Gott ermächtigt, kann Gottes Gebot legitim ausgerichtet werden (E 222). Das ist der zweite Aspekt, unter dem Bonhoeffer das Mandat sieht. Es ist nicht nur der an sich neutrale „Ort des Glaubensgehorsams", sondern auch der Ort, die Instanz, das Amt, das zur Verkündigung, Auslegung und Anwendung des Gebotes von Gott autorisiert wird, von dem her also die Aufforderung zum Gehorsam im einzelnen begegnet. „Unter Mandat verstehen wir den konkreten, in der Christusoffenbarung begründeten und durch die Schrift bezeugten göttlichen Auftrag, die Ermächtigung und Legitimierung zur Ausrichtung Autorität an eine irdische Instanz ... Der Träger des Mandates handelt in Stellvertretung, als Platzhalter des Auftraggebers" (E 223); der Vater gegenüber dem Kind, der Lehrer gegenüber dem Schüler, die Regierung gegenüber den Bürgern usw. Mandat meint also nicht eine Sanktionierung irdischer

Ordnung überhaupt, sondern einmal Beauftragung zur gehorsamen Gestaltung eines irdischen Bereiches und zum anderen Beauftragung zu gehorsamer Ausrichtung des Gebotes am konkreten Ort zu konkreter Zeit. In dieser zweiten Wendung ist das Mandat Bevollmächtigung und Beauftragung von Menschen, die Verantwortung tragen, in bestimmten Grundverhältnissen des Lebens, Verleihung von Autorität im Vollzuge der Stellvertretung für andere. Stand der Mandats begriff in der ersten Wendung der konkreten „Berufung" näher als einer starren Berufs- oder Standesordnung, sofern es um den Glaubensgehorsam in verschiedenen weltlichen Bereichen ging, so betont die zweite Wendung die göttliche Ermächtigung zur Ausrichtung des Gebotes und damit zum ethischen Reden gegenüber anderen Menschen[53].

2. Die ontische Vorgegebenheit der Mandate

Bonhoeffer wählt mit Bedacht den Mandatsbegriff, um einem starren Ordnungs- und Raumdenken zu entgehen. Es scheint, als brächte er gegen dieses nur die imperativistische Seite, den Akt-Charakter im menschlichen Gehorsam, also die Geschichtlichkeit der bezeichneten Sache zum Ausdruck. In der Tat berührt er sich darin in mehrfacher Beziehung mit der englischen Auffassung etwa der Obrigkeit als „government" und mit R. Smends Berufsgedanken, wie es in früheren Sitzungen des rechtstheologischen Gespräches festgestellt wurde. Bedenkt man aber seinen Wirklichkeitsbegriff und seine früheren Darstellungen über „Akt und Sein", so scheint m. E. dieser erste Eindruck zu trügen. Zwar betont der Mandatsbegriff das Moment der Herrschaftlichkeit Gottes und „führt zum Verständnis der Institutionen als durch konkrete Entscheidung zu gestaltenden Aufgaben" (E. Wolf, Recht und Institution, 27), aber es ist eindeutig, daß die Mandate zum unverfügbaren Sein der Wirklichkeit der Gottesherrschaft gehören und daß mit ihnen daher vorwillentliche Bezüge, grenzzeitliche Strukturen gemeint sind, die nicht in des Menschen Belieben stehen. „Im Wandel aller geschichtlichen Ordnungen bleiben diese Mandate bis ans Ende der Welt bestehen" (E 257). Sie hängen als Stiftungen Gottes an Gottes Treue zum Bund und bezeichnen damit das Wesen menschlicher Grundverhältnisse, ganz abgesehen von deren geschichtlicher Entstehung. So wahr es ist, daß in der beharrlichen und willkürlichen Durchbrechung des Auftrages durch die konkrete Gestalt der Arbeit, der Ehe, der Obrigkeit und der Kirche das göttliche Mandat im konkreten Fall erlischt, so empfängt dennoch das konkrete Seiende durch das Mandat eine „relative Rechtfertigung" (E 71). Das Seiende, also die vorfindliche Form der Verhältnisse in Arbeit, Ehe, Staat und Kirche, ist der gestalt mit dem göttlichen Auftrage verbunden, daß es im Gehorsam gegen das Mandat sein ursprüngliches Wesen verwirklicht und es im Ungehorsam verfehlt. Gleichwohl hängt der Mandatscharakter dieser mitmenschlichen Grundverhältnisse nicht von seiner geschichtlichen Erfüllung ab, sondern ist eine Wirklichkeit, die im Seienden und gegen das Seiende immer neu wirklich werden will. „Mandat" ist also ein schwebender, gleitender Terminus, der gegenüber einer Gleichsetzung von Gottes Ordnung mit bestehenden Verhältnissen die lebendige Herrschaftlichkeit in Gebot und Gehorsam und gegenüber einer Unordnung in strukturloser Beliebigkeit das wahre und bleibende, in Gottes Stiftung legitimierte Wesen der Grundverhältnisse zum Ausdruck bringt - jenseits von Erfüllung und Verfehlung. So gewinnt durch das göttliche Mandat nicht nur der je neu zu vollziehende Gehorsam, sondern auch die bestehende Gestalt der durch das Mandat betroffenen und gesetzten Seinsbezüge des Menschen ihre „relative Rechtfertigung". Es gibt darum keine ethische Isolierung der Menschen von den Mandatsverhältnissen auf Grund mißbrauchter Macht oder verfehlten Gehorsams; etwa des Sohnes vom Vater, des Mannes von der Frau oder des Bürgers vom Staate. Es gibt vielmehr auf Grund des Mandates ein notwendiges Mittragen, jene „Schuldübernahme", die Bonhoeffer in der verzweifelten Situation seiner Zeit so leiden schaftlich betont und so existentiell vollzogen hat (vgl. dazu E 186 ff.). Mit dem Mandatsbegriff ist jede Sanktionierung bestehender Ordnungen verwehrt. Es ist mit ihm auf der anderen Seite auf keinen Fall eine Moralisierung der Institutionen gemeint. Von hier aus gewinnt das Problem des Eintrittes oder Austrittes des Menschen aus den Institutionen oder Mandaten, Ehescheidung, Emigration usw. sein besonderes Gesicht.

3. Die Mandate als Wegbereitung im „Vorletzten"

Schon 1932 hat Bonhoeffer gegenüber einer sich von der Christusoffenbarung verselbständigenden Theorie der „Schöpfungsordnungen" den Begriff der „Erhaltungsordnung" geprägt. Er meinte damit eine weltliche Ordnung, „die auf die Schöpfung weist und zugleich geöffnet ist für die Zukunft Christi" (Ges. Sehr. I, 151 ff.). „Der Unterschied sei der, daß vom Begriff der Schöpfungsordnung her gewisse Ordnungen, Gegebenheiten als an sich wertige, urständliche, als solche ‚sehr gute' angesehen werden, während mit dem Begriff der Erhaltungsordnung gemeint sei, daß jede Gegebenheit nur von Gott in Gnade und Zorn erhaltene Gegebenheit sei im Ausblick auf die Offenbarung in Christus. Jede Ordnung unter der Erhaltung Gottes sei ausgerichtet auf Christus und nur seinetwegen erhalten. Eine Ordnung sei nur solange als Erhaltungsordnung Gottes anzusehen, als sie noch offen ist für die Verkündigung des Evangeliums. Wo eine Ordnung, und sei es die ursprünglichst erscheinende, Ehe, Volk usw. dieser Verkündigung grundsätzlich verschlossen ist, muß sie preisgegeben werden. Statt von der Schöpfungsordnung her, müsse allein aus der in Christus gegebenen Offenbarung Gottes die Lösung des allgemein ethischen, hier des ökumenischen Problems gesucht werden", heißt es in einem Protokoll (Zit.in: Mündige Welt II, 133. Vgl. dort auch J. Glentøjs Auseinandersetzung mit W. Künneth). In jenem Memorandum, das Bonhoeffer 1941 in Genf Dr. Visser't Hooft überreichte, wird dann durch den Dekalog dieser neue Ordnungsbegriff weitergeführt: „Eine weltliche Ordnung, die sich innerhalb des Dekaloges hält, wird offen sein für Christus, d. h. für die Verkündigung der Kirche und für das Leben nach seinem Wort. Eine solche Ordnung ist zwar nicht ‚christlich', aber sie ist rechte irdische Ordnung nach Gottes Willen ... Gott hat in den Zehn Geboten die Grenzen offenbart, die nicht überschritten werden dürfen, wenn Christus in der Welt Herr sein soll. Der Dekalog ist negativ gefaßt. Die positiven Gestalten werden durch die lebendige Geschichte hervorgebracht und erfahren ihre Begrenzung und Kritik durch den Dekalog" (Zit. in Mündige Welt, II, 190).

Es ist auffällig, daß Bonhoeffer in der „Ethik" den Begriff der „Erhaltungsordnung" ganz fallen läßt und auch das Moment der göttlichen Erhaltung der Welt in und durch die Ordnungen nur sehr verhalten verwendet. Mit der Unterscheidung von „Letzten und Vorletztem" tastet er sich auf einem neuen Wege und mit unbelasteten Begriffen an die Sache heran (E 75 ff.). Das recht fertigende Wort ist letztes Wort Gottes im qualitativen Sinne des non plus ultra: „Mehr als ein vor Gott gerechtfertigtes Leben gibt es nich" (E 77). Es ist letztes Wort Gottes aber auch im quantitativ zeitlichen Sinn: „Es geht ihm immer etwas Vorletztes voraus, ein Tun, Leiden, Gehen, Wollen, Unterliegen, Aufstehen, Bitten und Hoffen, also ganz ernstlich eine Spanne Zeit, an deren Ende es steht" (E 78). Das Vorletzte darf gerade um des Letzten willen nicht aufgehoben werden, denn es sichert das Eschatologische als Eschatologisches. Dieser Raum nun des Vorletzten, der Geschichte, des äußeren Lebens ist durchdrungen, geordnet und ausgerichtet durch die Mandate Gottes, in denen Gottes letztes Wort konkrete Gestalt und Verkörperung gewinnt, in denen das hiesige Leben wegbereitend ausgerichtet wird auf die Christusoffenbarung, in denen der Glaube in der cooperatio cum Deo durch die Liebe und gute Werke Fleisch wird. Diese Zeit des Vorletzten ist heilsgeschichtlich qualifiziert als eingeräumte Zeit der Wegbereitung und Vorbereitung für das Kommen Christi; nicht als Bedingung dafür, sondern um im Lichte des Kommenden das Hiesige zu gestalten, um im rechtfertigenden Glauben das Dasein in dieser Welt zu heiligen. So wird das Vorletzte zur „Hülle des Letzten" (E 84)[54)] zum Außenraum der rechtfertigenden Christusherrschaft, in welchem es um Menschsein und Gutsein, um das „natürliche Leben" in Envartung des kommenden Herrn und des kommenden Reiches geht. In dieser Zeit und in diesem Raum stehen die Mandate - auch die Kirche! - in eschatologischer Vorläufigkeit. In dieser irdischen, leibhaftigen Hülle des Letzten soll eine Welt entstehen, die auf Christus wartet, für ihn offen ist, ihm also dient und ihn verherrlicht. In diesen Bereich fällt sowohl das Licht des kommenden Christus wie auch die Schatten des Kainsgeschlechtes. Hier ist Raum und Zeit der Mandate gegeben, die zur „Einübung des christlichen Lebens" dienen. In dieser Umgrenzung sind die Mandate dem Chaos gegenüber positiv göttliche Ordnung, gegenüber dem kommenden Christus jedoch offene Integrationsprozesse.

Bonhoeffer wehrte sich gegen den Begriff der „Schöpfungsordnung", weil er sah, daß jede weltliche Ordnung, wenn und weil sie von Gott gestiftet ist, nur von Gottes Offenbarung in Christus her erkannt, gewürdigt und u. U. revidiert werden kann. Er ließ den Begriff der „Erhaltungsordnung" fallen, der in jener Zeit ebenso mißbraucht werden konnte, weil der rationale Gesichtspunkt der Welterhaltung einerseits nicht schon identisch ist mit der „relativen Rechtfertigung", die das Vorletzte und seine Ordnungen durch die Menschwerdung Christi, das „Eingehen Gottes" in die Weltwirklichkeit, erfährt, und weil andererseits sich das natürliche Leben im Vorletzten gegen jede, auch gegen eine theologische Abzweckung sträubt. Das „Natürliche" ist nicht nur Mittel zum Zweck, sondern ist auch schon Selbstzweck. D. h. es ist nicht nur für Christus da, sondern Christus ist auch für das natürliche Leben auf dieser Erde da[55]. Das „Natürliche" ist für Bonhoeffer „die von Gott der gefallenen Welt erhaltene Gestalt des Lebens" (E 97). Es ist darum „bereits gesetzt und entschieden, woran der Einzelne, die Gemeinschaft und die Institutionen Anteil bekommen. Vernunft ist bewußtes Vernehmen des Natürlichen in seiner Gegebenheit" (E 96). Es kann darum nicht durch die heilsgeschichtliche Idee der „Erhaltung" der Welt als Mittel zum Zweck gerechtfertigt werden; es darf nicht etwa als Vorstufe für das Leben mit Christus verstanden werden, sondern es empfängt seine Bestätigung erst durch Christus selbst. „Christus selbst ist in das natürliche Leben eingegangen, und erst durch die Menschwerdung Christi wird das natürliche Leben zu dem Vorletzten, das auf das Letzte ausgerichtet ist. Erst durch die Menschwerdung Christi haben wir das Recht, zum natürlichen Leben zu rufen und das natürliche Leben selbst zu leben" (E 94)[56].

Bonhoeffer interpretiert damit Luthers Vorstellung von den ordinationes als „ larvae Dei" neu. Dahin wies schon der Gedanke, das Vorletzte sei eine „Hülle des Letzten", und die Bestimmung, der Raum des Vorletzten mit den Mandaten diene und helfe zur „Einübung des christlichen Lebens". Vergleichen wir dazu einige Ergebnisse der heutigen Lutherforschung, so wird die Intention Bonhoeffers klar. „Sie (-die justitia civilis) ist weder eine Vorstufe für die justitia christiana noch ihre Folge, sondern in ihr vollzieht sich die Verwirklichung der Gerechtigkeit Gottes durch seine Gerecht fertigten im Bereich der ‚Stände' als das Geschehen jener ‚guten Werke' , in denen sich das regnum Christi gegenüber der Gewalt des Teufels ‚in nostra imbecillitate' durchsetzt. Darin besteht die ‚Nachfolge' Christi, mit deren Vollzug der Christenmensch ‚die Rechtfertigung und also die Gerechtigkeit des geschöpflichen Seins' (Barth„ III, 1,443) erkennt" (E. Wolf, Peregrinatio, 239). „Das Gerechtigkeitsmoment in der justitia civilis ist also kein anderes als Christi Gerechtigkeit, angewandt auf das weltliche Regiment. Auf diese Weise ist justitia civilis nichts neben der justitia christiana und nichts für sie Fremdes, sondern hat im Gegenteil eine organische Verbindung mit ihr[57]. Die justitia civilis darf auf der anderen Seite nicht von der geschaffenen Welt geschieden werden, denn gerade sie ist es, welche die Schöpfung heiligt. Und umgekehrt gehört die geschaffene Welt Christus zu. Sie soll als ein Gewand um Christus verstanden werden" (G. Törnvall, Geistliches und weltliches Regiment bei Luther, 1947, 150 f.). „Zum Begriff der cooperatio gehört der Begriff larva Dei ... Der Mensch wird durch die cooperatio im Beruf zu einer larva für Gott an dem Punkt der Erde, wo er steht" (G. Wingren, Luthers Lehre vom Beruf, 1952, 92). Man wird Bonhoeffers Zuordnung der Mandate in den Bereich des Vorletzten, in die „Hülle" des Letzten, am besten verstehen als eine selbständige und, wie die genannte Lutherforschung zu erweisen scheint, treffende Interpretation des Lutherschen Satzes: „Omnes ordinationes creatae sunt larvae Dei, allegoriae, quibus rhetorice pingit suam theologiam: sol alls Christum in sich fassen" (WA 40, I, 463). Auf diesem Hintergrunde muß die „christologische Begründung" von Gebot und Mandat und die Abwehr eines mißverständlichen Ordnungsbegriffes in Bonhoeffers „Ethik" gesehen werden.

4. Analogische Strukturen

Wenn der Gedanke des Mandates auf Gottes positiv setzenden Willen und auf die cooperatio hominis cum Deo iln Dienste am Nächsten weist, so verwehrt er zugleich die Spekulation auf ein weltimmanentes Naturrecht, auf Schöpfungsordnungen und Erhaltungsordnungen, die sich aus sich selbst, aus schicksalhafter Gegebenheit oder willkürlicher Festsetzung, erweisen. Es entsteht dann aber die Frage, warum gerade diese Verhältnisse Mandate Gottes seien und andere nicht. Bonhoeffer spricht von vier, manchmal sogar von fünf Mandaten: Arbeit, (Kultur), Ehe, Obrigkeit, Kirche. Wie ist diese Auswahl zu gewinnen?-

1. Diese Mandate haben konkreten in der Offenbarung begründeten, biblisch bezeugten Auftrag und göttliche Verheißung.

2. Sie sind der Ort, an dem der Gott Jesu Christi sich Gehorsam verschafft. Sie sind als Stiftungen Gottes in einer der Wirklichkeit des Menschen entsprechenden Sachgemäßheit verordnet, weil sie mit dem Menschen mitgeschaffen sind.

3. „Dabei mag es nicht zufällig sein, daß gerade diese Mandate ihr Urbild im Himmel haben: Ehe = Christus und Gemeinde, Familie = Gott Vater und Sohn, Bruderschaft aller Menschen mit Christus, Arbeit = schöpferischer Dienst Gottes und Christi an der Welt, Dienst der Menschen an Gott, Obrigkeit = Herrschaft Christi in Ewigkeit, Staat = Polis Theou" (E 257). Es fällt auf, daß bei diesem analogischen Aufweis die Kirche, die Bonhoeffer doch auch zu den Mandaten zählt, ausfällt [58]. Es ist weiterhin typisch, daß dieser analogische Aufweis nicht zwingend ist, sondern im vagen Scheinen und Erinnern bleibt. Da es sich nicht um Seinsentsprechungen der analogia entis handelt, sondern um analogia relationis zwischen Gottes Handeln und des Menschen Handeln, zwischen Gottes Relationen und des Menschen Relationen, wird das analogische Denken diese Eigenart behalten müssen. Es kann niemals den Denk, Seins- und Verhaltenszwang einer Kategorie besitzen. Denn es handelt sich in der analogia relationis um die Integration der menschlichen Per-

sonalität und Sozialität in die Relationen der trinitarischen Herrschaft Gottes. Nicht um einen objektiven Aufweis geht es, sondern um das Eingehen und Innewerden dieser Beziehung und Integration. Bonhoeffer hatte in „Sanctorum communio" früher, wie gezeigt, versucht, menschliche Personalität aus der Ich-Du-Beziehung und der darin erscheinenden Gottesebenbildlichkeit zu begründen. Er kam von daher zu der Unterscheidung (nach Tönnies) von „Gemeinschaft" und „Gesellschaft" : Gemeinschaft ist grenzzeitlich und unauflösbar. Sie steht in einem genetischen Verhältnis zum Personsein des Menschen überhaupt. Gesellschaft ist dagegen zweckbestimmt, innerzeitlich und betrifft die menschliche Person nur partiell. Der Gesellschaftung kann daher kein personbildender Charakter zuerkannt werden. So fragwürdig diese Unterscheidung ist, so weist sie doch hin auf den Versuch von H. Dombois, die Institutionen als typische Beziehungsformen nach dem Maße ihrer Vorgegebenheit und ihrer Existentialität zu unterscheiden und zu ordnen[59].

5. Stellvertretung

Gottes Gebot setzt in den Mandaten ein unumkehrbares Autoritätsverhältnis von oben und unten, und zwar unabhängig von den faktischen Machtverhältnissen. Es erteilt durch seine Setzung jene Ermächtigung zum ethischen Reden und zur Ausrichtung des göttlichen Gebotes (E 216). „Man wird einen kleinen Geschmack von norddeutschem Patriarchalismus nicht los, wenn es sich durchaus und immer um Verhältnisse von oben und unten handelt", bemerkt K. Barth dazu (Kirchl. Dogmatik, III, 4, 22). Dieser Eindruck mag, was beide Partner angeht, nicht von ungefähr sein. Immerhin sollte beachtet werden, daß Bonhoeffer nicht eine bloße Autorität aus einem Amte meint, sondern jene durch die Existenz und den Einsatz der Person in Opfer und Stellvertretung für andere gefüllte Autorität. So wie durch Christus jedes menschliche Leben zur Stellvertretung und Verantwortung bestimmt ist, sind auch die menschlichen Bezuge in den Mandaten immer schon im Akte ihrer Annahme durch Stellvertretung, durch das Sein-für-andere material erfüllt. Die konkrete Übernahme von Stellvertretung und Verantwortung für den Nächsten ist der Gehorsam unter den Mandaten Gottes. Sie erst schafft die Unumkehrbarkeit mitmenschlicher Bezüge in den Mandaten: Christus - Menschheit, Kirche - Welt, Vater - Kind, Regierung - Regierte, Mensch - Sache. Inhaltlich sind die Mandate nicht aus platonischer Abbildlichkeit gewonnen, sondern es bedeutet das gehorsame Leben in ihnen das „Für-andere-Dasein" als Nachfolge Christi. Im Vollzuge solcher Stellvertretung in der Nachfolge entstehen in den Mandaten mitmenschliche Züge zwischen einander zugeordneten, ungleichen Größen, Funktionen und Ämtern, wie am Beispiel der Familie oder des Staates oder eines Arbeitsverhältnisses ohne weiteres zu zeigen ist. Die Imperativstruktur der Mandate ruht also auf der Indikativstruktur der vorgegebenen und vorzugebenden Stellvertretung.

6. Die Koordination der Mandate

Gott will in den Mandaten sein herrschaftliches Gebot auf die ganze Welt und das ganze menschliche Leben vor ihm ausgerichtet haben, jedoch konkret in der je eigenen Weise eines jeden Mandates. Jedes Mandat ist gleichsam reichsunmittelbar zur christokratischen Einheit der Wirklichkeit und hat daher eigene Würde und unabtretbare Autorität. Die Mandate sind nicht gegeneinander aufrechenbare Größen oder aus nur einem Mandat deduzierbare Größen. Es kann deshalb keine Trennung von Kirche und weltlichen Mandaten geben, sondern nur eine funktionale Zuordnung in gegenseitiger Begrenzung und Ergänzung. Es kann auch keine Überordnung der geistlichen Hierarchie über die natürlichen, weltlichen Ordnungen geben, denn die Kirche ist göttliches Mandat in der Welt neben den anderen. Alle Menschen stehen zugleich unter allen Mandaten und erst in ihrer Gesamtheit wird der Mensch vor die ganze „irdische und ewige Wirklichkeit, wie sie Gott in Christus für ihn bereit hat", (E 73) gestellt. Weil es sich in den untereinander sehr verschiedenen Mandaten um das eine Gebot Gottes handelt, gibt es keine Selbstgenügsamkeit und keine Diktatur eines Mandates: „Nur indem die Kirche, die Familie, die Arbeit und die Obrigkeit sich gegenseitig begrenzen, indem sie neben- und miteinander jeder in seiner Weise das Gebot Gottes zur

Geltung bringen, sind sie von oben her zur Rede ermächtigt" (E 216). Darin erweist sich Gottes unvergleichliche Herrschaft und Autorität, daß die relativen Autoritäten der Mandate zueinander, nebeneinander, mit - und gegeneinander geordnet sind und nur in solcher Pluralität der konkreten Beziehungen die eine Herrschaft und Autorität Gottes über die ganze Welt zum Ausdruck und zur Geltung bringen können. Das Geheimnis ihrer Pluralität ist die Pluriformität der Gottesherrschaft und des Wirklichkeitsganzen in Christus.

Damit ist gesagt:

1. Die Christusherrschaft ist nicht auf die Kirche beschränkt. Die Kirche ist ihr Mandat, ihre „Larve", ihr Herold im Vorletzten. Der Kirche Herr ist der Herr der ganzen Welt oder er ist nicht Herr über seine Kirche.

2. Im Zeitraum des Vorletzten ist jedes Mandat Mandat unter und neben anderen Mandaten. Jedes Mandat wird konkret in der Geschichte begrenzt, geschützt und zu seinem je eigenen Auftrag vor Gott ermutigt durch die anderen Mandate. Nur in solcher gegenseitigen Begrenzung und Ergänzung bringen sie das Ganze der Christusherrschaft zum Ausdruck.' „Das Gebot Christi befreit das Geschaffene zur Erfüllung des ihm eigenen - d. h. aber von seinem Ursprung, Ziel und Wesen in Christus her innewohnenden - Gesetzes. Das Gebot Jesu begründet keine Herrschaft der Kirche über die Obrigkeit oder der Obrigkeit über die Familie oder der Kultur über Obrigkeit und Kirche oder was immer hier an möglichen

Herrschaftsverhältnissen gedacht werden mag. Zwar regiert das Gebot Jesu Christi Kirche, Familie, Kultur, Obrigkeit, doch so, daß es zugleich jedes dieser Mandate zur Wahrnehmung der ihm zukommen den Funktion befreit" (E 231).

Diese Koordination der Mandate scheint mir ein besonders glücklicher Gedanke Bonhoeffers zu sein. Jedes Mandat wird von zwei Seiten her begrenzt: von der eschatologischen Christusherrschaft in seinem Wesen und Auftrag und von den anderen Mandaten an seinen Grenzen. Das gilt insbesondere für die Kirche in ihrer Gefahr zum Klerikalismus (Hierarchieprinzip) und für den Staat in seiner Tendenz zum weltanschaulichen Totalitarismus (Staatskirchentum usw.). Die Unterscheidung der Mandate in ihren konkreten Zuständigkeiten und Funktionen wird in der Geschichte in immer neuer Auseinandersetzung und Abgrenzung an einzelnen Fragen (Familienrecht, Erziehungsrecht usw.) erfolgen müssen. Ihre auftragsgemäße Zuordnung aber bleibt. Bonhoeffer entwickelt diese Konzeption im Anschluß an die lutherische Lehre der drei Stände, besser, der „drey Ertzgewalten", deren entscheidendes Merkmal und deren bleibende Bedeutung er in der Nebenordnung anstatt einer Überordnung, d. h. in der Bewahrung der weltlichen Ordnung vor kirchlicher Fremdherrschaft und umgekehrt sieht [60]. Während aber diese drei Stände bei Luther und dann in der protestantischen Orthodoxie einer Umgestaltung und Entklerikalisierung der mittelalterlichen Struktur des corpus christianum entsprangen und darum gerade in der protestantischen Orthodoxie der Neigung, mit

Hilfe der scholastischen Naturrechtstheorie formuliert zu werden, nicht entgingen, möchte Bonhoeffer eine biblische Lehre von den vier Mandaten entfalten, zwar nicht ohne Bezugnahme auf die gewordene Gestalt Christi im Abendland, aber doch unter der primären Frage nach dem in der Schrift bezeugten Auftrag und der offenbaren Verheißung für diese Mandate.

Wenn an eine „Tafel der Institutionen" gedacht wird[61], so weist diese Konzeption Bonhoeffers im Ansatz ungleich besser in die rechte Richtung als eine Neuauflage der herkömmlichen lutherischen Drei-Stände-Lehre, obwohl und gerade weil Bonhoffer Luthers ursprüngliche Schau der drey Ertzgewalten aufnimmt und weiterführt.

7. Die Funktionender Mandate im einzelnen

a) Das Mandat der Arbeit umfaßt für Bonhoeffer auch Eigentum, Kultur und Gesellschaft und hat supralapsarischen Grund im „Bauen und Bewahren" (1. Mos 2, 15). Es geht darin um die Integration des Menschen in die schöpferische Herrschaft Gottes, um ein Schaffen von Dingen, Werten und Verhältnissen auf Grund der von Gott geschaffenen Welt: „Eine Welt von Dingen und Werten wird geschaffen, die zur Verherrlichung und zum Dienst Christi bestimmt ist ... Indem der Mensch hier im göttlichen Auftrage arbeitet, entsteht jenes Abbild der himmlischen Welt, das den Menschen, der Christus erkennt, an jene Welt erinnert" (E 71).

„Daß es jedoch das Rainsgeschlecht ist, das dieses Mandat erfüllen soll, wirft wieder den tiefsten Schatten auf alle menschliche Arbeit" (E 72). Die Welt des Vorletzten ist von diesem Mandat durchdrungen. Obgleich die Kainsschatten die Erfüllung ins Zwielicht stellen, gibt es für den Glaubenden schon hier Analogien als Erinnerung und Vorgeschmack des ursprünglichen und eschatologisch-endgültigen Seins der Welt vor Gott. Alle Arbeit ist auch „Verantwortung für eine Sache" und trägt insofern - ganz abgesehen von ihrem mitmenschlichen Sinn - den Charakter der Stellvertretung (E 176).

b) Das Mandat der Ehe umfaßt Ehe und Familie und hat gleichen supralapsarischen Grund. Der Mensch wird der schöpferischen Herrschaft Gottes integriert in der Zeugung und Erziehung von Kindern. In dieser Beteiligung an Gottes Herrschaft entsteht und wird für den Glaubenden sichtbar eine Analogie in der Erinnerung und dem Hinweis auf das Verhältnis Christi zur Gemeinde. Das Sein in der Ehe und der Familie ist in hervorragendem Maße Sein-in-Stellvertretung.

c) Das Mandat der Obrigkeit setzt - das ist wichtig - die Mandate der Arbeit und der Ehe voraus. Die Obrigkeit findet in der Welt, die zu ordnen und schützend zu beherrschen sie beauftragt ist, diese Mandate bereits vor und ist auf sie angewiesen. Sie dient dem Schutz der Arbeitswelt in Gesellschaft und Kultur und dem Schutz der Ehe und Familie und kann sich selbst niemals zum Subjekt der Arbeitswelt oder des Familienlebens machen, ohne ihre eigenen Voraussetzungen und damit sich selber zu zerstören. Obrigkeit ist zur Aufsicht und zum Schutz des Lebens und damit zur Stellvertretung bestimmt (E 259). Sie hat in Übernahme von Stellvertretung Autorität von Gott in ihrer Funktion und auch - in relativer Weise - in ihrer geschichtlichen Gestalt. „Ihre eigene Autorität ist nur eine Gestalt der Autorität Christi" (E 270). „Der Christ dient als Bürger Christus in anderer Weise" (E 270). Indem und sofern staatliche Herrschaft der Christusherrschaft integriert ist, erkennt der an Christus Glaubende Analogie als Erinnerung und Abschattung der gegenwärtigen verborgenen und der kommenden offenbaren Herrschaft Christi. Staatlicher Dienst gehört zum Wesen des menschlichen Seins vor Gott. „Staatskunst" ist eine Struktur des „wirklichkeitsgemäßen", „verantwortlichen Lebens" (E 283 f.).

d) Das Mandat der Kirche ist die Verkündigung von Gottes Offenbarung in Christus. Wo aber Christus gemäß dem göttlichen Mandat verkündigt wird, dort ist immer auch Gemeinde. In ihrer Verkündigung dient die Kirche der Rechtfertigung und damit der Befreiung alles menschlichen Lebens quer durch alle Mandate hindurch: „Das Kreuz der Versöhnung ist die Befreiung zum Leben vor Gott mitten in der gottlosen Welt, es ist die Befreiung zum Leben in echter Weltlichkeit" (E 230). Die von der Kirche so verkündigte Herrschaft Christi ist jedoch keinesfalls die Herrschaft der Kirche über die natürlichen weltlichen Ordnungen. Bonhoeffer unterscheidet - weil die Kirche ein Mandat unter anderen ist - die Verkündigung der Kirche an alle Welt von dem Gesetz der Kirche als Gemeinwesen, als öffentlicher Körper für sich im Unterschied zu weltlicher Ordnung. „Das Wort Gottes, wie es kraft göttlichen Mandates verkündigt wird, herrscht und regiert über alle Welt"; das ‚Gemeinwesen', das um dieses Wort herum entsteht, herrscht nicht über die Welt, sondern es dient der Erfüllung des göttlichen Mandates" (E 232). Die Gemeinde dient dem ihr aufgetragenen Mandat in einer doppelten Weise, in der doppelten Beziehung der Stellvertretung. „Die christliche Gemeinde steht an der Stelle, an der die ganze Welt stehen sollte, insofern dient sie stellvertretend der Welt, ist sie um der Welt willen da. Andererseits kommt die Welt dort zu ihrer eigenen Erfüllung, wo die Gemeinde steht. Die Erde ist die ‚neue Schöpfung', die ‚neue Kreatur' , das Ziel der Wege Gottes auf Erden. In dieser doppelten Stellvertretung steht die Gemeinde ganz in der Christusgemeinschaft und Nachfolge ihres Herrn, der gerade darin der Christus war, daß er ganz für die Welt und nicht für sich selbst da war" (E 233).

e) Letzte Überlegungen Bonhoeffers, mitgeteilt in einem Brief vom 23. Januar 1944 (E 222, Anm. 2), richten sich auf die soziologische Einordnung der Freundschaft, der Kultur und der Bildung. Hier wird ihm die Einordnung der Kultur und Bildung in das Mandat der Arbeit fragwürdig, denn „sie gehören nicht in den Bereich des Gehorsams, sondern in den Spielraum der Freiheit, der alle drei Bereiche göttlicher Mandate umgibt. Wer von diesem Spielraum der Freiheit nichts weiß, kann ein guter Vater, Bürger und Arbeiter, wohl auch ein Christ sein, aber ob er ein voller Mensch ist (und insofern auch ein Christ im vollen Umfange des Begriffes) ist mir fraglich. Unsere ‚protestantisch (nichtlutherisch!)-preußische Welt' ist so stark durch die vier Mandate bestimmt, daß der Spielraum der Freiheit dahinter ganz zurückgetreten ist"[62]. Es entsteht bei Bonhoeffer von daher die Überlegung, ob nicht die Kirche der Raum ist, diese „ästhetische Existenz" wieder zu finden und neu ins Leben zu rufen. Gerade weil der Christ nicht nur den Anspruch des Gebotes vernimmt, wie der ethische Mensch, sondern vom Geist der Gotteskindschaft bewegt wird, sollte er etwas von diesem Spielraum der Freiheit jenseits von Pflichten und Zwecken wissen. Wie ein Ährenfeld von Kornblumen, so darf der Gehorsam in den vier Mandaten vom Spielraum der Freiheit umgeben und begleitet sein (WE 137).

Mir scheint, daß dieser Freiheitsbegriff notwendig zum Gehorsams und Mandatsbegriff hinzugehört; denn es geht Bonhoeffer in den Mandaten um die Erfassung der ganzen Wirklichkeit des Lebens und damit um das Menschsein des Menschen im vollen Sinne, das sich gegen jede Systematisierung und Vereinseitigung sträubt (der „privatisierende Bürger", der „Manager", der „politisierte Mensch", der „Mönch" sind dann Verarmungen und Karikaturen des Menschseins, das in der ganzen Fülle des Lebens, in der tiefen Diesseitigkeit, der Tod und Auferstehung stets gegenwärtig sind, gelebt sein will). Nur in dieser Vollzahl der Aspekte und ihrer Zueinanderordnung ist eine Soziologie unter dem Zeichen der Versöhnung in Christus sinnvoll und fruchtbar.

Es sei zum Schluß ein Blick geworfen auf die kritische Würdigung, der Barth, Kirchl. Dogmatik III, 4, 21 ff., Bonhoeffers Mandatenlehre unterzieht. Barth nennt Bonhoeffers Überlegungen über Althaus und Brunner hinaus weiterführend, weil hier gesehen ist: „Auch was es mit der Konstanz der ethischen Ereignisse auf sich hat, muß, wenn ein geformter Hinweis auf diese erlaubt und sinnvoll sein soll, aus dem Worte Gottes und nicht anderswoher gelernt werden." Dennoch seien bei Bonhoeffer „einige Willkürlichkeiten" im Spiel, als welche Barth nennt: 1. die sehr vage Auswahl und nicht immer einsehbare biblische Begründung der Mandate; 2. ihre einseitige Analyse als „Autoritätsverhältnisse", in der die Anschauung der Freiheit auch der untersten den höchsten Personen gegenüber fehle; 3. die Definition der konstanten mitmenschlichen Verhältnisse mit dem vom Begriff des Gebotes kaum zu unterscheidenden Mandatsbegriff: „Ist es nicht so, daß der Aufweis dieser Verhältnisse als solcher gerade noch nicht den Charakter eines Imperativs und also, genau genommen, auch nicht den eines ‚Mandates' haben, daß er zum Imperativ, zum konkreten Gebot oder Mandat in der Kraft des göttlichen Gebietens selbst, im ethischen Ereignis erst werden muß?" - Barth sieht in Bonhoeffers „Ethik" einen Fortschritt über die Theorie der Schöpfungsordnung hinaus, findet ihn aber noch befangen in den Formen dieses Denkens. Für Barth geht es dagegen „überhaupt nur um den Aufweis gewisser konstanter Verhältnisse als solcher" (23), die nicht den Charakter des Imperativs haben. Es sind in Wahrheit „Bezirke", nicht aber „Gesetze" (31). Aber gibt es, so wäre zu fragen, im Umkreis des ethischen

Ereignisses noch der artige gleichsam neutrale Räume und Bezirke „als solche", als die Konturen der Bühne, auf der sich das ethische Ereignis abspielt? - Gewinnen diese mitmenschlichen Verhältnisse nicht im Lichte des Wortes und des Glaubens ihre ursprüngliche Funktion als „bestimmte geschichtliche Gestalt" (E 216) der Christusherrschaft im Gebot? - Es geht Bonhoeffer nicht um den Aufweis mandathater Verhältnisse als solcher, sondern um den Aufweis der Strukturen der christologischen Einheit der Wirklichkeit. Mir scheint aber, sein Problem liegt noch mehr in der Frage nach der „Ermächtigung zum ethischen Reden" und nach dem „Ausrichten" des göttlichen Gebotes in der Welt. Nicht was diese Verhältnisse an sich „sind", sondern was sie zu sagen haben und was in ihnen in Verbindung mit dem ethischen Ereignis des Wortes zu sagen ist, ist die Frage.

Sind aber diese „Strukturen" der Wirklichkeit Konstruktionen, die den lebendigen Fluß der Gottesgeschichte einfangen? - Bonhoeffer selbst hat die Grenze des Mandatsbegriffes gesehen. Schon in der „Nachfolge" hieß es: „Die Grenzen (- des irdischen Berufes -) sind durch die Zugehörigkeit zu der sichtbaren Gemeinde Christi selbst gegeben" (187). Seine Darstellung in der „Ethik", 197 ff., von dem „Beruf als Ort der Verantwortung" mündet aus in den. möglichen Konflikt zwischen konkreter geschichtlicher Berufung und Wahrnehmung der ihr entsprechenden Verantwortung auf der einen und jener durch das Gesetz Gottes, wie es im Dekalog offenbart ist, und durch die geschichtlichen Gestalten der Mandate in Ehe, Arbeit, Obrigkeit und Kirche gezogenen Grenze für jedes verantwortliche Handeln auf der anderen Seite. Bonhoeffer antwortet auf diesen Konflikt zwischen Gebot und Gebot: „Es wird gerade das verantwortliche Handeln dieses Gesetz (- im Mandat -) nicht von seinem Geber trennen, es wird den Gott, der die Welt durch sein Gesetz in Ordnung hält, nur als den Erlöser in Christus erkennen können es wird Christus als die letzte Wirklichkeit erkennen, der es verantwortlich ist und wird gerade von ihm die Befreiung vom Gesetz zur verantwortlichen Tat erfahren" (E 203). Es könnte von hier aus den Mandaten eine letzte Nuance abgewonnen werden. Es könnte ihnen die beklagte „Starrheit" dadurch genommen sein, daß sie der lebendigen Gottesgeschichte integriert werden, wenn so zuletzt das Gebot in der Hand des Gebieters und das Mandat in der Hand des beauftragenden Gottes erscheinen.

ANMERKUNGEN

1) Vgl. die Veröffentlichungen: Kirche und Recht, 1950; Recht und Institution, Glaube und Forschung Bd. 9, 1956; ferner die sich an die Gespräche von Göttingen (1949), Treysa (1950) und Hemer (1955, 1956) anschließende Literatur; Bericht über „das Göttinger Rechtsgespräch 1949 und seine Auswirkungen" von E. Wolf in: Recht und Institution, 9 ff.

2) Z. B. E. Wolf, Recht und Institution, 26 ff.

3) Unter „Sozialethik" wird hier nicht jene „vollendete ethische Aporie" (Bonhoeffer, Ethik, 58) verstanden, die aus der Scheidung von Individuum und Gesellschaft entsteht und einer Individualethik entgegengesetzt wäre, sondern die sowohl deskriptive wie normative Wissenschaft der mit menschlichen Strukturen und Intentionen. Vgl. die Definition von E. Wolf, Peregrinatio, 1954, 214.

4) Im Folgenden zitiert als SC.

5) Das hier im Kirchenbegriff anvisierte Problem stellt sich in entsprechender weise noch einmal bei dem Begriff der „Institutionen" oder „Mandate". Vgl. die Thesen in: Recht und Institution, 71: „Die Institutionen sind daher einerseits (1) keinesfalls - mittels einer Analytik ihrer phänomenalen Strukturen - ‚aus' diesen selbst zu erkennen, sondern - allein durch den Glauben - aus dem stiftenden Worte Gottes, das ihnen konkrete Gestalt verleiht. Andererseits (2) sind sie aber auch nie abstrakt aus einem theoretischen Prinzip ableitbar oder verstehbar, sondern können nur in stetem Bezug auf ihre konkrete Geschichtlichkeit ‚im' Raum phänomenaler Wirklichkeit erkannt werden. Die ontisch-phänomenale Eigenart der Institutionen bedarf also der ontologisch-theologischen Erheilung, weil ihr Sein in dem Tatbestand gründet, daß sie in Gottes Wort gefaßt und mit Gottes Wort verbunden sind."

6) Evang. Theologie, 1955, H. 4/5, 171 ff.

7) Kirchliche Dogmatik, III, 4, 23.-

8) Vgl. die folgende Diskussion der Schrift „Akt und Sein" unten.

9) H. Chr. von Hase, a. a. 0. 171.

10) Er steckt in der von Bonhoeffer verwendeten idealistischen Begrifflichkeit. ,

11) Nachfolge, 154, Anm. 10: „Die Verwechslung von ontologischen Aussagen und verkündigendem Zeugnis ist das Wesen aller Schwarmgeister Der Satz: Christus ist auferstanden und gegenwärtig, ist ontologisch verstanden die Aufhebung der Einheit der Schrift. Denn er schlösse in sich eine Aussage über die Existenzweise Jesu Christi, die z. B. von der des synoptischen Jesus unterschieden wäre. Daß Jesus Christus auferstanden und gegenwärtig ist, ist hier ein für sich bestehender Satz mit eigener ontologischer Bedeutung, der zugleich kritisch gegen andere ontologische Aussagen gewendet werden könnte. Er wird zum theologischen Prinzip. Dem steht der Charakter des verkündigenden Zeugnisses absolut entgegen. Der Satz: Christus ist auferstanden und gegenwärtig, ist streng als Zeugnis der Schrift verstanden nur als Wort der Schrift wahr. Diesem Wort schenke ich Glauben. Es gibt für mich hier keinen denkbaren anderen Zugang zu dieser Wahrheit als durch dieses Wort."

12) Zur heutigen Diskussion: E. Schlink, Weisheit und Torheit, in Kerygma und Dogma, I, 1 ff.; G. Gloege, Der theologische Personalismus als dogmatisches Problem; ebd. 23 ff.; H. Die m, Dogmatik zwischen Personalismus und Ontologie, EvTh 1955, 408 ff. Zur Geschichte des theologischen Personalismus vgl. G. Gloege, Art. „Person, Personalismus" im Evangelischen Kirchenlexikon.

13) Zur Entstehung des mechanistischen Weltbildes daraus und seiner versuchten Überwindung in der modernen theoretischen Physik, vgl. G. Howe, Der Mensch und die Physik, 1958³, 42 ff. K. Jaspers zu Descartes a. a. 0. 85: „Die Welt ist wie geronnen, nicht das Meer des Seins, sondern das Sein in ein mechanisches Uhrwerk verwandelt."

Eben darin sieht Bonhoeffer den Ansatz für die Entwicklung der abendländischen, gottlos und mündig gewordenen Welt: „Ich ging davon aus, daß Gott immer weiter aus dem Bereich einer mündig gewordenen Welt, aus unseren Erkenntnis- und Lebensbereichen hinausgeschoben wird, und seit Kant nur noch jenseits der Welt der Erfahrung Raum behalten hat" (Widerstand und Ergebung, 1951, 229 f.).

14) Widerstand und Ergebung, 1951, zitiert als WE. Bonhoeffers Kampf gegen das religiöse Mißverständnis des Christentums ist in seiner theologischphilosophischen Wurzel der Kampf gegen die Verwechslung der erkenntnistheoretischen Transzendenzerfahrung mit der ethischen, sozialen Transzendenz: „Das Jenseitige ist nicht das unendlich Ferne, sondern das Nächste" (WE 225). „Das Jenseits' Gottes ist nicht das Jenseits unseres Erkenntnisvermögens!- Die erkenntnistheoretische Transzendenz hat mit der Transzendenz Gottes nichts zu tun. Gott ist mitten in unserem Leben jenseitig" (WE 182).

15) So auch Luther: G. Gloege, a. a. 0. 26: „Seine Sätze über die Gottesebenbildlichkeit des Menschen meinen nicht einen Besitz menschlicher Eigenschaften; sie sind, bloße Reflexe von Bezeichnungen für Gottes Tun' (Link). Der Mensch vor Gott hat kein ‚Aussehen' , sondern eine ‚Aussicht' ." Des Menschen Sein kann also nur beschrieben warden als Gottes Geschichte mit ihm.

16) M. Buber, Dialogisches Leben, 1947, 204 ff

17) M.Buber, a. a. 0. 207. Siehe auch 218: „Luther verheiratet sich in sinnbildlicher Handlung, weil er den gläubigen Menschen seiner Zeit aus einer versteiften religiösen Abgeschiedenheit, die ihn zuletzt von der Gnade selber abschied, zu einem Leben mit Gott in der Welt führen wollte. Kierkegaard verheiratet sich nicht, weil er den ungläubigen Menschen seiner Zeit ... zum Einzelner-Werden, zum einsamen Glaubens leben, zum Alleinsein vor Gott führen will"; und dazu die schöne chas sidische Erzählung, a. a. 0. 152: „Es wird erzählt, ein gottbegeisterter Mann sei einst aus den Bereichen der Geschöpflichkeit in die große Leere gegangen. Da wanderte er, bis er an die Pforte des Geheimnisses kam. Er

pochte. Von drinnen rief es ihn an: ‚Was willst Du hier?' - ‚Ich habe' , so sagte er, ‚den Ohren der Sterblichen dein Lob verkündet, aber sie waren mir taub. So komme ich zu dir, daß du selber mich vernehmest und mir erwiderst.' -‚Kehr um' , rief es von drinnen, ‚hier ist dir kein Ohr. In die Taubheit der Sterblichen habe ich mein Hören versenkt' ." Buhers Kritik an Gogartens „Politischer Ethik", a. a. 0. 244 f.

18) Gegen K. Barths Römerbriefauslegung wendet Bonhoeffer die gleiche Kritik wie gegen Kierkegaard: „Woher nimmt Barth das Recht zu sagen, der andere sei an sich unendlich gleichgültig' (Römerbrief, 3. Aufl. 437), wenn Gott befiehlt, gerade ihn zu lieben? - Gott hat den ‚Nächsten an sich' unendlich wichtig gemacht und ein anderes ‚an sich' des Nächsten gibt es nicht. Der andere ist nicht nur ‚Gleichnis des ganz anderen' „Mandatar des unbekannten Gottes' , sondern er ist an sich unendlich wichtig, weil Gott ihn wichtig nimmt. Soll ich denn letztlich doch wieder mit Gott allein in der Welt sein?" ... „Die zweite Differenz zwischen Barth und uns besteht in der Auffassung des communio-Begriffes ‚Einer-sein' mit Gott und mit dem Nächsten ist etwas total anderes als Gemeinschaft mit ihm haben. Barth aber verwendet beide Begriffe synonym" (SC 119). - In der Kirchlichen Dogmatik, III, 2, 242 ff., ist dieses von Barth im Rahmen der Schöpfungslehre revidiert in Kritik an Nietzsches Enthüllung der einsamen Menschlichkeit und mit einer Fülle von Anklängen an Bonhoeffers Personalismus.

19) Vgl. etwa heute Bullmanns Abblendung der Geschichte auf die „je meinige" Geschichte individueller Begegnungen und Entscheidungen in: Geschichte und Eschatologie, 1958, 2 ff., 138 f., und E. Käsemanns behutsam-kritische Anfragen in: Zeitschr. Für Theol. und Kirche, 1957, H.1, 14 ff.: „Durch sie (scil. die paulinische Anthropologie) wird die Realität und Radikalität der Machtergreifung Christi als des Kosmokrator zum Ausdruck gebracht ... Mir scheint, daß Bultmann diesen, natürlich auch von ihm gesehenen Sachverhalt nur im Bereich der Ethik, noch genauer gesagt, des Ich-Du-Verhältnisses zur Geltung bringt ... Unter gar keinen Umständen darf hier ein noch so verdeckter

Individualismus Platz greifen. Welt und Geschichte sind noch nicht die Summe der möglichen und wirklichen Ich-Du-Beziehungen, wie die Kirche nicht die Summe ihrer Glieder ist. Anders würde man Welt, Geschichte und Kirche auf ein unendlich vielfältiges, aber im Grunde doch recht oberflächliches Verhalten einzelner Individuen zueinander reduzieren können."

20) Vgl. die mühsame Auslegung Bultmanns von Röm. 5 (Theol. des N.T., 1951, 246 ff.): Paulus stellt den Fluch, der auf der adamitischen Menschheit liegt, unter dem Einfluß des gnostischen Mythos dar. Das aber droht die Sünde dem Tode analog zum „Verhängnis" zu machen, für das die Menschheit nicht verantwortlich ist. Bultmann orientiert sich am Gegenbilde zu Adam, an Christus, und sagt: „Durch Christus ist also nicht mehr beschafft als die Möglichkeit der($ζωη$) die freilich bei den Glaubenden zur sicheren Wirklichkeit wird. Es liegt dann nahe, analog zu sagen: Durch Adam ist für die adamitische Menschheit die Möglichkeit der Sünde und des Todes beschafft worden, die erst durch das verantwortliche schuldhafte Verhalten der Einzelnen realisiert wird. Ob man das als den eigentlichen Gedanken des Paulus ansehen darf, muß allerdings fraglich bleiben; für ihn steht jedenfalls die faktische allgemeine Verfallenheit der adamitischen Menschheit an Sünde und Tod außer Frage." - Mit dem Verweis auf den gnostischen Mythos und den darin liegenden Determinismus wird allerdings der Blick versperrt, die von Paulus ausgesagte und von Bonhoeffer m. E. richtig gesehene Zugleich-Setzung von Einzel- und Gesamtschuld zu erkennen. Das christologische Gegenbild meint doch auch nicht Individualerlösung, sondern in Christus sühnende Stellvertretung für die Welt und in der Kirche Berufung zur apostolischen Stellvertretung für die Welt.

21) Zur Gesamtschuld kann Bonhoeffer sagen: „Es gibt nicht nur eine Schuld der einzelnen Deutschen, der einzelnen Christen, sondern auch eine Schuld Deutschlands und eine Schuld der Kirche." Wenn er aber in diesem Zusammenhang vom „Volk der Erwählung" ohne weiteres auf das Volksein überhaupt und das deutsche Volk im besonderen übergeht, weil er das Volk mit Tönnies für eine gewachsene, grenzzeitliche Gemeinschaft hält, so ist dabei doch die Tatsache

der Erwählung Israels vor allen Völkern nicht in ihrer spezifischen Einmaligkeit gewürdigt, sondern in den Volkstumsgedanken der Jugendbewegung übersetzt. Es ist bezeichnend für seine Entwicklung, daß in der „Ethik" das Volk nicht als Mandat Gottes vorkommt. Auf den Gedanken der Erwählung christlicher Völker, der die holländische Theologie stark bewegt, kann hier nicht eingegangen werden. Doch sei hingewiesen auf die in diese Richtung weisenden Gedanken Bonhoeffers über „die Gestalt Christi und seine Gestaltwerdung im· Abendland" (Ethik, 30 ff.) und über „Christus und die in der Geschichte der abendländischen Gottlosigkeit mündig gewordene Welt" (Widerstand und Ergebung).

22) Bonhoeffer erfaßt die Einsamkeit· der Person vor Gott und den theologischen Gemeinschaftsbezug der Personen aufeinander in der Spannung der beiden Gedanken Luthers: 1. „Wir seyndt allsampt zu dem tod gefoddert und wird keiner für den andern sterben, sondern ein yglicher yn eygener Person ... für sich mit dem tod kempffen. In die oren künden wir woll schreyen. Aber ein yglicher muß für sich selber geschickt syn in der zeyt des todts: ich würd dann nit bey dir syn, noch du bey mir" (WA 10, III, 1). 2. „Soll ich sterben, sso bin ich nit alleyn im tod; leyd ich, sie leyden mit mir", nämlich Christus „mit allen heyligen Engeln und seligen ym hymell und frummen menschen uff erden" (WA II, 745).

23) Das sind übrigens die Bibelstellen für die mystische und frühlutherische Lehre von der resignatio ad infernum.

24) Akt und Sein, 1931, 1956², zitiert als AS.

25) Zur Parallele in der Geschichte der Jurisprudenz vgl. Kl. Ritter, Zwischen Naturrecht und Rechtspositivismus, 1956.

26) Vgl. den in dieser Problematik weiterführenden Aufsatz von O. Weber, Die Treue Gottes und die Kontinuität der menschlichen Existenz, Sonderheft der EvTh, 1952, 131 ff.

27) G. Gloege, a. a. 0. 41, versucht, die Wechselseitigkeit von Ontologie und Persona-

lismus in eben dieser Richtung zu fassen: „Offenbarung heißt Selbstbestimmung und Selbstbindung Gottes - bis ins Ontisch - Vorfindliche hinein. Gottes Verspruch geschieht unter Darreichung von vorfindlich-verfügbaren Pfändern (- historischer Jesus, Wort, Sakrament). Offenbarung schafft im Ontischen das transpersonale ‚Sein in der Kirche' ... als das umgreifende ontologische Urdatum, in dem personale Existenz möglich wird."

28) Vgl. G. Howe, Parallelen zwischen der Theologie K. Barths und der heutigen Physik, in: Antwort. K. Barths Festschrift, 1956, 410 ff.

29) Dazu E. Schl in k, a. a. O. S. 1ff. K. Barth in: Kirchl. Dogmatik, II, 1; III, 2.

30) An sich liegt natürlich in diesem Satz Luthers noch keine Überwindung der aristotelischen Logik vor. Vgl. mit diesem Zitat aus der Römerbriefvorlesung, ed. Ficker I, 110 auch II, 266: „Non-esse est res sine nomine et homo in peccatis; fieriest justificatio; esse est justi tia; opus est juste ag ereet vivere; patiest perficiet consummari. Ethec quinque semper velut in motu sunt in homine." Bonhoeffers Auslegung geht hier über den jungen Luther weit hinaus.

31) Während bei Bonhoeffer das exklusiv ekklesiologisch-christologische Denken unter dem Gedanken der Inkarnation, des „Eingehens Gottes" in den Menschen und seine Wirklichkeit, bleibt und von daher in einer gewissen Statik verharrt und leicht modalisierende Tendenzen auf weist, gewinnt die Inkarnationslehre bei Barth im trinitarischen Denken neue Akzente. Die herkömmliche Inkarnationslehre wird aktualisiert. Die tragenden ontologischen Grundbegriffe werden zur Bezeichnung eines im Fluß befindlichen Vorganges verwendet. Die Einheit von Gott und Mensch wird als „Geschichte" interpretiert, nicht als Zustand.

32) So auch M. Bubers Grundsatz (Dialogisches Leben, 30): „Im Anfang ist die Beziehung."

33) Vgl. Kirchl. Dogmatik, III, 1, 207 ff.; 220 ff.; III, 3, 57 ff. Zur Bedeutung des theologischen Relationsdenkens gegenüber dem aristotelischen Substanzdenken vgl. E. Schlink , a. a. O.

34) Ethik, 1949, zitiert als E. Bonhoeffer selber beschreibt diese „Wendung" so: „Ich dachte, ich könnte glauben lernen, indem ich selbst so etwas wie ein heiliges Leben zu führen versuchte. Als das Ende dieses Weges schrieb ich wohl die Nachfolge'. Heute sehe ich die Gefahren dieses Buches, zu dem ich allerdings nach wie vorstehe, deutlich. Später erfuhr ich und ich erfahre es bis zur Stunde, daß man erst in der vollen Diesseitigkeit des Lebens glauben lernt."

35) EvTH 1955, 164ff

36) Von Bonhoeffers Frage nach einer „nicht-religiösen, weltlichen Interpretation" der biblischen Begriffe kommt auch G. Ebeling, Die „nicht-religiöse Interpretation biblischer Begriffe" in: Mündige Welt II, 1956, 33, zu einer Kritik an der Parole von der „Kirchlichkeit der Theologie". Bonhoeffers Frage nach der „Weltlichkeit" der Interpretation und des Christen setzt genau an der Stelle ein, wo für ihn die Christokratie an die Stelle der christlichen Religion rückt: „Wie kann Christus der Herr auch der Religionslosen werden? - Gibt es religionslose Christen? -... Wie sprechen wir von Gott -- ohne Religion, d. h. eben ohne die zeitbedingten Voraussetzungen der Metaphysik, der Innerlichkeit etc.? -... Wie sind wir religionslos-weltlich' Christen, ... ohne uns religiös als Bevorzugte zu verstehen, sondern vielmehr als ganz zur Welt Gehörige? - Christus ist dann nicht mehr Gegenstand der Religion, sondern etwas ganz anderes: wirklich Herr der Welt" (WE 180).

37) So auch K. Barth, a. a. 0. III, 4, 43; IV, 2, 305 ff.

38) E 177. Bonhoeffers großartige These, daß nicht an den Grenzen seiner Möglichkeiten, sondern mitten im Leben Gott dem Menschen begegne WE 182 u. a.), findet sich schon 1933 in der Auslegung der Erzählung, daß der Baum der Erkenntnis in der Mitte des Paradieses sich befindet: „Die Grenze des Menschen ist in der Mitte seines Daseins, nicht am Rand; die Grenze, die am Rand des Menschen gesucht wird, ist ... die Grenze seiner Möglichkeit. Die Grenze, die in der Mitte ist, ist die Grenze seiner Wirklichkeit, die Grenze seines Daseins schlechthin.. .Dort, wo die Grenze ist - der Baum der Erkenntnis -, dort ist

auch der Baum des Lebens, der lebensspendende Herr selbst" (Schöpfung und Fall, 19552, 62).

39) Mündige Welt II, 199. WE 125: „Die aus Eph. 1, 10 stammende Lehre von der Wiederbringung aller Dinge (ἰυακεφαλαίωσις).a{(J)au; - recapitulatio (Irenaeus) ist ein großartiger und überaus tröstlicher Gedanke." - Es darf vergleichsweise hingewiesen werden auf den frühidealistischen Gedanken vom „faustischen Charakter" der Wirklichkeit. H. A. Korff, Geist der Goethezeit, II, 19574, 21: „Ist es Gott selbst, der sich aus Sehnsucht nach Wirklichkeit in die Natur verwandelt, um in ihr Fleisch zu werden, dann wogt unter der jeweiligen Wirklichkeit die ganze drängende Fülle seiner Gottheit und begründet den faustischen Charakter des Lebens, das sich ruhelos von einer Wirklichkeit zur anderen drängt."

40) E 178: „Weder der pseudolutherische Christus, der allein dazu da ist, das Faktische zu sanktionieren, noch der radikal-schwärmerische Christus, der jeden Umsturz segnen soll, sondern der menschgewordene Gott Jesus, der den Menschen angenommen hat und mit ihm die Welt geliebt, gerichtet und versöhnt hat, ist der Ursprung wirklichkeitsgemäßen Handelns" . E 61 f.: „Das Wirklichkeitsganze zerfällt in zwei Teile, und das ethische Bemühen geht um die rechte Beziehung der bei den Teile zueinander. In der Hochscholastik wird das Reich des Natürlichen dem Reich der Gnade unterworfen, im Pseudoluthertum wird die Eigengesetzlichkeit der Ordnungen dieser Welt gegen das Gesetz Christi proklamiert. Im Schwärmertum tritt die Gemeinde der Erwählten gegen die Feindschaft der Welt zum Kampf für die Errichtung des Reiches Gottes auf Erden an. Überall wird damit die Sache Christi zu einer partiellen, provinziellen Angelegenheit innerhalb des Wirklichkeits ganzen ... Es bleibt dem Menschen nur folgende Möglichkeit: unter dem Verzicht auf das Wirklichkeitsganze stellt er sich in einen der beiden Räume, er will Christus ohne die Welt oder die Welt ohne Christus."

41) Bonhoeffer meint, Luther nicht von der „Tragik des Zwei-Reiche-Konfliktes", son-

dern vom „einfältigen Leben aus der Versöhnung" her verstehen zu sollen (E 180).

42) So mit einem ganz anderen Ansatz A. A: van Ruler, Gestaltwerdung Christi in der Welt, 1956, 34 ff.

43) G. Ebeling hat, a. a. 0. S. 53 ff., versucht, Bonhoeffers Anregung einer nicht-religiösen Interpretation biblischer Begriffe von der „theologischen Kategorie": Gesetz und Evangelium her zu erfassen und weiter zuführen: „Nicht-religiöse Interpretation meint Gesetz und Evangelium unterscheidende Interpretation" (54). Dieser theologische Einordnungsversuch trifft jedoch m. E. nicht den Kern des Bonhoefferschen Interpretationsproblems. Bei dem Problem der „Religion" geht es ihm um die Frage der erkenntnistheoretischen oder ethischen Transzendenz Gottes; bei der Frage nach dem Verständnis der abendländischen Gottlosigkeit nicht eigentlich um die Unterscheidung von „hoffnungsloser" und „verheißungsvoller" Gottlosigkeit (Ebeling) und bei der Grundstruktur des Glaubens doch nicht um ein bloßes „Aushalten der Wirklichkeit vor Gott" (Ebeling). Die abendländische Geschichte der wachsenden Gottlosigkeit dient für Bonhoeffer der wahren Christuserkenntnis, denn durch sie wird mit einer falschen Gottesvorstellung aufgeräumt und der Blick geöffnet für den Gott der Bibel, der durch seine Ohnmacht in der Welt Macht und Raum gewinnt (WE 242). Sie dient also der Erkenntnis der „Christusherrschaft in Kreuz und Passion", in welcher die Befreiung zu echter Weltlichkeit erfahren wird. Das - und nicht eine Anwendung des Dogmas von Gesetz und Evangelium - ist der Einsatzpunkt für seine Vision einer „weltlichen Interpretation" (WE 242). Weil es B. um das weltliche Leben des Christen unter der das „Wirklichkeitsganze" umfassenden Christusherrschaft geht, kann die Auslegung biblischer Begriffe nicht mehr auf die religiöse Provinz bezogen sein. Dieses „weltliche Leben" meint nicht nur ein „Aushalten der Wirklichkeit vor Gott", sondern Nachfolge Christi, Teilnahme am Leiden Gottes in der Welt, „Mitleben" mit Christus (Vgl. WE 244, 241).

44) Vgl. die ausgezeichnete Darstellung der rechtsphilosophischen Aporie zwischen beiden Möglichkeiten von KI. Ritter, a. a. 0.

45) Vgl. etwa E 98 ff., 255 ff., 283 ff.

46) K I. Ritter, a. a. 0. 58 ff.

47) Wie Bonhoeffer sagt: „In Christus begegnet uns das Angebot, an der Gotteswirklichkeit und an ·der Weltwirklichkeit zugleich teilzubekommen, eines nicht ohne das andere" (E 60).

48) E 231, Anm. 5. Ähnlich P. Tillich, der in der „Theonomie" den Gegensatz von klerikaler Heteronomie des Mittelalters und säkularer Autonomie der Neuzeit überwunden sehen möchte,

49) Vgl. auch E 223 ff. Hier erwägt Bonhoeffer die bisher üblichen Begriffe wie „Ordnung", „Stand" und „Amt", möchte aber auf Grund der geschichtlichen Mißverständlichkeiten, die an diesen Begriffen hängen, „zunächst bei dem Begriff des Mandates bleiben, aber doch mit dem Ziel, durch Klärung der Sache selbst zu einer Erneuerung und Wiedergewinnung des alten Begriffes der Ordnung, des Standes und des Amtes bei zutragen." W. Künneth, Politik zwischen Dämon und Gott, 1954, 136, Anm. 23, findet darin nur eine Bestätigung des Ordnungsbegriffes und übersieht den sachlichen Ertrag, der aus Bonhoeffers Mandatsbegriff für die Erneuerung des Ordnungsbegriffes herauskommt. Ob er oder nicht Bonhoeffer den Begriff der „Erhaltungsordnung" 1933 in die theologische Diskussion gebracht haben, ist zudem eine Frage, die wenigstens eines Verweises würdig gewesen wäre. Über Bonhoeffers eigene Intention im Gedanken der „Erhaltungsordnung", die von der Künneths in „Nation vor Gott", 1933, entscheidend abweicht, s. u

50) Mit dieser Formulierung des Mandates als „des Ortes, an dem Gott sich Gehorsam verschaffen will", kommt Bonhoeffer der speziellen Ethik K. Barths am nächsten. Vgl. Kirchl. Dogmatik III, 4, 22 ff.

51) Vgl. dazu Luthers IVfandatsbegriff. G. Wingren, Luthers Lehre vom Beruf, 1952,

128 ff., 144: „Man ist frei vom Gesetz, um stattdessen dem Befehl zu gehorchen. Gottes Befehl steht ja im Dienste der Neuschöpfung. Und dieser Befehl ist ein Befehl im Jetzt."

52) Diese Parallele wird auch deutlich aus der Lutherinterpretation J. Heckels, Im Irrgarten der Zwei-Reiche-Lehre, ThEx. n. F. 55, 1957, 53: „Das Leben in der ecclesia spiritualis umfaßt das ganze Tun und Treiben eines Christen in allen Ständen seines beruflichen Daseins ... In allen drei Ständen, drei Werken des vierten Gebotes, in den drei Hierarchien oder Ertzgewalten vollzieht sich das officium omnis vitae des Christen." - Vgl. auch G. Törnvall, Geistliches und weltliches Regiment bei Luther, 1947, 171: „Der primtire Inhalt der Weltperson ist, daß das Leben des Christen in der Welt sich auf göttliches Leben gründet, nämlich das Leben, das Gott selbst in seiner Schöpfung, in ihren Ständen und Ämtern lebt ... Die Weltperson eines Christen bedeutet also, daß der Christ nicht concreator, sondern Mitarbeiter (cooperator) in einem göttlichen Leben wird und ihm als ein Werkzeug zu seiner Verwirklichung dienen darf."

53) Auch das entspricht Luthers Begriff von der larva Dei: „Oportet enim Ecclesiam in mundo apparere. Sed apparere non potest nisi in larva, persona, testa, putamine et vestituto aliqno ... At tales larvae sunt Maritus, politicus, domesticus, Johannes, Petrus, Lutherus, Amsdorffius etc." (WA Br. 9, 610, 47). Dazu E. Wolf, a. a. O. 233; G. Wingren, a. a. O. 95: „Wenn eine Obrigkeitsperson ihr Amt als ein cooperator Gottes· ausübt, dann werden durch sie Forderungen an die Untertanen gestellt. Jede Larve für Gott ist ein solches verkörpertes Gesetz: Eltern, Nachbarn etc."

54) E 89: „Erst der Einzug des Herrn wird die Erfüllung des Menschseins und Gutseins bringen. Aber vom kommenden Herrn her fällt schon ein Licht auf das Menschsein und das Gutsein, wie es zur rechten Bereitschaft und Erwartung gefordert wird."

55) E 98: „Während von Christus her die Selbstzwecklichkeit des Lebens als Geschöpflichkeit und das Leben als Mittel zum Zweck als Teilnahmeam Gottesreich

verstanden wird, findet im Rahmen des natürlichen Lebens die Selbstzwecklichkeit ihren Ausdruck in den Rechten und das Leben als Mittel zum Zweck seinen Ausdruck in den Pflichten, die dem Leben gegeben sind."

56) Neuerdings hat E. Schlink, KuD II, 1956, 256 ff., noch einmal eine Begründung weltlichen Rechtes durch das „Gebot Gottes, des Erhalters" versucht. Bonhoeffer denkt bei der „Erhaltungsordnung" an die über raschenden Identifizierungen, die Luther von Christus dem Schöpfungsmittler und Christus dem Erlösungsmittler vornehmen kann: „Den aller Welt Kreis nie beschloß, der liegt in Mariens Schoß; er ist ein Kindlein worden klein, der alle Ding erhält allein."

57) WA 40, I, 348, 2: „Ergo omnia officia et fructus spiritus sancti: alere prolem, diligere uxorem, obedire magistratui sunt fructus spiritus. Apud Papistas sunt carnalia, quia non intelligunt, quid creatura." Törnvall, a. a. 0. 149: „bie Gerechtigkeit Christi oder die justitia christiana gilt nicht nur der Rechtfertigung des einzelnen Menschen ... Gott sieht totum mundum purgatum propter Christum. Es ist der durchgängige Fehler in der Scholastik, daß man Christus zu einer persona privata gemacht hat. Sein Werk gilt vielmehr dem ganzen Menschengeschlechte zusammen ... Luther legt auf diesen Punkt großes Gewicht ... Die Scholastik hat eine psychologisierende Betrachtungsweise angelegt, wodurch die justitia christiana als eine menschliche Qualität verstanden wurde. Dies beruht letztlich darauf, daß man nicht die christologische Betrachtungsweise ange wandt hat, für welche Christus in vollem Sinne Gott ist. Die völlige Konsequenz diesei Betrachtungsweise muß nämlich dazu führen, daß Christus auch die geschaffene Welt umfaßt. Anstattdessen hat die Scholastik das Göttliche und das Menschliche jeweils auf eine innere qualitas in corde und die vorbereitende justitia naturalis verteilt. Es kann so angesehen werden, daß diese von Luther ausgehende Kritik in gleicher Weise auch die Orthodoxie trifft."

58) In Luthers Lehre von den „drey Ertzgewalten" findet auch die geschichtliche Kultkirche Urbild und inneren Grund in der ecclesia spiritualis. Vgl. J. Heckel, a. a. 0. 40 ff. („die zwo Kirchen").

59) Vgl. H. Dombois, Das Problem der Institutionen und die Ehe, in: Recht und Institution, 55ff

60) E 257: „Betreffend das Verhältnis der weltlichen Ordnungen zueinander und zur Kirche muß m. E. an die Stelle der lutherischen Lehre der drei Stände: oeconomicus, politicus, hierarchicus - deren entscheidendes Merkmal und bleibende Bedeutung die Nebeneinanderordnung statt jeder Überordnung ist, d. h. die Bewahrung der weltlichen Ordnung vor kirchlicher Fremdherrschaft und umgekehrt! - eine aus der Bibel geschöpfte Lehre von den vier Mandaten treten: Ehe und Familie, Arbeit, Obrigkeit und Kirche. Darin sind diese Ordnungen göttlich, daß sie einen konkreten, in der Offenbarung begründeten und bezeugten göttlichen Auftrag und eine göttliche Verheißung haben."- Luther, WA 15, 625, 7: „Omnes status huc tendunt, ut aliis serviant. Mater custodit puerum; ipsa non indiget, sed puer. Vir cogitur surgere: posset dormire, sed quia uxorem et pueros nutrire cogitur, ideo surgendum. Nos omnia inverti mus." Dazu Wingren, a. a. O. 18: „Alle Stände sind darauf gerichtet, daß sie anderen dienen sollen ... So ist der Stand selbst ein ethisches Subjekt, denn der Stand ist Gott als der durch das Gesetz wirksame." Zur Koordination der Stände bei Luther auch E. Wolf, a. a. O. 232 ff.

61) Vgl. Recht und Institution, 65 ff.

62) Vgl. dazu die Kulturanalyse von J. Huizinga, Homo ludens, 1938.

TEIL II.

DIE WIRKLICHKEIT DER WELT UND GOTTES KONKRETES GEBOT NACH DIETRICH BONHOEFFER

DIE WIRKLICHKEIT DER WELT UND GOTTES KONKRETES GEBOT NACH DIETRICH BONHOEFFER

Von

Jürgen Moltmann

I.
Die Fragestellung damals und heute

Will man sich dem genannten Thema nähern und das Gespräch mit den theologischen Erkenntnissen Bonhoeffers aufnehmen, so wird es nützlich sein, sich zuvor darüber klar zu werden, woher er kam und woher wir kommen, aus welchen Verhältnissen seine Fragen aufbrachen und aus welchen Verhältnissen unsere Fragen aufbrechen. Sehe ich recht, so war der Ausgangspunkt, von dem her er und seine Generation aufbrachen, eine Welt, in der man wußte und zu wissen glaubte, was man zu tun, wie man sich in ihr zu bewegen und wie man sie zu bewältigen hatte, wo man in der Wirklichkeit der gegebenen Welt zu Hause war und Boden unter den Füßen hatte. Sie alle, die wir heute als unsere theologischen Väter und Lehrer bezeichnen, stehen in jenen Jahren in einer Bewegung des kirchlichen und des theologischen Aufbruches aus den überholten Synthesen des Kulturprotestantismus und einer christlichen Welt, Jenes Aufbruches, der durch die Bewegung der dialektischen Theologie am nachhaltigsten bestimmt ist und der in der Sammlung der Bekennenden Kirche zum Einsatz kam. Die geistige Landschaft, aus der man auswanderte, war, wenn man das mit einem Buchtitel sagen darf, gekennzeichnet durch den „Verlust der Mitte". Was man so lange für die Stimme der Kirche genommen hatte, das enthüllte sich im Feuer der Kritik als eine sehr weltliche Stimme. Ihre Ewigkeitswerte und ihre Gebote wurden als Ideale und Lebensformen einer bestimmten bürgerlichen und nationalen Gesellschaftsordnung entlarvt. Nun fragten alle wachen Geister aus dieser unsicher gewordenen Welt heraus leidenschaftlich nach der tragenden, lebendigen Mitte von Kirche, Predigt und Theologie, nach dem „Wort", das Gottes eigene Verheißung und Gottes eigene Weisung offenbare. Wie sehr Bonhoeffer für viele andere exemplarisch diesen Aufbruch durchlitten hat, zeigt seine stille aber spürbare Auseinandersetzung mit seinen Lehrern A. von Harnack und R. Seeberg in seinen frühen Schriften. Er kam aus der liberalen Schule und spürte die Notwendigkeit des Bruches mit dieser Tradition, um zu einer betont kirchlichen Theologie vorzustoßen.[1]

Wir Jüngeren und Nachgeborenen der dialektischen Theologie haben diesen Aufbruch zur Mitte, zum Wort, zur Kirche nicht an der eigenen Stelle mitvollzogen, sind kaum vom Rande eines säkularisierten

Christentums, aus den Synthesen also, aufgebrochen. Diese Dinge sind für uns Kirchengeschichte. Wir sind dagegen in einer betont „kirchlichen Theologie" aufgewachsen. Für uns ist das, was für die Generation unserer Väter und Lehrer das Ergebnis eines mühevollen Ringens war, gleichsam das Zeichen, unter dem wir angetreten sind. Der Gegner, der die Gestalt der damals zu entwerfenden dialektischen oder kirchlichen Theologie negativ bestimmte, ist weithin verschwunden. Drohte damals Christus hinter einer christianisierten Kultur zu verschwinden, so droht heute Christus und „das Wort" zu einem Prinzip zu werden, zu einer Formel, deren Schwergewicht man nicht mehr kennt. Bonhoeffer schreibt in „Widerstand und Ergebung", S.218: „Es war die Schwäche der liberalen Theologie, daß sie der Welt das Recht einräumte, Christus seinen Platz in ihr zuzuweisen, sie akzeptierte im Streit von Kirche und Welt den von der Welt diktierten relativ milden Frieden." Man müßte das heute wenden und sagen: es ist die Schwäche die kirchlichen Theologie, daß sie Christus kein Recht einräumt, die Welt anzunehmen und in der Welt zu sein, daß sie den in seiner Versöhnung beschlossenen Frieden für die Welt nicht mehr auszulegen vermag. Anders gesagt: unsere Situation heute könnte gekennzeichnet sein durch einen nicht minder gefährlichen „Verlust des Horizontes", des Horizontes weltlicher, geschichtlicher, geistiger Wirklichkeit. Die reine Verkündigung bleibt im Monolog stecken. Dem Gebot Gottes wird im Konformismus an politische Zweckdienlichkeiten der Gehorsam gekündigt, oder es wird im radikalen

Nonkonformismus die Wirklichkeit des politischen Terrains übersprungen. Die Beziehungslosigkeit der Offenbarungsverkündigung zur weltlichen Realität ist erschreckend offenkundig. Der Weg von der Mitte zu den Horizonten scheint versperrt. Und dennoch kann es ja keine Mitte geben ohne Horizont, kein Zentrum ohne einen Umkreis, ohne Bild gesprochen, keinen Christus ohne seine Königsherrschaft im weltlichen, leibhaftigen Leben. „Je ausschließlicher wir Christus als unseren Herren erkennen und bekennen, desto mehr enthüllt sich uns die Weite seines Herrschaftsbereiches", hat Bonhoeffer in der „Ethik", S. 161, formuliert und damit das uns heute faszinierende Thema angegeben. Aber wie ist diese Weite der Wirklichkeit Christi zu gewinnen?

K. Barth hat, als diese Fragen in den dreißiger Jahren akut wurden, den Weg von der Dialektik zur Analogie in der Schöpfungslehre eingeschlagen.[2] P. Tillich hat den breiten Graben zwischen den Fragen der menschlichen Existenz und der Offenbarungsantwort durch die Methode der Korrelation zu überwinden gesucht. Bultmann entwarf das Programm der existentialen Interpretation. Bei Bonhoeffer zeigen der Gedanke der „echten Weltlichkeit" und die Mandatenlehre auf einen sehr eigenständigen Lösungsversuch dieser Probleme. Er spürte die konservativen und restaurativen Züge der Bekennenden Kirche (WE 220, 261). Er ahnte eine künftige Stagnation der Kirche und fühlte sich gerade in seinem letzten Briefe von 1944 wieder „als moderner : Theologe, der doch noch das Erbe der liberalen Theologie in sich trägt", und verpflichtet ist, diese

Fragen anzuschneiden (WE 257). Hier muß auch von uns heute das Gespräch aufgegriffen werden, das Gespräch mit den liegengebliebenen Fragen des 19. Jahrhunderts, mit der Frage nach der Gesichte (Dilthey, Troeltsch), mit der Frage nach der natürlichen Weisheit, mit der Frage nach dem Geist Gottes und dem Geist des Menschen (Schleiermacher), mit der Frage nach dem Reiche Gottes und den menschlichen Berufen an dieser Erde (A.Ritschl), mit allen diesen Fragen, die sich einstellen, wo immer nach dem Gehorsam in Gesellschaft, Kultur und Politik gefragt wird.

II.
Die Wirklichkeit der Welt

Wir gehen aus von der Frage, wie denn die Wirklichkeit dieser Welt zu erfassen und wie ihr zu begegnen sei. Wenn das Gebot Gottes immer konkretes Gebot ist und immer sachgemäße Gestalt hat, dann muß zuerst gefragt werden, welche Dignität und welche Struktur denn die „Sache" habe, der gemäß und die zu gestalten Gott sein Gebot gibt. Bonhoeffer erklärt in seinem Vortrag vor der Jugendfriedenskonferenz 1932 (Gesammelte Schriften, I, 145): „Die Kirche muß hier und jetzt aus der Kenntnis der Sache heraus in konkretester Weise das Wort Gottes sagen, das Wort der Vollmacht, oder sie sagt etwas anderes, Menschliches, ein Wort der Ohnmacht. Die Kirche darf keine Prinzipien verkündigen, die immer

wahr sind, sondern nur Gebote, die heute wahr sind. Denn, was ‚immer'
wahr ist, ist gerade ‚heute' nicht wahr. Gott ist uns ‚immer' gerade ‚heute'
Gott." Diese programmatische Erklärung ist nur sinnvoll, wenn mit der
Forderung nach dem konkreten Gebot zugleich ein neues Verständnis
des „Konkreten", der „Wirklichkeit", der „Geschichte" verbunden ist.
Wir wenden uns daher zunächst dem erregenden Versuch Bonhoeffers
zu, einen neuen, sowohl theologisch als auch ontologisch erheblichen
Wirklichkeitsbegriff zu entwerfen.

1. Die Erschlossenheit der Wirklichkeit durch die Offenbarung der Inkarnation

Unter Berufung auf Eph 1, 10; Kol1, 19ff. und Phil 2, 9~11 gestaltet
sich für Bonhoeffer die ihm eigentümliche Sicht einer Anhypostasie der
Wirklichkeit der Welt in der Menschwerdung Gottes. „In Jesus Christus
ist die Wirklichkeit Gottes in die Wirklichkeit dieser Welt eingegangen.
Der Ort, an dem die Frage nach der Wirklichkeit Gottes wie die nach der
Wirklichkeit der Welt zugleich Beantwortung erfährt, ist allein bezeichnet durch den Namen: Jesus Christus. In diesem Namen ist Gott und die
Welt beschlossen. In ihm hat alles seinen Bestand (Kol 1, 16). Von nun an
kann weder von Gott noch von der Welt recht geredet werden, ohne von
Jesus Christus zu reden. Alle Wirklichkeitsbegriffe, die von ihm absehen,
sind Abstraktionen" (E 60); Damit ist 'gegen· jeden supranaturalistischen

Offenbarungspositivismus gesagt: die Offenbarung Jesu Christi ist nicht allein Offenbarung von Gott, seinem Wesen und seinem Handeln, sondern ist darin und damit zugleich Offenbarung der Weltwirklichkeit. Die Offenbarung Christi ist die Aufdeckung der Wirklichkeit des Menschen coram Deo, des gerichteten und versöhnten Menschen. Die Inkarnation sagt nicht nur die einzigartige Tat Gottes aus, sondern erschließt zugleich die volle und wahre Wirklichkeit der Welt, die in dieser Tat angenommen und verwandelt wird. Wenn aber in Christus die ganze Wirklichkeit Gottes und der Welt erschlossen wird; so werden die traditionellen Dualismen von Natur und Übernatur, von geistlichem und weltlichem Reich, von Offenbarungstheologie und natürlicher Theologie relativ. „Es gibt nicht zwei Wirklichkeiten, sondern nur eine Wirklichkeit, und das ist die in Christus offenbar gewordene Gotteswirklichkeit in der Weltwirklichkeit" (E 62).. „Die Wirklichkeit Christi faßt die Wirklichkeit der Welt in sich. Die Welt hat keine eigene von der Offenbarung Gottes in Christus unabhängige Wirklichkeit ... Die Welt, das Natürliche, das Profane, die Vernunft ist hier von vornherein in Gott hineingenommen, all dies existiert als in der Gotteswirklichkeit, in Christus. Es gehört nun zum wirklichen Begriff des Weltlichen, daß es immer schon in der Bewegung des Angenommenseins und Angenommenwerdens von Gott in Christus gesehen wird" (E 63). Daß diese Wirklichkeit sich allein im Worte Christi als Offenbarung erschließt, heißt nicht, daß sie allein im Erkenntnisakt von Offenbarung und Glauben existent sei. Vielmehr ist die ganze Wirklichkeit, in der sich der Glaube vorfindet, an der er Anteil bekommt, in deren Geschichte er verwickelt wird, seinem Glauben und Unglauben vorauf von Gottes Wirklichkeit umschlossene und angenommene Wirklichkeit. Darum führt die Offenbarung der Welt in Christus zu einem besseren und tieferen Verständnis der Weltlichkeit, als es dieser selbst im Schwanken zwischen Ideologie und Resignation möglich ist. Wie es kein wirkliches Christsein außerhalb der Wirklichkeit der Welt geben kann, so auch keine wirkliche Weltlichkeit außerhalb der Wirklichkeit Christi (E 65). „Die Welt gehört zu Christus, und nur in Christus ist sie, was sie ist" (E 69).

Bonhoeffer kann dieses reale, immer schon vorgegebene „Eingehen Gottes in die Welt", dieses alles Erkennen schon umschlossen haltende Angenommensein der Welt des Menschen durch Gott, bis zu den zu gespitzten Sätzen betonen: „Das Gute ist die Wirklichkeit, und zwar die in Gott gesehene, erkannte Wirklichkeit selbst" (E 59), und bis zu dem vielzitierten, und doch nur in seiner seelsorgerlichen Abzwekkung angesichts einer dunklen Zukunft recht verständlichen Wort: „In den Tatsachen selbst ist Gott" (WE 134).

Ganz folgerichtig hat Bonhoeffer seine Inkarnationslehre mit dem Anakephaleiosisgedanken verbunden. „Die aus Eph 1, 10 stammende Lehre von der Wiederbringung aller Dinge - anakephaleiosis, recapitulatio - ist ein großartiger und überaus tröstlicher Gedanke" (WE 125). Er steht auch in der „Ethik" hinter vielen Ausführungen. Die Wirklichkeit, von der Bonhoeffer spricht, hat für ihn christologische Strukturen. Die so von Gott angenommene und getragene Wirklichkeit des Menschen und seiner Welt wird in Christus in ihrem eigentlichen „messianischen Charakter" erschlossen. Indem Gott in diese Wirklichkeit eingeht, geht er mit dieser Welt eine Geschichte ein. „Das Leben erkennt sich ausgespannt und gehalten von einem Grund der Ewigkeit zum anderen; es erkennt sich als Glied der Gemeinde und der Schöpfung, die das Lob des dreieinigen Gottes singt" (E 75). So wird denn jedes Leben, das in diese messianische Wirklichkeit gestellt wird, teilnehmen am Leiden Gottes in der Welt und lobsingend einstimmen in die Freude Gottes.

Sucht man für den in der „Ethik" durchgängigen christologischen Ausdruck vom „Eingehen Gottes in die Welt" theologiegeschichtliche Parallelen, so stößt man sehr bald auf die protestantische Theologie im Zeitalter des deutschen Idealismus (z. B. R. Rothe),[3] Dennoch wird man Bonhoeffer nicht pantheistisch mißverstehen dürfen. Das „Eingehen" Gottes in die Welt bedeuet für ihn keinesfalls Identität mit der Welt oder Selbstauflösung Gottes in die Welt und Auflösung der Welt in Gott. Seine Entfernung vom intramundanen Gottesbegriff ist ebensoweit wie vom extramundanen. Sein Wille zur „Wirklichkeitsnähe" führt ihn jedoch zu Aussagen, die für den heute üblichen Offenbarungsmoralismus der Kirche fremdartig klingen mögen. Für Bonhoeffer geht es darum, daß mit der Inkarnation die ganze Weltwirklichkeit aus ihrer Entfremdung heraus wieder unter das Haupt gefaßt ist, in welchem allein sie Bestand hat, und daß also in Christus die ganze Wirklichkeit der Welt in ihrer Ursprünglichkeit als Gottes Schöpfung und in ihrer Endgültigkeit als Gottes Reich erschlossen werde. „Nicht als wäre ‚unsere Welt' irgendetwas außerhalb der Gottes- und Weltwirklichkeit, die in Christus ist, als gehörte sie nicht auch schon zu der in ihm getragenen, angenommenen versöhnten Welt, nicht also als müßte nun doch irgendein ‚Prinzip' auf unsere Verhältnisse und unsere Zeit erst noch angewandt werden. Es wird vielmehr danach gefragt, wie die - auch uns und unsere Welt längst in sich beschlossen haltende - Wirklicilkeit in Christus als jetzt gegenwärtige wirke, bzw. wie in ihr zu leben sei" (E 61).

2. Die Erschlossenheit der Einheit und Ganzheit der Wirklichkeit in Jesus Christus

Allein vom Ziel und Ende der Geschichte her wird die Geschichte als die Ganzheit und Einheit alles Wirklichen erschlossen und in Glauben und Gehorsam wahrgenommen. Die Ganzheit und Einheit der Wirklichkeit wird in der geheimen Epiphanie des Eschaton in Kreuz und Auferstehung mitten in der Geschichte offenbar. An einer solchen Konzeption des „Wirklichkeitsganzen", wie sie auch im Anakephaleiosisgedanken vorliegt, ist Bonhoeffer alles gelegen. Alle Wirklichkeitsbegriffe, die von dieser umfassenden Erschlossenheit der Wirklichkeit absehen, nennt er „Abstraktionen" (E 60). Man würde vielleicht vorsichtiger sagen, daß es sich um „Abblendungen" des Wirklichkeitsganzen auf partielle Aspekte handelt. Die Totalität der Wirklichkeit steht keiner phänomenologisch arbeitenden Einzelwissenschaft gegenüber. Jede erkenntnistheoretische Selbstkritik einzelner Wissenschaften wird darauf stoßen. Vermag aber die christliche Theologie den umfassenden Rahmen und also die Integration zu liefern? - Auch der Theologie steht erkenntnistheoretische Selbstkritik an. Bonhoeffer sieht die eigentliche Wirklichkeitserfassung der christlichen Theologie in ihrer Auslegung des „Wunders" der Inkarnation gegenüber den Ordnunge und Prozessen der Welt, mit denen die Wissenschaften beschäftigt sind. Bekommt der Mensch in Christus an der Wirklichkeit Gottes und der Welt zugleich Anteil, so darf man von da aus wohl von einer sinnvollen und notwendigen Kooperation der Theologie mit den Wissenschften reden.[3a)] Die Wissenschaften werden durch die sachlich gebotene Selbstbescheidung auf den partiellen Aspekt ihrer Welterkenntnis nicht in einer theologischen Metaphysik integriert. Ihre Koordination und Aufnahme durch die Theologie erfolgt vielmehr für Bonhoeffer der Mandatenlehre entsprechend. Den sichverschiedenen Bereichen und Erfahrungsweisen wird durch die christliche Theologie die gemeinsame Geschichte und die gemeinsame Eschatologie angekündigt. Das Weltliche, Natürliche, Vernünftige und Profane wird immer schon in „der Bewegung" des Angenommenseins und Angenommenwerdens von Gott in Christus gesehen. Dieser Gedanke der „Bewegung" weist daraufhin, daß Bonhoeffers Wirklichkeitsbegriff nicht einen statischen

Seinsordo, sondern die Erschlossenheit der Wirklichkeit als Geschichte intendiert. Es ist dabei für die christliche Theologie unverzichtbar zu erklären, daß allein von dem menschgewordenen Gott her alle Wirklichkeit ihr Recht und ihr Wesen, ihren Ursprung und ihr Ziel erhalten habe.

„Wer sich zu der Wirklichkeit Jesu Christi als der Offenbarung bekennt, der bekennt sich im seinen Atemzuge zu der Wirklichkeit Gottes und der Welt, der findet in Christus Gott und die Welt versöhnt. Eben darum ist der Christ auch nicht mehr der Mensch des ewigen Konfliktes, sondern wie die Wirklichkeit in Christus eine ist, so ist, er, der zu dieser Christuswirklichkeit gehört, auch selbst ein Ganzes ... Ganz Christus angehörend, steht er zugleich ganz in der Welt" (E 65). Der eschatologischen Einheit der Wirklichkeit entspricht die Ganzheit einer in Gott gesehenen Welt. „Der Mensch ist ein unteilbares Ganzes, nicht nur als Einzelner in seiner Person und seinem Werk, sondern auch als Glied der Gemeinschaft der Menschen und Kreaturen, in der er steht. Dieses unteilbare Ganze ist die in Gott gegründete und erkannte Welt" (E 59). Eine idealistische Ethik vermag mit ihren Unterscheidungen von Sollen und Sein, von Person und Werk, von Individuum und Gesellschaft diese Einheit und Ganzheit des Wirklichen ebensowenig zu erreichen wie die positivistische Auffassung, die vor der unübersehbaren Mannigfaltigkeit und der geschichtlichen Relativität des Lebens kapituliert. Das heißt für die christliche Ethik: erst in der Versöhnung zur Einheit der Welt und zum Ganzsein des Menschen, im Eingehen Gottes in diese Welt, liegt die Befreiung von der Angst, die entsteht, wenn man zwischen Gottes Gegenwart und der Welt unterscheidet, um entweder vor dem Anspruch Gottes in die Anpassung an die Zwangsläufigkeiten der Geschichte oder vor dem Anspruch der Welt in den sakralen Raum der Kirche zu flüchten. Ein solches „Raumdenken" ist statisches Denken und gesetzliches Denken. „Wird von dem Glauben an die Offenbarung der letzten Wirklichkeit in Jesus Christus her das ethische Raumdenken überwunden, so bedeutet das, daß es kein wirkliches Christsein außerhalb der Wirklichkeit der Welt und keine wirkliche Weltlichkeit außerhalb der Wirklichkeit Jesu Christi gibt" (E 64 f.). Das konkrete Gebot fordert daher den Glaubensakt des ganzen Menschen im Blick auf die eschatologische Ganzheit seiner geschichtlichen Wirklichkeit. „Der Glaube ist etwas Ganzes, ein Lebensakt. Jesus ruft nicht zu einer neuen Religion, sondern zum Leben" (WE 246).

Jedes Denken in Bereichen und Räumen muß an dieser christologischen Schau der Versöhnung von Gott und Welt letztlich zerbrechen, sagt Bonhoeffer, muß - vorsichtiger ausgedrüdt - unter der eschatologischen Erwartung des einen Reiches auf seine Vorläufigkeit reduziert werden. „Weder der pseudolutherische Christus, der allein dazu da ist, das Faktische zu sanktionieren, noch der radikal-schwärmerische Christus, der jeden Umsturz segnen soll, sondern der menschgewordene Gott Jesus, der den Mensmen angenommen und mit ihm die Welt geliebt, gerichtet und versöhnt hat, ist der Ursprung wirklichkeitsgemäßen Handelns" (E

178). Die herkömmlichen Unterscheidungen von Natur und übernatur, geistlichern und weltlichern Reich, lassen die Sache Christi zu einer provinziellen Angelegenheit innerhalb des Wirklichkeitsganzen werden. überall wird mit Wirklichkeiten außerhalb der einen und in dem Einen erschlossenen Wirklichkeit Gottes und der Welt gerechnet. Überall wird die darin gesetzte verborgene Einheit und Ganzheit der Wirklichkeit nicht angenommen. Die Beziehung der Offenbarung in Christus zur Welt wird zu einem unerreichbaren Ziel, wo nicht eben diese Welt als umgriffen und erschlossen in dieser Offenbarung Christi gesehen wird. Weil der Versöhner der Schöpfer ist, darum hat die Versöhnung kosmische Weite, darum ist in Christus die ganze Wirklichkeit der Welt umgriffen, angenommen und in ihrer letzten Wahrheit offenbar gemacht. Wenn damit von vornherein das Weltliche in Christus seine Auslegung erfährt, dann ist umgekehrt das Christliche nirgend anders als im echten Weltlichen, das Übernatürliche nicht anders als im Natürlichen, das Heilige nicht anders als mitten im Profanen, das Offenbarungsmäßige nur im Vernünftigen zu finden und zu haben (E 63).

Bei allen Bedenken, die sich gegen eine solche scheinbar monistische Konzeption einstellen, bleibt zu beachten, daß Bonhoeffer keineswegs an eine „prinzipielle Einheit" von Gott und Welt denkt, sondern an die Auslegung der Wirklichkeit im Wunder der Inkarnation. Von ihr her und nicht aus der Welt selbst wird die eine und ganze Wirklichkeit Gottes und der Welt erschlossen. Die Einheit ist eine verborgene; verborgen unter dem Kreuz Christi, und sie ist eine letzte, eschatologische; allein dem Glauben und der Hoffnung gegeben. Das Eingehen Gottes in die Welt bedeutet auch in diesem Zusammenhang nicht Identität, sondern Erschließung der Weltwirklichkeit als einer Geschichte, die auf das Eschaton zuläuft. „Dennoch ist das Christliche nicht identisch mit dem Weltlichen, das Natürliche mit dem übernatürlichen, das Offenbarungsgemäße mit dem Vernünftigen, sondern es besteht vielmehr zwischen beiden eine allein in der Christuswirklichkeit und d. h. im Glauben an diese letzte Wirklichkeit gegebene Einheit. Diese Einheit wird dadurch gewahrt, daß das Weltliche und das Christlich usw. sich gegenseitig jede statische Verselbständigung des einen gegen das andere verbieten, daß sie sich also polemisch zueinander verhalten und gerade darin ihre gemeinsame Wirklichkeit, ihre Einheit in der Christuswirklichkeit bezeugen" (E 63 f.). Man wird gut tun, in diesem Zusammenhang Bonhoeffers Unterscheidung von „Letztem und Vorletztem" im Auge zu behalten. Es wäre hilfreich, die Kategorie der „Geschichte" zur Interpretation heranzuziehen, die so bei Bonhoeffer nicht vorliegt und deren Fehlen seinen Formulierungen oft einen mißerständlichen Charakter verleiht.[4]

Gott geht mit dieser Welt eine Geschichte ein. Die Auslegung der Weltwirklichkeit als Geschichte im Horizont der Auferstehung allein vermag die verschiedenen Aspekte der Welt zu integrieren. Weil in Christus das verborgene Ende der Geschichte für den Glauben offenbar geworden ist, darum sind für den Lauf der Geschichte dem Glaubenden Offenbarung und Natur, Offenbarung und Vernunft zu einander geordnet, aufeinander bezogen und im letzten miteinander verwandt.

3. Die Erschließung des personalen Charakters der Wirklichkeit

Ist die eigentliche Wirklichkeitserfassung der christlichen Theologie ihre Auslegung des Wunders der Inkarnation, dann ist „die Wirklichkeit zuerst und zuletzt nicht ein Neutrum [- ein „Es"], sondern der Wirkliche, nämlich der menschgewordene Gott [-ein „Du"]" (E 177). Schon in seinen frühen Schriften hat Bonhoeffer unterschieden zwischen einer erkenntnistheoretischen Transzendenz dessen, was die Subjektivität der Anschauung übersteigt, und einer ethischen Transzendenz des Du im Augenblick der Begegnung (SC 27 ff.). Die menschliche Person entsteht „nur in Relation zu der ihr transzendenten göttlichen Person, im Widerspruch gegen sie wie in der Überwältigung durch sie" (SC 27 f) „Das Du als Wirklichkeitsform trägt prinzipiell selbständigen Charakter gegenüber dem ich in dieser Sphäre. Es unterscheidet sich von der idealistischen Gegenstandsform aber wesentlich dadurch, daß es nicht dem Geiste des Subjektes immanent ist ... Über die erkenntnis- theoretische Transzendenz ist mit der Transzendenz des Du faktisch nichts ausgesagt. Es ist eine rein ethische Transzendenz, die nur der in der Entscheidung Stehende erlebt, die aber einem Außenstehenden nie demonstriert werden kann.

So ist alles über den christlichen Personbegriff zu sagende nur von dem in der Verantwortung Stehenden selbst zu erfassen" (SC 30).

Diese Unterscheidung taucht in den letzten Briefen und Schriften wieder auf. Bonhoeffers Kampf gegen das religiöse Mißverständnis des Christentums ist philosophisch gesprochen der Kampf gegen die Verwechslung von theoretischer und ethisch-personaler Transzendenz. „Ich ging davon aus, daß Gott immer weiter aus dem Bereich einer mündig gewordenen Welt hinausgeschoben wird, und seit Kant nur noch jenseits der Welt der Erfahrung Raum behalten hat „ (WE 229). Aber: „Das Jenseitige ist nicht das unendlich Ferne, sondern das Nächste" (WE 255). „Das Jenseits Gottes ist nicht das Jenseits unseres Erkenntnisvermögens! - Die erkenntnistheoretische Transzendenz hat mit der Transzendenz Gottes nichts zu tun. Gott ist mitten in unserem Leben jenseitig" (WE 182). Bonhoeffers These, daß nicht erst an den Grenzen seiner Möglichkeiten, sondern mitten im Leben Gott dem Menschen begegne, daß Christus den Menschen nicht in seiner Angst und Schwäche, sondern mitten im Leben in seiner Stärke fasse und in Anspruch nehme (WE 227, 231), findet sich schon 1933 in der Auslegung von „Schöpfung und Fall" , S. 62: „Die Grenze des Menschen ist in der Mitte seines Daseins, nicht am Rand; die Grenze, die am Rand des Menschen gesucht wird, ist ... die Grenze seiner Möglichkeit. Die Grenze, die in der Mitte ist, ist die Grenze seiner Wirklichkeit, die Grenze des Daseins schlechthin ... Dort, wo die Grenze ist - der Baum der Erkenntnis - , dort ist auch der Baum des Lebens, der lebenspendende Herr selbst" . Nur von dem Personalismus des frühen Bonhoeffer und dem damals entwickelten Begriff der ethischen Transzendenz des Du werden seine letzten Visionen von der „Inanspruchnahme der mündig gewordenen Welt durch Christus" und seine Polemik gegen das religiöse Mißverständnis deutlich.

So hat denn die Wirklichkeit im Letzten personalen Charakter. Sie fordert und sie beschenkt den Menschen. Er wird ins Leben gerufen, um mit seinem Tun und Leiden Antwort zu geben. Das ist nicht existentialistisch mißzuverstehen, als sei damit die Wirklichkeit verengt auf die Summe der personalen Beziehungen. Der Glaube als Lebensakt des ganzen Menschen meint nicht nur die persönliche Ganzheit des Antwortenden, sondern auch seine soziale. „Wittiko ‚tut das Ganze', indem er sich im wirklichen Leben zurechtzufinden sucht und dabei den Rat der Erfahrenen hört, indem er selbst ein Glied des ‚Ganzen' ist. Man wird nicht für sich allein ein ‚Ganzer', sondern nur mit anderen zusammen" (WE 141).

Wenn es dann in der „Ethik" heißt: „Die Wirklichkeit ohne den Wirklichen verstehen zu wollen, bedeutet in einer Abstraktion zu leben, der der Verantwortliche niemals verfallen darf" (E 60), so wird man die Bedeutung und Notwendigkeit der „Abstraktion", d. h. der partiellen Sacherkenntnis an der Weltwirklichkeit damit nicht personalistisch unerheblich machen dürfen. Der personale Charakter aller Wirklichkeitsbegegnung im Glauben ist ein „Letztes", durch das das Vorletzte nicht aufgehoben wird. Wenn Bonhoeffer an anderer Stelle erklärt: „Die

Wirklichkeit besteht letztlich im Personhaften" und dabei auf Holbeins Personifizierungen von Sonne, Mond und Wind auf seinen Totentanzbildern verweist (E 177), so kann damit das Vorletzte, der Sachcharakter des Faktischen als „Es", in dessen Medium die personalen Beziehungen stattfinden, doch wohl nicht geleugnet sein. „Gott begegnet nicht nur als Du, sondern auch vermummt im Es, und in meiner Frage geht es im Grunde darum, wie wir in diesem Es (Schicksal) das Du finden" (WE 151). Der gebotene Widerstand gegen das Schicksal, gegen die Zwangsläufigkeiten der Geschichte und den Automatismus des Faktischen kann nicht mit christlicher Ergebung in Gottes Führung vorschnell übersprungen werden. „Es muß beides mit Entschlossenheit ergriffen werden" (WE 151).

Dennoch entstehen hier offene Fragen an eine einseitige Beachtung der personalen Phänomene der Wirklichkeit gegenüber den sachlichen, wie sie etwa in „Akt und Sein" vorliegt.[5]

4. Die Auslegung der Wirklichkeit im Worte Jesu Christi

Ist in der Inkarnation Gottes die ganze, unverkürzte Weltwirklichkeit angenommen und versöhnt, so wird diese Wirklichkeit in ihrer Bewegung des Angenommenwerdens im Worte Jesu Christi ausgelegt. „Jesus Christus tritt nicht als ein Wirklichkeitsfremder der Wirklichkeit gegenüber, sondern er ist es, der allein das Wesen des Wirklichen am eigenen

Leibe trug und erfuhr, der aus dem Wirklichen heraus redete, wie kein Mensch auf Erden, der als einziger keiner Ideologie verfallen ist, sondern der Wirkliche schlechthin ist ... Weil er als der Wirkliche Ursprung, Wesen und Ziel alles Wirklichen ist, darum ist er selbst der Herr und das Gesetz alles Wirklichen. Das Wort Jesu ist also die Auslegung seiner Existenz und damit die Auslegung jener Wirklichkeit, in der diese Geschichte zu ihrer Erfüllung kommt" (E 178). Die Strukturen und Bewegungen der echten Weltwirklichkeit im Angenommensein durch Gott werden offenbar in der Selbstoffenbarung dieses Einen. Sein Gebot, sein Ruf in die Nachfolge, seine Verheißung sind die Erschließung der Wirklichkeit. So tritt denn der Glaubende, der dem Wort Jesu folgt, in die Welt der wiedergeschenkten Einheit und Ganzheit und fragt danach - das ist die eigentliche Frage christlicher Ethik - wie denn diese, auch ihn umschlossen haltende Wirklichkeit Jesu Christi im konkreten Gebot auszulegen und wie in ihr zu leben sei, wie er an dieser Bewegung des Angenommen werdens der Welt „teilhabe". Der Gedanke der Partizipation, der Teilnahme und Teilhabe, des Mit-lebens und Mit-leidens ist Bonhoeffers durchgängiger ethischer Ausdruck. Er weist darauf hin, daß es ihm für die vita christiana nicht nur um ein Erkennen und ein Tun geht, sondern um das Engagement des ganzen Lebens an der ganzen Weltwirklichkeit; an der „Fülle des Lebens", wie Bonhoeffer im Anklang an den philosophischen Vitalismus sagen kann.[6]

Die Frage nach dem konkreten Gebot ist die Frage nach dem der Inkarnation entsprechenden Verstehen, Auslegen und Teilnehmen an der Wirklichkeit. „Der Verantwortliche hat der Wirklichkeit kein fremdes Gesetz aufzuzwingen, vielmehr ist das Handeln des Verantwortlichen im echten Sinne ‚wirklichkeitsgemäß' " (E 177). Jesu Worte sind göttliches Gebot für das verantwortliche Leben in der Geschichte, weil sie aus der erfüllten Geschichte kommen und daher Vollmacht besitzen und zur Erfüllung der Geschichte den Menschen in die eine und ganze Wirklichkeit Gottes und der Welt integrieren. Wirklichkeitsgemäß ist darum ein Handeln, das mit der Welt als Welt rechnet und nicht aus dem Auge läßt, daß diese Welt in Christus angenommene Welt ist.[7] Ein solches, der vollen und ganzen Wirklichkeitgemäßes, Handeln führt hindurch zwischen der Haltung des Don Quijote, der idealistischen Normierung der Wirklichkeit, und des Sancho Pansa, der servilen Gesinnung vor dem Faktum (E 176 ff.); es führt hindurch „zwischen einer starren Bindung durch ein kirchlich autorisiertes Normensystem und der Gleichgültigkeit gegenüber einer sich selbst überlassenen, willkürlich-positivistischen Selbstentfaltung menschlicher Rechtsvernunft" (E. Wolf, Libertas christiana, 32). Für Bonhoeffer wird dieser schmale Weg wirklichkeitsgemäßen Handelns konkret im Ruf in die Nachfolge, der nicht „billige Gnade", aber auch nicht „gesetzliche Gnade" verheißt.

5. Die Erschlossenheit der Wirklichkeit als „echter Weltlichkeit" im Kreuz Christi

Das göttliche „Eingehen" in die Welt ist verborgenes Geschehen; verborgen unter der Gestalt des Gekreuzigten. Durch das Kreuz Christi hat diese Welt ein für alle Mal ihre Signatur empfangen. Das heißt für Bonhoeffer, daß in der Gottverlassenheit des Gottessohnes die vollendete, unverhüllte „Weltlichkeit" der Welt erschlossen wird. Das Christentum kann nicht zur übernatürlichen, religiösen Weltverklärung werden, denn das Kreuz Christi deckt radikal die tiefe Gottlosigkeit der Welt in ihrer unverkürzten Weltlichkeit auf. „Der Christ hat nicht wie der Gläubige der Erlösungsmythen aus den irdischen Aufgaben und Schwierigkeiten immer noch eine letzte Ausflucht ins Ewige, sondern er muß das irdische Leben wie Christus (‚Mein Gott, warum hast Du mich verlassen?') ganz auskosten und nur indem er das tut, ist der Gekreuzigte und Auferstandene bei ihm und ist er mit Christus gekreuzigt und auferstanden" (WE 227). „Wir können nicht redlich sein, ohne zu erkennen, daß wir in der Welt leben müssen - ‚etsi Deus non daretur'. Und eben dies erkennen wir - vor Gott! - Gott selbst zwingt uns zu dieser Erkenntnis. So führt uns unser Mündigwerden zu einer wahrhaftigen Erkenntnis unserer Lage vor Gott. Gott gibt uns zu wissen, daß wir leben müssen als solche, die mit dem Leben ohne Gott fertig werden. Der Gott, der mit uns ist, ist der Gott, der uns verläßt (Mark. 15, 34!). Gott läßt sich aus der Welt herausdrängen ans Kreuz, Gott ist ohnmächtig und schwach in der Welt und gerade und nur so ist er bei uns, hilft er uns ... Die Bibel weist den Menschen an die Ohnmacht und das Leiden Gottes; nur der leidende Gott kann helfen. Insofern kann man sagen, daß die beschriebene Entwicklung zur Mündigkeit der Welt, durch die mit einer falschen Gottesvorstellung aufgeräumt wird, den Blick freimacht für den Gott der Bibel, der durch seine Ohnmacht in der Welt Macht und Raum gewinnt" (WE 242). Diese bekannten Sätze aus „Widerstand und Ergebung" bedürfen er Interpretation. Zwei Gedankenlinien schießen hier zusammen: 1. die Entwicklung der abendländischen Autonomie und Aufklärung hat die christlich-religiöse Weltverklärung zerstört. „Gott als moralische, politische, naturwissenschafliche Arbeitshypothese ist überwunden" (WE 240). Die Säkularisationsbewegung hat zu einer Götterdämmerung der Religion auf allen Gebieten geführt und den weltlichen, gott-losen Charakter der Wirklichkeit dieses Lebens aufgedeckt.[8] Angesichts dieser Entwicklung ist es Bonhoeffers Frage, wie diese mündig gewordene Welt durch Christus Anspruch genommen werde. - 2. Auf der anderen Seite macht Bonhoeffer die überrassende Feststellung, daß es ja das Kreuz Christi selber ist, das uns zu der Erkenntnis zwingt, in einer gottverlassenen Welt zu leben, mit der man fertig werden muß ohne Ausflucht in religiöse „Hinterwelten", etsi Deus non daretur, und die in und mit Christus angenommen werden darf ohne Vorbehalt und ohne Illusion. Es geht ihm hier nicht um ein sich-anpassendes Nachhinken des Christentums hinter der Entwicklung des modernen Autonomie bewußtseins. Es ist nicht christliche Apologetik, die ihn drängt, sondern eine neue Christuserkenntnis, in der ihm die volle Wirklichkeit einer mündigen Welt erschlossen erscheint. Wir erkennen die echte Weltlichkeit einer mündigen Welt - vor Gott! - Gott selbst zwingt uns zu der Erkenntnis. Gott im Zeiche Illusionen. Die Bibel selbst weist uns an den in seinem Leiden und seiner Ohnmacht mächtigen Christus.

Allein in dem Paradox des Kreuzes, der Gottverlassenheit des Gottessohnes, ist die ganze und volle Tiefe und Weite der Diesseitigkeit in der Absurdität der Geschichte und in der radikalen Fraglichkeit des Daseins durchmessen, aufgedeckt und angenommen. „Wenn man von Gott ‚nicht-religiös' sprechen will, dann muß man so von ihm sprechen, daß die Gottlosigkeit der Welt dadurch nicht irgendwie verdeckt, sondern vielmehr aufgedeckt wird und so ein überraschendes Licht auf die Welt fällt. Die mündige Welt ist gottloser und darum vielleicht gerade Gott-näher als die unmündige Welt" (WE 246). Die moderne, nicht-religiöse Welt ist gottloser als vergangene Zeiten des Abendlandes. Sie ist Gott-näher, weil sie der im Kreuz erschlossenen Wirklichkeit näher gekommen ist, weil ihre Inanspruchnahme durch den Gekreuzigten zu einem besseren Verständnis ihrer Wirklichkeit führt.

In welchem Verhältnis stehen hier abendländische Evolution und Christologie zueinander?- Es ist gut, sich den Gedanken der „mündig gewordenen Welt" in Umrissen theologiegeschichtlich klar zu machen. Er ist im Ursprung der chiliastisch-evolutionistische Gedanke, der das Pathos der Aufklärungsbewegung ausmacht.[9] Bei Lessing steht er in dieser Gestalt hinter den „Gedanken zur Erziehung des Menschen geschlechtes" Von der Kindheit über das Knabenalter bis zur mündigen Männlichkeit reift das Menschengeschlecht unter der Pädagogik göttlicher Offenbarungen heran und lernt auf diesem Wege allmählich der Offenbarung zu entraten und die Vernunft autonom zu gebrauchen. Alle heteronomen Offenbarungswahrheiten sind vorweggenommene Vernunftwahrheiten und werden im Gange der Erziehungsgeschichte in solche überführt. Das gleiche Pathos liegt auch in Kants berühmter Formulierung vor: „Aufklärung ist der Ausgang des Menschen aus seiner selbstverschuldeten Unmündigkeit. Unmündigkeit ist das Unvermögen, sich seines Verstandes ohne Leitung eines anderen zu bedienen" (Was ist Aufklärung? Werke VIII, S. 35). Unter den Theologen des deutschen Idealismus hat namentlich Richard Rothe diesem neuen Geist Rechnung zu tragen gesucht. Hier wird der Gedanke einer Überwindung der „religiösen Form" des Christentums voll ausgesprochen. „Durch das Aufleuchten der Idee der Sittlichkeit. (- gemeint ist die „sittliche Mündigkeit auf allen Gebieten des menschlichen Lebens und in allen Kreisen der menschlichen Gesellschaft", 241) ist nun auch der christliche Geist in ein neues Stadium seiner Entwicklung getreten. Der christliche Geist hat die rein religiöse und eben damit zugleich kirchliche Form aufgegeben und ist damit beschäftigt, seine sittliche Seite hervorzubilden; das Christentum geht damit um, sich aus der reinen Frömmigkeit und damit zugleich aus der Kirchlichkeit in die Sittlichkeit hinüber zu übersetzen" (Theol. Ethik, VJ2,

1870, S. 240). Diese Idee der Sittlichkeit ist das Prinzip der Subjektivität und schließt für Rothe das „Bewußtsein der Mündigkeit" in sich. Auch für ihn ist der Gedanke der „mündig gewordenen Welt" verbunden mit einer chiliastischen Evolutionslehre (von der Religion zur Sittlichkeit, von der Kirche zum Staat, vom Christentum zum Reiche Gottes).

Bei Bonhoeffer mag vielleicht ein ähnliches Vertrauen auf die Wirksamkeit des Herrn der Geschichte in der die religiöse Vergangenheit überwindenden Entwicklung vorliegen wie bei Rothe oder bei Christoph Blumhardt,[10] aber es fehlt doch der chiliastische Grundtenor des Liberalen oder des Pietisten. Alle Momente der geschichtlichen Entwicklung dienen dazu, tiefer in das Geheimnis des Kreuzes und der messianischen Leiden Gottes in der Welt hinzuführen. Es scheint das Besondere an Bonhoeffers Gedanken zu sein, daß er den chiliastisch - aufklärerischen Begriff der Mündigkeit der Welt hineinnimmt und umgriffen sein läßt von der Christologie des Gekreuzigten und die echte Mündigkeit und echte Weltlichkeit, die tiefe Diesseitigkeit des Christentums in der Gottverlassenheit des Gekreuzigten wahrnimmt (WE 249). Den zitierten Sätzen aus WE korrespondiert der Abschnitt in der „Ethik", S. 230 ff.: „Ohne oder gegen die Verkündigung des Kreuzes Christi gibt es keine Erkenntnis der Gottlosigkeit und Gottverlassenheit der Welt, vielmehr wird das Weltliche immer sein unstillbares Verlangen nach eigener Vergöttlichung zu befriedigen suchen ... Es fehlt die Freiheit und der Mut, die Welt das sein zu lassen, was sie vor Gott und in Wirklichkeit ist, nämlich in ihrer Gottlosigkeit mit Gott versöhnte Welt. Nur durch die Verkündigung des gekreuzigten Christus gibt es ein Leben in echter Weltlichkeit, also nicht im Widerspruch zur Verkündigung und auch nicht neben ihr in irgendeiner Eigengesetzlichkeit des Weltlichen" (E 230). Ohne und gegen die Verkündigung und den Glauben gibt es keine volle Erkenntnis der letzten Wirklichkeit der Welt, denn die Offenbarung Christi ist die Erschließung der vollen Diesseitigkeit des Lebens ohne ideologische oder religiöse Illusion, und sein Ruf in die Nachfolge führt in das Mit-leben und Mit-leiden an dem Leiden Gottes in der Welt (WE 249) ohne Vorbehalt. Bis in die letzten Briefe hinein bleibt bei Bonhoeffer die so verstandene christokratische Struktur der Wirklichkeit im Blick. Der Gedanke, in der Christusgemeinschaft mit dem Gekreuzigten die Welt besser zu verstehen in ihrer Diesseitigkeit, als sie es selber vermag, bleibt erhalten (WE 221, 231, 236, 265). Er ist die Weise, in der die „Inanspruchnahme der mündigen Welt" durch den gekreuzigten Christus sich vollzieht. „Christusherrschaft" und „echte Weltlichkeit", „Nachfolge und die tiefe Diesseitigkeit des Christen, die voller Zucht ist und in der die Erkenntnis des Todes und der Auferstehung immer gegenwärtig ist" , sind einander korrespondierende Begriffe.

Denn echte Säkularität und Weltlichkeit korrespondieren dem Glauben und der Nachfolge des Gekreuzigten. Weltliche Existenz in Politik und Ökonomie bedarf, um durchgehalten zu werden in echter Weltlichkeit und ganzer Zuwendung zum Diesseits ohne Vorbehalt und ohne Illusion, der christlichen Existenz. Sie bedarf ihrer, nicht als Mittel zum Zweck („dem Volk muß die Religion erhalten werden"), nicht als Vergangenheit, die es zu überwinden gilt (als „bürgerliches Residuum" für einen fortschrittlichen Atheismus), sondern als bleibendem Kontraktpunkt. Der Dienst der Verkündigung an der Welt ist also ein indirekter. Indem die Kirche in ihrem Wort und ihrem Leben die Rechtfertigung und Heiligung des ganzen Lebens in Christus bezeugt, wird das Leben in der Welt vom Terror ideologischer Weltverklärung zu seiner Eigentlichkeit befreit. Bonhoeffer hat in seiner Zeit durchweg diese ideologische Verfälschung des Weltlichen vor Augen. Echte Weltlichkeit wird auf der anderen Seite heute verfälscht durch einen gedankenlosen, resignierten Lebenspositivismus. Es bedeutet die Befreiung von der ideologischen oder religiösen Weltverklärung durch Glauben an den Gekreuzigten aber zugleich „Mut zum Sein" (Tillich) oder „Treue zur Erde", wie Bonhoeffer 1933 in Anknüpfung an das Nietzschewort aus Zarathustra: „Brüder, bleibt der Erde treu und glaubt denen nicht, die Euch von überirdischen Hoffnungen reden" sagen kann. Es ist die Befreiung zum entschlossenen, vorbehaltlosen Dienst an der Erde. Es darf in diesem Zusammenhang R. Schneider zitiert werden, der im „Winter in Wien" , 1959, S. 197 ff., notiert: „Nur dem heftigen Willen zum Diesseits entkeimt (nach der Lebenskrise) der Glaube an das Jenseits. Wer nicht will, der glaubt nicht ... Hier liegt der Grund für den Verfall der Religion; jenes Verfalls, dem nicht beizukommen ist. Unter leidlichen Umständen leben die Menschen ganz gerne, aber in diesem

‚gerne' ist keine Kraft. Der Film läuft ab, der Fernsehschirm erlischt. Noch einmal? - Oder weiter? - Warum? - Im übrigen: der Pilz der Glutwolke entbreitet sich in der Luft. Das Schwert sticht nieder. Wohl dem, mit dem es vorherzuende geht. Wollte man also missionieren, so müßte man den Willen zum Diesseits stärken. Die Angst taugt zu nichts. Aber wo sind die Argumente?" - Bonhoeffers Gedanken von der „tiefen Diesseitigkeit des Christentums", ein Tenor, der sein ganzes Werk durchzieht, sind eine leidenschaftliche Antwort auf gerade diese fragwürdige Seite des modernen Geistes.

III.
Das konkrete Gebot

Es ist natürlich die Frage, ob diese so umrissene „echte Weltlichkeit" nicht eine neue „christliche Weltlichkeit" meine, ob die Menschwerdung des Menschen und die Befreiung des Politischen von Heteronomie und Autonomie bei Bonhoeffer nicht im Grunde eine neue Christianisierung des Menschlichen und des Politischen bedeute, ob also die Geschichte der mündig werdenden Welt von ihm nicht gerade in der Klammer des „christlichen Abendlandes" gesehen worden sei, nämlich als eine neue, noch unbekannte „Gestaltwerdung Christi" in der Geschichte. Seine ethischen Überlegungen wollen ihren konkreten Ort haben im „Erbe und

Verfall" des Abendlandes (E 30 ff.). „Nicht, was ein für allemal gut ist, kann und soll gesagt werden, sondern wie Christus unter uns heute und hier Gestalt gewinne" (E 28). Seine „Ethik" will „konkrete Ethik" sein. Darum richtet sich seine Frage auf die Gestaltwerdung Christi und auf die Auslegung seiner Existenz in dieser Wirklichkeit heute. Seine Mandatenlehre ist der formulierte Ausdruck für das konkrete Gebot Gottes in der sozialen Wirklichkeit heute. Wir wenden uns ihr zu und fragen zunächst nach ihrer historischen Geburtsstunde.

Die evangelische Kirche hat in Deutschland während des Kirchenkampfes nicht nur neu erfahren, was eigentlich Kirche sei. Sie hat auch kulturelle und politische Erfahrungen gemacht, die wenigstens ansatzweise einen der Tradition gegenüber neuen Weg aufweisen. Es sind Erfahrungen des gemeinsamen Widerstandes, die Bonhoeffer sagen lassen: „Indem die Kirche bei ihrer Sache, d. h. bei der Predigt vom auferstandenen Christus bleibt, trifft sie den Geist der Vernichtung tödlich. Der ‚Aufhaltende', die Ordnungsmacht aber sieht in der Kirche den Bundesgenossen, und alles, was an Elementen der Ordnung noch vorhanden ist, sucht die Nähe der Kirche: Recht, Wahrheit, Wissenschaft, Kunst, Bildung, Menschlichkeit, Freiheit, Vaterlandsliebe finden nach langen Irrwegen zu ihrem Ursprung zurück" (E 46). Das konnte in der Situation der Ohnmacht und der Verfolgung der Kirche keine „Verchristlichung" oder „Verkirchlichung" sein. Die guten weltlichen Dinge finden nicht zurück in den Schoß der Kirche. Bonhoeffer träumt gerade nicht vom „Ende der Neuzeit" und einem neuen Mittel alter. Wohl aber finden sie ihren Frieden in der Nähe des Zeugnisses von der Herrschaft Christi im Sinne von Phil 4, 8 ff. Dieser Augenblick des Sich-erkennens im gemeinsamen Widerstand barg große Möglichkeiten für die Gestaltung eines neuen partnerschaftlichen Verhältnisses der Ordnungen, Mandate und weltlichen Aufträge zur Kirche und umgekehrt. Eine Konzeption geriet in Sicht, die die alten Konzepte für das Verhältnis von Kirche und Staat, das staatskirchliche, das hierarchische, aber auch das Konzept der Trennung von Staat und Kirche, hätte überwinden können. Bonhoeffers Mandatenlehre ist m. E. der beste und noch heute in vielen Stücken richtungweisende Ausdruck für jene Begegung im Widerstand. Welche Maßstäbe und Richtlinien sind aus ihr für die Findung des konkreten Gebotes zu erheben? -[11]]

Es ist aus dem oben Gesagten deutlich geworden, daß das ethische Ereignis, Gebot und Weisung, nicht schon aus der begegnenden Wirklichkeit und der Situation selber mit Zwangsläufigkeit aufspringt, noch aus einem idealen Normensystem deduziert werden kann, sondern sich dort als das „Notwendige" stellt, wo die Christuswirklichkeit dem Menschen in der Geschichte begegnet und ihn hineinreißt in die Nachfolge, in die Teilnahme und in das Mitleiden. „Das Gebot ist die totale und konkrete Beanspruchung des Menschen durch den barmherzigen Gott. Das Gebot ist nicht das Zeitlose gegenüber dem Geschichtlichen, nicht Prinzip im Unterschied zur Anwendung, sondern Gottes Rede zum Menschen und zwar in ihrem Inhalt wie in ihrer Gestalt konkrete Rede zum konkreten Menschen" (E 215).

1. Das konkrete Gebot der Kirche

Schon 1932 ist Bonhoeffer in seinem Vortrag vor der Jugendfriedenskonferenz (GS I, 140 ff.) alles an der konkreten, prophetischen und wirklichkeitsgemäßen Gestalt des Gebotes gelegen. Er fragt hier, wie und wann die Kirche mit Vollmacht das konkrete Gebot zu sprechen in der Lage sei. Möglichkeit und Vollmacht dazu ist der Kirche gegeben durch den in ihr gegenwärtigen Christus. Der in der Kirche präsente Christus ist Grund und Motiv für die konkrete Weisung. Doch mit Vollmacht kann die Kirche nur dann zu einem Menschen oder einer Sache sprechen, wenn sie dessen Menschlichkeit und Wirklichkeit kennt. Das Wort der Kirche an die Welt muß darum aus tiefster Kenntnis der Welt dieselbe in ihrer ganzen gegenwärtigen Wirklichkeit betreffen, wenn es vollmächtig sein soll. Die Vollmacht ergibt sich nicht allein aus dem göttlichen Auftrage, sondern auf der anderen Seite daraus, daß das „Notwendige" in einer Situation gesagt wird. Darum muß dann Weltkenntnis und geschichtliches Verstehen eine unausweichliche Voraussetzung sein. „Was für die Verkündigung des Evangeliums das Sakrament ist, das ist für die Verkündigung des Gebotes die Kenntnis der Wirklichkeit ... Die Wirklichkeit ist das Sakrament des Gebotes ... Denn das ethische Sakrament der Wirklichkeit ist begründet in der Beziehung der Wirklichkeit zur Schöpfungswirklichkeit" (1, 147).

Wo aber vernimmt die Kirche das konkrete Gebot?- Übersteigt die Forderung nach völliger Sachkenntnis nicht die Grenzen und den Auftrag der Kirche? - Zwei mögliche Antworten stellen sich ein. 1. die Kirche findet das biblische Gesetz und die Bergpredigt als absolute Norm für das Handeln. Aber nehmen Dekalog und Bergpredigt es dem Menschen ab, selber in seiner Situation hören und handeln zu müssen? - „Das Gebot ist nicht ein für alle Mal da, sondern wird immer wieder neu gegeben" (1, 149).- 2. Gottes Gebot ist in den Ordnungen der Schöpfung gegeben und ergibt sich aus dem Willen der geschichtsmächtigen Ordnungen als Gebot der Stunde. Aber verhüllt nicht die Sünde die Ordnungen so sehr, daß sie für das Erkennen des göttlichen Gebotes nicht in Frage kommen? - 3. Bonhoeffers eigene Stellung läßt sich folgendermaßen wiedergeben: nur dort, wo das Gebot erfüllt ist, wo die neue Welt der Ordnung Gottes da ist, können wir das Gebot konkret und vollmächtig vernehmen: in Jesus Christus. Das aber heißt, daß alle vorhandene Ordnung, nach der in der Welt gehandelt wird, als „Erhaltungsordnung" offen sein muß für das Ereignis des in der Geschichte neu geschehenden Wortes der Offenbarung. Jede Ordnung kann und muß zerbrochen werden, wenn sie sich verschließt und die Verkündigung nicht mehr zuläßt. Die grundsätzliche, eschatologische Offenheit und innerweltliche Unbestimmtheit relativieren die Ordnungen, in denen sich menschliches Verhalten habitualisiert, zu offenen Integrationsprozessen in der

Gottesgeschichte. Auf der anderen Seite muß dann auch gesagt werden, daß sich das geschehende Wort der Offenbarung konkret immer wird beziehen müssen in Anknüpfung und Revolution auf die in den Ordnungen tradierten Verhältnisse. So kann das konkrete Gebot nur gefunden werden im Gespräch, in der Auseinandersetzung zwischen dem Hören auf die Schrift als dem Zeugnis von Christus und dem Erkennen und Erfassen der Geschichte in ihrer konkreten Jeweiligkeit.

Ziel des konkreten Gebotes ist im Zuge der freimachenden Christusherrschaft die cooperatio des Menschen an der Welt, das Mitleben und Mitleiden mit Christus in der Fülle des diesseitigen Lebens, die Teilnahme an der Gotteswirklichkeit in der Welt; zusammenfassend gesagt: die Integration des Menschen in die lebendige Gottesgeschichte.

2. Das Reich Gottes in Kirche und Staat

Während in dem zitierten Vortrag das konkrete Gebot mit dem Christus praesens in der Kirche verbunden ist, wird in Bonhoeffers Auslegung der 2. Bitte des Vaterunser 1932 (Dein Reich komme. Das Gebet der Gemeinde um Gottes Reich auf Erden, Furche 1958) der Staat als die „andere Gestalt der Gottesherrschaft" neben der Kirche erkannt: „Das Reich Gottes ist in unserer Welt nicht anders als in der Zweiheit von Kirche und Staat ... Das Reich Gottes nimmt Gestalt an im Staat, sofern der Staat die Ordnung der Erhaltung des Lebens anerkennt und wahrt ... Das Wunder (- die Kirche, geboren aus dem Glauben an das Wunder der Auferstehung) und die Ordnung sind die beiden Gestalten, in denen sich das Reich Gottes auf der Erde darstellt, in die es auseinandertritt" (14 ff.). Mithin muß, wenn immer nach dem konkreten Willen Gottes im Blick auf die verborgene und zukünftige Einheit seines Reiches gefragt wird, das Gespräch zwischen diesen beiden Gestalten des Reiches Gottes, zwischen diesen beiden Trägern der Gottesgeschichte einsetzen müssen, das Gespräch zwischen theologischer Erkenntnis und politischer Wissenschaft und Weisheit (vgl. dazu Bonhoeffers Abschnitt in der „Ethik" über „Staatskunst". E 184 ff.).

3. Die Pluralität der Mandate Gottes in der Welt

In der „Ethik" mündet diese Entwicklung des Denkens bei Bonhoeffer bekanntlich in die Lehre von den 4 Mandaten Gottes ein, die hier als Gliederungen und Ordungen der einen Christuswirklichkeit, nämlich der Wirklichkeit der Liebe Gottes zur Welt, verstanden sein wollen.

Die ganze Welt ist durch Christus und auf Christus hin geschaffen, ob Sie es weiß oder nicht. Diese Bezogenheit wird konkret in bestimmten Mandaten Gottes, in denen gewisse konstante Grundverhältnisse und Lebensbezüge des Menschen umgrenzt und gestaltet werden, nämlich Ehe, Arbeit, Staat und Kirche. Zuweilen tritt die Kultur als 5. Mandat bei Bonhoeffer hinzu (E 70 ff., E 222). Mit der Wahl des Begriffes „Mandat" für die üblichen Bezeichnungen von „Ordnung", „Amt", „Stand" usw. ist von Bonhoeffer schon im Ansatz eine bestimmte geschichtliche

Auflockerung intendiert. „Wir sprechen von Mandaten Gottes statt von göttlichen Ordnungen, weil damit der Charakter des göttlichen Auftrages gegenüber einer Seinsbestimmung deutlicher heraustritt." (E 70). Gegenüber den statischen Ordnungs gedanker der lutherischen Tradition drängt der Mandatsbegriff zu emem neuen Verständnis des lebendigen, aktuellen Geschehens des konkreten Gebotes Gotte als in konkreter Entscheidung zu gestalten der Aufgabe. „Sie sind nicht eine zweite göttliche Instanz neben dem Gott Jusu Christi, sondern sind der Ort, an dem sich der Gott Jesu Christu Gehorsam verschafft; nicht um die Ordnungen an sich geht es, sondern um den Glaubensgehorsam in ihnen" (E 279, vgl. ähnlich auch K. Bart,, Kirchl. Dogmatik, III, 4, 22 ff.). Aber diese Grundverhältnisse mitmenschlichen Lebens werden in dieser aktualistischen Bestimmung nicht gleichgültig für den Glaubensgehorsam. Als „konkreter Ort des Glaubensgehorsams", als „ Inanspruchnahme, Beschlagnahme und Gestaltung eines bestimmten Irdischen Bereiches durch das göttliche Gebot" (E 223) werden sie von dem in der Geschichte je neu geschehenden Wort des Gebotes vorausgesetzt. Diese Grundverhältnisse bleiben im Wandel der geschichtlichen Ereignisse bis ans Ende bestehen (E 257). Sie sind mit dem Menschen mitgeschaffen und insofern von Gott vorgegeben. Es sind grundrißartige Strukturen menschlichen Seins, die im geschichtlichen Akt der Annahme und Hingabe im Gehorsam gegen das gegenwärtig vernommene Wort neu gestaltet werden. Gottes Gebot hat in der Geschichte immer schon konkrete

Gestalt in der Familie, im Staat, im Arbeitsverhältnis und in der Kirche; nämlich die konkrete Gestalt der Erfüllung und der Verfehlung. Werde Menschen in ihnen von Gottes Wort neu getroffen so geht es um eine neue Erfüllung des konkreten Gebotes. Dazu gehört sowohl die geschichtliche „Schuldübernahme" (E 186) als auch ein neues verantwortliches Leben. Denn diese Mandate werden keineswegs aus der Offenbarung oder aus der Gewalt der Kirche abgeleitet. Sie werden in der menschlichen Geschichte vorausgesetzt und von dem ergehenden Gebot okkupiert und immer wieder neu kritisch verwandelt.

Wie aber ist die Umgrenzung und Auswahl der Mandate zu gewinnen? - Bonhoeffer weist darauf hin, daß eben die von ihm namhaft gemachten Mandate in der Bibel konkrete Aufträge und Verheißungen fänden und daß gerade sie Analogien zur himmlischen, zukünftigen Welt aufwiesen (E 257). Es ist damit jedoch keineswegs aus der Inkarnation die Gliederung der Wirklichkeit in die speziellen Mandate deduziert. Auch das Analogiedenken ist hier nicht zwingend. Zwar ist es richtig und geboten, angesichts der Ordnungen in ihrer unübersehbaren Vielzahl, wie Volk, Rasse, Nation, etc. nicht nach ihrer Rechtfertigung durch ihre bloße geschichtliche Existenz, sondern nach dem positiv göttlichen Mandat, nach dem Gebot und der Verheißung Gottes, zu fragen. Aber es ist auf der anderen Seite m. E. unumgänglich festzustellen, daß die von Bonhoeffer getroffene Auswahl und Begrenzung eine biblisch geprägte, typisch abendländische ist. Seine anfängliche Einordnung von Eigentum und Kultur in das

Mandat der „Arbeit" ist z. B. nur auf dem Hintergrund der sozialen Ideen des 19. Jahrhunderts verständlich. Mithin ist in seiner Mandatenlehre in einer konkreten geschichtlichen Situation eine auf eine bestimmte Vergangenheit und für eine bestimmte Zukunft gerichtete Entscheidung für die soziale Gestaltung getroffen. Weiter mag in diesem Zusammenhang eine Bemerkung aus E 228 führen: Auch ohne gehörte Predigt, nicht aber ohne das Dasein Christi ist weltliche Ordnung möglich. Das aber fordert gerade zur Verkündigung der Christusherrschaft als der vollen Wahrheit in aller Teilwahrheit. Der unbekannte Gott wird als der bekannte, weil offenbarte, gepredigt. In dieser Weise nimmt Bonhoeffer in der Mandatenlehre geschichtlich gewordene Strukturen mitmenschlichen Lebens auf. Er wäre mißverstanden, wollte man aus der Mandatenlehre ein offenbarungstheologisches, ideal-typisches System sozialer Ordnung ablesen.[11a]

Immer und überall, wo im ethischen Ereignis Gottes Gebot den Menschen trifft, geht es materiell darum, in diesen Mandatsbereichen Gehorsam zu üben. „Es gibt keinen Rückzug aus einem weltlichen in einen geistlichen Raum, sondern es gibt nur ein Einüben des christlichen Lebens unter jenen vier Mandaten Gottes" (E 70). „So dient die Lehre von den göttlichen Mandaten dazu, den Menschen vor die eine und ganze Wirklichkeit zu stellen, wie sie uns in Jesus Christus offenbar wird. So mündet auch hier wieder alles in der Wirklichkeit des Leibes Jesu Christi, in dem Gott und Mensch eins wurden" (E 73). Während von Bonhoeffer noch 1932 der Christus praesens ekklesiologisch verstanden wurde, wird hier das pleroma Christi kosmisch gedacht, d. h. in der Mehrzahl der göttlichen Mandate in der Welt. gegenwärtig, nicht allein in der Kirche. Die Fülle und Ganzheit der in Christus erschlossenen Wirklichkeit kommt nicht in einem Mandat allein zum Ausdruck, sondern „nur indem Kirche, Familie, Arbeit und Obrigkeit sich gegenseitig begrenzen, indem sie neben- und miteinander jeder in seiner Weise Gottes Gebot zur Geltung bringen, sind sie von oben her zur Rede ermächtigt. Keine dieser Autoritäten kann sich mit dem Gebot Gottes identifizieren. Darin erweist sich die Überlegenheit des Gebotes Gottes, daß es diese Autoritäten zueinander, nebeneinander, miteinander und gegeneinander ordnet und daß nur in der Mannigfaltigkeit der konkreten Beziehungen und Begrenzungen das Gebot Gottes als in Jesus Christus offenbartes Gebot zur Geltung kommt" (E 216). Das ist für Bonhoeffer diese einzigartige Freiheit zur Bejahung der „Polyphonie des Lebens" (WE 193), die Ermöglichung der „Mehrdimensionalität des Lebens" (WE 210), die aus dem Glauben an die übergeordnete, verborgene und eschatologische Einheit aller Dinge in Christus entspringt. Das Leben wird im Glauben an die umfassende Herrschaft des Gekreuzigten nicht einlinig, nicht verkirchlicht, sondern der ganzen Fülle des Lebens geöffnet und zum dankbaren Gehorsam in allen Bereichen bestimmt.

Für die Frage nach der Findung des konkreten Gebotes bedeutet die Pluriformität der Gottesherrschaft in der Geschichte, daß nur im Miteinander oder Gegeneinander, also in der Kooperation der Mandatsträger und Beauftragten geschichtliche Entscheidung im Blick auf das Wirklichkeitsganze gefunden werden kann.

Gott will in den Mandaten sein herrschaftliches Gebot auf die ganze Welt und alle Bereiche des menschlichen Lebens ausgerichtet haben, jedoch konkret in der jeeigenen Weise eines jeden Mandates. Jedes Mandat ist damit gleichsam reichsunmittelbar zur christokratischen Einheit der Wirklichkeit und hat daher eigene Würde und unabtretbare Autorität. Daraus lassen sich folgende rechtserhebliche Grundsätze gewinnen:

1. Die Mandate sind nicht gegeneinander aufrechenbare Größen oder aus einem einzigen, übergeordneten Mandat deduzierbare Größen. Die eine Christusherrschaft kommt nur in der funktionalen Zuordnung und in der Pluralität der Mandate zum Ausdruck.

2. Es kann keine Grundsätzlidte Trennung von Staat und Kirche geben, sondern nur eine geschichtlich sich wandelnde funktionale Zuordnung in gegenseitiger Begrenzung und Ergänzung.

3. Es kann keine Überordnung der geistlichen Gewalt über die Kirche die weltlichen Ordnungen geben (kathohsches Hierarchte- und Subsidiaritätsprinzip).

4. Es kann keine Oberordnung der politischen Gewalt über die Kirche geben, keine theokratisch-staatskirchliche Lösung.

Alle Menschen stehen zugleich unter allen genannten Mandaten und erst in ihrer Gesamtheit und ihrem partnerschaftlichen Miteinander sind sie in der Lage, den Menschen vor ganze „irdische und ewige Wirklichkeit, wie sie Gott in Christus für ihn bereit hat" (E 73), zu stellen.

Die These von der partnerschaftlichen Pluralität der Mandate in der Geschichte scheint ein besonders hilfreicher Gedanke Bonhoeffers zu sein. Jedes Mandat wird in doppelter Weise: begrenzt: von der umfassenden, eschatologischen Christusherrschaft in seinem Wese und Auftrag, und von der Partnerschaft der anderen Mandate an ihren Grenzen. Das gilt es zu beachten von seiten der Kirche in ihrer Versuchung, sich selbst als die Gottesherrschaft zu verstehen und sich darum rnoralische Autorität in allen Lebensbereichen anzumaßen, aber auch von seiten des Staates in seiner Versuchung zum Totalitarismus und zur verstaatlichten Uniformierung der Verhältnisse. Die Unterscheidung der Mandate muß in ihrer konkreten Begrenung und Ergänzung in der Geschichte immer neu erkämpft und erlitten werden. Wo beispielsweise die Kirche für das Recht ihres Auftrages kämpft, muß sie wissen, daß sie damit zugleich für das Recht und den Auftrag des Staates, der sie bedroht, kämpft und leidet.

Die Konzeption der gottgewollten Koordination der Mandate zueinander führt weiter zu der These von einer aktuellen Kooperation der Mandate, wenn nach dem konkreten Gebot gefragt wird. Bezeugt das Evangelium die Einheit und Ganzheit der Wirklichkeit in der Auslegung des Wunders der Inkarnation, so werden sich darunter kirchliche, familiäre, politische und ökonomische Dienstträger gemein- sam zu fragen haben nach der Auslegung und Einweisung in die gegenwärtige Wirklichkeit. Das konkrete Gebot kann in den verschiedenen, einander überschneidenden Mandatsbereichen nur in der Kooperation der verschiedenen Dienste gefunden werden unter der gemeinsamen Frage, wie der Wille Gottes in der Gesellschaft, die sich in solchen Diensten darstellt, geschehe.

Bonhoeffer unternimmt in der Mandatenlehre offenstehtbeden Versuch einer eigenen Interpretation der Lehre Luthers von den „drey Erzgewalten" oder „drei Hierarchien" des 4. Gebotes. Luthers sozialethisches Konzept entsprang aus der mit dem Evangelum von der Rechtfertigung allein aus Gnaden gegebenen Entklerikalisierung des mittelalterlichen corpus christianum und hat seine Aktualität nicht verloren.[12]

Auf der anderen Seite findet Bonhoeffers Mandatenlehre eine erstaunliche Parallele zu reformierten Gesellschaftsgestaltungen, deren Bekanntschaft er in Amerika gemacht haben dürfte (vgl. seinen aufmerksamen Bericht: „Protestantismus ohne Reformation", Ges. Sehr. I, 323 ff., in welchem er namentlich auf das Verhältnis von Kirche und Staat und auf die konkreten gesellschaftlichen Entscheidungen amerikanischer Kirchen eingeht). Ging es bei Luther um die Entklerikalisierung des gesellschaftlichen Lebens, so geht es hier um die Entstaatlichung des gesellschaftlichen Lebens. Zur Illustration sei ein Stück aus Abraham Kuypers Mandatenlehre zitiert: „Gebunden an ihr eigenes Mandat darf die Obrigkeit das göttliche Mandat, worunter diese Sphären stehen (- nämlich Kultur, Familie, Wirtschaft, Kirche, Wissenschaft usw.), nicht ignorieren, noch abändern, noch verkürzen ... Der Staat darf keine Wunderpflanze sein, die alles Leben aufsaugt. Auf eigener Wurzel stehend hat er inmitten der anderen Stämme seinen Platz im Wald einzunehmen und somit alles Leben, das selbständig aufschießt, in einer heiligen Autonomie zu erhalten" (Reformation wider Revolution, 1904, S. 89).

4. Thesen für die Art und Weise, wie das konkrete Gebot zu finden ist.

1. Konkretes Gebot ist eine der ganzen und einen, in Christus erschlossenen, Wirklichkeit entsprechende Weisung.

2. Konkretes Gebot fordert daher zu seiner Findung Sachzugewandtheit und Sachkenntnis. Weder ergibt es sich aus dem biblischen Zeugnis allein, noch stellt es sich in den Zwangsläufigkeiten und Notwendigkeiten der Geschichte dar. Eine konkrete Weisung wird gefunden im Gespräch der Kirche mit den Mandaten, im Gespräch der theologischen Erkenntnis mit der natürlichen Sachkenntnis. Eine „wirklichkeitsgemäße" Weisung erfordert die partnerschaftliche Kooperation der Mandatsträger.

3. In der Frage nach dem konkreten Willen Gottes in der Geschichte hat die Kirche die Katholizität der Gottesherrschaft zu bewähren. Das Reich Gottes, die eine und ganze Wirklichkeit hat in der Geschichte vie-

le Gestalten. Die Katholizität der Kirche besteht nicht darin daß sie die ganze natürliche Welt in sich und alle Welterkenntnis in ihre Theologie einbezieht, sondern daß sie sich selber in die Partnerschaft zu den anderen Gestalten (Mandate) der von Gott angenommenen Wirklichkeit hineinstellt; nicht tyrannisch, nicht servil, sondern prophetisch (van Ruler).[13] Sie hat ihr Wort zur Rechtfertigung und Heiligung des Lebens zu sagen und zu hören auf politische und ökonomische Weisheit und Wissenschaft. „Die Kirche muß an den weltlichen Aufgaben des menschlichen Gesellschaftslebens teilnehmen, nicht herrschend, sondern helfend und dienend. Sie muß den Menschen aller Berufe sagen, was ein Leben mit Christus ist, was es heißt ‚für andere dazusein'" (WE 261), schrieb Bonhoeffer im „Entwurf einer Arbeit".

4. Die konkrete Gestalt der Gebotsfindung ist das auf das Wort hörende Gewissen, die con-scientia in ihrem Zusammenhang mit der scientia practica, für den Einzelnen. Es ist die Synode, das Konzil, die Gemeindeversammlung für die Kirche. Es ist zwischen den Mandaten Kirche und Familie der Hausbesuch. Erst im Hausbesuch kann sich die Christuspredigt vor der versammelten Gemeinde zur Predigt des konkreten Gebotes entfalten in einem bestimmten Mandatsbereich. Sie wird auch hier die Form des gemeinsamen Gespräches und Gebetes zwischen Gemeindebeauftragten und Eltern haben. Da diese alte Praxis der Kirche für die Findung des konkreten Gebotes heute kaum noch den ganzen Menschen erreicht, weil die soziale Umgestaltung das Leben differenziert hat, sollte

dem Hausbesuch entsprechend der Besuch der politischen, kulturellen und ökonomischen Gruppen und Instanzen entwickelt werden.

5. Dennoch kann die Kirche, eine Gemeinde, ein einzelner Christ aufgerufen sein, angesichts des Schweigens und der Mißachtung des Willens Gottes in der Gesellschaft, ein konkretes Gebot im Namen Gottes zu verkünden. Dazu gehört das Wagnis und der einfältige, nicht mehr zweifelnde Gehorsam: nicht das Wagnis des Irrtums, sondern das Wagnis der eigenen Person. Es gehört dazu weiter der Akt der Stellvertretung. So wie ein Vater für sein Kind spricht und handelt, so spricht und handelt dann die Kirche, eine Gemeinde oder ein Einzelner für die Gesellschaft.

6. Das Ziel für alle Mandate ist in der Geschichte das Geschehen des Willens Gottes in der Erwartung und der Hoffnung auf das kommende, eine Reich Gottes, den neuen Himmel und die neue Erde.

ANMERKUNGEN

1) Vgl. SC 19542, S. 176 ff.

2) Für die politisdte Ethik in Christengemeinde und Bürgergemeinde" 1946 Eine ähnliche Auswertung des Analogiegedankens findet sich aber auch schon in. Die Kirche und die Kultur" in: „Die Theologie und die Kirche" , 1928, S. 377: Eine allgemeine Heiligsprechung der Kulturarbeit, wie sie in idealer Weise Schleiermacher vollzogen hart, kann nicht in Betracht kommen, aber eine grundsätztliche Blindheit für die Möglichkeit, daß sie gleichnisfältig, daß sie verheißungsvoll sein könnte fast noch weniger ... Das Reich Gottes wird sie in keiner menschlichen Kulturarbeit anbrechen sehen, sie wird aber sich offen halten für die vielleicht in vieler Kulturarbeit sich meldenden Anzeichen, daß es nahe herbeigekommen ist."

3) Selbstverständlich steht Bonhoeffers Christologie darüberhinaus in ihrer Wurzel ganz im Banne der lutherischen Kondeszendenzchristologie.

3[a]) So auch ansatzweise H. Schelsky, Religionssoziologie und Theologie, ZEE, 1959,H. 3, _131: „ der Zwang, die Aspekthalloigkeit aller Disziplinen bis in ihre wissenschaftliche Legitimierung auszudehnen, führt zu einem Bewußtsein der Aufeinandcr angewiesenheit und der Kooperation der Wissenschaften, das in keinem Glaubens- oder Wertungsvorgriff und keinem Universalanspruch zu dokumentieren ist."

4) Vgl. dazu den Abschnitt „. Letztes und Vorletztes" in der „Ethik" S. 75 ff., in welchem sich ein eigenes Verständnis des Geschichtlichen anbahnt. Zum theologichcn Geschichtsbegriff vgl. W. Pannenberg, Heilsgeschehen und Geschichte KuD 1959, 218-237, 259-288.

5) Als Beispiele einer extrem personalistischen Geschichts- und Wirklichkeitsauffas-

sung sei hingewiesen auf R. Bultmann, Geschichte und Eschatologie, 1958, S. 2 ff. und S. 184 ff., und J. Cullberg, Glaube und Wirklichkeit, 1958. Auch bei E. Blochs „humanistischem Materialismus" finden sich unter Aufnahme der Schellingschen Kategorie des „Natursubjektes" Ansätze zu einer „Subjektivierung der Materie" und zur Überwindung des Fetischismus naturwissenschaftlicher Verdinglichung der Wirklichkeit. Vgl. Das Prinzip Hoffnung, 11, 1955, 242 ff.

6) Im gleichen Maße, wie bei dem frühen K. Barth neukantianische Denkformen vorliegen, steht Bonhoeffers Terminologie der sog. „Lebensphilosophie" nahe (Dilthey, Nietzsche, Tönnies, Ortega y Gasset u. a.). Vgl. O. F. Bollnow, Die Lebensphilosophie, 1958.

7) Vgl. die Absdnitte in der „Ethik" über „Wirklichkeitsgemäßheit" (F. 17 it.) und „Sachgemäßheit" (E 183 ff.) des verantwortlichen Handelns.

8) Bei Schelling findet sich der großartige Satz, in der philosophischen Reflexion „alles verlassen müssen, sogar Gott". Vgl. O. Hammelsbeck in ZEE, 1957, 291.

9) Dieser Aufklärungsideologie vorher geht eine lange, unartikulierte Entwicklung in der Abstreifung der religiösen Fragestellung durch den neuzeitlichen Geist überhaupt, die Bernhard Groethuysen, Die Entstehung der bürgerlichen Welt- und Lebensanschauung in Frankreich, I, 1927, S. XI ff., vortrefflich analysiert: „Das bürgerliche Bewußtsein der Neuzeit hat es verstanden, das Leben gewissermaßen in sich selbst zu verfestigen, es außerhalb aller kosmischen Problemstellungen als ein in sich zentriertes Ganzes zu erfassen, das in sich selbst seine Begründung findet. Man könnte in diesem Sinne von einer bewußten Diesseitigkeit des Menschen der Neuzeit sprechen, aber ohne daß diese Diesseitigkeit nun wieder auf bestimmten in sich. selbst begründeten Weltanschauungen beruhen würde, die man anderen durch gebildeten Weltanschauungen gegenüberstellen könnte ... Nicht daß die Menschen andere Lösungen der letzten Fragen zu bieten hätten als die, welche ihnen das Christentum offenbarte, sondern daß sie leben konnten, ohne überhaupt eine Gewißheit

darüber zu haben, ohne nach einer solchen Gewißheit überhaupt zu suchen, läßt sie ihm (- Pascal) als etwas Unbegreifliches, Monströses erscheinen ... Das Leben selbst, so könnte man sagen, hat sich gewandelt. Es bedarf nicht mehr transzendenter Deutungen, damit es einen Sinn erhalte, oder Jedenfalls ist die Beantwortung bestimmter Fragen, die das Schicksal der Welt un des Menschen betreffen, nicht mehr Voraussetzung für die Lebensgestaltung. Man könnte in diesem Sinne von einem neuzeitlichen Lebenspositivismus spredten."

10) Vgl. Christoph Blumhardt, Christus in der Welt. Briefe an Richard Wilhelm 1958. Hier liegt viel unausgewertetes Material vor für die Fragen, die Bonhoeffe beschäftigten.

11) Ich beschränke mich auf einen Versuch, Bonhoeffers Mandatenlehre für die gestellte Frage nach dem „konkreten Gebot" auszuwerten. über die Bedeutung des Mandatsbegriffs für die gegenwärtige Arbeit an der theologischen Begründung des Rechtes und an den „Institutionen" vgl. J. Moltmann, Herrlichkeit Christi und soziale Wirklichkeit nach D. Bonhoelfer, Theol. Existenz, neue Folge, Heft 71, 1959.

11[a]) Es ist an dieser Stelle die Feststellung unumgänglich, daß Bonhoeffers Mandatenlehre zwar einen wichtigen Fortschritt gegenüber Lehren von Schöpfungsordnungen und naturrechtlichen Vorstellungen darstellt, daß aber seinem Mandatenkosmos noch alle wesentlichen Züge zugrundeliegen, die P. Altbaus, Theologie der Ordnungen, 1935, für Schöpfungsordnungen ausmachte. Auch hier wird bei ihm die Wahrnehmung der Wirklichkeit als „Gcschichte", die Erwartung des handelnden Gottes im Zeitlich-kontingenten noch verdeckt durch die griechische Wesensfrage und durch die „religiöse-Frage nach stabilen Urformen in den Schrecken der Geschtichte, denen der Mensch ausgesetzt ist.

12) Zur Hierarchienlehre Luthers vg E. Wolf, Peregrinatio, 1954, S. 214 ff.: Politia Christi. Das Problem der Sozialethik im Luthertum", und J. Küppers, Luthers Dreihierarchienlehre als Kritik an der mittelalterlichen Gcsellschaftsauffassung,

EvTh 1959, H. 8, s. 361 ff. .

13) A. A. van Ruler, Gestaltwerdung Christi in der Welt. über das Verhältnis von Kirch und Kultur, 1956, „Bekennen und Bekenntnis", Heft 3; die prinzipielle geistliche Bedeutung der frage nach dem Verhältnis von Kirche und Staat, ZEE, 1959, H. 4, 220 ff.

"Nur der leidende Gott kann helfen"
Dietrich Bohnoeffers Theologie des Leidens Gottes

"Nur der leidende Gott kann helfen"
Dietrich Bohnoeffers Theologie des Leidens Gottes

Jürgen Moltmann

1. Begegnung mit Bohnhoeffers Schriften hinter Stachedraht

Ich bin Bonhoeffer nie persönlich begegnet. Er war 20 Jahre älter als ich. Er gehörte in Deutschland zur "Generation von 1933", ich gehöre zur "Generation von 1945". Er hätte mein Lehrer sein können, und er wurde mein früher Lehrer durch seine Bücher. Seinen Büchern begegnete ich 1946 bis 1948, als ich im Kriegsgefangenenlager Norton Camp, nahe Nottingham, in England an der Theologischen Schule Theologie zu studieren begann.[1)] Der englische YMCA hatte das Lager eingerichtet, die englische Armee bewachte uns und die Kriegsgefangenenhilfe des ökumenischen Rates der Kirchen in Genf schickte uns theologische Bücher. Sie druckten "Die Nachfolge" und "Das gemeinsame Leben" nach, dazu ein Gedenkheft "Das Zeugnis eines Boten. Zum Gedächtnis von Dietrich Bohnoeffer", das schon Ende 1945 erschienen ist. Die "Nachfolge" beeindruckte den jungen Kriegsgefangenen sehr, obwohl die Sprache sehr apodiktisch ist und der Anspruch sehr groß und ich war erst ein

Gottsucher und noch kein überzeugter Christ. "Das gemeinsame Leben" missfiel mir sehr, denn nach 5 Jahren in Kasernen und Lagern hatte ich genug vom erzwungenem "gemeinsamen Leben" mit 20 Mann in einer Baracke. Ich sehnte mich nach dem eigenen Leben! Aber im Gedenkheft "Das Zeugnis eines Boten" fand ich Texte, die später in "Widerstand und Ergebung" von Eberhard Bethge 1951 veröffentlicht wurden.[2] Bethge muss diese Texte aus Bonhoeffers Briefen schon 1945 der Ökumene in Genf zugänglich gemacht haben. Hier finden sich die Gedichte wie "Von guten Mächten wunderbar geborgen..." und "Christen und Heiden". In diesem Gedicht habe icn damals die Zeile unterstrichen: "Christen stehen bei Gott in seinem Leiden". Am meisten aber begeisterten mich Bonhoeffers Gedanken zur "Diesseitigkeit des Christentums", die im abgedruckten Brief vom 21. August 1944 zu finden sind:

"Ich habe in den letzten Jahren mehr und mehr die tiefe Diesseitigkeit des Christentums kennen und verstehen gelernt ... Das ist die Diesseitigkeit ..., in der die Erkenntnis des Todes und der Auferstehung immer gegenwärtig ist ... Wenn man ... in der Fülle der Aufgaben und Fragen, Erfolge und Misserfolge, Erfahrungen und Ratlosigkeiten lebt, wirft man sich Gott ganz in die Arme, dann nimmt man nicht mehr die eigenen Leiden, sondern das Leiden Gottes in der Welt ernst ... dann wacht man mit Jesus in Gethsemane ... So wird man ein Mensch, ein Christ, der im diesseitigen Leben Gottes Leiden mitleidet ..."(WuE, 248-249).

Das überzeugte mich damals, denn ich wollte als Christ nicht weniger, sondern mehr leben als zuvor. Wie jeder Gefangene verlangte ich nach Freiheit und der Fülle des Lebens im Glauben an Gott und mit allen Sinnen in der Diesseitigkeit. Ich fand sie in der Christusgemeinschaft des gelebten Lebens. Aber wo ist das "Leiden Gottes in der Welt", an dem ich nach Bonhoeffer teilnehmen soll?

2. Das Leiden Gottes in der Welt: der verdrängte Gott

1951 gab Eberhard Bethge die Bonhoefferbriefe und seine Gedichte die er ihm ab 1943 aus den verschiedenen Gefängnissen geschrieben hatte, heraus.[3] Es war für viele von uns jungen Theologen eine Entdeckung. Wir lasen das Buch zu unserer seelischen Erbauung jeden Abend und diskutierten seine Gedanken in Studentenzirkeln in Göttingen, wo ich damals studierte. Es ist wie der Einblick in die Werkstatt eines Künstlers. Man sieht die verschiedenen Entwürfe, den Rohbau der entstehenden Gedanken, man sieht wie theologische Bücher entstehen. Hätte Bonhoeffer den Krieg überlebt, hätte er diese Briefe nie herausgegeben, er hätte seine Gedanken in wohlgeformten Büchern verarbeitet. Indem wir sie zu lesen bekommen, nehmen wir an seinem Weg teil und werden selbst auf den Weg unserer eigenen theologischen Gedanken gesetzt. Wir müssen nicht jedes Wort Bonhoeffers auf die Waagschale legen, es sind auch

Irrtümer in den Briefen. Nehmen wir sie also als theologische Versuche oder Experiment, die zum Selbstdenken anregen. Wir wollen nicht über Bonhoeffers Theologie im Gefängnis urteilen, sondern mit Bonhoeffer theologisch zu denken versuchen.

Wie kommt er auf den Gedanken, dass Gott in der Welt leidet und dass Christen bei Gott in seinem Leiden stehen?

Es ist nicht sein eigenes Leiden im Widerstand gegen die Nazidiktatur in Deutschland und auch nicht die Verfolgung der Bekennenden Kirche, der er angehörte. Es ist auch nicht die lutherische Kreuzestheologie, der er sich anschloss. Es ist nicht einmal die Debatte in der Kirche von England über die "Leidensfähigkeit" oder "Leidensunfähigkeit" Gottes, die er sicher kannte, denn er hatte von 1933 bis 1935 als Pastor in London gelebt. Es ist die "große" geistesgeschichtlicher "Entwicklung", die von der sakralen Welt des europäischen Mittelalters zur säkkularen Welt der Neuzeit und von der religiösen Fremdbestimmung zur Autonomie der Wissenschaften, der Ethik und der Politik führte.

> "Überall ist die Autonomie des Menschen und der Welt das Ziel der Gedanken ... Gott als moralische, politische, naturwissenschaftliche Arbeitshypothese ist abgeschafft ... Es gehört zur intellektuellen Redlichkeit, diese Arbeitshypothese (scil. Gott) fallen zu lassen ... Und wir können nicht redlich

sein, ohne zu erkennen, dass wir in der Welt leben müssen - etsi Deus non daretur (als ob es keinen Gott gäbe). Und eben dies erkennen wir vor Gott! Gott selbst zwingt zu dieser Erkenntnis. So führt uns unser Mündigwerden zu einer wahrhaften Erkenntnis unserer Lage vor Gott. Gott gibt uns zu wissen, dass wir leben müssen als solche, die mit dem Leben ohne Gott fertig werden. Der Gott, der mit uns, ist der Gott, der uns verlässt (Markus 15, 34)! Der Gott, der uns in der Welt leben lässt ohne die Arbeitshypothese Gott ist der Gott, vor dem wir dauernd stehen. Vor und mit Gott leben wir ohne Gott" (WuE 240-242).

Bonhoeffer scheint hier in Paradoxen zu reden. Aber diese Paradoxien lösen sich auf, wenn wir seinen Ausdruck "Arbeitshypothese Gott" als den falschen Gott der selbstgemachten Religionen verstehen, der die Menschen abhängig macht und ihnen die Verantwortung für ihr Leben entzieht. Das ist für Bonhoeffer der "religiöse Gott", ein Götzenbild, das Menschen sich machen, weil sie nicht für sich und ihre Welt verantwortlich sein wollen. Das sind die Götzen des politischen Aberglaubens seiner Zeit, das sind die Götzen des kapitalistischen Aberglaubens unserer Zeit. Sie versprechen Sicherheit und verlangen Opfer. Bonhoeffer wehrt sich dagegen, dass das Christentum zu einer "Erlösungsreligion" gemacht wird und falschen Trost verbreitet, und er nimmt als den wirklichen Gott, der uns mündig und selbstverantwortlich macht, den Gott Jesu Christi, den Gott, der den Gottessohn am Kreuz allein lässt.

Bonhoeffer nimmt das Geschehen auf Golgatha als Deutungskategorie der modernen, autonomen und "mündigen Welt", wie er sie gerne nannte:

"Gott lässt sich aus der Welt herausdrängen ans Kreuz, Gott ist ohnmächtig und schwach in der Welt und gerade so und nur so ist er bei uns und hilft uns. Es ist Matth. 9, 17 ganz deutlich, dass Christus nicht hilft kraft seiner Allmacht, sondern kraft seiner Schwachheit, seines Leidens!"

"Die Religiosität des Menschen weist ihn in seiner Not an die Macht Gottes in der Welt ... Die Bibel weist den Menschen an die Ohnmacht und das Leiden Gottes; nur der leidende Gott kann helfen (WuE 242).

Die Entwicklung zur Autonomie und Mündigkeit der Welt räumt mit einer "falschen Gottesvorstellung" auf. Sie "macht den Blick frei für den Gott der Bibel, der durch seine Ohnmacht in der Welt Macht und Raum, gewinnt" (WuE 242).

Was ist für Bonhoeffer «das Leiden Gottes in der Welt»?

Ein Zweifaches: 1. Der durch das Mündigwerden der modernen Menschen "verdrängte Gott", 2. Der auf Golgatha "gekreuzigte Gott".

Man kann sich vorstellen, dass Gott am Tod seines Sohnes am Kreuz "leidet", man kann sich auch vorstellen, dass Gott an seiner Verdrängung aus der modernen, mündigen Welt "leidet". Man kann sich nur nicht vorstellen, wie der leidende Gott "hilft".

Dass Golgatha zur theologischen Deutung der europäischen modernen Welt verwendet wird, erinnert an den ähnlich lautenden Versuch Georg Wilhelm Friedrich Hegels in seiner Schrift "Glauben und Wissen" von 1803.[4] Hier geht der Philosoph von dem "Gefühl, worauf die Religion der neuen Zeit beruht: Gott selbst ist tot" aus, um aus ihr die Idee der absoluten Freiheit zu entwickeln. Den Satz "Gott selbst ist tot" nahm Hegel aus dem Karsamstagslied von Johann Rist. Er beschreibt für Rist die Situation zwischen Karfreitag, dem Tod des Gottessohnes, und Ostersonntag, der Auferstehung des Menschensohns. Indem Hegel den Tod Gottes auf Golgatha in eine deutende Verbindung zum religiösen Gefühl der Neuzeit: Gott selbst ist tot, bringt, macht er aus dem "historischen Karfreitag" den "spekulativen Karfreitag", d.h. den allgemeinen Karfreitag und stellt ihn "in der ganzen Wahrheit und Härte seiner Gottlosigkeit" dar. Hegel nimmt jedoch die Gottlosigkeit und Gottverlassenheit am historischen wie am spekulativen Karfeitag nicht als endgültigen Zustand, sondern als "Moment der höchsten Idee" wahr, um zur Auferstehung Gottes zu gelangen, weil "die Totalität in ihrem ganzen Ernst und aus ihrem tiefsten Grunde, zugleich allumfassend und in die heiterste Frieheit ihrer Gestalt auferstehen kann und muss"(GuW, 124).

Dieser Ausblick auf die Freude Gottes in der Auferweckung des in Gottverlassenheit Gekreuzigten und auf alle Gewalt im Himmel wie auf Erden, die dem erhöhtne Gekreuzigten, dem "Lamm Gottes", gegeben wird, fehlt in den Überlegungen zum "Leiden Gottes" bei Bonhoeffer. Doch er verwendet die gleiche Denkfigur wie Hegel, nur dass er von den "Leiden Gottes" spricht, wo Hegel vom "Tod Gottes" redete. "Theologisch wird an Hegel unvergesslich deutlich, dass die Auferstehung und Zukunft Gottes sich nicht nur an der Gottverlassenheit des gekreuzigten Jesus, sondern auch an der Gottverlassenheit der Welt wird zeigen müssen" habe ich in der "Theologie der Hoffnung" 1964 geschrieben.[5]

Die christlich-theologischen Gesamtdeutungen der Moderne oder mündigen Welt, des säkularen Zeitalters oder der «Neuzeit: sind nach den Schrecken und Verbrechen des 20. Jahrhunderts abwegig: 1. Die moderne Welt ist nur die westliche Welt, mitnichten die ganze Welt. Ihre theologischen Deutungen enweder als das Reich Christi oder als das Dritte Reich, als Aufstand in die Autonomie oder als Tod Gottes oder als Leiden Gottes scheitern an den Grenzen der westlichen Welt. Die westlichen Weltdeutungen sind alle imperialistisch. 2. Der Atheismus hatte nur im 19. Jahrhundert ein Befreiungspotential, im 20. Jahrhundert wurde der Atheismus im Stalinismus und im Faschismus mörderisch, er kostete Millionen von Opfern, u. a. auch das Leben Dietrich Bonhoeffers, und führte die Fortschrittswelt des 19. Jahrhunderts an den Abgrund der Weltvernichtung. Hitlers "Volk" kannte keine mündige Autonomie, sondern nur willigen Gehorsam bis zum Mord. "Führer befiehl, wir folgen Dir". Im 21. Jahrhundert ist der Atheismus eher eine melancholische Gottlosigkeit: Man hat etwas verloren und weiß nicht was. Diese Gesamtdeutungen der Weltsituation sind alle sehr willkürlich und haben nur kurze Lebensdauer wie Francis Fukujamas "Ende der Geschichte" 1992 oder Charles Taylors "A Secular Age" 2007.

Wo sind die "Leiden Gottes in der Welt"?

1. "Der Mensch wird aufgerufen, das Leiden Gottes an der gottlosen Welt mitzuleiden" (WuE244). Das ist allgemein verstanden: der an Gott Glaubende leidet an der Gottlosigkeit seiner Umwelt wie Gott an ihr leidet. Das ist ein Gottesschmerz wie es ein universaler Weltschmerz ist.

2. Es ist ein Teilhaben an den Leiden Gottes in Christus: "Hineingerissen in das messianische Leiden Gottes in Jesus Christus" (245). Die "Leiden Christi" sind für Paulus die Verfolgungen, Schmähungen und Verachtungen, die die mutigen und widerstehenden Christen um Christi willen und mit Christus ertragen. Sind es "messianische Leiden", dann

werden sie mit der Kraft der messianischen Hoffnung getragen. Zur Zeit der Nazidiktatur wurde die Bekennende Kirche und ihre Pfarrer verfolgt, zur Zeit der Militärdiktatur wurden in Korea die Minjung-Theologen verfolgt.

3. "Menschen gehen zu Gott in Seiner Not,
finden ihn arm, geschmäht, ohne Obdach und Brot,
sehen ihn verschlungen von Süude, Schwachheit und Tod.
Christen stehen bei Gott in Seinem Leiden." (247)

Das lässt an die "geringsten Brüder und Schwestern" Christi denken, von denen er im "Großen Weltgericht" sagen wird: "Was ihr getan habt einem unter diesen meinen geringsten Brüdern, das habt ihr mir getan" (Matth 20, 40). Die "Leiden Christi" und die Leiden der Armen sind oft eng miteinander verbunden: Als Erzbischof Oscar Arnulfo Romero in El Salvador sich den Armen zuwandte, wurde er im Auftrag der Reichen erschossen. Wer sich in der Nazidiktatur mu die verfolgten Juden kümmerte, kam selbst ins Konzentrationslager.

"Nur der leidende Gott kann helfen", sagte Bonhoeffer. Ich füge hinzu: weil der leidende Gott auch der Gott der Auferstehung und der zukünftigen Welt ist.

3. Ist Gott leidensfähig oder leidensunfähig?

Als ich in meinem Buch "Der gekreuzigte Gott" 1972 Bonhoeffers Gedanken von den "Leiden Gottes" aufnahm und eine neue Kreuzestheologie schrieb, bekam ich scharfe Kritik von dem katholischen Theologen Karl Rahner. Seitdem bin ich in eine Diskussion über die Leidensfähigkeit oder Leidensunfähigkeit Gottes verwickelt. Weil auch Bonhoeffers Thologie damit auf dem Prüfstand steht, gehe ich auf diese Diskussion ein.

Karl Rahner sagte in seinem letzten Interview vor seinem Tod:

"Um aus meinem Dreck und Schlamassel und meiner Verzweiflung herauszukommen, nützt es mir doch gar nichts, wenn es Gott - um es einmal grob zu sagen - genau so dreckig geht ... Gott ist in einem wahren und echten und mich tröstenden Sinne der Deus impassibilis, der Deus immutabilis. Und bei Moltmann und anderen meine ich eine Theologie des absoluten Paradoxons zu sehen...",[6]

Wie kommt es zu dieser Alternative?

Geht man von der griechischen Metaphysik aus, dann muss man die Vielfalt, die Bewegung und das Leiden vom Wesen der Gottheit ausschließen. Unbeweglich und leidensunfähig steht die ewige Gottheit einer bewegten und leidenden Welt des Lebendigen und Sterblichen gegenüber. Aristoteles hat aus dieser Einsicht in seiner Metaphysik Buch 12 das Apathieaxiom für die Gottheit formulliert: Theos apathes, die Gottheit ist apathisch, sie kennt keine Launen und keine Bedürfnisse und also keine Leiden. Wer an diese metaphysische Gottheit glaubt, wird ihr ähnlich: "Im Glück nicht stolz sein, im Leid nicht zagen, das Unvermeidliche mit Würde tragen...", so ist der Weise: unerschütterlich, bedürfnislos. Apathie war einst ein Ausdruck für die Souveränität der Seele über das Leid, heute ist Apathie eine Krankheit, Teilnahmslosigket des Herzens, Interesselosigkeit des Geistes, ein Vorbote des Sterbens.

Geht man dagegen von der biblischen Heilsgeschichte aus, dann trifft man im Alten Testament auf den Gott Israels, leidenschaftlich in der Liebe und im Zorn, ein Gott des Erbarmens. Im Neuen Testament trifft man auf die Passionsgeschichte Christi. Die Hingabe des Sohnes zur Versöhnung der Welt mit Gott wird als Gottes wesentliche Liebe verkündet und mit Brot und Wein im Abendmahl/der Eucharistie gefeiert. Die Passionsgeschichte Christi ist auch eine Passion Gottes, Gottes Leidenschaft und Gottes Leiden, sonst könnten von der Passionsgeschichte Christi keine versöhnenden und erlösenden Wirkungen ausgehen.

Papst Johannes Paul II. schrieb in seiner Enzyklika über den Heiligen

Geist "Dominum et Vivificantem" 1986:

"Wenn die Sünde das Leiden hervorgebracht hat, so hat der Schmerz Gottes nun im gekreuzigten Christus durch den Heiligen Geist seinen vollen menschlichen Ausdruck gefunden. Wir haben hier ein paradoxes Geheimnis der Liebe. In Christus leidet Gott".[7]

Sein Nachfolger Benedikt XVI, mein früherer Kollege Joseph Ratzinger, rühmte dagegen den Satz Bernhard von Clairveaux:

"Impassiblis est Deus,
sed non incompassibilis".

Gott kann nicht leiden,
aber hat Mitleid.

Ich finde es besser, die arstotelisch-thomistische Metaphysik mit ihrer apathischen Gottheit zu verlassen und sich auf den Gott der Bibel, den "lebendigen Gott", theologisch zu konzentrieren. Das hat Abraham Heschel, der kluge Rabbi aus New York getan, indem er nicht von der Apathie, sondern vom Pathos Gottes ausging, um von der Leidenschaft Gottes für sein Volk die Leiden Gottes in der Welt zu verstehen.[8] In seiner Herabkunft und Einwohnung, seiner Schechinah wird der Gott Israels zum Wegbegleiter und Leidensgenossen seines Volkes. Gott erfährt in seiner Einwohnung im Volk die Niederlagen und Verfolgungen und das Sterben seines Volkes. Die Leiden Israels sind in dieser Hinsicht auch die Leiden seines Gottes.

Am Kreuz Christi leidet nicht nur der Sohn Gottes die Schmerzen der Gottverlassenheit für uns, auch der Vater erleidet den Tod seines einzig geliebten Sohnes, und der Heilige Geist verbindet den Schmerz des Sohnes mit dem Schmerz des Vaters, denn der Sohn gibt sich in der Kraft des Geistes Gottes dahin. Damit ist alles bereit für die Auferweckung des Sohnes aus diesem Tod in die Herrlichkeit des Vaters durch den lebendigmachenden Auferstehungsgeist. Dieses Geschehen von Kreuz und Auferweckung Christi ist die Offenbarung der "großen Barmherzigkeit" Gottes mit uns. Das Wesen des lebendigen Gottes ist nicht die Apathie, sondern die Leidenschaft der Liebe.

Der lebendige Gott ist nicht das Absolute der Metaphytsik, sondern der beziehungsreiche Gott der Heilsgeschichte. In seinen Beziehungen zur Welt seiner Geschöpfe wird Gott als geduldig und langmütig, als liebend und leidend erfahren. Der lebendige Gott wird sowohl aktiv wie passiv erfahren, redend und hörend. Das sind die Beziehungen der Liebe, nicht der Herrschaft.

Karl Rahner wird geholfen, wenn Gott in seinen Dreck, in seinen Schlamassel und in seine Verzweiflung hineingeht und sie mit ihm teilt und sie ihm abnimmt. Nur so kann er ihn da herausholen, meine ich.

4. Ist Gott unbeweglich oder beweglich, unveränderlich oder veränderlich?

Immutabilitas, Unbeweglichkeit, ist die andere Eigenschaft, die Aristoteles in seiner Metaphysik der Gottheit zuschreibt. Alle irdischen Dinge werden bewegt und bewegen sich, die Gottheit aber steht unbeweglich, und unveränderlich über allen Dingen. Die christliche Theologie der Alten Kirche hat diese Eigenschaft der Unveränderlichkeit Gottes übernommen, weil der Glaubende auf Gott vertrauen muss. Wäre Gott beweglich, wäre er auch veränderlich und wie die griechischen Götter seinen Launen unterworfen, und dann könnte man Gott nicht vertrauen. Die aristotelisch-thomistische Metaphysik hat die Gottheit als höchste Substanz verstanden, nicht als Subjekt.[9]

Der lebendige Gott der Bibel aber ist ein Subjekt, seiner selbst mächtig. Er kann sich bewegen und bewegen lassen, er kann aus sich herausgehen und eine Welt schaffen und er kann zu seiner Ruhe kommen am Sabbat. Wo die Metaphysik von der Unveränderlichkeit Gottes spricht, spricht die Bibel von der Treue Gottes, auf die man sich verlassen kann. Nach der Gotteserfahrung Israels ist Gott nicht auf seine Treue festgelegt, es kann ihn auch "gereuen", dass er die Menschheit geschaffen hat (Gen 6, 6). Diese Reue Gottes widerspricht der Unveränderlichkeit Gottes, aber nicht seiner Treue.

Ist der lebendige Gott der "Erste Beweger", das primum movens, wie Thomas von Aquin sagte, oder kann er auch von Menschen bewegt werden? Die Gottesgeschichte Israels beginnt mit dem Leiden des Volkes, das die Barmherzigkeit Gottes hervorruft:

Ich habe das Elend meines Volkes gesehen,
und ihr Geschrei gehört
und habe ihr Leiden erkannt.
Und ich bin herniedergefahren, dass ich sie errette" (2 Nos 3, 7).

Gottes Herabkunft wird durch sein Erbarmen und sein Erbarmen durch das Leiden seines Volkes bewegt. Die Gottesgeschichte Christi beginnt ganz ähnlich (Joh 1, 4).

In den Psalmen Israels sind es die Gebete, die Gott bewegen: "Herr, kehre dich doch wieder zu uns" (90, 13), "Werde wach" (44, 42), "mache dich auf" (44, 72). Gott ist als Subjekt frei: Er kann anwesend oder abwesend sein. Gottesnähe und Gottesferne sind biblische Gotteserfahrungen.

Gott kann sein "Antlitz leuchten lassen", er kann auch sein Antlitz "verbergen" (hester panim). Gott kann sich des Elenden Menschen "erinnern", er kann ihn auch "vergessen" (Psalm 44, 25).

Wäre Gott unbeweglich und unveränderlich, warum beten und bitten wir dann?

Die christliche Gotteslehre muss übereinstimmen mit der Theologie des Betens.[10] Wir können nicht in Gotteslehre die Unveränderlichkeit Gottes behaupten und im Beten dann auf die Veränderlichkeit Gottes vertrauen. Wir können nichts über Gott aussagen, was wir nicht zu Gott im Gebet sagen.

Diejenigen Theologen, die Gott für unveränderlich halten, haben das Beten auf die Selbstveränderung des betenden Menschen reduziert, wie Immanuel Kant und das Bittgebet abgeschafft wie Friedrich Schleiermacher.

Diejenigen Theologen, die erklärten, dass Gott in Christus schon alle unsere Gebete erfüllt habe, machen das Bitten gegenstandslos wie Karl Barth, nur das Danken bleibt dann übrig.

Diejenigen Theologen, die auf die große Erfüllung aller Gebete in der

Erlösung vom Leiden und der Neuschöpfung des Lebens hinweisen, öffnen alle Gebete in die große universale Erwartung Gottes wie ich.

Es gibt aber noch einen Weg: Unsere menschlichen Gebete werden bewusst in die Beziehung Christi zum Vater hineingelegt. Mit Jesus beten wir "Unser Vater im Himmel ..." Unsere Gebete werden durch Christus zum Vater gebracht. Der Sohn bittet für uns und der Geist vertritt uns mit unaussprechlichem Seufzen (Röm8, 26). In Christus finden wir einen Gott, der Gebete erhört, der unsere Leiden erkennt und sich erbarmt, der berührbar und veränderlich für uns ist.

5. Auf dem Weg in die Freiheit

Nach diesem Ausflug in die gegenwärtigen Diskussionen nach Bonhoeffer kehren wir am Schluss zu ihm zurück. Bonhoeffer ist bei den Leiden nicht stehen geblieben, weder bei den eigenen Leiden noch bei den "Leiden Gottes". "Nicht nur die Tat, sondern auch das Leiden ist ein Weg zur Freiheit" (254). Die Befreiung durch Leiden liegt darin, dass man seine Sache ganz in die Hände Gottes legen darf. Das Leiden ist dann eine Fortsetzung seiner Tat, wenn man es als Vollendung der Tat, nicht als Abbruch der Tätigkeiten ansieht. Bonhoeffer dachte hier an seine eigene Gefangenschaft, er konnte nicht mehr tun, er konnte nur noch das Leiden ertragen. Er wusste, was auf dem Spiel stand. Darum pries er den Tod als "die Krönung der menschlichen Freiheit".

Bonhoeffer schrieb die "Stationen auf dem Weg in die Freiheit". Als vorletzte Stufe nennt er das Leiden und als "höchstes Fest auf dem Weg zur ewigen Freiheit" nennt er den Tod. Und mit diesem Text will ich diesen Vortrag schließen:

"Komm nun, höchstes Fest auf dem Weg zur ewigen Freiheit. Tod, leg nieder beschwerliche Ketten und Mauern unsres vergänglichen Leibes und unsrer verblendeten Seele, dass wir endlich erblicken, was hier uns zu sehen missgönnt ist. Freiheit, dich suchten wir lange in Zucht und in Tat und in Leiden. Sterbend erkennen wir nun im Anblick Gottes dich selbst" (WuE251)

ANMERKUNGEN

1) J. Moltmann, Weiter Raum. Eine Lebensgeschichte, Gütersloh 2006, 31-46.

2) Das Zeugnis eines Boten. Zum Gedächtnis von Dietrich Bonhoeffer. Oekumenische Kommission Für die Pastoration der Kreigsgfangenen, Genf 1945, 56-57.

3) E. Bethge, (Hg), Dietrich Bonhoeffer, Widerstand und Ergebung. Briefe und Aufzeichnungen aus der Haft, Müuchen 1951. Ich zitiere nach dieser Erstausgabe.

4) G. W. F. Hegel, Glauben und Wissen 1902/03; PhB 62 b Hamburg 1962, 124.

5) J. Moltmann, Theologie der Hoffnung, München 1964, 153. Vgl. das Kapitel: Der "Tod Gottes" und die Auferstehung Christi, 150-155.

6) Abgedruckt in: J. Moltmann, in der Geschichte des dreieinigen Gotters. Beiträge zur trinitarischen Theologie München 1991, 169, mit einem posthumen Brief von mir an Karl Rahner 170-171. Vgl. auch J. Moltmann, Der lebendige Gott und die Fülle des Lebens, Gütersloh 2014, 47-52.

7) Johannes Paul II., Enzyklika Dominum et Vivificantem, über den Heiligen Geist im Leben der Kirche und der Welt, 19. Mai 1986, 41.

8) A. Heschel, The Prophets, New York 1962, Chap. 14: The Philosophy of Pathos, 247-268.

9) Der lebendige Gott, 45-47.

10) G. Thomas, Die Affizierbarkeit Gottes im Gebet. Eine Problemskizze in: A. Grund u. a. (Hg), Ich will dir danken unter den Völkern, FS Für B. Janowski, Gütersloh 2013, 709-731.

DIETRICH BONHOEFFER BEDEUTUNG FÜR UNSERE WELT
FRIEDEN UND WIDERSTAND IN DEN ZEITEN DES TERRORS

DIETRICH BONHOEFFER BEDEUTUNG FÜR UNSERE WELT FRIEDEN UND WIDERSTAND IN DEN ZEITEN DES TERRORS

Jürgen Moltmann

Dietrich Bonhoeffer ist zweifellos der weltbekannteste deutsche Theologe des 20. Jahrhunderts. Er wurde zu einem Vorbild für den aktiven Widerstand gegen gesetzlose Diktaturen in Korea, in Südafrika, in Nicaragua und an anderen Orten des Leidens an der Unterdrückung des Volkes. Und doch war er ein Theologe des Friedens Christi in der Welt und einer Kirche, die im Namen Gottes Frieden stiftet. Durch sein Martyrium am 9. April 1945 im Konzentrationslager Flössenbürg wurde er zu einem glaubwürdigen Theologen, der lebte, was er sagte, und starb für den Herrn, an den er glaubte.[1] Seine Schriften werden in Deutschland immer wieder neu aufgelegt und in viele Sprachen übersetzt. Es haben ‚sich in vielen Ländern Bonhoeffer-Gesellschaften gebildet, auch in Korea, und Präsident Yu, Suksung war lange Zeit ihr Vorsitzender. Bonhoeffer begeistert offenbar immer wieder Theologiestudenten und aufgeweckte Christen.

Dietrich Bonhoeffer war ein hochbegabter Student, mit 21 Jahren promovierte er mit einer genialen Arbeit über die theologische und soziologische Gestalt der Kirche, 1930 habilitierte er sich. 1933 brach er jedoch seine vielversprechende akademische Karriere ab und trat in den Kirchenkampf gegen die Nazidiktatur in Deutschland ein. 1945 wurde er im Alter von 39 Jahren ermordet. Er hatte nicht viel Zeit für ein theologisches Werk: gerade 10 Jahre.

Man kann mit Dr. Yu, Suksung 3 Zeiten in Bonhoeffers Theologie unterscheiden: 1. Die akademische Zeit, 2. Die Zeit in der Bekennenden Kirche, 3. Die Zeit im aktiven Widerstand.[2] Aber es ist immer der gleiche Jesus Christus, dessen Gegenwart er in der Kirche und in der politischen Welt glaubte und suchte.

Ich werde heute nicht eine Zusammenfassung seiner theologischen Ansätze bieten, sondern auf seine Friedensbotschaft und seinen Eintritt in den aktiven militärischen Widerstand gegen das Terrorregime Hitlers eingehen und fragen, was das für uns heute bedeutet. Widersprechen sich Friedenseinsatz und Widerstand gegen den Terror? Und wenn sie sich widersprechen, kann man mit diesem Widerspruch leben?

I. Frieden

A. Bonhoeffers Botschaft von Fanö/Dänemark

Im August 1934 fand in Fanö/Dänemark eine gemeinsame Konferenz des „Internationale Freundschaftsarbeit der Kirchen" und des „Ökumenischen Rates für Praktisches Christentum" statt. Der Reichspräsident Hindenburg war gerade gestorben und Hitler hatte die totale Macht im deutschen 1934-Reich ergriffen. Dietrich Bonhoeffer hielt eine viel beachtete Rede, die auch heute noch aktuell ist.[3] Ich nehme 4 Thesen aus dieser Rede auf und diskutiere sie:

1. „Es gibt keinen Frieden auf dem Weg der Sicherheit"

Bonhoeffers Begründung: „Denn Frieden muss gewagt werden, er ist das große Wagnis und lässt sich nie und nimmer sichern ... Kämpfe zum Frieden werden nicht mit Waffen gewonnen, sondern mit Gott. Sie werden auch dort gewonnen, wo der Weg ans Kreuz führt".

2. „Friede soll sein, weil Christus in der Welt ist"

Begründung: „'Frieden auf Erden', das ist kein Problem, sondern ein mit der Erscheinung Christi selbst gegebenes Gebot."

3. „Frieden soll sein, weil es eine Kirche Christi gibt",

um derentwillen allein die ganze Welt noch lebt. Diese Kirche Christi lebt zugleich in allen Völkern und doch jenseits aller Grenzen völkischer, politischer, sozialer, rassischer Art. Die Brüder dieser Kirche sind durch das Gebot des einen Herrn Christus, auf das sie hören, untrennlicher verbunden als alle Bande der Geschichte, des Blutes, der Klassen und der Sprachen Menschen binden können."

4. „Nur das große ökumenische Konzil der Heiligen Kirche Christi

aus aller Welt kann es so sagen, dass die Welt ... das Wort vom Frieden vernehmen muss, und die Völker froh werden, weil diese Kirche Christi ihren Söhnen im Namen Christi die Waffen aus der Hand nimmt und ihnen den Krieg verbietet und den Frieden Christi ausruft über die rasende Welt."

B. Diskussion dieser Thesen:

1. Die erste These ist heute so aktuell wie 1934 zu der Zeit, als Hitler

durch Aufrüstung Deutschlands den großen Krieg vorbereitete, den er von Anfang an gewollt hatte. Sicherheit schafft keinen Frieden, aber Frieden schafft Sicherheit, würde ich sagen.

In der Zeit des „kalten Krieges" wurde die Sicherheit durch die Androhung der „mutual assured destruction" mit Atom- und Wasserstoffbomben garantiert: „Wer als Erster schießt, stirbt als Zweiter". War das Frieden? Nein! Nicht umsonst hat man diese Zeit den „Kalten Krieg" genannt, die Russen sprechen vom „Dritten Weltkrieg".

Ein Rest dieses „kalten Kriegs" ist die hochgerüstete und hochgefährliche Grenze zwischen Nord- und Südkorea. Da ist Sicherheit durch gegenseitige Abschreckung, ist aber noch kein Friede.[4]

Der moderne Sicherheitsstaat ist aus der Abwehr des nichtstaatlichen, islamistischen Terrors entstanden. Vorbild sind die USA. Die amerikanische Politik reagierte auf den islamistischen Anschlag auf das World Trade Center in New York am 11. September 2001 mit einem permanenten „Ausnahmezustand". Als Präsident George Bush jr. ausrief: „America is at war", führte er zu Teilen das Kriegsrecht ein und beschränkte die bürgerlichen Freiheitsrechte der Amerikaner im „Patriot Act" vom November 2001, und mit dem Recht auf „preemptive strikes" gegen die „Mächte des Bösen" und mit dem illegitimen Gefängnis auf Guantanamo, Kuba und mit dem Töten wirklicher oder vermeintlicher Terroristen durch Drohnen überall in der Welt. Die NSA (National Security Agency) hat die ganze Welt mit gesetzlosen Überwachungen umgeben. Im Namen der „Sicherheit" wird die Bindung der Staatsgewalt an die Verfassung und die Grundrechte der Bürger aufgehoben. Die Staatsgewalt wird „absolut", d. h. nichtrechenschaftspflichtig. Es entsteht ein gesetzloser Terror von oben gegen den privatorganisierten Terror von unten. Der Sicherheitsstaat ist das Ende des demokratischen Rechtsstaates.

Bonhoeffer hat auch heute Recht: Es gibt keinen Frieden auf den Wegen der Sicherheit. Wenn man jedoch umgekehrt zuerst den Frieden sucht, stellt sich die Sicherheit von selbst ein. Das gleiche gilt für Vertrauen und Kontrolle: Vertrauen ist gut, Kontrolle ist besser, hatte Lenin erklärt. Die Sowjetdiktatur mit ihren allgegenwärtigen Geheimdiensten war das Ergebnis. Jeder weiß, dass die Umkehrung richtig ist: Kontrolle mag gut sein, Vertrauen ist allemal besser, weil es menschlicher ist. Aber Vertrauen und Frieden sind, wie Bonhoeffer wusste, ein Wagnis: Vertrauen kann enttäuscht werden und Frieden macht verwundbar. Man kann dieses Risiko nur eingehen „mit Gott". Der Friede wird auch dort gewonnen, wo „der Weg zum Kreuz" führt, Bonhoeffer ist diesen Weg gegangen. Er wusste: Die grenzenlose Geduld Gottes ist jedoch stärker als alle Gewalt, weil sie Zeit hat, was die Gewalthaber nicht haben.

2. Die zweite These lautet: „Friede soll sein, weil Christus in der Welt ist." Bonhoeffer leitet aus dem Kommen Christi sofort das absolute Gebot des Friedens ab. Ich erinnere an die Weihnachtsgeschichte und würde sagen: Mit der „Erscheinung Christi in der Welt" ist zuerst die „große Freude" verbunden, die die Engel nach dem Lukasevangelium verkündigen: Der Heiland der verlorenen Welt ist geboren, der Erlöser der gottlosen Sünder ist gekommen. Mit der Erscheinung Christi ist der Friede Gottes schon in diese Welt gekommen. Das Geheimnis der Welt ist nicht der Kampf ums Dasein und auch nicht der Kampf zwischen gut und böse, das Geheimnis der Welt ist der Friede Gottes. Jesus Christus ist der Friede Gottes in dieser feindlichen Welt und in ihm ist das herrliche, volle, gemeinsame und ewige Leben schon „erschienen" (1 Joh 1, 1). Wenn wir Christus in unserer Welt erkennen, versteht sich das Gebot des Friedens von selbst. Mit Christus ist die Hoffnung auf Frieden in diese friedlose Welt gekommen, Friede ist möglich, glauben wir. Eine andere Welt als die Welt der Kriege ist möglich, hoffen wir. Der Friede Gottes in unserer Welt wird nicht durch Siege über Feinde errungen, sondern durch Versöhnung und Versöhnung bedeutet Vergebung der Schuld und Überwindung des Bösen mit Gutem und den Anfang eines neuen, gemeinsamen Lebens.

„Ehre sei Gott in der Höhe": Diesen Frieden gibt es nur mit Gott, nicht gegen Gott. „Und Frieden auf Erden": Gottes Frieden gilt allen Menschen, an denen Gott „Wohlgefallen hat", und er hat Erbarmen an allen Menschen. Der Erde kommt hier eine besondere Bedeutung zu: Es ist der Frieden Gottes nicht nur mit der Menschenwelt auf Erden, sondern mit der Erde und allen Erdgeschöpfen, mit Gottes ganzer geliebter Erde. Friede Gottes bedeutt Segen. Ein Leben im Frieden Gottes ist ein gesegnetes Leben, ein von der ewigen Liebe bejahtes Leben. Das ist stärker als Gewalttat, Unrecht und Mord. Darum hat Bonhoeffer Recht: Friede soll sein, weil Christus in der Welt ist.

3. „Friede soll sein, weil es die Kirche Christi gibt". Bonhoeffer kann nur die Kirche des Glaubens gemeint haben, nicht die real existierenden Kirchen in Europa 1934. Die geglaubte Kirche Christi lebt in allen Völkern und transzendiert zugleich alle völkischen, politischen, sozialen und rassischen Grenzen. Die Kirche ist zwischen Juden und Heiden das „dritte Geschlecht", sagte man in der alten Kirche. „Jede Fremde ist ihnen Heimat und jede Heimat ist ihnen Fremde", lesen wir im altkirchlichen Diognetbrief von den ersten Christen. Durch die Taufe in den Tod und die Auferstehung Christi sind Christen dieser Welt der Trennungen und Kämpfe abgestorben und zu neuem Leben auferstanden. Bonhoeffer zieht aus diesem Glauben die Konsequenz: Die Brüder und Schwestern Christi sind weltweit untrennbar miteinander verbunden. Diese Verbundenheit in der einen, heiligen Kirche Christi ist stärker als die Bindungen an das eigene Volk, an das eigene Vaterland, an die eigene Rasse, an die

eigene Klasse. Das war in Europa 1934 Wunschdenken oder Prophetie.

Es war Wunschdenken, denn in Europa existierten die Kirchen als Nationalkirchen. Der Nationalismus erwies sich als stärker als das gemeinsame Christsein. 6 Millionen Christen fanden im 1. Weltkrieg den Tod als Soldaten ihrer Nationen: Sie starben für ihr Vaterland, nicht für Christus. Nationalismus war der schlimmste Götzendienst des 20. Jahrhunderts. Dem „Heiligen Vaterland" wurden Millionen von Menschen geopfert. Nur wenige Christen haben sich dagegen gewehrt. Manche wurden als „Vaterlandsverräter" hingerichtet. Auch die römisch-katholische Kirche protestierte nicht gegen diesen politischen Götzendienst. Dieser geht auf die sogenannte „konstantinische Wende" zurück. Unter Kaiser Konstantin und seinen Nachfolgern wurde im dritten Jahrhundert das bis dahin verfolgte Christentum zur römischen Reichsreligion und das römische Reich zum Heiligen Reich der Christen. Erst heute kommen wir ans Ende dieser Tradition. Es entsteht in Asien und Afrika eine neue, nichtkonstantinische Christenheit und in Europa und Amerika eine neue, nachkonstantinische Christenheit.

Aber war Bonhoeffers Vision wirklich nur Wunschdenken? Es entstand im kirchlichen Widerstand gegen die Nazi-Ideologie und Nazi-Diktatur in Deutschland eine allein Christus Bekennende Kirche. Bonhoeffer war einer der Ersten. Für die Bekennende Kirche waren die ökumenischen Verbindungen zu Christen in anderen Ländern wichtiger als die Bindungen an die eigene Nationalkirche. Mit der Bekennenden Kirche entstand in Deutschland die ökumenische Kirche. Das hat Bonhoeffer 1934 prophetisch gespürt: Friede soll sein, weil es die Kirche Christi in allen Nationen gibt und die kirchliche Bindung stärker ist als die nationale Bindung.

4. Das große ökumenische Konzil: Das war Bonhoeffers verwegene Vision in Fanö 1934, eine großartige Utopie von der einen Kirche Christi damals und heute. Dieses universale Friedenskonzil der Kirche sollte 2 radikale Gebote erfüllen: 1. Das „Wort vom Frieden" mit einer solchen Vollmacht den Völkern verkünden, dass sie es hören und aufnehmen, eben, wie er sagte, „vernehmen". 2. Alle Christen im Namen Jesu Christi die Waffen aus der Hand nehmen und ihnen den Krieg „verbieten". Das war 1934 und ist auch heute noch eine reine Utopie. Wer soll ein solches allchristliches Konzil einberufen? Der Papst in Rom oder der Patriarch von Konstantinopel oder ein deutscher Professor? Und wann wird die Christenheit mit einer Stimme das „Wort vom Frieden" aussprechen und den Krieg verdammen?

Immerhin beschloss 1983, also fast 50 Jahre nach Fanö, die Vollversammlung des Ökumenischen Rates der Kirchen in Vancouver eine Weltkonferenz über „Gerechtigkeit, Frieden und die Bewahrung der

Schöpfung". Und anstelle eines einmaligen großen „Konzils", das für die orthodoxen Kirchen nach den grundlegenden altkirchlichen Konzilen nicht in Frage kommt, hat der Ökumenische Rat der Kirchen den „konziliaren Prozess" beschlossen, der 1989 in Dresden und Basel großartige Ergebnisse in die Öffentlichkeit brachte. Der „konziliare Prozess" zielt auf Bonhoeffers „großes ökumenisches Konzil". Man sieht: Auch eine große „Utopie" bleibt nicht ohne Wirkung, wenn sie sich auf das göttliche Geheimnis der Welt bezieht: Jesus Christus.

1934 haben die großen Staats- und Nationalkirchen über den „gerechten Krieg" nachgedacht, um den Kriegen ethische Grenzen zu setzen. Heute wird an dieser Stelle ökumenisch über einen „gerechten Frieden" nachgedacht. „Krieg" ist keine christliche Option mehr. „Krieg soll nach Gottes Willen nicht sein", sagte schon die ökumenische Konferenz in Amsterdam 1948. Die Internationale ökumenische Friedens-Konvocation im Mai 2011 in Kingston, Jamaica hat den „Frieden in Gerechtigkeit und Freiheit" zur leitenden Vision der ökumenischen Bewegung gemacht.[5] Es geht um eine ganze „Kultur des Friedens" gegen die Barbarei des Tötens.

Frieden ist mehr als die Beendigung des Krieges, Frieden ist nur möglich in der Gegenwart der Gerechtigkeit. Frieden ist das Ende der politischen und ökonomischen Unterdrückung, Frieden ist Freiheit.

Wir brauchen Frieden mit Gott, Frieden mit uns selbst, Frieden in der menschlichen Gemeinschaft und Frieden in der Natur der Erde. Bonhoeffer verstand Frieden in der Alternative zum Krieg. Das ist verständlich und auch richtig. Aber Frieden ist noch kein glücklicher Zustand, sondern ein Weg und ein Prozess, auf dem es um den Abbau von Gewalt und den Aufbau von gerechten Strukturen geht. Frieden ist ein Prozess, in dem es um den Abbau von Feindschaft und Feindbildern geht und den Aufbau von Vertrauen in Verträgen. Frieden ist die kreative Transformation der Gesellschaft und des Staates von „Schwertern zu Pflugscharen", wie der Prophet Jesaja verkündete. Wie man Kriegführen, Hassen und Töten lernen musste, so muss man auch Konfliktbewältigung und Friedenstiften „lernen". Frieden ergibt sich nicht von selbst, sondern erfordert außerordentliche Anstrengungen in einer gewalttätigen Welt. Wie Kriege Heldenmut und Opfer gekostet haben, so verlangt auch der Frieden mutige und kluge Taten und den Einsatz des eigenen Lebens und Opfer. Aber es sind Einsatz und Opfer für das Leben, nicht für den Tod, und das verleiht ihnen eine große Gewissheit, auch wenn es persönlich Kreuzwege werden können.

II. Widerstand

1. Bonhoeffers Entscheidung für den aktiven Widerstand

Bonhoeffer hätte 1939 in Amerika bleiben können. Er kehrte bewusst ins kriegsbereite Deutschland zurück, weil er überzeugt war, dass Gott ihn dort haben wollte. Durch seinen Schwager Hans v. Dohnany kam er in Verbindung mit einem militärischen Widerstandskreis in der Spionageabwehr der deutschen Wehrmacht. Als er zur Wehrmacht eingezogen werden sollte, berief ihn diese Abwehr zu sich und setzte ihn für Auslandskontakte ein. Er reiste im Namen der Abwehr nach Schweden, wo er sich mit Bischof Bell von Chichester traf, in die Schweiz, wo er den ökumenischen Rat besuchte. Er sollte den Alliierten klar machen, dass es im Hitler-Deutschland Widerstandskreise gab, die am Sturz des Diktators arbeiteten. Bonhoeffer bekam keine Ausbildung an Waffen. Er wurde zusammen mit dem Widerstandskreis um Admiral Canaris und Oberst Oster im April 1945 hingerichtet.

Warum ging er als Pastor der Kirche in den militärischen Widerstand? Helmut Gollwitzer, den Stellvertreter von Martin Niemöller, den Hitler 1938 ins Konzentrationslager verschleppt hatte, erinnert sich an ein Gespräch mit Dietrich Bonhoeffer 1939: Es ging um die Frage, ob die Amtsträger der Kirche Verbindung zu politischen Widerstandsgruppen aufnehmen sollten.[6] Gollwitzer lehnte das ab mit der Begründung, „dass meine Arbeit als Bekenntnispfarrer von dem Verdacht, sie geschehe aus politischen Gründen, frei bleiben müsse". Bonhoeffer protestierte gegen diese Unterscheidung von kirchlichem und politischem Widerstand. Gollwitzer respektierte diese „klare Bejahung des politischen Widerstands als Konsequenz des Christseins unter einem solchen Mörderregime". Für Bonhoeffer war der Ruf in die ungeteilte Nachfolge Christi stärker als die Unterscheidung von Kirche und Staat. Er war in seinem Christsein herausgefordert und konnte sich nicht auf die Grenzen seines Pfarrerberufs zurückziehen.

Aber er argumentierte auch mit seinem Beruf als Pfarrer. Als im Gefängnishof einer seiner Mitgefangenen ihn fragte, wie er als Pfarrer am aktiven Widerstand gegen Hitler teilnehmen könne, antwortete Bonhoeffer mit einem Gleichnis: Wenn ein betrunkener Autofahrer in eine Menschenmenge hineinfahre, könne es nicht seine, des Pfarrers, Aufgabe sein, nur die Opfer des Wahnsinnigen zu beerdigen und die Angehörigen zu trösten, wichtiger sei es, dem Betrunkenen das Steuerrad zu entreißen.[7] Ein anderes bekanntes Bild war es, nicht nur die Verwundeten heilen, die „unter die Räder kommen", sondern dem Rad selbst in die Speichen fallen. Wenn ich in der Lage bin, den Terroristen unschädlich zu machen, der ein Flugzeug in seine Gewalt gebracht hat, und alle Insassen zu ermorden droht, dann muss ich es tun, zur Not, ihn töten. Für Dietrich Bonhoeffer war die Verantwortung für das Leben größer als die grundsätzliche Gewaltfrage. So wurde er vom Pazifisten 1934 zum aktiven Widerstandskämpfer 1940. Er war sich des Widerspruchs bewusst, und fragte sich oft, ob er durch die Teilnahme am aktiven Widerstand nicht für den Dienst an der Verkündigung des Friedens „unglaubwürdig" werde.

In seiner „Ethik", an der Bonhoeffer bis zu seiner Verhaftung 1943 gearbeitet hat, findet sich unter der Kapitelüberschrift „Die Struktur des verantwortlichen Handelns" ein kleiner Abschnitt „Schuldübernahme".[8] Hier hat er sich über seine Entscheidung Rechenschaft gegeben. Ich gebe den Gedankengang wieder:

1. Ursprung aller Verantwortung ist Gott in Jesus Christus.

2. Jesus ist in die Gemeinschaft der schuldigen Menschheit eingetreten. Er will sich mit ihrer Schuld belasten lassen.

3. Es ist allein seine selbstlose Liebe, die ihn wie alle wirklichen Menschen schuldig werden lässt. „Als der Sündlose nimmt Jesus die Schuld der Menschen auf sich." Jesus tritt für uns ein.

4. „In diesem sündlos-schuldigen Jesus Christus hat nun jedes stellvertretend verantwortliche Handeln seinen Ursprung."

5. „Wer sich in der Verantwortung der Schuld entziehen will, löst sich aus der letzten Wirklichkeit des menschlichen Daseins ... Er stellt seine persönliche Unschuld über die Verantwortung für die Menschen ... Dass der Sündlose als selbstlos Liebender schuldig wird, gehört durch Jesus Christus zum Wesen verantwortlichen Handelns."

Schuldübernahme hat zwei Seiten: Ich nehme die Schuld meiner menschlichen Gemeinschaft bewusst auf mich, und ich werde durch verantwortliches Handeln für die Menschen selbst schuldig. Für Bonhoeffer hieß das: Ich lebe im Volk der Judenmörder und nehme teil am aktiven Widerstand gegen dieses mörderische Regime. Ich bin bereit, aus Liebe zu meinem Volk den Massenmörder zu töten. Ich werde damit am Gebot des Friedens, das ich 1934 verkündet habe, schuldig, aber ich muss verantwortlich handeln in den Möglichkeiten, die sich mir im deutschen Widerstand anbieten.

Ich weiß nicht, ob die militärische Widerstandsgruppe in der „Abwehr", also Admiral Canaris und Oberst Oster das auch so gesehen haben. Ich glaube, sie sahen in ihrem Widerstand keine Schuld, wohl aber im Gehorsam der Vielen unter dem mörderischen Regime Hitlers. „Wenn eine Obrigkeit mit großer Willkür tyrannisch wird, dann gibt es dämonische Zustände und infolgedessen ein Regime, welches nicht unter Gott steht. Gehorsam einer teuflischen Macht gegenüber wäre nichts anderes als Sünde ... Unter solchen Umständen besteht prinzipiell das Recht zum Aufruhr in der einen oder anderen Form", erklärte der lutherische Bischof Berggrav aus Norwegen 1952. Er hatte aktiv am Widerstand der Norweger gegen die deutsche Besatzung im Krieg teilgenommen. Auch andere Widerstandskämpfer in Holland, Frankreich, Polen und anderen von Deutschen besetzten Gebieten fühlten sich nicht schuldig, sondern klagten die Kollaborateure mit der deutschen Besatzungsmacht an und machten ihnen nach dem Krieg den Prozess. Aber es ist schwerer, im eigenen Volk als Liebe zu diesem Volk in den Widerstand zu gehen und als „Landesverräter" hingerichtet zu werden.

Es gibt ein politisches Widerstandsrecht und ein christliches Widerstandsrecht:

1. Im deutschen Grundgesetz sagt Art. 20, 4: „Gegen jeden, der es unternimmt, diese Ordnung (d. h. des demokratischen Rechtsstaates) zu beseitigen, haben alle Deutschen das Recht zum Widerstand, wenn andere Abhilfe nicht möglich ist". Widerstand ist politische Verantwortung unter außerordentlichen Umständen.[9] Widerstand ist rechtmäßig, wenn er sich gegen ungesetzliche und unmenschliche Gewaltausübung einer Regierung richtet. Nach Thomas von Aquin ist Widerstand berechtigt a) gegen eine gesetzlose Staatsgewalt und b) gegen eine usurpierte Staatsgewalt. Heute ist Widerstand in der einen oder anderen Form durch den demo-

kratischen Rechtsstaat und die Menschenrechtserklärungen von 1948 und 1966 geboten.

2. Ich glaube nicht, dass Bonhoeffers Entscheidung für den aktiven politischen Widerstand von der Wiederherstellung des demokratischen Rechtsstaates motiviert war.[10] Über die Demokratie steht in seiner „Ethik" wenig. Seine Entscheidung war vielmehr von den Opfern der Nazi-Rasse-Diktatur bestimmt. Bonhoeffer sah schon 1933, dass Hitlers Diktatur auf den Massenmord an den Juden hinauslaufen würde: „Das Judentum muss ausgerottet werden", hatte der in „Mein Kampf" geschrieben. Die unschuldigen Opfer von Gewaltherrschaft, die Unterdrückten und Verfolgten rufen die Aktionen der christlichen Liebe hervor: Nach Art. 14 des schottischen Bekenntnisses der reformierten Kirche von 1560 gehört es zu den Geboten der Nächstenliebe:

„Das Leben der Unschuldigen zu schützen,
    der Tyrannei zu widerstehen,
        den Unterdrückten beizustehen."

Das hat Dietrich Bonhoeffer getan. Das war sein Beitrag zum Frieden in Gerechtigkeit und Freiheit.

ANMERKUNGEN

1) E. Bethge, Dietrich Bonhoeffer. Eine Biographie, München 1986.

2) Suk-Sung Yu, Christologische Grundentscheidungen bei Dietrich Bonhoffer, Diss. Tübingen 1990.

3) D. Bonhoeffer, Kirche und Völkerwelt, 28. August 1934, Gesammelte Schriften I, München 1958, 216 ff.

4) Zum folgenden Abschnitt vgl. ausführlicher: J. Moltmann, Drachentöten und Friedenstiften im Christentum, in: Ethik der Hoffnung, Gütersloh 2010, 211 — 240.

5) F. Enns/A. Mosher, Just Peace. Ecumenical, intercultural and interdisciplinary Perspectives, Eugene, Oregon 2013.

6) H. Gollwitzer, Weg des Gehorsams, in: W. D. Zimmermann, Begegnungen mit Dietrich Bonhoeffer. Ein Almanach, München 1964, 109 — 116.

7) O. Dudzus,, Dem Rad in die Speichen fallen, ebd., 66 — 74

8) D. Bonhoeffer, Ethik. Zusammengestellt und herausgegeben von E. Bethge, München 1949, 186.

9) A. Kaufmann, Widerstandsrecht. Wissenschaftliche Buchgesellschaft, Darmstadt 1972. J. Moltmann, Rassismus und das Recht auf Widerstand, in: Das Experiment Hoffnung, München 1974, 145 — 163.

10) J.Moltmann, Klaus und Dietrich Bonhoeffer,in: J.Mehlhausen (Hg), Zeugen des Widerstands, Tübingen 1998,194-216.

40 JAHRE KOREA 1975-2015

Wie ich es erlebt habe

40 JAHRE KOREA 1975-2015

Wie ich es erlebt habe

Jürgen Moltmann

Die vierzigjährige Geschichte meiner Beziehungen zu Korea ist eine Geschichte des Mitleidens und der Mitfreude und der immer tieferen Freundschaft. Ich bewundere das koreanische Volk und seine Kultur, und ich sehe in seinen Kirchen eine neue Christenheit entstehen, die ein Vorbild für die Weltchristenheit werden kann. Aber zuerst möchte ich von meinen Erfahrungen mit Korea sprechen.

Es begann 1970 auf der Vollversammlung des Reformierten Weltbundes (Alliance of reformed Churches, presbyterian and congregational) in Nairobi, Kenya. Nach meinem Vortrag über "Frieden in einer geteilten Welt", in dem ich über geteilte Länder wie Deutschland und Korea und über geteilte Städte wie Berlin und Belfast gesprochen hatte, kam Professor Park, Pong-Nang zu mir und lud mich nach Korea ein. Wir begannen einen lebhaften Briefwechsel und er schickte mir einen seiner Schüler zur Promotion nach Tübingen. Es war der spätere Professor Kim, Kyun-Dsin,

Yonsei University, mein begabter Übersetzer. Dazu gesellte sich Rev. Park, Jung-Wha, der schon in Tübingen lebte, weil er in der wüttembergischen Landeskirche für Mission angestellt war. Mit diesen beiden begann die lange Reihe meiner koreanischen Schüler, denen ich zum "Doktorvater" wurde. Es gibt im Chinesischen ein Sprichwort: "Einen Tag Lehrer - ein ganzes Leben Vater", und so habe ich väterliche Gefühle für meine Doktoranden entwickelt. Es hat mich immer interessiert, welche Wege sie nach der Promotion gehen und welche theologischen Einsichten sie später entwickeln.

1975 kam ich dann zum ersten Mal nach Korea mit einem damals gefährlichen Vortrag: "Hoffnung im Kampf des Volkes", den ich in Japan auf einer Urban and industrial Mission Konferenz gehalten hatte. Damals litt das koreanische Volk, das minjung, unter einer harten Militärdiktatur und einem rücksichtslosen Industrialisierungsprogramm. Es brachte seine Qual und seinen Mut, Han, in öffentlichen Protesten zum Ausdruck. An Hankuk Seminary traf ich Professor Ahn, Byung-Mu, der aus seiner neutestamentlichen Dissertation über "ochlos" im Markusevangelium in Heidelberg seine Minjung-Theologie entwickelte, und Studenten, die gerade aus dem Gefängnis entlassen waren oder demnächst ins Gefängnis kamen: Man hatte ihnen die Haare geschoren. Von einem Studenten erzählten sie, er habe im Gefängnis sieben Mitgefangene getauft, ein anderer berief sich auf meine "Theologie der Hoffnung", als er zum Tode wegen seiner Beziehung zu Nordkorea verurteilt wurde. Ich habe mich damals im Justizministerium für ihn eingesetzt, aber keine Antwort bekommen. Er wurde begnadigt und lebt in Japan, wie ich später hörte.

Es gab damals einen nationalen Konflikt in Korea und einen sozialen Konflikt". Die USA hatte nach dem Koreakrieg Südkorea zur Festung gegen Nordkorea und die kommunistische Welt ausgebaut. Darum war jeder private oder kirchliche Kontakt zu Nordkorea unter Strafe gestellt. Aber es war doch ein Volk. Wer die schmerzhafte Teilung des koreanischen Volkes überwinden wollte, musste Kontakte zu den Menschen in Nordkorea aufnehmen. Daran sind viele mutige Menschen und Pfarrer gescheitert. Erst mit Präsident Kim, Dae-Jung und seiner "Sonnenscheinpolitik" kam etwas Bewegung in die tödlichen Grenze, unter der das geteilte Volk heute noch leidet. Der soziale Konflikt entstand aus der gewaltsamen Industrialisierung und der Unterdrückung der Gewerkschaften der Arbeiter. Als ich 1975 hier war, stüzte sich ein Arbeiter aus Protest zu Tode, die Gewerkschaftsführer wurden ins Gefängnis geworfen. Sie Können sich vorstellen, warum der Titel meines Vortrags als "gefährlich" angesehen wurde. Agenten des KCIA besuchten vor meinem Vortrag oder nach ihm die Seminare und fragten die Rektoren, warum sie mich eingeladen hätten, mich behelligten sie nicht.

Ich war im Gästehaus der Yonsei University Untergebracht. Das Programm war erschöpfend, wenn ich mittags von einem Vortrag zurückkam, wartete schon ein Auto eines anderen theologischen Seminars auf mich. Ich hatte den Wunsch, auch einen Schamanentempel zu besuchen. Nach einigem Zögern gingen Park, Pong-Nang und seine Kollegen eines Abends mit mir auf einen Berg. In einem halbdunklen Tempel feierte eine Schamanin das Trauerritual mit einer Familie, deren Vater gestorben war. Sie machte es sehr schön und zog sich am Schluss den Mantel des Verstorbenen an und setzte sich seinen Hut auf und tröstete die dann weinende Familie. An den Wänden hingen die Wandbilder mit den schamanistischen Heiligen. Wir gingen ergriffen den Berg herunter. Park Pong-Nang schenkte mir ein koreanisches Tischchen, das noch heute in meinem Arbeitszimmer steht, und verehrte meiner Frau ein koreanisches Kostüm. Mit David Suh, damals und heute noch ein junger, radikaler Theologe, verbindet mich seitdem Freundschaft. Ich predigte in einer Presbyterian Church. Sie war noch nicht gebaut, darum fand der Gottesdienst in einer armseligen Baracke statt. Im berühmten Presbyterian Seminary empfingen mich Präsident Rhee und der amerikanische Professor Moffat, Sohn des ersten Missionars der Presbyterian Church in Korea. Es war kalt und wir wärmten uns die Hände an einem Kanonenofen. Es war alles noch sehr im Aufbau begriffen, doch nach dem Vortrag überreichte mir eine Studentin in koreanischer Tracht einen Blumenstrauß. Das hatte ich bei meinen Vorträgen weltweit noch nie erlebt. Ich wurde noch nach Taegu gefahren, um die Methodisten und die Baptisten zu besuchen.

Zum Abschluss gab es ein fellowship meeting im Haus von David Suh. Seine Frau gab mir 2 hölzerne Enten für Elisabeth mit als Zeichen der Freundschaft. Über Japan und Hongkong flog ich nach Haus.

Im März 1981 war ich zum zweiten Mal in Korea. Die allgemeine Situation war schlechter geworden. Ich hielt wieder Vorträge am Presbyterian Seminary and Hankuk Seminary, jetzt ungefährlicher über die "soziale Trinitätslehre" und die "Zukunft der Schöpfung". Ich besuchte Kardinal Kim, der in Münster studiert hatte, und wurde von den Eltern meiner Doktorandin Lee Sung-Hee zu einem üppigen Essen eingeladen, das leider auf dem Boden stattfand. Dann aber konnte ich keine Vorträge in der Stadt halten. Ich besuchte dafür Pastoren im Krankenhaus, die von der Polizei zusammengeschlagen waren, als sie ihre Kirchen verteidigten. Sie waren zur Hingabe ihres Lebens für Freiheit bereit. Endlich nahm mich David Suh, der gerade aus politischen Gründen von Ewha-University entlassen war, zusammen mit einer Gruppe von internationalen Studenten nach Kyungju mit. Wir besichtigten die alte Königsstadt und fuhren hoch hinauf in die Berge, um eine berühmte Buddha-Statue zu sehen, auf deren Perle die ersten Sonnenstrahlen am Morgen aufleuchteten: Korea - das "Land der Morgenstille". Ich predigte in der Kyungdong Presbyterian Church, bevor ich über Tokyo zurückfuhr. In Tübingen zeigte ich in der Vorlesung das schwarze Tuch, mit dem die Mütter von politischen Gefangenen an der Kathedrale von Seoul gegen die Unterdrückung protestiert hatten. Professor Ahn wurde wegen Regimekritik zu zwei Jahren Gefängnis verurteilt, seine widerständige Galiläa-Gemeinde wurde von der Polizei hart bedrängt und der katholische Dichter Kim, Chi-Ha wartete in der Todeszelle auf seine Hinrichtung. Ich bin ihm vor einigen Jahren in Frankfurt auf einer gemeinsamen Veranstaltung begegnet. Ich schrieb einen langen Artikel für die Evangelischen Kommentare über "Korea: Land der Hoffnung - Land der Tränen" und machte mich an die Sammlung von Texten für die Veräffentlichung "Minjung. Theologie des Volkes Gottes in Südkorea", das ich 1984 zusammen mit Park, Jong Wha und einem Beitrag von Bischof Kurt Scharf herausgab.

1984 luden mich die Kirchen die Korea zum hundertjährigen Jubiläum des evangelischen Christentums in Korea ein. Das war ein unerwarteter, großer Vertrauensbeweis, für den ich noch heute dankbar bin. Rev. Kang, Won-Yong leitete die Kommission. Für den konservativen Flügel hatten sie Professor McGravran, Fuller Seminary, eingeladen. Er sollte über "Church Growth", ich über "Versöhnung" sprechen. Dazu bekam ich eine Einladung der PROK zu ihrer 69th General Assembly. Zuletzt kam noch eine Einladung der Kyungdong Presbyterian Church zu ihrem neunzigjährigen Jubiläum. Ich sollte dazu drei Gottesdienste in der Youngnak Church halten, um 7, um 10 und 11:30. Wenn ich heute auf das Programm für 10 Tage sehe, ist es ganz schön heftig, aber damals war ich noch jung. Auf der Assembly der PROK sprach ich über das Martyrium an Hand von drei Personen: Pastor Paul Schneider, der im KZ Buchenwald wegen seines Glaubens ermordet wurde, Dietrich Bonhoeffer, der im KZ Flossenbürg um der Gerechtigkeit willen starb, und Erzbischof Romero, der in der Kirche von San Salvador wegen seines Einsatzes für die Armen erschossen wurde. Im Christian Academy House fand die Konsultation über "Versöhnung" statt. Es kam zur Konfrontation von Professor Ahn mit einem konservativen Professor, aber leider nicht zur Versöhnung. Dann wurde ich krank und der Bruder von Rev. Kang heilte mich mit seltsamen Kräutern. Zum Abschluss predigte ich in der Youngnak Church, aber nicht um 7 Uhr morgens. Für einen Tag wurde ich ins Hae-In-Sa Kloster gefahren und bewunderte die alte buddhistische Pracht. Nach dieser Hundertjahr-Feier fühlte ich mich in den koreanischen Kirchen angenommen. Ich war mit Professor Ahn und den Minjung-Theologen besonders eng verbunden, aber meine Theologie ging nicht darin auf. Die PROK stand mir besonders nahe, aber ich predigte auch in Kirchen der PCK. Meine "Systematischen Beiträge zur Theologie" waren inzwischen fortgeschritten über die Trinitätslehre zur Schöpfungslehre und zur Christologie. Mit kleineren und allgemeinverständlichen Büchern versuchte ich, auch Laien zu erreichen. Oft war die koreanische Übersetzung die erste Übersetzung weltweit. Aber Korea kam auch zu mir nach Tübingen: Der Strom der koreanischen Studenten riss nicht ab.

Erst im September 1995 kam ich wieder nach Korea. Ich predigte in einer Presbyterian Church und hielt Vorträge an Yonsei, Hankook und dem Holiness Church Seminary. Aber die Hauptsache waren die Begegnungen mit dem Pfingstprediger Cho, Yong-Gi von der Yoido Full Gospel Church und dem späteren Präsidenten Kim, Dae-Jung. Beide Begegnungen macht Rev. Park, Jong-Wha möglich. Um 7 Uhr morgens traf ich Cho, Yong-Gi zum Frühstück in einem Hochhaus im 70. Stockwerk. Er erzählte mir, wie er als junger Mann zum christlichen Glauben gekommen war und wie er angefangen hatte, zu predigen und eine Gemeinde zu sammeln, die jetzt auf 800.000 angewachsen war. Ich erzählte ihm meine Geschichte von der Gefangenschaft, der Gottverlassenheit und wie der angefochtene Jesus mich angefochtenen Kriegsgefangenen fand und mit großer Hoffnung erfüllte. Wir fanden Parallelen in unseren Lebens- und Glaubensgeschichten und verstanden uns sehr gut, um 9:30 hielt ich einen Vortrag über den Heiligen Geist vor 300 Pfarrern und 400 Missionarinnen seiner Kirche. Ich litt damals unter Asthmaanfällen, Cho nahm meine Hände und betete, und das Asthma verließ mich für wenigstens 3 Wochen. Er hatte sich für seinen Dienst die dreifältige Gnade ausgedacht: Salvation for the lost, healing for the sick, prosperity for the poor. Er heilte viele Kranke in seiner Kirche und auf seinem prayer mountain, aber verkündete nicht den prosperity-gospel, sondern den für uns gekreuzigten Christus und die pfingstlichen Gaben des Geistes. Park, Jong-Wha brachte mich auch zu Kim, Dae-Jung, für dessen Wahl er arbeitete. Der erste Militärdiktator war von seinem Geheimdienstchef erschossen worden, die beiden anderen waren von einem koreanischen Gericht verurteilt worden: die Demokratie setzte sich langsam durch. Kim, Dae-Jung wäre beinahe vom KCIA umgebracht worden, aber er war stark in seinem katholischen Glauben verwurzelt und seine methodistische Frau stand ihm zur Seite. Er schenkte mir zum Abschied eine kleine Standuhr, die heute noch an unserem Fenster steht - und auch noch geht. Zum Abschied traf ich mich mit meinen Schülern im Lotte Hotel.

Im Mai 2000 war ich wieder in Korea. Die Yoido Full Gospel Church veranstaltete eine Konferenz mit mir und hatte mir dafür alle Bücher von Rev. Cho Yong-Gi auf Englisch zugesandt. Ich fand, dass er eine starke Kreuzestheologie und eine auf die Einzelseele bezogene Pfingsttheologie hatte, aber keine kräftige Auferstehungstheologie. Also arbeitete ich in meinem Vortrag den engen Zusammenhang zwischen der Auferstehung Jesu Christi und den Kräften das Auferstehungsgeistes heraus. Damit fielen auch die Schranken der nur individuellen Geistbegabung. "Der Geist ist ausgegossen auf alles Fleisch", und der Geist Gottes "erneuert das Angesicht der Erde". Also muss man auch in den sozialen, ökonomischen und ökologischen Beziehungen den schöpferischen Geist Gottes erwarten und suchen. In einem morgendlichen Dialog mit Cho, Yong-Gi haben wir uns auch über diese kritischen Punkte gut verstanden. Ich sprach dann noch an der Yonsei University über "Wissenschaft und Weisheit" und am methodistischen Seminar, einem Holiness und einem PCK seminary, wie es inzwischen Tradition geworden war.

Zu Pfingsten 2004 lud mich Cho, Yong-Gi wieder zu einer theologischen Konferenz in seiner Kirche ein. Dieses Mal ging es um meine "Theologie der Hoffnung" und seine Mission. Wieder verstanden wir uns sehr gut. Ich besuchte noch ein Symposium an Yonsei University und predigte in der Kyungdong Church zwei mal am Morgen, dann erreichte ich gerade noch das Flugzeug. Mit Hilfe von Christoph Blumhardt und mir überwand diese Pfingstkirche den alten, apokalyptischen dispensationalism, eine Weltzeitalterlehre, und gewann eine neue dynamische Eschatologie: Die Gaben des Heiligen Geistes sind nicht nur "übernatürliche Energien", wie "Feuer vom Himmel", sondern auch die "Kräfte der zukünftigen Welt" (Hebr 6, 5). Ein bewegendes Zeichen der neuen Offenheit war die Rede, die Rev. Cho, Yong-Gi zu Neujahr 2005 hielt und in der "Familienzeitung" seiner Gemeinde veröffentlichte. Er kritisierte sich selbst, die Bedeutung Christi zu engherzig nur auf das Seelenheil der Menschen ausgelegt zu haben und rief "ein Jahr der Sozialerlösung und der Erlösung der ganzen harrenden Kreatur" aus. "Ich habe das soziale Übel vernachlässigt. Für die Katastrophe der Natur hatte ich kein Interesse". Er gründete eine Stiftung für Sozialhilfe und für den Naturschutz: "Die Erlösung Gottes schließt auch die Natur ein". Seine Kirchenzeitung bat mich um meinen Beitrag dazu. Ich habe ihn mit Freude und Dank geschrieben.

2013 bekam ich die Einladung von einer großer koreanischen Tageszeitung, zu ihrem Jubiläum einen Vortrag zu halten und einen Dialog mit einem ehemaligen Kulturminister zu führen. Dazu lud mich die Fakultät für praktische Theologie ein. Das theologische Seminar der Holiness Church war inzwischen zur Seoul Theological University aufgestiegen und mein Tübinger Doktorand Dr. Yu, Suk-Sung war zum Rektor gewählt. Er kam auf die Idee, mich bei dieser Gelegenheit zum Honorarprofessor seiner Universität zu berufen und mir den theologischen Ehrendoktor zu verleihen. Damit war die Woche gut gefüllt. Als ich ankam, lud mich Rev. Cho, Yong-Gi um 7 Uhr morgens zum Frühstück ein. Ich betete mit ihm, aber wusste nicht, dass er in gerichtlichen Schwierigkeiten wegen seines Sohnes war. Gott wird seinen Notschrei gehört haben. Die Fakultät für praktische Theologie liegt weit außerhalb von Seoul in den Bergen versteckt. Am nächsten Tag kam das Jubiläum der Tageszeitung. Leider war der Kulturminister krank geworden. Der Rektor der Fakultät für praktische Theologie sprang ein. Wir sprachen vor tausend jungen Leuten in einer großen Kirche, die erst vor zwanzig Jahren aus einer Hauskirche entstanden war. Unsere Reden wurden von Musik begleitet. Ich sprach über den "Gott der Hoffnung und unsere Zukunft". Am Mittwoch wurde ich im Rektorat bei Präsiden Yu Suk-Sung eingekleidet. Dann hielt David Suh die Laudatio und der Präsident überreichte die

Urkunden und den hood, zuletzt wurde ich mit Blumen überschüttet. Ich hielt einen Vortrag über "Das Christentum - eine Religion der Freude". Ein freundliches Mahl mit Bischof Kim, Sun-Do und dem Präsidenten von der Presbyterian University Kim, Myung-Yong, schloss diesen Ehrentag und diese kurze viertägige Reise nach Korea ab. Das Land hatte sich in vierzig Jahren von einem Dritte-Welt-Land zu einem high-tech-state entwickelt. Als ich mit David Suh auf der Straße stand und wir den dichten Verkehr sahen, sagte er: "Seit das minjung Auto fährt, gibt es keine minjung-Theologie mehr". Aber das zu Wohlstand gekommene Land hat neue Probleme, und die Wunde des geteilten Volkes blutet noch immer.

2014 war ich schon wieder in Korea, um als Honorarprofessor zwei Vorträge an der Theological University zu halten, und weil die Presbyterian University 40 Jahre "Theologie der Hoffnung" feiern wollte und mich mit einem Ehrendoktor zum Mitglied ihrer theologischen Fakutät machen wollte. Dazu sollte ich auf der Asia-Pacific-Konferenz den Eröffnungsvortrag halten. Bischof Kim, Sun-Do lud mich zu einer Predigt in seiner großen Methodist Church ein und machte mich zum Ehrenpastor seiner methodistischen Gemeinde. Meine Osterpredigt kam so gut an, dass ich Zweifel bekam, ob ich nicht lieber Pastor geblieben wäre als Professor zu werden. Die Ehrendoktorurkunde wurde mir nicht mur auf Papier, sondern auch auf Marmor überreicht. Ich hatte Mühe, sie in den

Armen zu halten, als die Blumen kamen. Präsident Kim Myung-Yong hatte alles wunderbar organisiert, ich fühlte mich auf Walker Hill an meinen ersten Besuch vor fast 40 Jahren erinnert. Mit der Asia-Pacific-Konferenz wurde auch das Journal of Asia-Pacific Theology gegründet. Mein Vortrag über "Die Stadt-ein Ort der Hoffnung?" erschien in der ersten Nummer.

Meine Evangelisch theologische Fakultät in Tübingen hat im Jahr 2014 Kooperationsverträge sowohl mit der Seoul Theological University wie mit der Presbyterian University and Theological Seminary abgeschlossen. Darüber bin ich sehr glücklich. Um sie mit Leben zu erfüllen, wurden gemeinsame Symposien vereinbart. Das erste fand in Tübingen im Juli 2014 statt und hatte "Die Stadt" zum Thema, denn in Asien entstehen Mega-Cities oder World Cities von über 10 Millionen Einwohnern. Wie sieht die christliche Mission in der einsamen Masse von Menschen in den Hochhäusern aus? Zum zweiten Symposium fuhren 4 Professoren aus Tübingen nach Korea. Der Gastgeber war die Theological University, das Thema war "Frieden". Ich hielt einen Vortrag über "Dietrich Bonhoeffer: Frieden und Widerstand in gefährlichen Zeiten". Es entwickelten sich gute Gespräche zwischen koreanischen und deutschen Theologen. Das dritte Symposium bereiten wir in Tübingen für das Jahr 2016 vor, das Thema soll "Heiligkeit" heißen.

Damit kommt meine Geschichte mit Korea zu einem guten Abschluss. Ich bin von jeder Reise nach Korea mit neuer Glaubensgewissheit und neuen Ideen zurückgekommen. Dass die Society for Christian Literature jetzt eine Gesamtausgabe in zwanzig Bänden meiner Bücher in koreanischen Übersetzungen machen will und dass Kim, Myung-Yong eine koreanische OHN-Theologie entwickelt und dabei auch auf meine Theologie eingeht, erfüllt mich mit tiefer Dankbarkeit.

Ich will jetzt noch auf den Unterschied der Situation der Kirche in Korea und Deutschland eingehen, um zu sagen, warum ich das koreanische Kirchenmodell für verheißungsvoller halte als das deutsche. Es ist eine neue Christenheit in Asien, Ozeanien und Afrika im Entstehen begriffen. Was ist neu gegenüber den alten Kirchen in Europa und Amerika? Der Unterschied geht auf den römischen Kaiser Konstantin und seine Nachfolger in Byzanz zurück. Konstantin macht aus den verfolgten christlichen Kirchen eine im römischen Reich erlaubte Religion (religio licita), seine Nachfolger machten das Christentum zur Staatsreligion und das römische Reich zum Heiligen Reich Christi. Wie Christus vom Himmel her regiert, wollten sie in seinem Namen auf der Erde regieren. In der byzantinischen Kirche sieht man oben Christus pantokrator. Euseb von Caesarea deutete diesen Übergang von der Verfolgung zur Herrschaft als den Übergang zum tausendjährigen Reich, in dem Christus mit den Heiligen herrscht. "Leiden wir mit ihm, werden wir auch mit ihm herrschen". Die christliche Staatsreligion wurde nicht als Kirche organisiert, sondern als das tausendjährige Reich: "Sie werden Priester Gottes und Christi sein und mit ihm regieren tausend Jahre" (Ofb 20, 6). Das ist die Priesterhierarchie, die über das Laienvolk herrscht. Mit der Krönung Karls des Großen im Jahr 800 wurde eine translatio imperii vollzogen von den Griechen zu den Franken, seitdem gibt es das "Heilige römische Reich deutscher Nation". Was unterscheidet eine christliche Staatsreligion von einer Kirche? Das Gemeindeprinzip wird durch das Parochialsystem ersetzt. Darum haben wir so viele passive Kirchenmitglieder. Das ist einfach zu verstehen: Als ich mit meiner Familie nach Tübingen zog, wohnten wir in der Hausserstraße, also "gehörten" wir zur Martinskirche; als wir in die Biesingerstraße umzogen, "gehörten" wir zur Stiftskirche. Es hatte uns keiner gefragt. Wir gingen dann freiwillig zur Jakobuskirche. Die "Landeskirche" ist immer noch die alte Organisation der christlichen Staatskierche. Gegen den katholischen Kirchenstaat kehrte die Reformation zur Staatskirche zurück: "Cujus regio - ejus religio". Trotz der Trennung von Kirche und Staat, sei durch die französische Revolution - Laicité - oder die amerikanische Revolution - Freikirchen - leben die Kirchen in Europa und Amerika noch in den Strukturen der Staatsreligion und des Heiligen Reiches. Sie sind noch in den Strukturen der Staatsreligion und des Heiligen Reiches. Sie sind noch die Religion der Mehrheit in zunehmend multireligiöser werdenden Gesellschaften. Die nichtkonstantinischen Kirchen sind durch das Gemeindeprinzip und die freiwillige Mitgliedschaft gekennzeichnet. Darum gibt es in ihnen mehr aktive als passive Mitglieder. Wenn man sich zum Glauben entscheidet und zu einer Gemeinde gehören will, will man auch aktiv teilnehmen an der Mission der Kirche und an ihren sozialen Diensten. Diese Kirchen sind kein Teil der öffentlichen Ordnung und sind keine Staatskirchen, sondern freie Gemeinden. Wenn ich das richtig verstehe, sind die einzelnen Gemeinden wie Wirtschaftsunternehmen organisiert mit tüchtigem Management, church-growth-programmen und globaler Mission. Es legt sich die presbyterial-synodale Ordnung nahe. Diese Kirchen sind Zentren für den Gottesdienst und das Morgengebet, für Erziehung und soziale Dienste. Ich habe die Kwanglim Methodist Church in Seoul vor Augen. Sie sind christliche Minderheitskirchen in dominanten buddhistischen, islamischen oder sozialistischen Ländern. Ihre Mission ist ausgerichtet auf Heil für die Verlorenen, Heilung für die Kranken und Wohlstand für die Armen und wie ich hinzufügen möchte, Heimat für die einsamen Massen in den asiatischen Mega-Cities. Ihr inter-religiöser Dialog ist nicht ausgerichtet auf das, was sie mit der Mehrheitsreligion gemeinsam haben, sondern auf das, was einzigartig im christlichen Glauben ist. Der Dialog mit anderen Religionsgemeinschaften dient nicht der allgemeinen säkularen Toleranz, wie im Westen, sondern dem christlichen Zeugnis. Man kann hier unterscheiden zwischen dem direkten religiösen Dialog und dem indirekten Dialog: Im indirekten Dialog geht es um lokale, gemeinsame und soziale kulturelle Fragen und um die Bewahrung der Erden nicht um theologische Fragen. Die nichtkonstantinischen Kirchen leben nicht im Millennium Christi, denn sie haben kein "Sacrum Imperium", kein Heiliges Reich, das sie schützt, sie sind Verfolgungen ausgesetzt, sie sind alle prä-millennaristisch: Sie erwarten das Kommen Christi in Herrlichkeit in der Zukunft.

Darum halte ich die nichtkonstantinische Kirche für realistischer und verheißungsvoller als die alten konstantinischen Kirchen. Je mehr sich aus den alten christlichen Ländern säkulare, multireligiöse Gesellschaften entwickeln, um so mehr werden die alten Staatskirchen zu Freikirchen werden und werden in derselben Situation und vor denselben Herausforderungen wie die Kirchen in Asien, Ozeanien und Afrika stehen. Und das ist gut so!

본회퍼의 사회윤리
Sozialethik bei D. Bonhoeffer

위르겐 몰트만 지음 / 김균진·손규태 옮김

2016년 6월 30일 초판발행

발행처: 서울신학대학교 출판부
발행인: 유석성

등 록 : 1988년 5월 9일 제388-2003-00049호
주 소 : 경기도 부천시 소사구 호현로 489번길 52(소사본동)서울신학대학교
전 화 : (032)340-9106
팩 스 : (032)349-9634
홈페이지 : http://www.stu.ac.kr
인쇄·홍보 : 종문화사 (02)735-6893
정 가 : 25,000원
ⓒ2016, Seoul theological university press printed in korea
ISBN : 978-89-92934-77-0 93230

「이 도서의 국립중앙도서관 출판예정도서목록(CIP)은 서지정보유통지원시스템 홈페이지 (http://seoji.nl.go.kr)와 국가자료공동목록시스템(http://www.nl.go.kr/kolisnet)에서 이용하실 수 있습니다.(CIP제어번호 : CIP2016013046 」